Finanztest Jahrbuch 2015

Über 90 Tests und Reports

Viel mehr als Geldtipps

Liebe Leserin, lieber Leser,

dieses Jahrbuch soll Ihr Leben leichter machen. Selbstverständlich dürfen Sie sich auf jede Menge Geldtipps freuen. Doch Finanztest bietet mehr.

Einfach mehr Geld. Natürlich erfahren Sie, wie Sie langfristig mehr Zinsen herausholen als mit Festgeld, welche Krankenkasse hohe Zuschüsse zur Zahnreinigung zahlt und wie Sie Ihre Ausgaben für Handwerker steuerlich geltend machen.

Einfach gut vorbereitet. Mit diesem Jahrbuch möchten wir Sie aber auch – wie mit unserer Zeitschrift – in Ihrem Alltag begleiten und Ihnen helfen, wichtige Weichen zu stellen. Wir sagen Ihnen zum Beispiel, warum eine Vorsorgevollmacht wichtig ist und wer eine Patientenverfügung braucht. Mit unserer Hilfe legen Sie fest, wer für Sie entscheidet, wenn Sie selbst es nicht mehr können.

Einfach weniger Ärger. Und schließlich halten wir Ihnen mit unseren Tipps Ärger vom Leib. Schon wenn Sie mit unserer Hilfe am Geldautomaten im Ausland den richtigen Knopf drücken, lassen Sie eine typische Gebührenfalle links liegen. Auch auf Abzocker-Schlüsseldienste werden Sie nach der Lektüre nicht mehr hereinfallen.

In unseren Tests geht es ums Geld und um vieles mehr. Sicherlich können manche von Ihnen durch den Wechsel ihrer Privathaftpflichtversicherung 50 Euro im Jahr sparen. Viel wichtiger ist jedoch, dass Ihr Vertrag eine ausreichend hohe Versicherungssumme und Schutz für alle wichtigen Lebensbereiche bietet. In unserem aktuellen Test haben wir festgestellt, dass viele Verträge seit unserer letzten Untersuchung besser geworden sind. Das gilt auch für die Reisekrankenversicherung und die Hausratversicherung.

Ich hoffe, dass Sie in diesem Jahrbuch viele Empfehlungen und Ideen finden, die Ihnen auch weit übers Jahr hinaus helfen. Schließlich haben wir Erfahrung mit langen Zeiträumen: Am 4. Dezember 2014 feiert die Stiftung Warentest ihren 50. Geburtstag. Und seit 24 Jahren erscheint Finanztest. Diesen Erfolg verdanken wir vor allem Ihnen, liebe Leserin und lieber Leser. Danke! Wir machen weiter.

Ihr
Heinz Landwehr
Chefredakteur Finanztest (kommissarisch)

chefredaktion.finanztest@stiftung-warentest.de

Die besten Finanztipps für 2015

Girokonten, die nichts kosten

Ein Wechsel des Girokontos lohnt sich, wenn Kunden für ein Onlinekonto mehr als 40 Euro oder für ein Filialkonto über 80 Euro im Jahr ausgeben. **S. 10**

Zeit für eine Vorsorgevollmacht

Vorsorgevollmacht und Patientenverfügung schaffen Klarheit, wenn jemand nicht mehr für sich selbst entscheiden kann – und sie entlasten die Angehörigen. Das sollte drinstehen. **S. 28**

Die besten Zinsen

Die Zinsen für Tagesgeld und für Festgeld sind in den vergangenen Monaten weiter gesunken. Unser Zinsvergleich zeigt, wo es noch lohnende Angebote gibt. **S. 62**

Steuer auf Renten und Pensionen

Nach der Rentenreform 2014 können mehr Menschen früher in Rente gehen. Bei der Planung sollten sie aber auch im Blick haben, wie viel das Finanzamt verlangt. **S. 162**

Gut versichert reisen

Eine Auslandsreisekranken-Versicherung gehört auf Reisen außerhalb Deutschlands auf jeden Fall ins Urlaubsgepäck. Sehr gute Tarife gibt es schon für unter 10 Euro im Jahr. **S. 185**

Mehr Geld für Zähne

Noch nie gab es so viele Versicherungen mit sehr guten Leistungen für Zahnersatz. Wer bereits eine hat, kann von einem Wechsel profitieren – am besten beim eigenen Anbieter. **S. 190**

Inhalt
2015

Recht und Leben

Girokonto 10
Geldabheben im Ausland 13
Jugendgirokonto 14
Dispozinsen 16
Gebühren für Verbraucherkredite 18
Ratenkredit wechseln 20
Käuferrechte 22
Fluggastrechte 24
Flugbuchung stornieren 26
Rechtlich vorsorgen 28
Streit um Vorsorgevollmacht 30
Rechtsschutzversicherung 32
Illegale Musikdownloads 36

Geldanlage und Altersvorsorge

Gesetzliche Rentenversicherung 40
Rentenrefom 2014 42
Altersvorsorge für Selbstständige 45
Private Rentenversicherung 48
Riester-Rente 51
Rürup-Rente 53
Vermögenswirksame Leistungen 56
Tagesgeldkonto 59
Tages- und Festgeld 62
Rentenfonds Euro 66
Banksparpläne 70
Saubere Geldanlage 74
Finanzvermittler 77
Fonds richtig kaufen 80
Erfolgsgebühren für Aktienfonds 82
Informationsblätter für Indexfonds 84
Fondssparpläne 87
Aktienfonds Welt 90
Sicherheit von Spargeld 94
Unseriöse Geldanlage 97
Anlagefehler vermeiden 100
Crowdfunding 102

Bauen und Wohnen

Riester-Förderung fürs Eigenheim 106
Riester-Bausparverträge 108
Immobilienkredite von Bausparkassen 110
Eigenheim finanzieren 112
Günstige Baukredite 114
Förderung fürs Eigenheim 120
Bereitstellungszinsen 122
Immobilienkredit ablösen 124
Ausstieg aus Immobilienkrediten 126
Hausratversicherung 129
Aufzug für Eigentumswohnung 132
Immobilienpreise 134
Strom- und Gasrechnung 136

Stromkosten senken ... 138
Gasanbieter wechseln ... 140
Hausmodernisierung ... 142
Schimmel in der Wohnung ... 145
Kleinreparaturen für Mieter ... 146
Kündigung wegen Eigenbedarfs ... 148

Steuern

Kindergeld für erwachsene Kinder ... 152
Handwerker und Haushaltshilfen ... 154
Krankheitskosten ... 156
Pflegekosten ... 158
Steuer auf Lebensversicherung ... 160
Renten und Pensionen ... 162

Gesundheit und Versicherungen

Versicherungen für Berufseinsteiger ... 166
Pflege organisieren ... 168
Ehrenamtliche Hilfe für Ältere ... 170
Gesundheitsbonus von der Krankenkasse ... 172
Gesetzliche Krankenkassen im Praxistest ... 174
Kassenzuschüsse zur Zahnreinigung ... 176
Kassenleistung für künstliche Befruchtung ... 178
Berufsunfähigkeitsversicherung ... 180
Kinderinvaliditätsversicherung ... 182
Auslandsreise-Krankenversicherung ... 185
Reiserücktrittsversicherung ... 188
Zahnzusatzversicherung ... 190
Private Krankenversicherung ... 194
Krankenversicherung für Kinder ... 198
Autoversicherung ... 201
Autopolice vom Händler ... 204
Private Haftpflichtversicherung ... 206
Schadenregulierung ... 208

Gewusst wie

Facebook-Werbung abstellen ... 212
Altersteilzeit nehmen ... 213
Übergabeprotokoll für Mietwohnung ... 214
Scheck einlösen ... 215
Punktekonto in Flensburg abfragen ... 216
Pass verlängern ... 217
Wohnung untervermieten ... 218
Kreditgebühr zurückfordern ... 219
Handyvertrag wechseln ... 220
VL-Fondssparplan abschließen ... 221
Werbung im Briefkasten stoppen ... 222
Schlüsseldienst bestellen ... 223

Service

Adressen ... 224
Impressum ... 240

Die Eheleute Pamela und Mini Maack wollen in einer Vorsorgevollmacht festlegen, dass jeder für den anderen entscheiden kann, etwa nach einem Unfall, bei Krankheit oder im Alter.

Seite 28

Girokonto **S. 10,** Geldabheben im Ausland **S. 13,** Jugendgirokonto **S. 14,** Dispozinsen **S. 16,** Gebühren für Verbraucherkredite **S. 18,** Ratenkredit wechseln **S. 20,** Käuferrechte **S. 22,** Fluggastrechte **S. 24,** Flugbuchung stornieren **S. 26,** Rechtlich vorsorgen **S. 28,** Streit um Vorsorgevollmacht **S. 30,** Rechtsschutzversicherung **S. 32,** Illegale Musikdownloads **S. 36**

Gratiskonto mit Gewinn

Ein Drittel der Banken im Test lockt Neukunden mit Prämien bis zu 115 Euro. Meist gibt es das Girokonto sogar kostenlos.

Finanztest 6/2014 Kondition, Taktik, Gesundheit und eine Portion Glück entscheiden darüber, wie hoch die Prämie für den Kunden ausfällt, der ein neues Girokonto bei der Sparda-Bank Südwest eröffnet. Für den Finaleinzug der deutschen Nationalmannschaft bei der Fußballweltmeisterschaft im Sommer 2014 kommen auf das Startguthaben von 25 Euro weitere 90 Euro obendrauf. Wer Glück hat, gewinnt noch einen Fernseher.

Die Commerzbank wirbt mit Löw und Co. für ein Girokonto mit Zufriedenheitsgarantie: 100 Euro gibt es als Startguthaben, weitere 50 Euro, wenn der Kunde nicht zufrieden ist und das Konto wieder kündigt. Die ING-Diba lockt neue Girokontokunden mit 75 Euro Startguthaben, die Sparda-Bank Nürnberg gibt 80 Euro. So viel bekommen auch Altkunden, wenn sie einen neuen Kunden werben.

Diese exemplarisch ausgewählten Konten sind – wie andere Neukundenangebote auch – meist eine gute Wahl: Sie kosten nichts. Teilweise haben sie aber Bedingungen.

Commerzbank gibt Geldeingang vor

Gratiskonto plus Prämie gibts zum Beispiel bei der Sparda-Bank Südwest nur, wenn der Kunde einen Genossenschaftsanteil für 52 Euro kauft. Der Anteil wird verzinst.

Die Sparda Nürnberg verlangt einen Genossenschaftsanteil und zusätzlich 50 Einkäufe pro Jahr mit der Girocard (ehemals ec-Karte). Die Commerzbank setzt 1 200 Euro Geldeingang im Monat voraus. Das Geld darf der Kunde nicht selbst überweisen. Bei der ING-Diba und einigen PSD-Banken sind die Konten ohne Wenn und Aber kostenlos.

Jede Menge kostenlose Konten

Im Test waren 176 Konten von 91 Banken. Mit Neukundenaktionen locken 30 Banken. Wir haben 30 Konten ohne monatliche Grundgebühr gefunden, bei denen alle Buchungen inklusive sind, die Girocard nichts kostet und keine Bedingungen zu erfüllen sind. Das sind sogar drei Konten mehr als in der Untersuchung im Februar 2013.

Neu unter den Besten ist die Targobank mit dem Online-Konto. Sie ist neben der Hypovereinsbank (Konto Online) die einzige klassische überregionale Filialbank, die ein Gratiskonto ohne Bedingungen anbietet.

Bei weiteren 38 Girokonten muss hinter dem Angebot ein „Aber" stehen. Der Kunde muss eine oder mehrere Voraussetzungen erfüllen. Häufig verlangen die Banken zum Beispiel einen Geldeingang von 1 000 Euro. Kunden sollten prüfen, ob sie die Bedingungen – etwa Neukunde zu sein – mühelos erfüllen können.

Neukunde sind sie, wenn sie zurzeit kein Girokonto bei dieser Bank haben. Früher dürfen sie schon eines gehabt haben, manchmal reichen schon sechs Monate seit Kündigung. Sie gelten oft auch als Neukunde, wenn sie andere Bankprodukte wie Tagesgeld oder Festgeld haben, aber kein Girokonto.

Bei der Kontoeröffnung in der Bankfiliale müssen sie sich mit Personalausweis oder Reisepass legitimieren. Menschen, die keinen EU-, EWR- oder Schweizer Pass haben, benötigen zusätzlich einen „Aufenthaltstitel" wie eine Aufenthaltserlaubnis.

Sie können den Antrag auf Kontoeröffnung auch online stellen. Dann übernimmt die Post die Bestätigung, dass es sie wirklich gibt. Legen sie am Postschalter das Post-Ident-Formular und ihren Personalausweis oder Reisepass vor. Die Post leitet die Formulare an die Bank weiter. Meist müssen sie auch einen Einkommensnachweis liefern, der nicht älter als drei Monate sein darf.

Unser Rat

Auswahl. Wechseln Sie nicht allein wegen einer Prämie Ihr Girokonto. Ein Wechsel lohnt sich, wenn Sie für ein Onlinekonto bisher mehr als 40 Euro im Jahr ausgeben und für ein Filialkonto mehr als 80 Euro. Das passende Girokonto finden Sie, wenn Sie sich diese Fragen beantworten: Wie viel spare ich mit dem Wechsel? Erfülle ich die Bedingungen mühelos? Brauche ich eine Filiale? Wie viel Zins kostet der Dispokredit?

Kostenlos. Gratiskonten ohne Bedingungen gibt es in vielen Regionen für Online- und Filialkunden bei den **PSD Banken**. Onlinekunden werden bei vielen **Direktbanken** fündig.

Bargeld. Geldabheben ist am Automaten der eigenen Bank sowie Verbünden mehrerer Banken kostenlos. Eine Übersicht gibt es im Internet (test.de/kostenlos-bares).

Onlinebanking. Sicheres Onlinebanking ist bei allen Banken im Test möglich, aber nicht immer kostenlos. Höchstkosten: 5 Euro im Monat bei SMS oder Einmalgebühr 10 Euro für einen Tan-Generator.

Finanztest Kostenlos und günstig ohne Bedingungen

Anbieter	Filialen	Konto		Jahrespreis für Modellkunden (Euro)	Grundpreis (Euro pro Monat)	Girocard (Preis in Euro pro Jahr)	Kreditkarte (Preis in Euro pro Jahr)	Dispokredit (Zinsen in Prozent pro Jahr)
Onlinekunden								
Überregionale Girokonten bis 40 Euro pro Jahr								
1822direkt	❑	GiroSkyline	@	**0**	0	0	25,00[2)5)]	7,74
Comdirect Bank	❑	Girokonto	@	**0**	0	0	0[5)]	9,15
Cortal Consors	❑	Girokonto	@	**0**	0	0	0[5)]	8,25
DAB Bank	❑	Girokonto[4)]	@	**0**	0	0	0[5)]	7,50
Edekabank	■	Edeka-Konto	@	**0**	0	0	10,00	7,49
Hypovereinsbank	■	Konto Online	@	**0**	0	0	20,00[2)5)]	11,15
ING-Diba	❑	Girokonto	@	**0**	0	0	0[5)]	7,95
Netbank	❑	GiroLoyal[4)]	@	**0**	0	0	20,00[2)5)6)]	8,00
Norisbank	❑	Top-Girokonto	@	**0**	0	0	0[5)]	11,25
Ostseesparkasse Rostock	■	Giro online	@	**0**	0	0	20,00[2)]	9,75
Targobank	■	Online-Konto	@	**0**	0	0	0[5)]	7,99[7)]
Wüstenrot Bank	❑[10)]	Top Giro[4)]		**0**	0	0	0[5)]	11,30
Deutsche Skatbank	❑	Trumpfkonto[4)]	@	**3,70**	0	0	20,00[3)]	5,00
Bank für Kirche und Caritas	❑[10)]	Lohn/Gehaltskonto[8)]		**5,00**	0	5,00	15,00	6,29
Degussa Bank	■	Girokonto		**5,00**	0	5,00	20,00	10,90
Evangelische Kreditgenossenschaft	■	Girokonto		**9,33**	0	6,00	20,00	8,45

Anbieter	Filialen	Konto	Jahrespreis für Modellkunden (Euro)	Grundpreis (Euro pro Monat)	Girocard (Preis in Euro pro Jahr)	Kreditkarte (Preis in Euro pro Jahr)	Dispokredit (Zinsen in Prozent pro Jahr)
Filialkunden							
Überregionale Girokonten bis 80 Euro pro Jahr							
Wüstenrot Bank	❑10)	Top Giro4)	**0**	0	0	05)	11,30
Edekabank	■	Edeka-Konto	**1,00**	0	0	10,00	7,49
Bank für Kirche und Caritas	❑10)	Lohn/Gehaltskonto8)	**5,00**	0	5,00	15,00	6,29
Evangelische Kreditgenossenschaft	■	Girokonto	**6,00**	0	6,00	20,00	8,45
Degussa Bank	■	Girokonto	**13,00**	0	5,00	20,00	10,90
Triodos Bank	■	Girokonto	**57,00**	3,50	15,00	25,005)	9,31
Santander Consumer Bank	■	Girokonto	**59,40**	4,95	0	5,001)	8,25/9,25/11,509)
Bank für Kirche und Diakonie	■	Girokonto Klassik	**65,00**	5,00	5,00	20,001)2)	7,06
Ostseesparkasse Rostock	■	Giro online	**74,00**	0	0	20,002)	9,75

■ = Ja. ❑ = Nein.
@ = Kontoführung kostenlos über Internet, das heißt ohne Papierformulare (nicht „beleghaft").
1) Im 1. Jahr kostenlos.
2) Reduzierung des Kartenpreises abhängig vom Jahresumsatz bis auf 0 Euro.
3) Kostenlos ab 1 000 Euro Gehalts- oder Renteneingang oder 5 000 Euro Geldanlage.
4) Guthabenverzinsung.
5) Kostenlos Bargeld abheben mit Kreditkarte möglich.
6) Im 1. Jahr kostenlos bei Gehaltseingang.
7) Bis 50 Euro zinsfrei.
8) Nur für hauptamtlich tätige Mitarbeiter bei kirchlich-karitativen Einrichtungen.
9) Bis 500 Euro/ab 500 bis 1 000 Euro/ab 1 000 Euro.
10) Kein Filialnetz. Bearbeitung von Papierformularen über Außendienst-Geschäftsstellen oder per Post.

Stand: 15. April 2014

Die Bank wird für die Kontoeröffnung eine Abfrage bei der Schutzgemeinschaft für allgemeine Kreditsicherung (Schufa) einholen, weil sie möglichst nur Kunden mit einer ausreichenden Bonität haben möchte. Bei der Abfrage geht es im Wesentlichen darum festzustellen, ob sie ihren finanziellen Verpflichtungen nachkommen können. Die Schufa-Abfrage ist aber erst möglich, wenn sie eingewilligt haben. Tun sie das nicht, bekommen sie in der Regel auch kein Girokonto. Ob sie einen Dispokredit bekommen, hängt davon ab, ob sie volljährig sind, ein regelmäßiges, nicht zu geringes Einkommen und keine negativen Schufa-Einträge haben.

Für das Onlinebanking werden von den Kunden drei Verfahren am häufigsten genutzt und sind auch sicher: Mobile Tan per SMS, ChipTan per Generator sowie die Software FinTS für PC plus Chipkartenleser. Die meisten Banken bieten mehrere Verfahren an. Eine Übersicht mit den Kosten zeigt unsere Tabelle im Internet (test.de/girokonten).

Kündigen sollten Kunden erst, wenn sie ein neues Konto eröffnet haben. Sie sollten beide Konten drei Monate parallel laufen lassen, um Fehlbuchungen zu vermeiden, und den Arbeitgeber und danach alle Finanzpartner wie Vermieter, Stromversorger, Handyanbieter über den Wechsel informieren. Für die Kündigung reicht ein formloser Brief an die Bank mit dem Hinweis, auf welches Konto sie das Restguthaben überweisen soll Es gibt keine Frist und die Auflösung ist kostenlos. ■

Euro-Falle am Automaten

Vorsicht, wenn Geldautomaten im Ausland anbieten, die Landeswährung in Euro umzurechnen. Unsere Tester fanden teure Fallen.

Finanztest 6/2014 Der Geldautomat mit Citibank-Logo in der Prager Altstadt verheißt Bargeld mit „0 % Commission" – ohne Gebühren. Beim „Kontobelastungsbetrag" auf dem Bildschirm stehen tschechische Kronen und Euro zur Wahl. „Der Wechselkurs beinhaltet 0 % Mark-up", steht dabei. Nimmt ein Kunde die Kronen, färbt sich ein Teil der Anzeige rot. „Garantierter Wechselkurs" verlockt dazu, die Wahl zu ändern und doch Euro zu nehmen.

Die Sofortumrechnung in Euro ist verbreitet: Automaten in fünf Ländern boten sie an, als Tester im Februar und März 2014 in neun Ländern außerhalb der Euro-Zone mit Bank- und Kreditkarten Geld abhoben. Sie war immer teurer als die Abrechnung in Landeswährung. Schlechte Kurse hätten den Kunden 2,5 bis 9,6 Prozent Verlust beschert.

Sofortumrechnung war immer teurer

Die Euro-Variante boten Automaten in Tschechien und der Schweiz immer, in Polen, Großbritannien und der Türkei manchmal an. Den Kurs stellt der Automatenbetreiber. Er rechnet einen Aufschlag ein. Die Präsentation verleitet oft dazu, diese Alternative zu nutzen. Vor allem in Tschechien, in Polen und in Großbritannien war das sehr teuer. Viele Reisende bemerken das aber nicht, weil ihr Kontoauszug zuhause nur den Euro-Betrag zeigt.

Nur die Landeswährung führten Automaten in Dänemark, Schweden, Bulgarien und Mazedonien auf. Das ist besser. Der Betreiber sendet den Abhebebetrag an die Bank des Kunden. Diese rechnet in der Regel mit einem fairen Kurs in Euro um und weist den Vorgang auf dem Kontoauszug aus.

In der Schweiz wiesen die Automaten auf „Umrechnungszuschläge" hin und nannten zum Teil 3 Prozent. Finanztest errechnete 2,5 Prozent. Bei der Raphaels Bank in London wurden 7,5 Prozent Gebühren angezeigt. Ermittelte Kursdifferenz: 6,1 Prozent.

Happige Kosten in Tschechien

Dagegen war in Tschechien keine Rede von den happigen Kosten: Die Kunden hätten in Prag zwischen 7,3 und 9,4 Prozent eingebüßt. Das schlechteste Geschäft bot ein Automat der Bank Pekao im polnischen Misdroy. Er nannte 7 Prozent „Kursaufschlag". Die Kunden hätten gar 9,6 Prozent Verlust gemacht.

Wer in die Euro-Falle getappt ist, kann sich nicht bei der Hausbank beschweren, denn den Kurs stellt der Geldautomatenbetreiber. Er ist nicht immer leicht erkennbar. Den Automaten mit dem Citibank-Logo in Prag betreibt etwa der weltweit tätige Zahlungsdienstleister Euronet. Sein Logo war aber viel unauffälliger angezeigt. ■

Unser Rat

Geldautomat. Nehmen Sie sich im Ausland Zeit, um die Anzeige am Geldautomaten genau zu lesen. Wählen Sie stets die Abrechnung in Landeswährung, auch wenn Ihnen alternativ die Abrechnung in Euro angeboten wird. Die Präsentation verleitet oft dazu, die teure Umrechnung in Euro zu wählen.

Wechselkurs. Notieren Sie sich vor oder während der Reise den aktuellen Wechselkurs oder drucken Sie ihn aus. Die Internetseite Oanda.com bietet zum Beispiel alle Währungen. Sie benötigen die Angabe, was ein Euro in der Landeswährung kostet, aber auch die, was eine Einheit der Landeswährung in Euro kostet.

Konten für junge Leute

86 Konten für Kinder, Jugendliche und junge Erwachsene sind bei Onlinenutzung gratis. Bei der Wahl kommt es auf die richtigen Extras an.

Finanztest 8/2014 Schon Schüler können ihre Girocard nutzen wie die Großen und mit Karte und Pin oder Unterschrift teuer einkaufen. Das Konto von unter 18-Jährigen muss allerdings gedeckt sein. Sonst geht gar nichts. Auch am Automaten gibt es vor der Volljährigkeit nur Geld, wenn das Konto in den schwarzen Zahlen ist.

Finanztest untersuchte überregional und regional Jugendgirokonten für Kinder, Schüler, Auszubildende und Studenten zwischen 0 und 30 Jahren. 86 der Konten im Test sind kostenlos, wenn sie online geführt werden.

Gut ist ein Konto, das zum Inhaber passt. Gimmicks wie Ikea-Gutscheine sollten kein Kriterium sein. Auch die Hausbank der Eltern ist nur geeignet, wenn sie die Bedürfnisse der Jugendlichen erfüllt.

Erste Wahl sind Konten mit kostenloser Kontoführung und Girocard und vielen Geldautomaten, an denen junge Leute kostenlos Bargeld bekommen.

Bedingungen für die Kontoeröffnung

Kinderkonten werden manchmal von Geburt an, von anderen Banken zu Schulbeginn mit sechs bis sieben Jahren und von wieder anderen erst ab zwölf Jahren angeboten.

Ab wann ein Konto sinnvoll ist, entscheiden die Eltern. Onlinebanking ist für jüngere Kinder sicherlich noch nichts. Minderjährige können sowieso nur mit Zustimmung der Eltern ein Konto eröffnen.

Junge Erwachsene müssen meistens nachweisen, dass sie Auszubildende oder Studenten sind, um ein Jugendkonto zu bekommen. Vergessen sie, Nachweise vorzulegen, oder haben sie die festgelegte Altersgrenze für das Jugendkonto überschritten, stellen einige Banken das Konto auf ein reguläres, manchmal kostenpflichtiges Modell um.

Kostenlose Karte, Gebühren und Zins

Für junge Erwachsene, die öfter ins Ausland reisen, ist eine kostenlose Kreditkarte wichtig. Damit können sie im Ausland Mietauto, Unterkunft oder Pizza bezahlen. Während eine Reihe von Banken jungen Leuten kostenlose Kreditkarten anbieten, rechnen andere Kreditinstitute für die Karte zwischen 5 Euro und 39 Euro pro Jahr ab.

Um zu verhindern, dass ein Kind das gesamte Geld auf einmal vom Konto abhebt, können Eltern Höchstbeträge vereinbaren, die pro Woche oder Monat abgebucht werden dürfen. Das ist bei vielen Banken möglich.

Beim Kinderkonto sollten Eltern auch auf Guthabenzinsen achten. Die höchste Verzinsung im Test für Kinder zwischen 0 und 26 Jahren macht die Hamburger Volksbank mit 4 Prozent pro Jahr bis 500 Euro. Große überregionale Banken wie Postbank oder Commerzbank bieten dagegen gar keine Zinsen für Guthaben auf dem Girokonto an.

Bei Konten ab 18 für Studenten ist das „PSD 4You"-Konto der PSD Bank Koblenz mit 5 Prozent Zinsen für Guthaben bis 1 000 Euro spitze. Das Angebot ist regional begrenzt.

Einige Genossenschaftsbanken fehlen

Weder bei der PSD Koblenz noch bei der PSD Berlin-Brandenburg müssen Kunden Genossen werden, wenn sie ein Konto eröffnen wollen. Nur deshalb sind diese Banken mit im Test. Andere Genossenschaftsbanken fehlen, weil sie eine Kontoeröffnung vom Kauf eines Geschäftsanteils abhängig machen. Ein Anteil kostet zwischen 15 und 100 Euro.

Das ist für junge Leute eine hohe Hürde. Sollten Eltern oder Angehörige das Eintrittsgeld übernehmen, ist ein Konditionenvergleich mit anderen Konten empfehlenswert, zumal die Genossenschaftsanteile meist gute Dividenden bringen.

Viele Geldautomaten sind wichtig

Die Zahl der Geldautomaten ist bei PSD-Banken mit 19 600 hoch. Mehr Automaten gibt es nur bei den Sparkassen. Sie haben 25700 Automaten.

Viele Automaten sind für junge Leute wichtig, die öfter unterwegs sind. Fehlt etwa nachts das Geld für den angesagten Club, ist es bitter, wenn auf das Eintrittsgeld noch happige Gebühren von bis zu 5 Euro für eine Auszahlung fällig werden. Das passiert, wenn ein Automat benutzt wird, der nicht zum Verbund der eigenen Bank oder Sparkasse gehört. Das Display zeigt dann an, wie hoch die Gebühr für die Abhebung ist.

Ab 18 Jahren gibt es einen Dispokredit

Viele Banken erlauben jungen Leuten ab 18 Jahren, ihr Konto zu überziehen. Die Höhe des Dispokredits wird vom Kreditinstitut festgelegt. Studenten mit regelmäßigem Geldeingang dürfen meist bis zu 500 Euro, Auszubildende mit Gehalt mit bis zu drei Monatsgehältern überziehen. Der Dispozins beträgt zwischen 5 und 13 Prozent. Wer bereits bei der Kontoeröffnung damit rechnet, dass das Geld öfter nicht bis zum Monatsende reicht, sollte ein Konto mit einem Dispozins von nicht mehr als 9 Prozent wählen.

Vorsicht, Zusatzgebühren

Vorsicht ist bei allen Aktionen geboten, die die Inhaber von Jugendgirokonten nicht am PC zuhause erledigen. Die Targobank etwa kassiert 2,50 Euro für eine Überweisung in der Filiale. Die Frankfurter Sparkasse nimmt für eine Überweisung oder die Einrichtung eines Dauerauftrags 1,50 Euro. Online sind Überweisungen deutlich günstiger.

Werden sie per iTan (mit einer Zahlenliste) freigeschaltet, sind Überweisungen kostenlos. Auch das Senden einer MobileTan per SMS ist oft kostenlos. Es gibt auch Banken im Test, die bis zu 10 Cent pro Tan kassieren.

Etwas teurer ist das ChipTan-Verfahren, falls Kunden einen Generator kaufen müssen, in den man die Girocard schiebt, um eine Tan zu erzeugen. Der Generator kostet einmalig etwa 10 Euro plus Versand. Dieses Verfahren gilt als besonders sicher. ■

+ Unser Rat

Jugendkonto. Girokonten für Kinder und junge Leute sollten kostenlos sein, wenn sie online geführt werden. Wichtig ist auch, dass für die Girocard keine Gebühren anfallen. Nur für per SMS gesendete mobile Tans dürfen geringe Gebühren anfallen. Zum Teil kostet die Kreditkarte zwischen 5 und 39 Euro jährlich extra.

Auswahl. Für die Auswahl eines Girokontos reicht die kostenlose Kontoführung allein nicht aus. Genauso wichtig sind die Extras. Wählen Sie für Kinder, die viel sparen, ein Konto mit hoher Guthabenverzinsung. Für junge Leute, die häufiger ins Ausland reisen, empfiehlt sich ein Konto mit kostenloser Kreditkarte.

Geldautomaten. Sind junge Leute viel unterwegs, brauchen sie eine Bank mit vielen Geldautomaten. An fremden Automaten kostet das Abheben von Bargeld Gebühren.

Kontoauszüge. Kontoauszüge sollten alle vier bis sechs Wochen am PC eingesehen oder beim Kontoauszugsdrucker der Bank abgeholt werden. Sonst schickt das Geldinstitut die Auszüge per Post und kassiert dafür Porto.

Überweisungen. Zahlen Sie Rechnungen immer am PC. Für in der Filiale abgegebene Überweisungsträger verlangen einige Institute eine Gebühr.

Gute Zinsen, schlechte Zinsen

Viele Banken haben den Dispozins seit dem Vorjahr deutlich gesenkt. Doch insgesamt bezahlen Kunden mit bis zu 14,25 Prozent noch zu viel.

Finanztest 10/2014 Und sie bewegen sich doch. Nachdem jahrelang fast nichts bei den hohen Dispozinsen passiert ist, wirkt die hartnäckige Testarbeit der Stiftung Warentest jetzt. Knapp 250 der 1504 Banken und Sparkassen im aktuellen Test haben ihren Dispozins im Vergleich zum Vorjahr um mindestens einen Prozentpunkt gesenkt. In den vergangenen Jahren war die Bilanz deutlich schlechter.

Den Dispozins bezahlen Kunden, wenn sie ihr Girokonto überziehen. Eine Umfrage der Direktbank ING-Diba ergab, dass knapp 20 Prozent der Kunden mit Girokonto jeden Monat im Dispo sind, die Mehrheit davon zwischen 500 und 1500 Euro.

Manche Kunden gehen sogar über den eingeräumten Disporahmen hinaus. Auch für sie gibt es eine gute Nachricht: Die Zahl der Banken, die auf einen Strafzins verzichtet, wenn der Kunde auch noch seinen Dispokredit überzieht, wächst.

Trotz der Fortschritte bleibt einiges zu tun. Denn zu viele Banken schröpfen ihre Kunden stur weiter mit Dispozinsen, die in keinem Verhältnis zu den Marktzinsen stehen.

Zu dem Stichtag der Untersuchung, am 1. August 2014, verlangten noch 35 Banken einen Dispozins von 13 Prozent und mehr. Das sind 77 weniger als in der Untersuchung 2013.

Ein fairer Dispozins müsste zurzeit deutlich unter 10 Prozent liegen. Die Deutsche Skatbank verlangt sogar nur 4,9 Prozent, die ING-Diba 7,95 Prozent, die VR Bank Burglengenfeld 8,05 Prozent. Alle drei haben den Zins im Vergleich zum Vorjahr gesenkt.

Zins um bis zu 4 Prozentpunkte runter

Aber auch teure Kreditinstitute haben umgedacht. Rund drei Viertel der mehr als 100 Banken, die Finanztest im Vorjahr mit 13 Prozent und mehr als die größten Abzocker angeprangert hat, sind günstiger geworden.

Gut die Hälfte hat ihren Dispositionszins sogar um mindestens einen Prozentpunkt gesenkt. Die Volksbank Nahe-Schaumberg machte den größten Schritt auf ihre Kunden

Unser Rat

Kredit. Der Dispositionskredit, der zu Ihrem Girokonto gehört, ist der teuerste Kredit Ihrer Bank. Nehmen Sie ihn nur ausnahmsweise und für kurze Zeit in Anspruch. Brauchen Sie eine größere Summe für längere Zeit, sollten Sie einen Abruf- oder Ratenkredit wählen. Die Zinsen für diese Kredite sind meist niedriger. Finanztest informiert monatlich aktuell im Internet (test.de/ratenkredite).

Girokonto. Achten Sie bei einem Kontowechsel nicht nur auf den Dispozins. Wichtiger sind die monatlichen Kontoführungskosten und Ihre Möglichkeiten, am Automaten kostenlos Bargeld zu holen. Viele Sparkassen und Genossenschaftsbanken im Test bieten günstige Dispozinsen nur bei teuren Kontomodellen.

Überziehung. Seien Sie vorsichtig, wenn Sie den Dispokredit überziehen. Immer noch kassieren dann viele Banken extra ab. Diese „geduldete Überziehung" kostet 2 bis 5 Prozentpunkte mehr als der Zins für den vereinbarten Dispokredit.

zu. Sie verringerte den Dispozins gleich um 4,55 Prozentpunkte und liegt jetzt bei 8,95 Prozent.

Augenwischerei mit niedrigem Zins

Einige Banken versuchen beim Dispo allerdings besser auszusehen, als sie sind. Sie bieten günstige Dispozinsen nur für Girokonten mit hoher Kontoführungsgebühr. Wer solche Konten wählt, um beim Dispo zu sparen, trifft eine schlechte Wahl.

Als günstigste Angebote führt Finanztest deshalb nur noch Konten auf, die zwei Bedingungen erfüllen: einen Dispozins von maximal 8,5 Prozent und eine Kontoführungsgebühr von höchstens 7 Euro im Monat.

Der Durchschnitt der Dispozinsen der Banken in unserem Test verharrt seit Jahren auf einem zweistelligen Wert. In diesem Jahr liegt er mit 10,65 Prozent unter dem Vorjahr. Doch der Wert ist trügerisch. Die wachsende Zahl der teuren Konten mit niedrigem Dispozins drückt den Schnitt.

Zu viele Banken verlangen immer noch unverschämt hohe Dispozinsen – in der Spitze 14,25 Prozent. Dabei können sie selbst sich Geld zu Niedrigstzinsen borgen.

Undurchsichtig für Kunden

Den höchsten Dispozins haben die Volksbank Westenholz und die Raiffeisenbank Weil und Umgebung. Beide verlangen von Kunden mit schlechter Kreditwürdigkeit bis zu 14,25 Prozent.

Die meisten Banken verweigern auf unsere Anfrage noch immer die Angabe ihres Dispozinses. Von den 1504 befragten Kreditinstituten haben nur 435 Banken geantwortet.

Um für die mehr als 1000 fehlenden Banken den Zins zu erfahren, haben wir im Internet recherchiert. Das hat bei 551 Banken zum Ziel geführt, zum Teil nach langer Suche. Zu 518 Banken schickten wir Tester. Sie fanden in vielen Filialen keinen Preisaushang, obwohl die Banken verpflichtet sind, ihn zu veröffentlichen. Oft sind es die teuren Banken, die ihren Kunden den Zins verschweigen. ■

Finanztest

Günstige und teure Banken

Die Tabelle zeigt günstige und teure Dispozinsen von überregionalen Banken und Direktbanken. **Günstig** sind Dispozinsen bis 8,5 Prozent, wenn die Kontoführungsgebühr maximal 7 Euro im Monat beträgt. **Teuer** sind Konten ab 13 Prozent Dispozins.

Anbieter (Bezeichnung des Kontos)	**Zinssatz** (Prozent)
Günstige Angebote	
Deutsche Skatbank	4,90
Evangelische Darlehnsgenossenschaft Ⓔ	6,02
Pax-Bank Ⓔ (Classic, Giro, Compact)	6,79[1]
Fidor Bank	6,80[2]
Bank für Kirche und Diakonie	6,96
Edekabank	7,39[1]
DAB Bank	7,50
GLS Gemeinschaftsbank	7,55
1822direkt	7,74
Santander Bank (1/2/3 Konto)	7,89
Cortal Corsors	7,90
DKB	7,90[1]
ING-Diba	7,95
Targobank (Online-Konto)	7,99[3]
Ethik Bank	8,00
Netbank	8,00
Volksbank Eisenberg Direkt	8,00[1]
Santander Consumer Bank (Bis 500 Euro)	8,15
Evangelische Kreditgenossenschaft	8,45[1]
Teure Angebote	
Targobank (Extra Konto, Classic Konto)[4]	13,95
Targobank (Aktiv Konto)[4]	13,28

Ⓔ = Angebot auf bestimmte Personengruppen eingeschränkt.
1) Daten über das Internet erhoben.
2) Zinshöhe abhängig von Facebook-Likes.
3) Keine Zinsbelastung für die ersten 50 Euro.
4) Nur für Bestandskunden. **Stand: 1. August 2014**

Milliarden für Kreditkunden

Der Bundesgerichtshof beschert Millionen Kreditnehmern viel Geld. Sie können bis zu 13 Milliarden Euro Gebühren zurückfordern.

Finanztest 12/2014 Banken verleihen Geld in ihrem eigenen Interesse. Denn sie verdienen an Krediten. Eine Bearbeitungsgebühr dafür ist deshalb nicht zulässig. Hunderte Male hatten Amts- und Landgerichte so geurteilt. Doch viele Banken weigerten sich weiterhin, die Gebühren zu erstatten. Am 13. Mai 2014 hat der Bundesgerichtshof die kundenfreundlichen Urteile bestätigt (BGH, Az. XI ZR 170/13 und XI ZR 405/12). Ende Oktober 2014 entschied er: Die Erstattungsforderung für vor mehr als zehn Jahren gezahlte Gebühren ist bereits verjährt. Bis Ende 2011 gezahlte Gebühren können noch bis 31.12.2014 eingeklagt werden. Danach sind auch sie verjährt (Az. XI ZR 348/13 und XI ZR 17/14).

Damit steht fest: Millionen Kunden können die Erstattung solcher Gebühren verlangen. Nach Finanztest-Schätzung geht es um bis zu 13 Milliarden Euro, je nach Kredit geht es meist um einige hundert und im Einzelfall auch schon mal tausend und mehr Euro. Wir beantworten die wichtigsten Fragen.

? Ich habe einen Kreditvertrag abgeschlossen. Woran erkenne ich, ob ich jetzt Geld zurückfordern kann?

Prüfen Sie, ob im Vertrag Kreditbearbeitungsgebühren, Abschlussgebühren, Kreditkosten oder Ähnliches ausgewiesen sind.

? Kann ich die Gebühr zurückfordern, obwohl die Unterlagen weg sind?

Zumindest ist das einem anderen Kreditnehmer bereits gelungen. Das Landgericht Bonn gab der Postbank auf, ihre Unterlagen zum Kredit vorzulegen (Az. 8 S 2/14).

? Gilt das BGH-Urteil nur für Raten- oder auch für Immobilienkredite?

Es gilt für jeden Kreditvertrag, den Verbraucher abgeschlossen haben. Egal, ob damit Möbel, Autos oder sogar Immobilien finanziert wurden. Umstritten ist, ob es auch für KfW-Darlehen gilt. Das Amtsgericht Meldorf meint ja (Az. 82 C 1762/12), das Landgericht Itzehoe nein (Az. 1 S 187/13.) Der Bundesgerichtshof wird wahrscheinlich im Laufe des Jahres 2015 entscheiden (Az. XI ZR 340/14).

? Kann ich eine Erstattung auch für Kredite verlangen, die vor vielen Jahren ausgezahlt wurden?

Bis zum 31.12.2014 können Sie Erstattung für alle innerhalb der letzten zehn Jahre gezahlten Kreditbearbeitungsgebühren verlangen. Dann allerdings verjähren auf einen Schlag Rückforderungen von bis Ende 2011 gezahlten Gebühren. Es reicht aber nicht, die Erstattung zu fordern. Wie Sie die Verjährung stoppen können, beschreiben wir unter www.test.de/kreditgebuehren_faq.

? Habe ich bessere Chancen, wenn ich einen seit vielen Jahren laufenden Kredit noch nicht zurückgezahlt habe?

Wir meinen ja. Solange die Bank noch Geld von Ihnen zu bekommen hat, können Sie Ihre Forderung mit offenen Raten verrechnen, auch wenn die Forderung für sich genommen wegen Verjährung nicht mehr durchsetzbar wäre. Einzelne Juristen sehen das allerdings anders.

Wichtig: Eine solche „Aufrechnung" mit den Kreditraten muss korrekt erklärt werden. Sie müssen Ihre Forderung mit konkreten, noch zu zahlenden Monatsraten verrechnen. Schalten Sie im Zweifel einen Anwalt ein und lassen Sie ihn das machen. Sein Honorar für die außergerichtliche Tätigkeit müssen Sie zwar selbst zahlen, aber das wird sich meistens lohnen.

? In meinem Immobilienkreditvertrag steht ein Disagio. Ist das auch eine unzulässige Kreditbearbeitungsgebühr?
Nein, ein Disagio ist rechtlich als vorweggenommener Zins zu bewerten. Diese Vereinbarung ist wirksam. Die Bank erstattet das Disagio bei vorzeitiger Ablösung des Kredits anteilig, sodass Ihnen kein Nachteil entsteht.

? Sind die Abschlussgebühren von Bausparverträgen auch betroffen?
Nein, nur wenn eine Bausparkasse im Rahmen einer Sofortfinanzierung auch ein Zwischendarlehen vergibt und dafür Bearbeitungsgebühren kassiert, muss sie diese erstatten.

? Was ist mit „laufzeitunabhängigen Individualbeiträgen", wie sie die Targobank kassiert hat?
Das ist noch nicht ganz klar. Der Begriff „Individualbeiträge" vermeidet den Eindruck, eine solche Gebühr sei für besondere Dienstleistungen zu zahlen, die mit dem Vertragsschluss verbunden sind. Individuell ist eine solche Vereinbarung allerdings nicht. Die Targobank hat sie offensichtlich in einer unbekannten Zahl von Verträgen verwendet.

Wir vermuten, dass die Gerichte Individualbeiträge ebenfalls als unwirksam beurteilen werden und die Targobank sie erstatten muss. Die Schutzgemeinschaft für Bankkunden will gezielt ein gerichtliches Verbot der laufzeitunabhängigen Individualbeiträge beantragen.

? Wie gehe ich am besten vor, wenn ich die Erstattung von Kreditbearbeitungsgebühren fordern will?
Fordern Sie mit dem Musterbrief von Finanztest die Erstattung der Gebühr (test.de/musterbrief_kreditgebuehren). Schicken Sie den Brief per Einschreiben mit Rückschein an die Bank. Wenn die Bank nicht fristgerecht zahlt, schalten Sie so bald wie möglich einen Rechtsanwalt ein, der Erfahrung mit Streit um Kreditbearbeitungsgebühren hat.

Unser Rat

Erstattung. Wenn Sie für ein Auto, für Möbel, eine Immobilie oder einen anderen Zweck einen Kredit aufgenommen haben, nehmen Sie sich Ihre Unterlagen vor. Sind Kreditbearbeitungsgebühren, Kreditkosten, Abschlussgebühren oder Ähnliches ausgewiesen, hat die Bank sie mit hoher Wahrscheinlichkeit zu Unrecht kassiert. Sie haben gute Chancen, sich diese Gebühr zurückzuholen.

Umfang. Die Gebühr liegt meist zwischen 1 und 3,5 Prozent der Kreditsumme. Bei einem Kredit von 60 000 Euro und 2 Prozent Gebühr sind es 1 200 Euro, die Ihnen die Bank samt Zinsen zu erstatten hat.

Vorgehen. Fordern Sie mithilfe des Finanztest-Musterbriefs (Abruf unter www.test.de/musterbrief_kreditgebuehren) die Erstattung. Schicken Sie den Brief per Einschreiben mit Rückschein. Weitere Einzelheiten online (www.test.de/kreditgebuehren).

Wer nicht gleich klagen will, kann sich auch an die Schutzgemeinschaft für Bankkunden wenden (schuvoba.de, Tipps, Rückforderung von Darlehensbearbeitungsgebühren).

Wenn Sie die Gebühr an die Creditplus Bank, Deutsche Bank, Postbank, Targobank oder die Bank für das deutsche Kraftfahrzeuggewerbe gezahlt haben, können Sie sich ohne Risiko und Kosten auch an der „Sammelklage Kreditbearbeitungsgebühren" der Metaclaims Sammelklagen Finanzierungs Gesellschaft mbh, www.sammelklage.org, beteiligen. Wenn der Prozessfinanzierer Ihre Forderung durchsetzt, erhalten Sie am Ende zwei Drittel des Betrags, den Rest des Geldes behält Metaclaims. Im Gegenzug trägt das Unternehmen das Prozessrisiko und finanziert Rechtsanwaltshonorare und Gerichtskosten. ■

Wechseln lohnt sich

Sparer klagen über Minizinsen. Kreditnehmer können mit einer Umschuldung Geld sparen, bei größeren Ratenkrediten mehrere hundert Euro.

Finanztest 2/2014 Im Jahr 2013 hat die Europäische Zentralbank den Leitzins von 0,75 auf 0,25 Prozent gesenkt. Die Banken passen ihre Zinsen daran an. Während Anleger kaum noch lohnende Sparzinsen bekommen, können sich Kreditnehmer günstig Geld leihen.

Wer neu einen Kredit aufnimmt oder bereits einen Ratenkredit hat, kann profitieren – vorausgesetzt er weiß, wie die Rechnung aussieht und wie man Fallstricke umgeht. Wir haben für mehrere Kreditsummen und Laufzeiten durchgerechnet, welche Ersparnis möglich ist. Ein Kunde, der 10 000 Euro Kredit aufgenommen hat, spart durch Umschuldung zum Beispiel 278 Euro, ein anderer, der sich 5 000 Euro geliehen hat, 97 Euro.

Beispiel: Ein Kunde hat 2011 einen Ratenkredit von 10 000 Euro aufgenommen. Die Laufzeit beträgt 72 Monate, der Effektivzins von 8,9 Prozent. Für Zins und Tilgung zahlt er monatlich 178 Euro.

Nach drei Jahren, der Hälfte der Laufzeit, schuldet er der Bank noch 5 636 Euro. Kündigt er den Vertrag, kann die Bank eine Vorfälligkeitsentschädigung verlangen. Diese ist für Verträge seit dem 11. Juni 2010 gesetzlich festgelegt und beträgt bei Restlaufzeiten unter zwölf Monaten 0,5 Prozent der Restschuld, bei längeren Laufzeiten 1,0 Prozent. Die Bank verlangt 56,36 Euro, sodass die Restschuld des Kunden auf 5 692,36 Euro steigt.

Der Kunde muss nun eine Bank finden, die ihm 5 700 Euro Kredit gibt. Finanztest hat für diesen neuen Kredit einen effektiven Zins von 5 Prozent angesetzt. So ein Kredit dürfte problemlos zu finden sein, denn viele Angebote im aktuellen Zinsvergleich sind noch günstiger. Der Kunde zahlt nun drei Jahre lang beim neuen Anbieter monatlich nur 171 Euro statt 178 und spart unter dem Strich 278 Euro.

Je höher die Restschuld und je größer die Differenz zwischen altem und neuem Kreditzins, desto lukrativer ein Wechsel. Bei kleinen Summen und geringen Zinsunterschieden

Finanztest So viel bringt die Umschuldung

Vier Kreditbeispiele zeigen: Je nach Restschuld, Laufzeit und Zinsunterschied bringt die Umschuldung eines Ratenkredits eine fette oder eine ganz magere Ersparnis. Eingerechnet ist, dass die alte Bank für die Kündigung des Kredits eine Vorfälligkeitsentschädigung von 1 Prozent der Restschuld kassieren darf.

Alter Kredit			Ablösung nach … Monaten	Neuer Kredit				Zinsersparnis nach Umschuldung (Euro)3)
Kreditsumme (Euro)	Effektivzins (Prozent)	Laufzeit (Monate)		Restschuld (Euro)1)	Kreditsumme (Euro)2)	Laufzeit (Monate)	Effektivzins (Prozent)	
20 000	8,9	72	36	11 385	11 400	36	5	**556**
10 000	8,9	72	36	5 692	5 700	36	5	**278**
5 000	8,9	36	12	3 508	3 600	24	5	**97**
5 000	7,1	36	24	1 800	1 800	12	5	**1**

1) Inklusive Vorfälligkeitsentschädigung. 2) Aufgerundet auf volle hundert Euro. 3) Auf ganze Zahl gerundet.

Checkliste

Schritt für Schritt zum neuen Kreditvertrag

- **Vergleichen.** Ein Wechsel Ihres Kreditvertrags lohnt sich für Sie nur, wenn der neue Kredit einen deutlich günstigeren Zins hat. Einen Überblick über aktuelle Angebote finden Sie monatlich in Finanztest und im Internet (www.test.de/info-ratenkredite).

- **Rechnen.** Ermitteln Sie mit dem Onlinerechner von Finanztest, wie viel Sie durch eine Umschuldung sparen können (www.test.de/ratenkredite-rechner). Halten Sie dafür den Tilgungsplan Ihres alten Kredits bereit. Sie benötigen für die Eingabe Restlaufzeit, Restschuld, Monats- und Schlussrate des alten Kredits sowie den Effektivzins des neuen.

- **Informieren.** Lassen Sie sich von der Bank immer den Effektivzins für ein Angebot nennen, in den alle Nebenkosten eingerechnet sind. Nur dann sind die Angebote vergleichbar. Bestehen Sie darauf, dass die Bank bei ihrer Schufa-Abfrage eine „Konditionsabfrage" und nicht eine „Kreditanfrage" stellt. Sonst senkt die Schufa automatisch ihre Bonitätseinschätzung für Sie, wenn Sie den angefragten Kredit doch nicht abschließen.

- **Kündigen.** Wenn Sie ein neues Angebot sicher haben, können Sie Ihren alten Kreditvertrag kündigen. Verträge, die seit 11. Juni 2010 abgeschlossen wurden, sind nach einer Laufzeit von sechs Monaten fristlos kündbar. Verträge mit Datum vor dem 11. Juni 2010 können Sie nur mit einer Frist von drei Monaten kündigen. Terminieren Sie Kündigung und Neuvertrag passend für einen nahtlosen Übergang der Kredite.

lohnt sich Umschulden nicht. Kreditnehmer müssen ihren Fall durchrechnen (siehe Checkliste).

Banken kassieren extra

Wer einen neuen Anbieter sucht, muss wissen, dass viele Top-Konditionen bonitätsabhängig sind, also abhängig von der finanziellen Situation des Kunden. Die Bank durchleuchtet erst dessen finanzielle Situation und entscheidet dann. Je höher sie die Gefahr einschätzt, dass der Kunde den Kredit nicht zurückzahlen kann, desto höher ist der Zins.

Manche Kredite bekommen aber auch alle Kunden für denselben Zinssatz – vorausgesetzt, sie sind kreditwürdig.

Ob ein Kunde kreditwürdig ist, prüft die Bank mit einer Abfrage bei der Schufa, der Schutzgemeinschaft für allgemeine Kreditsicherung. Sie hat Informationen über Konten, Kredite und Zahlungsverhalten des Kreditsuchenden gespeichert. Ist die Auskunft negativ, da der Kunde zum Beispiel Rechnungen nicht bezahlt hat, bekommt er keinen Kredit.

Manche Berater versuchen, mit dem Kredit gleich noch eine Restschuldversicherung zu verkaufen. Falls der Kunde nicht mehr zahlen kann, springt dann der Versicherer ein. Bei einem Ratenkredit mit überschaubarer Laufzeit treibt so eine Restschuldversicherung meist nur die Kosten in die Höhe.

Vor Abschluss des Kredits sollten Kunden auch darauf achten, dass die Bank keine pauschale Bearbeitungsgebühr verlangt. Zwar haben mehrere Oberlandesgerichte solche Kreditbearbeitungsgebühren für unzulässig erklärt, ein höchstrichterliches Verbot steht aber noch aus. Wer für einen Kredit schon eine Bearbeitungsgebühr bezahlt hat, sollte diese zurückfordern (Infos unter www.test.de/kreditgebuehren). ■

Zurückschicken wird oft teurer

Seit Juni 2014 gelten neue Regeln für Onlineshopping und klassischen Versandhandel. Für Käufer wird einiges schlechter.

Finanztest 6/2014 Werden wir nun alle Experten für Portokosten? Seit dem 13. Juni 2014 gilt ein neues Recht für Einkäufe in Onlineshops und traditionellen Versandhäusern. Kunden können ihre Bestellung nach Erhalt der Ware zwar immer noch 14 Tage lang widerrufen. Aber nun dürfen die Händler ihnen immer die Kosten für die Rücksendung aufbrummen. Bislang galt das nur für Ware bis zum Preis von 40 Euro und beim Kauf auf Rechnung.

Eine kleine Verbesserung bringt die Reform aber auch: Kunden können nun Zeitungsabos immer widerrufen, unabhängig vom Kaufpreis und auch dann, wenn sie das Abo telefonisch abgeschlossen haben.

Händler dürfen frankierte Rücksendung verlangen

Die neue Regelung zwingt die Händler nicht, Rückporto von den Käufern zu nehmen, sie gibt ihnen aber das Recht dazu. Viele wollen davon Gebrauch machen.

In Zukunft wird es für Kunden also wichtig, vor der Onlinebestellung auf der Internetseite nach den Vertragsbedingungen zu schauen. Wer das Porto trägt, steht in der Regel dort unter „Folgen des Widerrufs".

Bestellt ein Verbraucher sperrige Ware wie eine Waschmaschine oder Möbel, kann der Rücktransport besonders teuer kommen. Daher müssen Händler in solchen Fällen ihre Kunden künftig noch vor der Bestellung informieren, wie hoch die Rücktransportkosten nach einem Widerruf sind. Kann der Verkäufer das nicht genau beziffern, reicht eine Schätzung der maximalen Rücksendekosten.

Kunden bekommen Zuschlag für Spezialversand nicht ersetzt

Beim Porto für den Versand der Ware zum Kunden bleibt dagegen vieles beim Alten. Hat der Verkäufer zum Zeitpunkt des Widerrufs Kaufpreis und Versandkosten vom Konto des Kunden schon abgebucht, muss er beides erstatten.

Neu ist aber: Der Händler muss nur das Porto für die günstigste Versandart in seinem Shop ersetzen. Ist die Ware auf Wunsch des Kunden teurer, zum Beispiel per Expresszustellung verschickt worden, trägt dieser die Mehrkosten.

Beispiel Ein Kunde bestellt ein Handy. Der Standardversand kostet 3,99 Euro. Weil es schnell gehen soll, wünscht der Kunde einen Expressversand, für den der Händler 15,99 Euro berechnet. Widerruft der Käufer den Kauf, bekommt er nur 3,99 Euro zurück.

Erst die Ware zurück, dann das Geld

Die Erstattung geschieht – wie gehabt – auf demselben Weg wie die Zahlung. Wer übers Girokonto bezahlt hat, bekommt Kaufpreis und Porto dorthin zurücküberwiesen. Ein Gutschein als Erstattung für den Kaufpreis ist nur erlaubt, wenn der Kunde auch mit Gutschein bezahlt hat.

Zuerst muss der Käufer die Ware zurückschicken, dann bekommt er sein Geld zurück. Wenn der Händler die Ware wieder erhalten hat, muss er Kaufpreis und Versandkosten erstatten.

Der Kunde kann die Rückzahlung beschleunigen, indem er dem Händler die Quittung über die Einlieferung des Pakets bei der Post per Mail oder Fax schickt. Dann muss der Verkäufer das Geld innerhalb von 14 Tagen zurücküberweisen.

Geht die Ware auf dem Weg zum Händler verloren oder kaputt, hat der Verkäufer den Schaden. Die Kunden müssen aber die Einlieferung bei der Post nachweisen können. Deshalb sollten sie den Beleg gut aufheben.

Zurückschicken ohne Kommentar reicht nicht mehr

Künftig müssen Käufer den Widerruf eindeutig erklären. Ausreichend ist eine mit den eigenen Adressdaten ergänzte Formulierung wie „Hiermit widerrufe ich den Kauf der am [Datum] bestellten Ware [Kaufgegenstand]". Den Widerruf begründen müssen Verbraucher wie bisher nicht.

Den Zettel mit der Widerrufserklärung legen Käufer beim Zurücksenden der Ware bei. Hat der Händler ein Rücksendeformular mitgeschickt, sollten sie dieses verwenden. Zur Sicherheit widerrufen Kunden zusätzlich immer auch per E-Mail und bitten den Händler um eine Eingangsbestätigung.

Widerrufsrecht gilt nicht für alle Waren

Käufer können nicht jede Bestellung innerhalb von 14 Tagen widerrufen. Das gilt nach neuem genauso wie nach altem Recht:

Verderbliche Ware. Ausgeschlossen ist der Widerruf zum Beispiel bei Lebensmitteln wie Obst oder Wurst. Auch Schnittblumen dürfen Kunden nicht zurückgeben.

Spezialanfertigung. Ist die Ware speziell für den Kunden gefertigt, kann er den Kauf nicht widerrufen. Das gilt laut Gesetzesbegründung zum neuen Verbraucherrecht zum Beispiel für maßgefertigte Vorhänge.

Aber nicht jede individuelle Leistung schließt den Widerruf aus. Hat ein Kunde sich zum Beispiel online einen Computer aus verschiedenen Komponenten zusammengestellt, ist der Widerruf möglich, wenn der Händler diese Anfertigung leicht wieder rückgängig machen kann oder der Baukasten-PC schnell einen anderen Käufer finden würde.

Auch der Kauf eines Sofas ist nicht schon deshalb vom Widerruf ausgeschlossen, weil der Kunde aus drei verfügbaren Farben eine ausgewählt hat.

Unser Rat

Bestellung. Informieren Sie sich vor einer Bestellung per Internet, Telefon oder Post, ob der Händler Ihnen im Falle eines Widerrufs das Rückporto auferlegt. Schauen Sie im Kleingedruckten unter „Folgen des Widerrufs". Beim Kauf sperriger Ware muss der Händler Sie vor der Bestellung über die Kosten eines Rücktransports informieren.

Rücksendung. Widerrufen Sie eindeutig, etwa mit dem Satz: „Hiermit widerrufe ich den Kauf der am [Datum] bestellten Ware [Kaufgegenstand]." Unkommentiert zurückschicken zählt nicht mehr als Widerruf.

Frist. Den Widerruf müssen Sie binnen 14 Tagen nach Erhalt der Ware absenden. Sie können zum Beispiel eine E-Mail oder ein Fax schicken. Bitten Sie den Verkäufer um eine Eingangsbestätigung. Erwarten Sie Ärger, sollten Sie den Widerruf lieber per Einschreiben verschicken.

Faustregel: Je spezieller und seltener der Kundenwunsch, desto eher ist der Widerruf ausgeschlossen.

Medien. Bekommen Kunden CDs, DVDs oder Software versiegelt geliefert, können sie diese nicht mehr zurückgegeben, sobald sie die Versiegelung geöffnet haben.

Zeitungen. Einzelbestellungen von Zeitschriften und Zeitungen können nicht widerrufen werden, neuerdings aber stets Abonnements. Die Widerrufsfrist läuft ab der Lieferung der ersten Ausgabe.

Downloads. Wer online Lieder oder Filme zum Anschauen (Streaming) kauft, hat zwar ein Widerrufsrecht. Dieses Recht erlischt aber in dem Moment, in dem er den Song herunterlädt oder beginnt, sich den Film anzuschauen. Über diese Folge muss der Verkäufer den Kunden vorher informieren. Sonst erlischt das Widerrufsrecht nicht. ■

Chance für Fluggäste

Die erste Adresse für frustrierte Fluggäste sind die neuen Schlichtungsstellen. Wer so nicht weiterkommt, geht zum Anwalt oder Inkassodienst.

Finanztest 3/2014 Seit dem 1. November 2013 können verärgerte Fluggäste eine Schlichtungsstelle einschalten. Die Schlichtung ist für Fluggäste attraktiv: Das Verfahren ist kostenlos und eröffnet den Passagieren die Chance auf eine Entschädigung nach der europäischen Fluggastrechteverordnung ohne Abzüge.

Die Entschädigung beträgt zum Beispiel bei großen Verspätungen je nach Strecke zwischen 250 und 600 Euro. Die Schlichtungsstelle kümmert sich um Fluggäste, die Ärger mit Flügen seit November 2013 hatten.

Alternativ können Fluggäste weiter die beiden Wege nutzen, die es bisher schon gab. Sie können einen Anwalt oder einen Inkassodienst beauftragen. Sie können so auch Geld für Flüge vor November bekommen.

Fluggäste ohne Rechtsschutzversicherung scheuen sich oft wegen der Kosten, einen Anwalt einzuschalten. Die Inkassodienste gehen anders vor: Die Dienste streiten für den Passagier mit der Fluggesellschaft und tragen die Kosten, wenn eine Klage scheitert. Im Gegenzug bekommen sie bei Erfolg bis zu 30 Prozent Provision.

Die privaten Firmen heißen EUclaim, Fairplane, Flightright und Refund.me. Sie übernehmen ausschließlich erfolgversprechende Fälle. Kann der Anbieter für den Passagier nichts erreichen, hat dieser keine Kosten. Anwalt und Gericht bezahlt der Inkassodienst.

Schlichter je nach Fluggesellschaft

An die Schlichtungsstelle für den öffentlichen Personenverkehr (Söp) in Berlin können sich alle wenden, die mit Air Berlin, Lufthansa, Germania, Germanwings, Condor oder Tuifly geflogen sind. Auch viele ausländische Fluggesellschaften wie etwa Ryanair und Easyjet sind angeschlossen.

Ist die Söp nicht zuständig, kann die Schlichtungsstelle beim Bundesjustizamt

Unser Rat

Recht. War Ihr Flug mehr als drei Stunden verspätet oder wurde er annulliert, können Ihnen je nach Strecke zwischen 250 und 600 Euro zustehen. Voraussetzung: Der Startflughafen oder ein Sitz der Airline müssen in der EU liegen.

Frist. Sie haben ab Ende des Jahres, in dem der Flug lag, drei Jahre Zeit, um Ihren Anspruch geltend zu machen. Bis Ende 2014 können Sie also noch die Entschädigung für Flüge aus dem Jahr 2011 verlangen.

Beschwerde. Wenden Sie sich erst an die Fluggesellschaft, dabei hilft ein Formular aus dem Internet (www.goo.gl/Fyhxw6). Blockt diese ab, können Sie sich mit Flügen ab November 2013 an einen Schlichter wenden. Ist die Schlichtungsstelle für den öffentlichen Personenverkehr (Söp) nicht zuständig (www.soep-online.de), leitet sie Ihre Beschwerde an die Schlichter beim Bundesjustizamt weiter (www.bundesjustizamt.de). Verläuft die Schlichtung erfolglos, kann Ihnen ein Anwalt oder ein Inkassodienst (siehe Tabelle rechts) helfen.

Hilfe. Wollen Sie gar nichts selbst schreiben, können Sie direkt zum Inkassodienst oder Anwalt gehen.

Finanztest **Die Provision für die Inkassodienste**

Anbieter	Kosten für den Fluggast bei Erfolg
EUclaim (www.euclaim.de)	27 Prozent der anfangs geforderten Entschädigungssumme plus 25 Euro.
Fairplane (www.fairplane.de)	Hängt von der Summe der erreichten Zahlung ab, maximal 29,4 Prozent der Entschädigungssumme.
Flightright (www.flightright.de)	29,75 Prozent der Entschädigungssumme.
Refund.me (www.refund.me)	17,85 Prozent der Entschädigungssumme.

Stand: 5. Februar 2014

helfen. Beide Stellen kümmern sich aber derzeit nicht um Geschäftsreisende.

Bevor ein Schlichter tätig wird, muss der Fluggast versucht haben, seine Ansprüche direkt bei der Airline geltend zu machen. Erst nach zwei Monaten ohne Erfolg sind die Schlichter dran. Beschwerdeformulare finden sich auf den Internetseiten der Schlichtungsstellen (www.soep-online.de, www.bundesjustizamt.de).

Hilfe auch bei Gepäckärger

Die Schlichter kümmern sich nicht nur um Entschädigungen für verspätete oder gestrichene Flüge. Sie sind auch zuständig, wenn Gepäck verlorengegangen ist oder die Fluggesellschaft eine notwendige Taxifahrt oder Hotelübernachtung nicht bezahlt.

Die privaten Inkassodienste EUclaim, Fairplane, Flightright und Refund.me verfolgen solche Ansprüche für den Fluggast dagegen nur in Einzelfällen.

Der Weg über die Fluggasthelfer

Ein Schlichterspruch ist sowohl für den Fluggast als auch für die Airline unverbindlich. Akzeptiert die Fluggesellschaft eine für den Passagier günstige Schlichtungsempfehlung nicht, muss er seinen Anspruch auf anderem Weg weiterverfolgen.

In der Regel wird er dann doch noch die Hilfe eines Rechtsanwalts oder eines der privaten Inkassodienste benötigen. Die Inkassodienste sind auch eine Alternative für alle Fluggäste, die sich scheuen, ihre Ansprüche gegenüber der Fluggesellschaft zunächst einmal selbst zu formulieren. Selbst für Kunden mit Rechtsschutzversicherung sind sie interessant. Denn wer die Versicherung einschaltet und verliert, muss oft eine Selbstbeteiligung von 150 Euro zahlen.

Dienste sehen Schlichtung kritisch

Den Start der Schlichtungsstellen sehen die gewinnorientierten Inkassodienste kritisch. Sie befürchten, dass die Fluggäste über die Schlichtung nur einen Bruchteil der Entschädigung erreichen, die ihnen zusteht.

Einen Versuch sind die Schlichter aber auf jeden Fall wert. Denn rechtlich riskieren die Kunden nichts. Während des Schlichtungsverfahrens können die Rechte der Fluggäste nicht verjähren. Und wenn ihnen das Ergebnis nicht gefällt, können sie immer noch andere Wege gehen.

Die Kritik der Inkassodienste an den Schlichtern kommt sicherlich auch von der Angst, Kunden an die Stellen zu verlieren. Womöglich ist diese Sorge aber gar nicht begründet. Da sich Geschäftsreisende nicht an die Schlichtungsstellen wenden dürfen, können die Inkassodienste für diese Reisegruppe die erste Anlaufadresse sein.

Außerdem gibt es genug Fluggäste, die schon die erste schriftliche Auseinandersetzung mit der Airline nicht selbst führen möchten. Diese Gruppe kann sich von den Inkassodiensten die Arbeit abnehmen lassen. ■

Flugpreis zurück

Sagen Kunden einen Flug ab, behalten die Fluggesellschaften den Ticketpreis ein. Das tun sie oft zu Unrecht, wie erste Urteile zeigen.

Finanztest 8/2014 Rana Güner* buchte für ihren Mann und ihre drei Kinder Anfang Januar 2013 Flüge von Frankfurt am Main nach Istanbul. Ende März sollte die Familienreise losgehen. Dann starb unerwartet Güners Vater. Die Frankfurterin stornierte die Flüge wenige Tage vor Abflug.

Die Fluggesellschaft Turkish Airlines weigerte sich, die rund 1200 Euro für die Flüge zu erstatten. Das ist typisch. Auch andere Gesellschaften mauern in solchen Fällen.

Güner wehrte sich vor Gericht – und gewann. Das Amtsgericht Frankfurt am Main sprach ihr 1140 Euro zu, 95 Prozent des Preises (Az. 29 C 2391/13 (44)).

Das Urteil wird viele Fluggäste überraschen. Es liegt nahe, zu denken: Wer aus persönlichen Gründen nicht fliegen kann, hat eben Pech gehabt. Doch das Gesetz stellt Kunden besser als gedacht.

Passagiere dürfen jederzeit stornieren

Die Buchung eines Fluges ist ein Werkvertrag. Diesen Vertrag darf ein Kunde vor dem Flugtermin ohne Angabe von Gründen kündigen. So steht es im Paragrafen 649 des Bürgerlichen Gesetzbuches (BGB).

Jeder Kunde, der vor Abflug kündigt, muss wenigstens einen Teil des Flugpreises wiederbekommen. Denn die Fluggesellschaft hat weniger Ausgaben für Kerosin, wenn ihre Maschine weniger Passagiere transportiert, und sie hat weniger Kosten für Essen und Getränke. Auch die Gebühren und Steuern, die ein Fluggast über den Ticketpreis bezahlt hat, entfallen, wenn er nicht mitfliegt. Die ersparten Ausgaben muss eine Fluggesellschaft dem Kunden erstatten. Kann sie den freigewordenen Sitzplatz sogar noch zum gleichen Preis weiterverkaufen, hat die Airline gar keinen Schaden und muss den Ticketpreis komplett zurückgeben.

Spätestens vor Gericht müssen die Fluggesellschaften genau abrechnen, welche Ausgaben sie durch die Kündigung gespart haben. Doch die Praxis sieht anders aus, hat der Wiesbadener Reiserechtler Holger Hopperdietzel festgestellt: „Ich habe es noch nicht erlebt, dass eine Fluggesellschaft eine solche Abrechnung vorgenommen hat."

Turkish Airlines weigert sich

Den Fluglinien ist die Abrechnung offenbar zu mühsam. Das Gericht entscheidet dann nach der 95-Prozent-Regel des Paragrafen 649 BGB: Die Fluggesellschaft muss dem Kunden 95 Prozent vom Ticketpreis zurückzahlen, 5 Prozent darf sie behalten. Auf diese Weise bekam auch Rana Güner den größten Teil ihres Geldes zurück.

In den Beförderungsbedingungen versuchen die Fluggesellschaften, den für sie ungünstigen Paragrafen 649 BGB durch eigene Stornoregeln zu ersetzen. Dort heißt es dann gerade bei günstigen Tickets: keine Erstattung nach Storno.

Solch eine Stornoklausel gilt aber nur, wenn der Kunde bei der Buchung darauf hingewiesen wurde und die Klausel fair ist. Beides ist oft nicht der Fall.

Versteckte Klauseln gelten nicht

Buchen Kunden zum Beispiel einen Turkish-Airlines-Flug über das Onlinereiseportal Opodo.de, erfahren sie nur allgemein, dass sie die Vertragsklauseln irgendwo auf der Internetseite von Opodo nachlesen können. Das reicht nicht.

Der Kunde muss bei der Onlinebuchung wenigstens einen Link erhalten, der zu den Beförderungsbedingungen der Fluggesellschaft führt. In Rana Güners Buchungen fehlte dieser Link zu den Klauseln. Das Erstattungsverbot von Turkish Airlines galt deshalb nicht für sie.

Für Kunden anderer Portale wie Fluege.de sieht es ähnlich aus. Fluege.de weist zwar auf die Bedingungen von Turkish Airlines hin. Den Text gibt es aber nur in Englisch. Das Amtsgericht Köln entschied: Der Text muss deutsch sein (Az. 114 C 22/12).

Unfaire Klausel von Condor gekippt

Viele Klauseln gelten aber auch dann nicht, wenn der Kunde deutlich genug darauf hingewiesen wird. Sie sind unwirksam, weil sie Kunden unangemessen benachteiligen.

Im Jahr 2011, nach dem Reaktorunfall in Fukushima, stornierte eine Kundin der Fluggesellschaft Condor drei Monate vor Abflug ihren Flug. Er hatte sie von Frankfurt am Main über Anchorage in Kanada nach Honolulu bringen sollen. Nun fürchtete die Condor-Kundin um die Gesundheit ihrer mitreisenden Tochter, die wegen einer Epilepsieerkrankung Medikamente nahm, und sagte die Flüge ab.

Auch in diesem Fall sprach das Gericht der Kundin 95 Prozent des Flugpreises zu. Condor musste ihr rund 2784 Euro zurückzahlen. Die Stornoregeln von Condor, wonach im Basistarif der Ticketpreis nicht erstattet wird, waren zwar Bestandteil des Vertrags zwischen der Kundin und der Airline. Aber das Gericht erklärte die Klausel aus inhaltlichen Gründen für ungültig.

Ein Erstattungsverbot im Vertrag ist unwirksam. Die Verbotsklausel nimmt dem Kunden die Möglichkeit, zu beweisen, dass der Airline durch die Ticketkündigung gar kein Schaden entstanden ist.

Ein Passagier, der sein Ticket storniert hat, könnte etwa kurz vor dem Abflug der Maschine telefonisch bei einem Reisebüro nachfragen, ob der Flug ausgebucht ist. Wenn ja, hat seine Kündigung keinen oder nur einen geringen Schaden verursacht. Dann müsste die Fluggesellschaft das Ticket erstatten.

Unser Rat

Storno. Sie hatten einen Flug gebucht und mussten die Buchung stornieren? Dann fordern Sie die Fluggesellschaft auf, Ihnen den Ticketpreis zu erstatten. Zumindest Steuern und Gebühren muss sie immer auszahlen.

Hilfe. In vielen Fällen wird die Fluggesellschaft auf ihre Stornoregeln verweisen und nicht zahlen. Diese Klauseln gelten aber oft nicht. Dann stehen Ihnen bis zu 100 Prozent des Ticketpreises zu. Lassen Sie sich von einem Anwalt beraten (Spezialisten zum Beispiel unter www.dgfr.de). Sie können es zunächst auch über die Schlichtungsstelle für den öffentlichen Personenverkehr versuchen (www.soep-online.de).

Weil der Wortlaut der Condorklausel den Nachweis nicht zulässt, gilt sie nicht (Amtsgericht Rüsselsheim, Az. 3 C 119/12 (36)).

Fluggesellschaft zur Zahlung zwingen

Passagiere, die ihr Recht durchsetzen wollen, müssen auf jeden Fall mit Widerstand von der Fluggesellschaft rechnen.

Die Airlines werden freiwillig allenfalls die Steuern und Gebühren erstatten und dafür teilweise noch eine saftige Bearbeitungsgebühr verlangen. Wer einen teuren Flug stornieren musste und eine Rechtsschutzversicherung hat, sollte sich auf jeden Fall einen Anwalt nehmen.

Kunden ohne Rechtsschutz, die nicht auf eigenes Risiko klagen wollen, können sich an die Schlichtungsstelle für den öffentlichen Personenverkehr (Söp) wenden (siehe „Unser Rat"). Die Söp nimmt seit kurzem auch Beschwerden von Fluggästen an. Wie die Schlichter solche Fälle entscheiden werden, ist noch unklar. Einen Versuch ist es auf jeden Fall wert. Das Schlichtungsverfahren ist für Passagiere kostenfrei, eine spätere Klage immer noch möglich. ■

** Name von der Redaktion geändert.*

Einer für den anderen

Vorsorgevollmacht und Patientenverfügung geben Sicherheit und schaffen Klarheit – und sie entlasten Angehörige.

Finanztest 1/2014 Vorsorge ist Familie Maack wichtig. „Wir haben uns über Versicherungen finanziell sehr gut abgesichert", sagt Pamela Maack aus Schöningen in Niedersachsen. Auch die Altersvorsorge spielt im Leben des Ehepaars eine wichtige Rolle. „Dabei geht es uns vor allem um Sicherheit und Langfristigkeit", sagt Mini Maack.

Doch ein wichtiger Baustein der Vorsorge fehlt dem Paar: eine Vorsorgevollmacht, mit der ein Partner den anderen bevollmächtigt, für ihn zu handeln. „Das Thema steht an, aber bislang hatten wir noch keine Zeit, uns ausführlicher damit zu befassen."

So wie den Maacks geht es vielen. Manchmal ist auch Unwissenheit im Spiel. Längst nicht allen ist klar, dass selbst nächste Angehörige wie Ehepartner, eingetragene Lebenspartner oder erwachsene Kinder nicht automatisch für sie entscheiden können – nicht einmal, wenn es um eine wichtige Operation geht.

Paare ohne Trauschein oder gute Freunde wissen schon eher, dass sie Regelungen treffen müssen, wenn sie füreinander einspringen wollen.

Kein Recht ohne Vollmacht

Niemand darf ohne „Vertretungsmacht" für einen anderen Menschen Entscheidungen treffen, egal, ob es um Gesundheit, Finanzen oder die Wohnung geht. Das ergibt sich aus dem Grundgesetz. Nur Eltern dürfen für ihre minderjährigen Kinder entscheiden.

Für alle anderen setzt ein Gericht – manchmal im Eilverfahren – bei Bedarf einen Betreuer ein. Das ist oft ein Angehöriger, aber nicht immer. Und vielleicht ist es nicht derjenige, den sich der Betreute wünscht.

Mit einer Vorsorgevollmacht kann jeder schon früh regeln, wer für ihn entscheiden soll und in welchen Fragen. Ein handschriftlich verfasster Text oder ein Formular genügen. Wichtig sind Unterschrift, Ort und Datum. Dieses Schriftstück kann ein Bevollmächtigter dann Ärzten, Vermietern, Pflegeheimen oder Behörden vorlegen. Er weist damit nach, dass er für den Vollmachtgeber handeln darf.

Ein Notartermin, eine Beglaubigung oder Beurkundung der Vorsorgevollmacht ist nicht vorgeschrieben. Nur wenn der Bevollmächtigte eine Immobilie verkaufen darf, ist die öffentliche Beglaubigung der Unterschrift notwendig.

„Wir werden uns gegenseitig als Bevollmächtigte einsetzen", ist sich das Ehepaar Maack sicher. Es kommt häufig vor, dass Eheleute die Vorsorge untereinander regeln. Schließlich setzt eine Vorsorgevollmacht uneingeschränktes Vertrauen voraus.

Die Partner sollten jedoch daran denken, dass sie im höheren Lebensalter zumindest einen weiteren Menschen bevollmächtigen, beispielsweise ein erwachsenes Kind oder auch mehrere Kinder. Sonst setzt das Betreuungsgericht doch noch einen Betreuer ein, wenn der eine Partner aufgrund seines Alters oder eigener Erkrankungen mit der Fürsorge für den anderen überfordert ist.

Gesundheit, Wohnen, Pflege

In einer Notsituation kann es wichtig sein, dass Angehörige mit Ärzten im Krankenhaus sprechen und Behandlungen mitentscheiden dürfen. Beispielsweise, wenn jemand nach einem schweren Unfall oder durch Krankheit nicht mehr ansprechbar ist. Dann hilft es, wenn eine Vorsorgevollmacht Ärzte gegenüber dem Bevollmächtigten von der Schweigepflicht entbindet und der Bevoll-

Unser Rat

Klarheit. Wenn Sie mit einer Vorsorgevollmacht und einer Patientenverfügung für den Fall vorsorgen, dass Sie irgendwann nicht mehr selbst entscheiden können, entlasten Sie Angehörige und Freunde. Gleichzeitig stellen Sie sicher, dass Menschen Ihrer Wahl Entscheidungen über Ihre medizinische Behandlung, Ihre Finanzen und Ihre Unterbringung treffen. Es ist sinnvoll, diese Dinge zu einer Zeit zu klären, in der es Ihnen gutgeht.

Vorsorgevollmacht. Das wichtigste Instrument ist die Vorsorgevollmacht für einen Menschen Ihres Vertrauens. Sie können vereinbaren, dass diese erst gilt, wenn eine Notsituation eingetreten ist. Die Vorsorgevollmacht kann sich auf alle Bereiche beziehen, in denen es etwas zu regeln gibt, wie Ärzte, Versicherungen, Bank oder Behörden. Sie können auch Teile ausklammern, zum Beispiel Ihr Vermögen.

Patientenverfügung. Mit einer Patientenverfügung können Sie eine Vorsorgevollmacht ergänzen. Sie können darin aufschreiben, welche lebenserhaltenden Behandlungen und Maßnahmen Sie wünschen oder nicht, wenn Sie sich nicht mehr äußern können. Die Verfügung sollten Sie so konkret wie möglich formulieren.

mächtigte alle Fragen zu Gesundheit und Behandlung im Sinne des Patienten mit entscheiden darf.

Im Krankenhaus kann sich auch herausstellen, dass eine Rückkehr in die eigene Wohnung nicht mehr möglich ist. Bei älteren Patienten kommt das immer wieder einmal vor. Ein Umzug ins Pflege- oder Seniorenheim mit Betreuung muss dann organisiert werden.

Gut dran ist dann derjenige, der einen anderen Menschen bevollmächtigt hat, sich um Pflege, Wohnung und Aufenthalt zu kümmern. Der Bevollmächtigte kann einen Heimvertrag abschließen, die Pflegestufe beantragen, die Mietwohnung kündigen und den Haushalt auflösen.

Extravollmacht fürs Konto

Geht es ums Geld, reicht eine Vorsorgevollmacht dagegen meist nicht aus, selbst wenn ausdrücklich darin steht, dass der Bevollmächtigte bei der Bank oder Sparkasse Überweisungen erledigen oder Geld abheben darf.

Die meisten Kreditinstitute legen in ihren Geschäftsbedingungen fest, dass der Vollmachtgeber und der Bevollmächtigte gemeinsam ein institutseigenes Formular unterschreiben und die Details festlegen müssen. Die Banken akzeptieren alternativ allenfalls eine notariell beurkundete Vollmacht.

Patientenverfügung sinnvoll

Eine Patientenverfügung kann eine Vorsorgevollmacht ergänzen. Darin kann ein Mensch festlegen, welche medizinischen Behandlungen und Maßnahmen er wünscht oder ablehnt, wenn er sich selbst nicht mehr äußern kann. Er hilft damit auch Menschen, die er bevollmächtigt hat, bei der Entscheidung.

Der Arzt muss sich an den in der Patientenverfügung formulierten Willen halten, zum Beispiel muss er lebensverlängernde Maßnahmen unterlassen, selbst wenn er der Überzeugung ist, dass diese medizinisch angezeigt wären.

Die Entscheidung für eine Patientenverfügung muss jeder für sich treffen. Erst muss sich ein Mensch über die eigenen Wertvorstellungen zu Leben, Sterben und Tod klarwerden – dann fällt es leichter, sich bewusst für oder gegen eine Patientenverfügung zu entscheiden. ■

Familienfehde

Was ist, wenn ich selbst nicht mehr entscheiden kann? Vorsorgevollmachten helfen. Doch manchmal gibt es darüber Streit.

Finanztest 10/2014 Der Fall ist nicht ungewöhnlich: In einem Pflegeheim in Bad Krozingen im Breisgau gibt es Streit, ob ein an Demenz erkrankter Bewohner richtig betreut wird. Da es um den 95-jährigen Alt-Bundespräsidenten Walter Scheel geht, beschäftigt die Sache allerdings die Öffentlichkeit. Scheels Ehefrau Barbara und Tochter Cornelia Scheel haben unterschiedliche Auffassungen darüber, was für den Bewohner das Beste ist. Da sie sich nicht einigen können, geht Cornelia Scheel gerichtlich gegen die Ehefrau vor.

Sie hat beim Amtsgericht Stauffen über ihren Anwalt einen Antrag auf Kontrollbetreuung eingereicht. Ein Mitspracherecht bei der Pflege ihres Vaters hat Cornelia Scheel nicht automatisch. In einer Vorsorgevollmacht hat Walter Scheel seine Ehefrau Barbara als Bevollmächtigte bestimmt. Damit kann sie für ihn Entscheidungen treffen.

Ohne Vollmacht nichts zu sagen

Was vielen oft nicht klar ist: In Deutschland vertreten Angehörige oder Ehepartner nicht automatisch die Interessen ihrer Angehörigen. Ohne Vorsorgevollmacht dürfen Ehepartner oder erwachsene Kinder nicht für sie sprechen und handeln. Deshalb ist es sinnvoll, frühzeitig in einer Vollmacht alles zu regeln. Der Bevollmächtigte übernimmt dann die Gesundheitsfürsorge und bestimmt, wo der Betroffene wohnt. Hat er eine Bankvollmacht, regelt er auch die Finanzen. Ohne diese Vorsorgevollmacht springt der Staat ein. Liegt jemand zum Beispiel nach einem Unfall im Krankenhaus und ist nicht ansprechbar, informieren Ärzte das Betreuungsgericht, eine Abteilung des Amtsgerichts. Das Gericht bestimmt dann einen rechtlichen Betreuer.

Antrag auf Kontrollbetreuung

Im Fall Scheel prüft das Amtsgericht Stauffen Cornelia Scheels Antrag. Bestätigen sich ihre Vorbehalte, kann das Gericht eine neutrale Person, einen sogenannten Verfahrenspfleger, als Kontrollbetreuer einsetzen.

Betreuungsrichter Karl-Josef Otto, der am Amtsgericht in Düren in Nordrhein-Westfalen seit über zehn Jahren Anträge auf Kontrollbetreuung auf dem Tisch hat: „Jeder, der bezweifelt, dass jemand gut betreut oder gepflegt wird, kann sich an das Gericht wenden. Das kann ein Angehöriger, Nachbar, Pflegeheimpersonal oder Arzt sein.“

Der Richter gewinnt in einer Anhörung einen persönlichen Eindruck von der Situation. „Kann der Betroffene nicht erscheinen, mache ich einen Hausbesuch.“ Bestätigen sich die Vorbehalte, kann ein Kontrollbetreuer eine Vorsorgevollmacht widerrufen.

Schwelende Familienkonflikte

Die Gründe, eine Kontrollbetreuung zu beantragen, sind vielfältig: Oft geht es um die richtige Pflege oder ärztliche Versorgung. Oder es gibt den Verdacht, dass der Betreute ausgenutzt wird. Hat ein Bevollmächtigter Geldgeschenke bekommen, bezweifeln Angehörige schon mal, dass dieser das Vermögen richtig verwaltet. Das Gericht soll das dann klären.

Richter Otto resümiert: „Solch ein Verfahren ist eine hochsensible Angelegenheit.“ Die Vorwürfe können berechtigt sein, sich aber auch als haltlos erweisen. Manchmal kochen schwelende Familienkonflikte hoch, in anderen Fällen ist üble Nachrede im Spiel. Oder es geht um die Sorge um das Familienerbe.

In so einem Fall stellten zwei Geschwister einen Antrag auf Kontrollbetreuung. Ihre jüngste Schwester hatte sich im Rahmen ihrer Vorsorgevollmacht jahrelang aufopferungsvoll um die schwer erkrankte Mutter gekümmert. Mit der Pflege zuhause überfordert, wollte sie die Mutter in ein Pflegeheim verlegen. Für die Finanzierung des Heimes musste das Haus verkauft werden. Die Geschwister wollten jedoch, dass die Mutter weiterhin zuhause gepflegt wird: „Sie wollten vor allem den Hausverkauf verhindern – ihr zukünftiges Erbe."

Gutachten über Geschäftsfähigkeit

Oft geht es in Kontrollbetreuungsverfahren auch darum, ob ein Betroffener geschäftsfähig war, als er eine Vorsorgevollmacht erteilte. Wusste er, was er tat? Hat er aus freiem Willen gehandelt? Krankheiten wie Demenz können Zweifel aufkommen lassen.

Dr. Karl Kreutzberg, Facharzt für Psychiatrie und Psychotherapie, erstellt Gerichtsgutachten zur Geschäftsfähigkeit: „Es geht darum herauszufinden, ob der Betroffene eine Entscheidung bewusst getroffen hat oder ob er aufgrund seiner Krankheit nicht dazu in der Lage war." Ärztliche Berichte, Pflegegutachten oder eine Heimakte zieht der Facharzt aus Berlin dafür heran. Auch Berichte von Nachbarn, Bekannten oder Pflegepersonal sind hilfreich. „Je mehr Nachweise ich habe, umso sicherer das Urteil."

Streit über die Geschäftsfähigkeit gibt es häufig, wenn jemand vermögend ist oder war. Verschenkt jemand in der letzten Phase seines Lebens Geld oder Immobilien, möglicherweise an die neue und etliche Jahrzehnte jüngere Lebensgefährtin, „fühlen sich manche Angehörige übergangen". Kreutzberg empfiehlt Vollmachtgebern, aber auch Nutznießern, sich rechtzeitig abzusichern.

Ein Gutachten über die eigene Geschäftsfähigkeit, zeitgleich mit einer Vorsorgevollmacht erstellt, kann mehr Rechtssicherheit schaffen. „Vermögende Vollmachtgeber sollten sich klar darüber sein, dass um ihr Vermögen gekämpft wird." Ein Privatgutachten von einem Facharzt kostet, je nach Umfang, mindestens etwa 200 Euro.

Unser Rat

Vorsorgevollmacht. Mit einer Vorsorgevollmacht können Sie für den Fall vorsorgen, dass Sie nicht mehr selbst entscheiden können, zum Beispiel nach einem Unfall oder wegen einer Krankheit. Menschen Ihrer Wahl können dann als Bevollmächtigte für Sie über ärztliche Behandlung, Finanzen oder Aufenthalt bestimmen. Sinnvoll ist, diese Dinge ab dem 18. Geburtstag zu klären. Ehepartner oder erwachsene Kinder dürfen nicht automatisch für einen entscheiden. Wer niemanden bevollmächtigen will, sollte eine Betreuungsverfügung ausfüllen.

Rechtlichen Rat einholen. Damit es zu keinem Streit über Ihre Vorsorgevollmacht kommt, gibt es für Sie Möglichkeiten, sich rechtlich umfassend abzusichern. Holen Sie sich Rat bei einem Notar oder Rechtsanwalt.

Kontrollbetreuung beantragen. Haben Sie den Verdacht, dass jemand schlecht oder unzureichend betreut wird, können Sie dem Amtsgericht oder einer Betreuungsbehörde Ihre Zweifel melden und einen Antrag auf Kontrollbetreuung stellen. Bestätigen sich Ihre Vorbehalte, setzt das Gericht einen Kontrollbetreuer ein.

Immer mehr Vorsorgevollmachten

Streit über die richtige Betreuung kranker oder älterer Menschen lässt sich nicht generell ausschließen. Dennoch ist es wichtig, dass Menschen in einer Vorsorgevollmacht selbstverantwortlich festlegen, wer ihre Rechte wahrnehmen soll. In Anbetracht von mehr als 2,4 Millionen beim Zentralen Vorsorgeregister gezählten Vorsorgevollmachten ist die Zahl der Streitfälle gering. Richter Otto: „In etwa 99,9 Prozent der Fälle gibt es keine Probleme. Die meisten Bevollmächtigten oder Betreuer nehmen ihre Aufgaben verantwortungsvoll wahr." ■

Gute Noten für mehr Leistung

Hohe Anwaltskosten machen Rechtsschutz sinnvoll. Gute Angebote gibt es ab 222 Euro im Jahr. Doch keines deckt jeden Streit ab.

Finanztest 12/2014 Rechtsschutzpakete für Nichtselbstständige bieten Schutz bei vielen Streitigkeiten in den Lebensbereichen Privat, Beruf und Verkehr. Die Verträge sind weit verbreitet. Rund 8,6 Millionen gibt es in Deutschland.

Finanztest hat 55 aktuelle Paketangebote getestet. Das Ergebnis ist ordentlich: 22 Angebote sind gut, 20 befriedigend. 13 Tarife bekamen die Note ausreichend (siehe S. 35). Ein gutes Angebot kostet zwischen 222 Euro (Huk24) und 458 Euro (Roland) pro Jahr.

Der Gesamtverband der Deutschen Versicherungswirtschaft entwirft zwar Musterbedingungen für die Versicherer. Doch diese Bedingungen haben große Lücken. Gute Rechtsschutzversicherungen bieten in wichtigen Lebensbereichen mehr als den Basisschutz.

Schutz für Mieter und Eigentümer muss meist dazugekauft werden

Kunden, die auch Rechtsschutz für Mieter oder Eigentümer wünschen, müssen diesen in der Regel dazukaufen. Der gute Tarif PBV Plus der Huk24 wird damit um 55 Euro teurer und kostet dann 277 Euro pro Jahr.

Bei einigen der getesteten Rechtsschutzpaketen ist der Schutz für Mieter und Eigentümer bereits inklusive. Das gilt etwa für den guten Tarif Jurprivat der Auxilia. Er kostet 299 Euro pro Jahr.

Viele gute Tarife zahlen im Familien- und Erbrecht mehr als eine Beratung

Im Test am besten abgeschnitten haben der Premium-Tarif der DAS und der Privat-Tarif der Deurag, der unter der Marke Allrecht verkauft wird. Der DAS-Tarif kostet für eine Familie 366 Euro pro Jahr, das Allrecht-Angebot 284 Euro jährlich. Die beiden Tarife unterscheiden sich von vielen schlechteren Angeboten etwa in den Leistungen im Familien- und Erbrecht.

Üblicherweise bezahlen Versicherer nur eine Erstberatung vom Anwalt im Wert von 250 Euro, wenn es um Fragen rund um ein Erbe oder den Unterhalt geht. Anwaltliche Hilfe, die über die Beratung hinausgeht, wie etwa Schriftverkehr mit den Mitgliedern einer Erbengemeinschaft, zahlt der Kunde selbst.

Die guten Angebote von Allrecht und DAS bieten mehr: DAS übernimmt bis zu 1000 Euro der Kosten eines außergerichtlich tätigen Anwalts, Allrecht immerhin 750 Euro.

Früher Rechtsschutz bei Behördenärger wichtig

Viele Angebote, die nur befriedigend oder ausreichend sind, gewähren Rechtsschutz bei Ärger mit einer gesetzlichen Krankenkasse oder dem Finanzamt erst, wenn die Sache vor Gericht geht. Vor einem Prozess muss der Betroffene aber Widerspruch einlegen gegen die Ablehnung der beantragten Kur oder den ungünstigen Steuerbescheid. Wer das auf eigene Faust tut, kann viel falsch machen.

Das kann die Erfolgschancen einer anschließenden Klage erheblich mindern. Es ist deshalb sehr hilfreich, frühzeitig einen Anwalt einzuschalten.

Viele gute Tarife übernehmen die Anwaltskosten für einen Widerspruch. Auch die Testsieger, der Allrecht-Tarif und das Premium-Angebot der DAS, gewähren bereits im Vorverfahren Rechtsschutz.

Einige gute Tarife verzichten bei Vertragsärger auf die Wartezeit

Die Versicherer helfen normalerweise nur bei Ärger, der erst nach Abschluss des Rechts-

Unser Rat

Entscheidung. Eine Rechtsschutzversicherung ist sinnvoll. Wichtiger sind aber Policen wie eine Privathaftpflicht- oder eine Berufsunfähigkeitsversicherung. Nur wenn Sie sich mehr leisten können, kommt Rechtsschutz infrage.

Angebote. Die besten Pakete aus Privat-, Berufs- und Verkehrsrechtsschutz sind der Tarif **Privat** der **Allrecht/Deurag** und der Tarif **Premium** der **DAS**. Sie kosten 284 und 366 Euro pro Jahr. Das günstigste gute Angebot ist der Tarif **PBV Plus** der **Huk24** für 222 Euro jährlich. Rechtsstreit um konservative Geldanlagen wie Sparverträge oder eine Lebensversicherung sind im PBV Plus aber nur begrenzt versichert. Gut und günstig ist mit einem Jahresbeitrag von 206 Euro auch der Tarif **PBV** der **Auxilia**. Auxilia-Kunden müssen aber Mitglied im Verein Kraftfahrer-Schutz werden. Das kostet einer Familie zusätzlich 33 Euro pro Jahr. All diese Tarife sind Familientarife. Kinder und der Partner sind mitversichert, ein nichtehelicher Partner sollte im Versicherungsschein genannt sein.

Selbstbeteiligung. Vereinbaren Sie 150 Euro Selbstbeteiligung für den Rechtsschutzfall. Ohne Selbstbeteiligung verteuert sich der Jahresbeitrag oft um mehr als 100 Euro.

Ersparnis. Wenn Sie 250 Euro als Selbstbeteiligung festlegen, sinkt der Beitrag bei **Allrecht/Deurag** auf 255 Euro, der Premium-Tarif der **DAS** kostet dann 337 Euro. Sehr günstig wird der gute PBV der **Auxilia**. Er kostet dann nur noch 177 Euro pro Jahr.

schutzvertrags entsteht. Die dreimonatige Wartezeit gilt in der Regel auch bei Ärger mit einem Vertragspartner.

Beispiel Autokauf Ein Kunde schließt eine Rechtsschutzversicherung ab. Zwei Monate später kauft er sich einen Gebrauchtwagen. Es stellt sich heraus, dass der Verkäufer den Kilometerstand manipuliert hat. Weil das Rechtsproblem in die Wartezeit fällt, muss er den Anwalt, mit dem er gegen den Verkäufer vorgeht, selbst bezahlen.

Einige Angebote sind verbraucherfreundlicher und verzichten bei Vertragsärger auf die dreimonatige Wartezeit. Dazu gehören die guten Angebote von Allrecht, HDI/Roland, Arag, Deurag, Roland und Örag.

Allrecht und Premium-Angebot der DAS gut für konservative Anleger

Ein guter Tarif zeichnet sich auch dadurch aus, dass er bei Streit um Geldanlagen wenigstens etwas Rechtsschutz gewährt.

Das Allrecht-Angebot und der Premium-Tarif der DAS decken die Kosten für Ärger um

Checkliste

Rechtsschutz nötig?

- **Partner.** Leben Sie mit einem Partner zusammen, der schon Rechtsschutz hat, sind Sie in der Regel über ihn mitversichert. Fragen Sie beim Versicherer nach.
- **Arbeits- und Mietrecht.** Gewerkschaftsmitglieder haben meist schon Berufsrechtsschutz, Mitglieder im Mieterverein schon Mietrechtsschutz. Damit sind wichtige Bereiche bereits abgedeckt.
- **Haftpflicht.** Suchen Sie Schutz für den Fall, dass jemand zum Beispiel nach einem Unfall mit Verletzten Schadenersatz von Ihnen verlangt, dann brauchen Sie keine Rechtsschutzversicherung, sondern – je nach Fall – eine Privathaftpflicht- oder Kfz-Haftpflichtversicherung. Sie zahlt den Schaden oder wehrt den Anspruch ab.

konservative Anlagen wie Sparverträge, Riester-Renten oder Lebensversicherungen zum Beispiel unbegrenzt.

Rechtsschutz bei riskanteren Anlagen wie Aktien oder Fonds übernimmt kein Angebot ohne Einschränkung. Allrecht etwa gewährt hier gar keinen Schutz. Die DAS zahlt bei Streit um Aktien und Fonds zwar voll, aber nur solange die angelegte Summe 20 000 Euro nicht übersteigt.

Nicht von Extras wie telefonischer Rechtsberatung blenden lassen

Alle Versicherer werben mit Zusatzdiensten wie telefonischer Rechtsberatung. Nach unseren Informationen geht es dabei oft darum, den Kunden vom Besuch einer Anwaltskanzlei abzuhalten. Das berichtet ein Jurist, der für viele große Versicherer gearbeitet hat.

Die Juristen an den Hotlines sind für die Versicherer billiger als die Anwälte in der Kanzlei. Natürlich gibt es Fragen, die ein Anwalt telefonisch klären kann. Aber wenn Unterlagen wie ein Mietvertrag durchzusehen sind, sollte der Kunde in die Kanzlei gehen.

Finanztest rät zur Vorsicht, wenn Kunden bei ihrer Versicherungsgesellschaft anrufen. Niemand muss sich mit einer telefonischen Rechtsberatung abfinden. Versicherte dürfen ihren Rechtsanwalt frei auswählen.

Wer versichert ist und rechtlich Ärger bekommt, geht am besten erst zum Anwalt. Dieser kann dann die Deckungszusage von der Rechtsschutzversicherung einholen. ■

Neuer Vertrag

So klappt der Versicherungswechsel

Kunden, die ihre Rechtsschutzversicherung wechseln wollen, sollten dies beachten:

Kündigungsfrist

Hat der Kunde eine Rechtsschutzversicherung für ein Jahr abgeschlossen, die sich jeweils um ein Jahr verlängert, kann er diese mit einer Dreimonatsfrist zum Ende des jeweiligen Jahres kündigen. Es gibt aber auch Verträge mit fünf Jahren Laufzeit. Diese können Versicherungsnehmer zum Ende des dritten Jahres, in den darauffolgenden Jahren jeweils zum Jahresende mit der Dreimonatsfrist kündigen.

Altfälle bei neuem Versicherer

Kunden sollten sich frühzeitig einen neuen Anbieter suchen. Nur wenn sie nahtlos zu einer neuen Rechtsschutzversicherung wechseln, übernimmt der neue Anbieter auch die Rechtsfälle, die zeitlich eigentlich noch zum alten Versicherer gehören.

Beispiel Ein Arbeitnehmer ist im Jahr 2012 bei Versicherer A rechtsschutzversichert. Weil er mehrfach verspätet zur Arbeit erscheint, erhält er 2013 eine Abmahnung. 2014 wechselt er nahtlos zu einer Rechtsschutzversicherung, die günstiger ist. Im Jahr 2015 erhält er wegen wiederholten Zuspätkommens die Kündigung. Der Arbeitnehmer benötigt anwaltliche Hilfe. Der neue Rechtsschutzversicherer übernimmt den Fall, weil der Versichererwechsel ohne zeitliche Lücke erfolgt ist und auch beim neuen Anbieter Arbeitsrecht versichert ist.

Veränderte Leistung beachten

Da die Versicherer den Umfang des Rechtsschutzes in neuen Verträgen manchmal verschlechtern, sollten Kunden darauf achten, ob sie durch einen Wechsel Schutz verlieren. Beim Vergleich von alten und neuen Bedingungen helfen die Verbraucherzentralen.

Tipp Wer großen Wert auf Rechtsschutz bei Streit um Geldanlagen legt und noch einen Vertrag aus der Zeit vor 2009 hat, behält diesen besser. Viele neue Verträge bieten in diesem Bereich weniger Schutz.

Finanztest Die besten Rechtsschutzpakete

Anbieter	Bezeichnung	Finanztest QUALITÄTS-URTEIL	Versicherungsbedingungen 90 %	Verständlichkeit 10 %	Jahresbeitrag bei 150 Euro Selbstbeteiligung (Euro)	Schadenfreiheitsbonus
Allrecht/ Deurag	Privat	GUT (1,8)	+ (1,6)	⊖ (4,2)	284	❑
DAS	Premium	GUT (1,8)	+ (1,6)	⊖ (4,5)	366	■
Arag	Aktiv Premium	GUT (2,0)	+ (1,7)	⊖ (4,2)	345	■
HDI/Roland	Basis + RisikoPlus + Rundum Sorglos	GUT (2,0)	+ (1,7)	— (4,9)	313	❑
Bruderhilfe	PBV Plus	GUT (2,1)	+ (1,8)	— (4,6)	262[1]	■[1]
Deurag	PBV + § 30 Privat	GUT (2,1)	+ (1,9)	⊖ (4,0)	326	❑
DMB Rechtsschutz	Prestige	GUT (2,1)	+ (1,8)	— (4,9)	286	■
HDI/Roland	Basis + RisikoPlus	GUT (2,1)	+ (1,8)	— (4,9)	298	❑
Huk24	PBV Plus @	GUT (2,1)	+ (1,8)	— (4,6)	222[1]	■[1]
Huk-Coburg	PBV Plus	GUT (2,1)	+ (1,8)	— (4,6)	228[1]	■[1]
WGV	PBV Optimal	GUT (2,1)	+ (2,0)	○ (3,1)	233	❑
Advocard	360°	GUT (2,2)	+ (1,9)	— (4,9)	403[2]	■
Allianz	PBV Plus	GUT (2,2)	+ (2,1)	⊖ (3,8)	359–414[3]	■
Auxilia	Jurprivat Ⓔ	GUT (2,2)	+ (1,9)	— (4,9)	266[2][4]	❑
Auxilia	PBV Ⓔ	GUT (2,2)	+ (1,9)	— (4,7)	206[4]	❑
Roland	Kompakt-Plus	GUT (2,2)	+ (1,9)	— (5,0)	458[2]	❑
Württembergische	Premium	GUT (2,2)	+ (1,9)	— (4,9)	368	■
DEVK	Premium	GUT (2,4)	+ (2,1)	— (4,6)	314[2]	❑
GVO	Vit	GUT (2,4)	+ (2,2)	— (4,9)	389	❑
Rechtsschutz Union/Alte Leipziger	Comfort	GUT (2,4)	+ (2,1)	— (5,0)	317–334[3]	■
Arag	Aktiv Komfort	GUT (2,5)	+ (2,3)	⊖ (4,2)	249	■
Örag	PVB	GUT (2,5)	+ (2,3)	— (5,0)	230	■

Bewertung:
++ = SEHR GUT (0,5–1,5). + = GUT (1,6–2,5).
○ = BEFRIEDIGEND (2,6–3,5).
⊖ = AUSREICHEND (3,6–4,5).
— = MANGELHAFT (4,6–5,5).

Bei gleichem Qualitätsurteil Reihenfolge nach Alphabet.

■ = Ja. ❑ = Nein.
@ = Angebot nur über Internet.

Ⓔ = Angebot regional oder auf Personengruppen eingeschränkt.

1) Selbstbehalt kann bei ungünstigem Schadenverlauf auf maximal 400 Euro steigen.
2) Inklusive Immobilienrechtsschutz.
3) Wohnortabhängiger Beitrag. Niedrigste und höchste Beitragsregion genannt.
4) Zuzüglich 33 Euro Familienmitgliedsbeitrag für Kraftfahrer-Schutz e. V.

Stand: 1. Oktober 2014

Teurer Musikgenuss

Laden Internetnutzer Musik, Filme oder Computerspiele unerlaubt herunter, kann das teuer werden. Doch die Beträge sind verhandelbar.

Finanztest 4/2014 Eine Musikdatei im Internet herunterzuladen, kann richtig teuer werden. Der Nutzer muss mit einer Abmahnung rechnen, die ihn zwischen 300 und 3000 Euro pro Fall kostet. Das geforderte Geld ist der Ersatz des Schadens, der dem Urheber oder Rechteinhaber entsteht, zum Beispiel eine entgangene Einnahme durch den Verkauf einer CD, einer DVD oder eines Fotos.

Abmahnungen gibt es wegen heruntergeladener Filme, Software und Produktfotos, die Nutzer für ihre Ebay-Auktion verwenden, oder auch wegen unerlaubt genutzter Stadtplanausschnitte auf der Firmenhomepage.

Bei der Schadensberechnung wird zugrundegelegt, was der Abgemahnte gezahlt hätte, wenn er die Rechte ordnungsgemäß erworben hätte. Hinzu kommen die Anwaltskosten, die der Rechteinhaber dem Abgemahnten in Rechnung stellen kann.

Tatort Tauschbörse

Der Vorwurf beim Herunterladen von Musikdateien lautet häufig, dass der Nutzer das Album anderen illegal zum Tausch angeboten hat.

Bei Tauschbörsen im Internet – wie Bittorrent und Shareaza – können die Nutzer in sogenannten Peer-to-Peer-Netzwerken Dateien herunterladen: Filme, Musik oder Computerspiele. Man spricht vom Filesharing. Die Crux: Wenn der Internetnutzer eine Datei herunterlädt, wird diese für einige Zeit auch gleichzeitig hochgeladen und steht solange anderen Nutzern zur Verfügung. Knapp gesagt: Herunterladen gleich hochladen. Hochladen gleich „zum Tausch anbieten".

Viele Tauschbörsennutzer wissen das gar nicht. Sie vervielfältigen Dateien automatisch. Doch das dürfen nur die Rechteinhaber, die sich mit Abmahnungen wehren.

Auch das bloße Herunterladen von Dateien ist meist verboten, da sie in Tauschbörsen oft illegal angeboten werden. Trotzdem verfolgen die Anwälte, die die Abmahnungen für die Rechteinhaber verschicken, vor allem das „Tauschangebot" durch das Hochladen der Dateien. Das können sie einfacher nachweisen. Für ein einmaliges Herunterladen kann der Rechteinhaber außerdem weit weniger Schadenersatz fordern.

Denn indem der Nutzer die Datei anderen zum Download zur Verfügung stellt, erhalten unter Umständen hunderte von Interessenten das Album kostenlos. Damit ist der mögliche Schaden, den der Rechteinhaber geltend machen kann, sehr viel höher.

Verstöße massenhaft verfolgt

Raubkopien waren schon immer verboten, denn sie verletzen das Urheber- oder Nutzungsrecht eines anderen. Früher wanderten kopierte Filme oder CDs für ein paar Mark von Hand zu Hand, aber dann allenfalls in die zweite Reihe im Regal zuhause. Die Geschädigten hatten es schwer, eine Rechtsverletzung nachzuweisen.

In Zeiten des Internets können Urheberrechte zwar in viel größerem Umfang verletzt werden. Aber sie werden jetzt auch massenhaft verfolgt. Ermittlungsfirmen überwachen im Auftrag der Rechteinhaber die Netzwerke, über die Dateien ausgetauscht werden. Stellen diese Firmen fest, dass ein Nutzer eine Datei unerlaubt heruntergeladen hat, dokumentieren sie das anhand der IP-Adresse, des Datums, der Uhrzeit, des Netzwerks sowie der fraglichen Datei.

Mithilfe dieser Informationen gelangen sie an den Namen des Anschlussinhabers – entweder im Rahmen eines Strafverfahrens oder durch eine richterliche Anordnung im Zivilverfahren gegen den Provider.

Vorsicht mit Fotos und Stadtplänen

Aber nicht nur Tauschbörsen-Nutzer müssen aufpassen, auch die Nutzung von Produktfotos ist gefährlich. Gern greifen Verkäufer zum Beispiel für eine Ebay-Auktion auf die Originalproduktfotos des Herstellers ihres angebotenen Produkts zurück. Ohne Einverständnis ist das aber nicht erlaubt. Die geforderten Beträge für diesen Verstoß liegen bei mehreren hundert Euro.

Ebenfalls verboten ist es, Ausschnitte von urheberrechtlich geschützten Stadtplänen auf die eigene Homepage zu stellen – es sei denn, man hat einen Lizenzvertrag abgeschlossen, der einem die Nutzungsrechte einräumt. Ein solches Nutzungsrecht kostet ein paar hundert Euro, aber man ist damit rechtlich auf der sicheren Seite.

Abmahnung kommt – was tun?

Eine Abmahnung besteht aus der Zahlungsaufforderung und einer Unterlassungserklärung. Juristisch gesehen ist sie ein Vergleichsangebot, das für den Empfänger Drohung und Chance zugleich darstellt.

Wenn der Betroffene die Unterlassungserklärung abgibt, sich daran hält sowie die geforderte Pauschale zahlt, vermeidet er ein mögliches Zivilgerichtsverfahren. Reagiert er hingegen nicht, können in einer späteren gerichtlichen Auseinandersetzung wesentlich höhere Kosten auf ihn zukommen.

Aber nicht jede Abmahnung ist berechtigt. Deshalb sollte sich der Betroffene zunächst die Frage stellen: War ich es überhaupt? Vielleicht war der Abgemahnte zum fraglichen Zeitpunkt nachweislich nicht zuhause. Oder er besitzt vielleicht weder einen Computer noch einen DSL-Router.

Besser mit Anwalt

Ist die Forderung berechtigt, kommt der Abgemahnte meist nicht um eine Unterlassungserklärung herum. Die vorgefertigte Erklärung sollte er nicht ohne rechtliche Prüfung unterzeichnen. Denn diese Formulierung ist meist nachteilig für den Abgemahnten. Erstens erkennt der Unterzeichner die Anwaltskosten der Gegenseite uneingeschränkt an. Zweitens ist die in der Erklärung festgelegte Vertragsstrafe oft zu hoch bemessen. Die Unterlassungserklärung sollte also unbedingt abgemildert werden. Das ist im Zweifel Sache eines Anwalts, der sich gut mit der Materie auskennt.

Der Betroffene sollte auch nicht übereilt die geforderte Summe bezahlen. Über die Höhe des Schadenersatzes lässt sich oft verhandeln.

Viele Rechtsanwälte berechnen für die außergerichtliche Verteidigung in Abmahnsachen Pauschalen von etwa 200 bis 500 Euro. Die Rechtsschutzversicherung trägt die Kosten meistens nicht, höchstens auf Kulanzbasis.

Unser Rat

Reagieren. Erhalten Sie eine Abmahnung, gehen Sie am besten zu einem Anwalt. Wenn Sie nicht reagieren und Fristen versäumen, droht eine einstweilige Verfügung. Das ist eine vorläufige Entscheidung des Gerichts, die der Rechteinhaber schnell erwirken kann. Das Verfahren verursacht weitere hohe Kosten. Wehren Sie sich, wenn Sie die Abmahnung für unberechtigt halten.

Ändern. Auch wenn die Abmahnung berechtigt ist, sollten Sie nur eine veränderte Unterlassungserklärung abgeben. Versuchen Sie etwa, eine geringere Vertragsstrafe zu vereinbaren.

Begrenzen. Versuchen Sie, mit der Gegenseite über die Höhe des Schadenersatzes zu verhandeln. Unter Hinweis auf die eigene finanzielle Situation lässt sich der geforderte Betrag oft reduzieren.

Helmut Weigel hat seinen Vater gepflegt. Dadurch wurde er Mitglied der gesetzlichen Rentenversicherung und hat Anspruch auf die Riester-Förderung.

Seite 51

Gesetzliche Rentenversicherung **S. 40,** Rentenrefom 2014 **S. 42,** Altersvorsorge für Selbstständige **S. 45,** Private Rentenversicherung **S. 48,** Riester-Rente **S. 51,** Rürup-Rente **S. 53,** Vermögenswirksame Leistungen **S. 56,** Tagesgeldkonto **S. 59,** Tages- und Festgeld **S. 62,** Rentenfonds Euro **S. 66,** Banksparpläne **S. 70,** Saubere Geldanlage **S. 74,** Finanzvermittler **S. 77,** Fonds richtig kaufen **S. 80,** Erfolgsgebühren für Aktienfonds **S. 82,** Informationsblätter für Indexfonds **S. 84,** Fondssparpläne **S. 87,** Aktienfonds Welt **S. 90,** Sicherheit von Spargeld **S. 94,** Unseriöse Geldanlage **S. 97,** Anlagefehler vermeiden **S. 100,** Crowdfunding **S. 102**

FOTO: JÜRGEN SCHULZKI

Freiwillige vor

Freiwillige Beiträge für eine gesetzliche Rente können sich lohnen. Ältere Beamte, Freiberufler und Mütter können sogar eine Sofortrente erhalten.

Finanztest 2/2014 Freiwillige Beiträge in die gesetzliche Rentenversicherung? Noch vor wenigen Jahren hätten sich viele bei diesem Gedanken an die Stirn getippt und das für absurd befunden. Das gesetzliche System galt vielen als unrentabel.

Nun zeigen Finanzmarktkrise und niedrige Zinsen, dass eine Altersvorsorge, die nicht unmittelbar auf den Kapitalmärkten basiert, viele Vorteile hat. Vor allem ältere Beamte, Freiberufler, Selbstständige und Mütter, die nicht in der gesetzlichen Rentenversicherung pflichtversichert sind, können sie nutzen.

Pflichtversicherte jedoch können ihre Rente nicht mit freiwilligen Beiträgen steigern. Mit einer Ausnahme: Gehen sie vorzeitig in Rente, können sie die fehlenden Abschläge mit einem Einmalbeitrag ausgleichen. Ob sich dies für sie lohnt, sollten sie mit ihren Rentenversicherer in einem persönlichen Beratungsgespräch klären. Die Beratung ist kostenlos.

Mütter füllen fehlende Jahre auf

Für Kinder, die 1992 und später geboren wurden, bekommen Mütter drei Jahre Kindererziehungszeiten angerechnet. Für ein vor 1992 geborenes Kind gibt es zwei Jahre gutgeschrieben.

In all diesen Fällen reichen die Kindererziehungszeiten jedoch oft nicht aus, um einen Anspruch auf gesetzliche Rente zu erwerben. Dafür sind mindestens fünf Jahre notwendig.

Nicht pflichtversicherte Mütter müssen die fehlenden Jahre mit eigenen Beiträgen ergänzen, wenn sie eine gesetzliche Rente bekommen wollen.

Mütter, die vor 1955 geboren wurden und die nicht genug Jahre beisammenhaben, dürfen den Beitrag auf einmal einzahlen. Sie sollten die fehlende Zeit auf jeden Fall mit Beiträgen auffüllen.

Bei drei Jahren Erziehungszeiten fehlen noch zwei Jahre, um die Mindestversicherungszeit – auch Wartezeit genannt – zu erfüllen. Eine Mutter im Rentenalter, die jetzt ihren Anspruch sichern will, muss dafür mindestens 2 041,20 Euro einzahlen. So sichert sie sich eine monatliche Rente von derzeit rund 90 Euro.

Extra für Beamte und Freiberufler

Auch Freiberufler dürfen sich eine gesetzliche Rente sichern, gleichsam als zweite Säule ihrer Altersvorsorge – egal, ob sie Kinder haben oder nicht. Ihnen steht die gesetzliche Rentenversicherung seit August 2010 uneingeschränkt offen

Ihre Einzahlungen können die Freiberufler wie alle anderen frei wählen zwischen dem monatlichen Mindestbeitrag von 85,05 Euro und dem Höchstbeitrag von derzeit 1124,55 Euro.

Der Höchstbeitrag wird jedes Jahr neu festgelegt. Im Jahr 2013 lag er noch bei 1 096,20 Euro pro Monat.

Selbst Freiberufler im Ruhestand können noch etwas für ihre Altersvorsorge tun. Diese Möglichkeit haben auch noch Beamte. Dafür gibt es allerdings eine Voraussetzung: Sie waren am 10. August 2010 bereits so alt, dass sie bis zum regulären Ruhestand weniger als fünf Jahre haben und deshalb mit laufenden freiwilligen Beiträgen bis dahin keine gesetzliche Rente mehr erwerben können. Sie müssen also vor September 1950 geboren sein.

Spätestens bis zum Ende 2015 müssen sie den Antrag auf freiwillige Beiträge bei der Deutschen Rentenversicherung stellen.

Unser Rat

Mütter. Lassen Sie Ihren Anspruch auf gesetzliche Rente nicht verfallen, den jede Mutter hat. Sie müssen sich darum kümmern, wenn Sie nicht die fünf Jahre Mindestversicherungszeit erreichen, die für eine gesetzliche Rente notwendig sind. Die fehlenden Jahre können Sie durch freiwillige Beiträge auffüllen. Wenn Sie noch viel Zeit bis zur Rente haben und bis dahin die fehlenden Jahre durch Rentenbeiträge in einem sozialversicherungspflichtigen Job ausgleichen können, sind freiwillige Beiträge kein Thema für Sie.

Beamte, Freiberufler, Selbstständige. Freiwillige Beiträge in die gesetzliche Rentenversicherung lohnen sich, wenn Sie privat krankenversichert und bereits im Ruhestand sind. Das bringt derzeit mehr als eine private Sofortrente oder eine Rürup-Rente. Auch wenn Sie noch Jahre bis zur Rente haben, können sich freiwillige Beiträge lohnen. Diese Möglichkeit haben aber nur Freiberufler und Selbstständige.

Angestellte. Wenn Sie als Angestellter in der gesetzlichen Rentenversicherung pflichtversichert sind, dürfen Sie nur in einem Fall freiwillige Beiträge einzahlen: Sie können damit die Abschläge bei vorzeitigem Rentenbeginn ausgleichen. Lassen Sie sich von der Deutschen Rentenversicherung (Tel. 0800/10004 8025) oder von Ihrem Steuerberater beraten, ob sich das lohnt. Die gesetzliche Bruttorente ist meist viel höher als eine private Sofortrente. Doch entscheidend ist, was Ihnen nach Abzug von Steuern und Krankenversicherungsbeitrag bleibt.

Versäumen sie diese Frist, bleibt ihnen eine gesetzliche Rente verwehrt.

Gesetzliche Sofortrente

Für privat krankenversicherte Freiberufler und Beamte ist eine gesetzliche Rente gegen Einmalbeitrag besonders attraktiv. Sie zahlen dafür keine zusätzlichen Beiträge zur Krankenversicherung und bekommen auf Antrag trotzdem 7,3 Prozent ihrer Rente als Zuschuss zur Krankenversicherung. Der Zuschuss erhöht also ihr Alterseinkommen.

Auch schmälert eine mit freiwilligen Beiträgen aufgebaute gesetzliche Rente nicht die Beamtenpension. Es gibt beides: die volle Rente und die volle Pension.

Bei einem Beamten oder privat krankenversicherten Freiberufler schneidet die gesetzliche Rente im Vergleich zu einer staatlich geförderten Rürup-Rente und einer privaten Sofortrente am besten ab. Für einen Einmalbeitrag von 20000 Euro bekommt ein Beamter im Ruhestand eine gesetzliche Nettorente von derzeit 79 Euro im Monat. Darüber hinaus spart er noch Steuern, weil er den Beitrag absetzen kann. Steckt er die 20000 Euro in eine private Rente gegen Einmalbeitrag, beträgt die Rente im ersten Jahr 72 Euro. Bei einer Rürup-Rente kommt er auf monatlich 61 Euro im Jahr des Rentenbeginns.

Sparer können auch mehr als 20000 Euro in eine Rürup-Rentenversicherung oder die gesetzliche Rentenversicherung einzahlen; allerdings können Alleinstehende pro Jahr nicht mehr als diesen Betrag beim Finanzamt geltend machen.

Die Rentenzusagen von Versicherungsgesellschaften können durch Überschüsse noch steigen. Ob sie das tun, hängt davon ab, wie viel ein Versicherer mit dem Geld der Kunden erwirtschaftet und wie viel vom Ertrag er den Kunden gutschreibt.

Die Steigerung der gesetzlichen Rente hängt von der Lohnentwicklung und dem Verhältnis von Rentnern und Beschäftigten ab. Wachsen die Löhne und die Zahl der Beschäftigten, steigen auch die Renten. ■

Für Mütter und Männer

Kindererziehung und ein langes Arbeitsleben zählen künftig mehr für die Rente. Millionen Mütter und hunderttausende Männer profitieren.

Finanztest 6/2014 Mütter sind sie alle – die fünf Freundinnen zwischen 65 und 76 Jahren. Doch Anspruch auf die neue Mütterrente, die im Juli eingeführt werden soll, haben nur zwei der bodenständig-resoluten Frauen aus Kreuztal im Siegerland: Angelika Tiburtius-Agbor und Bärbel Münker.

Beide Frauen haben Kinder, beide haben sozialversicherungspflichtig gearbeitet und Beiträge in die gesetzliche Rentenversicherung gezahlt. Deshalb bekommen beide eine eigene Rente, die ab Juli 2014 spürbar gestiegen ist, weil Kindererziehungszeit ab dann mehr für die Rente zählt. Münker zum Beispiel bekommt für ihre zwei Kinder 57 Euro mehr Rente im Monat.

Mütterrente und Rente mit 63

Bärbel Münker und Angelika Tiburtius-Agbor sind zwei von rund 9,45 Millionen Frauen, die eine Altersrente beziehen und vor 1992 Kinder bekommen haben. Sie alle erhalten seit Juli mehr Rente. Dazu kommen all die Mütter, die durch die Neuberechnung der Kindererziehungszeit erstmals Anspruch auf gesetzliche Rente haben.

Die Mütterrente ist ein Teil der Rentenreform der Bundesregierung. Die Reform gibt außerdem Langzeitversicherten die Möglichkeit, sich mit 63 Jahren ohne Renteneinbuße zur Ruhe zu setzen. Sie verbessert die Erwerbsminderungsrente und stellt mehr Geld für Reha-Maßnahmen der gesetzlichen Rentenversicherung bereit.

Von der Rente mit 63 profitieren vor allem Männer, weil sie sehr viel häufiger als Frauen die nötigen 45 Versicherungsjahre zusammenbekommen. Allein in diesem Jahr werden rund 200 000 Menschen die neue Regelung nutzen, zwei Drittel davon Männer, teilt die Bundesregierung auf eine parlamentarische Anfrage der bündnisgrünen Bundestagsfraktion mit.

Auch von der Mütter-Rente werden einige Männer profitieren, denn Geschiedene können den Versorgungsausgleich neu berechnen lassen, wenn sich Ansprüche aus Zeiten der Ehe verändert haben.

Erziehungszeit allein reicht oft nicht

Jutta Schneider, Kunigunde Schild und Irmgard Schauzu haben zwar Kinder erzogen, doch ihre Erziehungszeit allein reicht nicht für eine eigene Rente. Dafür ist eine Mindestversicherungszeit von fünf Jahren nötig. Die bekommen die Frauen nicht zusammen. Sie haben nie oder nicht lange genug sozialversicherungspflichtig gearbeitet.

Kindererziehung wird mit zweierlei Maß gemessen – schon bisher und auch in Zukunft: Entscheidend ist, ob ein Kind nach 1991 oder früher geboren wurde.

Frauen, die nach 1991 ein Kind auf die Welt gebracht haben, bekommen drei Jahre Erziehungszeit gutgeschrieben. Für früher geborene Kinder gibt es, wie im Fall der fünf Kreuztaler Mütter, bisher nur ein Jahr. Diese Ungleichbehandlung soll das neue Gesetz mildern. Seit Juli werden diesen Müttern zwei Jahre Erziehungszeit angerechnet. Das ist immer noch ein Jahr weniger als für Geburten nach 1991.

Jutta Schneider beispielsweise bekäme für ihr einziges Kind zwei Jahre gutgeschrieben. Drei Jahre fehlen der 69-Jährigen dann immer noch für einen Rentenanspruch.

Mehr Rente pro Kind

„Die Mütterrente ist eine Mogelpackung", kritisiert Tiburtius-Agbor. „Viele Mütter gehen leer aus." Das hat sie auch in einem Brief an Bundesarbeitsministerin Andrea Nahles geschrieben und dafür 140 Unterschriften gesammelt. Doch die meisten Mütter werden profitieren.

Ein Jahr Erziehungszeit zählt für die Rente stets so viel wie ein Jahr Arbeit mit Durchschnittsverdienst (Jahreseinkommen 34 857 Euro). Dafür gibt es einen Entgeltpunkt.

Die Zahl der Entgeltpunkte entscheidet über die Höhe der Rente. Für jeden Punkt gibt es 28,61 Euro Monatsrente im Westen und 26,39 Euro im Osten.

Zwei Kinder bringen 114 Euro Rente

Frauen wie Bärbel Münker wird seit Juli für jedes Kind ein Rentenpunkt mehr angerechnet. Bisher erhält die 65-Jährige für ihre Söhne Andreas und Boris 56 Euro im Monat (28 Euro pro Kind). Zusammen mit der Rente aus ihrer achtjährigen Tätigkeit als Verkäuferin in einem Textilgeschäft kommt Münker auf 140 Euro Rente im Monat.

Seit Juli bringen die beiden Söhne ihrer Mutter gut 114 Euro Rente statt bisher 56 Euro. Die Rente für ihre Kindererziehungszeit macht dann mehr als die Hälfte ihrer Gesamtrente von rund 197 Euro aus.

Münkers Mann hat 49 Jahre als angestellter Bäcker gearbeitet. „Mit unseren beiden Renten kommen wir gut aus“, sagt sie.

Mütter ohne Rente sollten nachzahlen

Auch Kunigunde Schild beklagt sich nicht. Wie die meisten Frauen, die vor 1992 Kinder geboren haben, ist sie einigermaßen abgesichert. Seit dem Tod ihres Mannes lebt sie von rund 1 000 Euro Witwenrente.

Schild war nur kurz berufstätig und nie selbst rentenversichert. Eine eigene Rente bekommt sie nicht. „Wie fast alle Mädchen damals habe ich jung geheiratet, mit 21 Jahren“, sagt sie. Allein mit der Kindererziehungszeit für ihre zwei 1962 und 1967 geborenen Kinder kommt sie nicht auf die fünf Jahre Mindestversicherungszeit (auch Wartezeit genannt).

Ein Jahr fehlt noch. Dafür könnte Schild Beiträge an die Rentenversicherung nachzahlen. Und das sollte sie auch tun. Wenn die 72-Jährige für das eine Jahr nur den Mindestbeitrag von 1 020,60 Euro nachzahlt, sichert sie sich eine lebenslange Monatsrente von 119 Euro.

Davon entfallen 114 Euro auf die Erziehungszeiten. Im Jahr käme Schild also auf 1428 Euro. Nach neun Monaten hätte sie ihren Beitrag schon heraus.

Noch größer wäre der Vorteil für Mütter, die noch nicht lange im Ruhestand sind oder kurz davor stehen. Im Durchschnitt beziehen Frauen gut 21 Jahre lang Rente.

Unser Rat

Mütter mit Rente. Wenn Sie schon eine eigene Rente bekommen und Ihnen bisher nur ein Jahr Erziehungszeit pro Kind angerechnet wird, brauchen Sie nichts zu tun. Sie bekommen automatisch mehr Rente.

Mütter ohne Rente. Stellen Sie einen Rentenantrag, wenn Sie erst jetzt durch die besser bewerteten Kindererziehungszeiten auf die fünf Jahre Mindestversicherungszeit kommen. Fehlen Ihnen immer noch Jahre, können Sie diese Jahre durch freiwillige Beiträge auffüllen. Das lohnt sich fast immer.

Versorgungsausgleich. Lassen Sie sich von einem Rentenberater oder einem Anwalt für Familienrecht beraten, bevor Sie bei Gericht eine Änderung des Versorgungsausgleichs beantragen. Die Änderung kann auch zu Ihren Lasten gehen, weil alle Anrechte neu bewertet werden.

Information. Die Deutsche Rentenversicherung informiert unter der kostenlosen Telefonnummer 0 800/1 00 04 80 25. Ausführliche Informationen zur Rente bietet auch unser Ratgeber „Der Rentenfahrplan“ (18,90 Euro, erhältlich im Buchhandel oder unter www.test.de/shop).

Zeiten für die frühere Rente

Das zählt für 45 Beitragsjahre

- Pflichtbeiträge aus sozialversicherungspflichtiger Beschäftigung
- Pflichtbeiträge aus selbstständiger Tätigkeit
- Arbeitslosengeld I
- 450-Euro Job
- Betriebliche Ausbildung (Lehre)
- Kindererziehungszeit (bis zum 10. Lebensjahr des Kindes)
- Pflege von Angehörigen
- Krankengeld
- Berufliche Weiterbildung oder Umschulung
- Kurzarbeitergeld, Insolvenzgeld
- Wehr- und Zivildienst

Das zählt nicht für 45 Beitragsjahre

- Schulausbildung
- Studium
- Freiwillige Rentenbeiträge
- Arbeitslosengeld II (Hartz IV)

Quelle: Gesetzentwurf der Bundesregierung

Versorgungsausgleich prüfen

Auch Väter können durch das Rentenplus für Kindererziehung profitiern. Entweder weil sie Erziehungszeiten vorweisen (das können nur 2 Prozent aller Väter) oder weil sie geschieden sind. Es kann passieren, dass ein geschiedener Vater künftig weniger an seine Exfrau zahlen muss, weil diese jetzt mehr Rente bekommt. Bisher gibt es aber keine Zahlen, wie viele Fälle das betrifft und wie hoch die Beträge sein werden.

Der Versorgungsausgleich im Rahmen einer Scheidung dient dazu, die Unterschiede in den Ansprüchen auszugleichen, die beide Partner während einer Ehe erworben haben. Ergibt sich später eine Veränderung, können Geschiedene beim Familiengericht ein Abänderungsverfahren beantragen.

So ein Verfahren ist jedoch nur zulässig, wenn die Veränderung „wesentlich" ist. Sie muss Mindestbeträge übersteigen, deren Höhe vom Einzelfall abhängig ist. Da dabei alle Ansprüche neu bewertet werden, sollten sich die Männer vorher von einem Rentenberater oder Anwalt beraten lassen.

Lohn für ein langes Arbeitsleben

Ein klarer Fall für Männer ist die Rente mit 63. Wer 45 Versicherungsjahre vorweist, darf sich seit Juli mit 63 Jahren ohne Renteneinbußen in den Ruhestand verabschieden. Zu den 45 Jahren zählen auch Zeiten mit Arbeitslosengeld I. Zeiten mit Arbeitslosengeld II oder Arbeitslosenhilfe bleiben außen vor (siehe Grafik oben).

Vor der Neuregelung mussten Versicherte für jeden Monat, den sie vor der Regelaltersgrenze in Rente gehen, eine Kürzung von 0,3 Prozent in Kauf nehmen. Die Regelaltersgrenze wird seit 2012 von damals noch 65 Jahren stufenweise auf 67 Jahre angehoben.

Jetzt können Arbeitnehmer mit 45 Versicherungsjahren ohne Abschlag bei der Rente schon früher aufhören. ■

Überraschung im Rentenduell

Die gesetzliche Rente macht für Selbstständige neben Rürup- und Privatrente keine schlechte Figur. Jeder kann sie nutzen.

Finanztest 1/2014 Die vielgescholtene gesetzliche Rente kann mit Angeboten privater Versicherer für Selbstständige mithalten. Nur wenige private Verträge könnten sie unter aktuellen Bedingungen schlagen. Das zeigen Berechnungen von Finanztest.

Seit Jahren sind die Zinsen am Kapitalmarkt niedrig. Das macht es Versicherern schwer, die Überschüsse zu erwirtschaften, die für eine ordentliche Rentenzahlung im Alter nötig sind. Derzeit fallen die Renten der Privaten oft viel niedriger aus, als sie es ihren Kunden bei Abschluss vorgerechnet haben.

Wir wollten wissen, ob das Geld von Selbstständigen vielleicht sogar besser in der gesetzlichen Rentenversicherung aufgehoben ist als in Verträgen der privaten Versicherer. Wir haben deshalb die gesetzliche Rente mit der steuerlich begünstigten Rürup-Rente und der privaten Rentenversicherung verglichen. Bei der Rürup-Rente hat Finanztest mit der klassischen Variante gerechnet, bei der die Beiträge wie in der privaten Rentenversicherung vorwiegend in sichere Zinsanlagen fließen. Heraus kam:

- Die gesetzliche Rente schlägt die garantierte Leistung der Rürup-Rentenversicherung und der privaten Rentenversicherung.
- Bezieht man die nicht garantierten Überschüsse mit ein, hat die Rürup-Rente die Nase vorn.
- Rürup- und Privatrentner zahlen oft weniger Krankenkassenbeiträge, wenn sie auch noch eine gesetzliche Rente beziehen.

Gesetzliche Rente konkurrenzfähig

Zunächst haben wir errechnet, welche Rentenhöhe Sparer erwarten können, wenn sie 30 Jahre lang auf eine lebenslange Rentenzahlung sparen. Das zeigt, wie leistungsstark die unterschiedlichen Varianten sind.

Unser Rat

Grundrente. Wenn Sie sich als Selbstständiger selbst um eine Grundrente kümmern müssen, sind die gesetzliche Rente oder die Rürup-Rente bessere Optionen als eine private Rentenversicherung. Hohe Steuervorteile in der Einzahlphase machen beide attraktiver. Die gesetzliche Rente bietet zusätzlich Hinterbliebenenschutz, Rehaleistungen und – für Pflichtversicherte – eine Erwerbsminderungsrente.

Freiwillig versichern. Jeder kann über die gesetzliche Rentenkasse vorsorgen. Den Beitrag für die freiwillige Mitgliedschaft können Sie derzeit zwischen 85 Euro und 1 125 Euro monatlich frei wählen. Aber auch hier gilt: Je mehr Sie einzahlen, desto höher fällt die Rente später aus.

Pflichtversicherung. Einige Selbstständige sind in der Rentenkasse pflichtversichert. Alle anderen können sich auf Antrag pflichtversichern. Vorteil: Anspruch auf Erwerbsminderungsrente und Riester-Förderung. Nachteil: Einmal drin, kommen Sie bis ans Ende der Tätigkeit nicht mehr heraus.

Richtiger Mix. Auch bei der Basisvorsorge nicht alles auf eine Karte setzen. Eine Mischung aus gesetzlicher und privater Vorsorge mit günstigen Tarifen ist sinnvoll.

Der Modellsparer zahlt 600 Euro monatlich ein. Bei einer durchschnittlichen Rentensteigerung von 2 Prozent pro Jahr und einer stufenweisen Erhöhung des Beitragssatzes von derzeit 18,9 Prozent auf 22 Prozent im Jahr 2030 bekäme er nach heutigem Stand 1104 Euro monatlich von der gesetzlichen Rentenkasse.

Ein günstiges Rürup-Angebot bringt dem Selbstständigen in unserem Modell garantiert 978 Euro pro Monat; bei einem ungünstigen Angebot sind es nur 867 Euro.

Wenn man die Überschussbeteiligung berücksichtigt, bietet ein gut wirtschaftender Versicherer dagegen hochgerechnet eine Rürup-Rente von 1650 Euro im Monat.

Niedrige Steuern auf Privatrente

Doch wie verändert sich das Bild, wenn man Abgabenlast und Steuerersparnis während der Einzahl- und Auszahlphase in die Rechnung einbezieht? Der klare Verlierer: die private Rentenversicherung. Und das, obwohl sie bei einer guten Überschussbeteiligung im Alter eine deutlich höhere Nettorente als Rürup-Verträge oder die gesetzliche Rente verspricht.

Die Nettorente ist höher, weil nur auf einen kleinen Teil der Privatrente Steuern anfallen. Der steuerpflichtige Anteil nennt sich Ertragsanteil und richtet sich nach dem Alter zu Rentenbeginn. Beträgt das Alter wie bei unserem Modellsparer 67 Jahre, liegt der Ertragsanteil bei nur 17 Prozent. Von einer monatlichen Rente von 1650 Euro sind deshalb nur 280 Euro steuerpflichtig.

Mehr als 63 000 Euro Steuervorteile

Hohe Nettorente und trotzdem Verlierer? Das liegt daran, dass die höhere Auszahlung die enormen Steuervorteile der beiden anderen Rentenarten während der Einzahlphase nur selten kompensieren kann.

Mehr als 63 000 Euro bekommt unser Modellselbstständiger mit Rürup- oder gesetzlicher Rentenversicherung im Laufe der Einzahljahre von seinem Finanzamt zurück. Er kann diese Beiträge zur Altersvorsorge in seiner Steuererklärung geltend machen.

Zahlen muss er dafür später als Rentner. Für Neurentner ab 2040 zählen die Auszahlungen aus Rürup-Vertrag und gesetzlicher Rentenversicherung zu 100 Prozent beim Finanzamt.

Bis zu 17,2 Prozent Unterschied

Doch sind es nicht die Steuern allein, die die Bruttorente schmälern. Sehr zu Buche schlagen können auch die Abgaben für die gesetzliche Krankenversicherung.

Rentner, die privat krankenversichert sind, müssen keine Sozialabgaben auf ihre Renten zahlen. Allerdings kann ihr einkommensunabhängiger Beitrag für die private Krankenversicherung schnell teurer sein als die höchsten Abgaben, die gesetzlich Versicherte treffen können.

Wann die Abgaben für die gesetzliche Krankenversicherung hoch ausfallen, hängt davon ab, ob Rentner freiwillig oder verpflichtend gesetzlich krankenversichert sind und ob sie eine gesetzliche Rente beziehen.

Abgaben auf gesetzliche Rente. Gesetzlich Krankenversicherte (pflicht- und freiwillig) müssen derzeit auf ihre gesetzliche Rente 10,25 Prozent (Eltern) oder 10,5 Prozent (Kinderlose) an Kranken- und Pflegeversicherungsbeiträgen selbst zahlen. Zusätzliche 7,3 Prozent übernimmt die Deutsche Rentenversicherung.

Abgaben auf Rürup- und Privatrente. Pflichtmitglieder der gesetzlichen Krankenversicherung der Rentner zahlen keine Abgaben auf Rürup- oder Privatrente. Freiwillig gesetzlich Krankenversicherte zahlen dagegen 16,95 Prozent (Eltern) oder 17,2 Prozent (Kinderlose).

Freiwillige werden Pflichtmitglieder

Abgaben fallen für Rürup- und Privatrentner also immer dann nicht an, wenn sie verpflichtend in der Krankenversicherung der Rentner (KVdR) versichert sind. Dafür müssen sie vor allem zwei Voraussetzungen erfüllen:

Finanztest Drei Rentenversicherungen zur Auswahl

Gesetzliche Rentenversicherung, Rürup-Rentenversicherung und private Rentenversicherung: drei sichere Möglichkeiten zum langfristigen Aufbau einer Basisrente für Selbstständige. Doch es gibt wichtige Unterschiede. Vor allem ungünstige Steuerregeln in der Einzahlphase machen die Privatrente unattraktiver.

Gesetzliche Rente	Rürup-Rente	Private Rente
Einzahlphase		
+ Hohe Steuervorteile	+ Hohe Steuervorteile	– Keine Steuervorteile
+ Kleiner Hinterbliebenenschutz und Rehabilitationsleistungen inklusive	– Hinterbliebenenschutz (wie Beitragsrückgewähr bei Tod) nur gegen Aufpreis	– Hinterbliebenenschutz (wie Beitragsrückgewähr bei Tod) nur gegen Aufpreis
+ Anrechnung von Erziehungs-, Pflegezeiten, Zeiten von Arbeitslosengeldbezug, Arbeitsunfähigkeit	– Keine Anrechnung von Zeiten ohne Einzahlung	– Keine Anrechnung von Zeiten ohne Einzahlung
+ Suche nach gutem Angebot entfällt	– Selbstständiger muss gutes Angebot finden	– Selbstständiger muss gutes Angebot finden
– Kein Zugriff auf Einzahlungen in Notfällen	– Kein Zugriff auf Einzahlungen in Notfällen.	+ Zugriff auf Einzahlungen unter teils starken Verlusten
Auszahlphase		
– Steuern und Sozialabgaben	– Steuern, + selten Sozialabgaben	+ Sehr niedrige Besteuerung, selten Sozialabgaben
+ Lebenslanger Hinterbliebenenschutz (55 bis 60 Prozent der Rente) inklusive	– Hinterbliebenenschutz nur gegen Aufpreis und oft temporär (wie Rentengarantiezeit)	– Hinterbliebenenschutz nur gegen Aufpreis und oft temporär (wie Rentengarantiezeit)

- Eine gesetzliche Rente beziehen.
- Mindestens neun Zehntel der zweiten Hälfte ihres Berufslebens Mitglied einer Krankenkasse gewesen sein, egal, ob pflicht-, freiwillig oder familienversichert.

Voraussetzung für eine gesetzliche Rente ist wiederum eine Wartezeit von fünf Jahren. Das ist die Mindestversicherungszeit, die nötig ist, bevor Versicherte einen Anspruch auf Rente haben.

Weitere Leistungen inklusive

Wirklich vergleichbar sind Rentenkasse und private Anbieter natürlich nicht. Denn mit den Beiträgen zur gesetzlichen Rente erwerben Versicherte weitere Sozialleistungen, wie Hinterbliebenenschutz, Erwerbsminderungsschutz oder Rehabilitationsleistungen. Private Unternehmen bieten diese teilweise in einem anderen Umfang nur gegen Mehrkosten. Das geht zulasten der späteren Rentenhöhe.

Unsere Berechnungen zeigen, dass die gesetzliche Rente sich im Vergleich gut schlägt. Selbstständige sollten bei der Altersvorsorge nicht alles auf eine Karte setzen und private und gesetzliche Vorsorge mischen. ■

Korrigierte Fassung vom 20.12.2013: In der ursprünglichen Fassung entstand ein zu optimistisches Bild über die zu erwartenden Zahlungen der gesetzlichen Rentenversicherung. Wir haben die korrigiert.

Zeit für Altersvorsorge

Wer ab 2015 eine private Rentenversicherung abschließt, bekommt weniger Geld. Zeit, die Versorgung im Alter zu überprüfen.

Finanztest 10/2014 Ganz schön viel Neues bei der Altersvorsorge: Die gesetzliche Rente reformiert durch Mütterrente und Rente mit 63. Die private Altersvorsorge ebenfalls gesetzlich neu geregelt. Hier sinkt der Garantiezins ab 2015 von 1,75 Prozent auf 1,25 Prozent. Diese Änderung zum Jahreswechsel macht einen Altersvorsorgecheck jetzt wichtig: Wer über eine Rentenversicherung nachdenkt, sollte jetzt prüfen, ob er eine braucht und sie vor Jahresende abschließen.

Die Unternehmen selbst sind auch nicht untätig, bringen neue Produkte mit verringerten Garantien, aber höheren Renditechancen auf den Markt. Das lässt viele Altersvorsorgesparer verunsichert zurück. Das gilt für diejenigen, die schon einen Altersvorsorgevertrag haben und für solche, die sich überlegen einen abzuschließen. Gerade, weil es ganz unterschiedliche Produkte gibt, ist es schwer, sich zu entscheiden.

Lohnt sich eine Versicherung noch?

Die Niedrigzinsphase wirkt abschreckend auf alle, die fürs Alter sparen müssen. Doch es hilft nichts: Auch im Alter muss Geld da sein für die Miete, den Bäcker, den Fleischer, den Urlaub, die Güter des täglichen Bedarfs.

Eine zusätzliche Vorsorge benötigt jeder, der seinen Grundbedarf im Ruhestand durch die gesetzliche Rente oder das berufsständische Versorgungswerk allein nicht decken kann. Infrage kommen eine betriebliche Altersvorsorge, eine staatlich geförderte private Vorsorge, eine private Rentenversicherung – oder eine Kombination verschiedener Vorsorgeformen.

Viele Freiberufler und Selbstständige haben überhaupt keine obligatorische Absicherung; sie müssen ihre Altersvorsorge komplett selbst organisieren. Das geht mit einer Rürup-Rente oder einer private Rentenversicherung. Auch freiwillige Beiträge in die gesetzliche Rentenversicherung können sich lohnen.

Mindesthöhe garantiert

Fonds- und Banksparpläne, Festzinsanlagen oder eine vermietete Immobilie sind ebenfalls Formen der Altersvorsorge. Doch sie garantieren keine lebenslange Rente.

Eine lebenslange Rente mit garantierter Mindesthöhe bei Vertragsschluss ist der wichtigste Vorteil einer Rentenversicherung – egal, ob privat abgeschlossen oder staatlich gefördert als Riester- oder Rürup-Rente. Damit kann der Sparer sicher planen – vorausgesetzt, er kann sich die Beiträge bis zur Rente leisten und muss seinen Vertrag nicht vorzeitig kündigen oder beitragsfrei stellen. Dann lohnt sich die Sache nicht.

Hohe Kosten knabbern an der Rente

Die Sicherheit einer Rentenversicherung erkaufen sich Kunden teuer. Hohe Abschluss- und Verwaltungskosten knabbern am Ertrag. Dabei weiß der Kunde meistens nicht einmal, wie viel sein Vertrag kostet.

Versicherer scheuen Kostenklarheit. So haben sie verhindert, dass die Kunden die Abschlussprovision für den Vermittler erfahren. Eine entsprechende Regelung wurde in letzter Minute aus dem jüngst vom Bundestag beschlossenen Lebensversicherungsreformgesetz gestrichen.

Statt dessen müssen die Versicherer ab 2015 nur die „Effektivkosten" nennen. Der Kunde soll erfahren, um wie viel Prozentpunkte Kosten die Rendite mindern. Das hat der Gesamtverband der Deutschen Versicherungswirtschaft (GDV) seinen Mitgliedern

Unser Rat

Überblick. Verschaffen Sie sich einen Überblick über Ihre Versorgungslage im Alter, um finanzielle Lücken zu erkennen. Dabei helfen Ihnen die gesetzliche Renteninformation, Depot- und Kontoauszüge von Sparanlagen, Standmitteilungen von Versicherern und der Jahresauszug für Ihre betriebliche Vorsorge.

Lücke. Mit dem Internetrechner unter test.de/finanzbedarf können Sie errechnen, wie viel Rente Sie mit Ihren Sparraten erreichen können und wie hoch der Aufwand für eine ewige Rente ist. Auch Ihre Rentenlücke im Alter können Sie online ausrechnen (test.de/rentenlu ecke). Beide Rechner sind kostenlos.

Entscheidung. Für **Selbstständige**, die im Alter vielleicht eine Einmalzahlung wünschen, ist eine klassische private Rentenversicherung eine Alternative zur staatlich geförderten Rürup-Rente. Die Rürup-Rente ist nur als Rente möglich. **Angestellte** und **Beamte** sollten als ergänzende Altersvorsorge die Riester-Rente in Betracht ziehen, Angestellte auch die Betriebsrente. Nur wenn ihre Firma kein gutes Angebot macht, kommt eine private Rentenversicherung für Angestellte in Betracht.

Auswahl. Wenn Sie sich für eine klassische private Rentenversicherung entschieden haben, wählen Sie ein Angebot aus dem aktuellen Test. Am besten haben die Tarife von **Europa, Interrisk (SLR1)** und **Huk24** abgeschnitten. Sie machen die höchsten Rentenzusagen. Allerdings ist die Transparenz bei Interrisk nur mangelhaft, bei Europa nur ausreichend. Der Anlageerfolg, den die Huk24 für ihre Kunden erreicht, ist nur ausreichend. Es gibt derzeit also wenig Aussicht auf üppige Überschussbeteiligung.

bereits im Jahr 2011 empfohlen. Doch wie die Finanztest-Untersuchung der Angebote für eine private Rentenversicherungen zeigt, hält sich kaum ein Unternehmen daran: Nur bei 16 von 39 untersuchten Tarifen steht die Angabe im Vertrag. Dabei ist wichtig, dass der Kunde über Kosten Bescheid weiß, denn Versicherer mit hohen Kosten können keine hohe Rente garantieren.

6 000 Euro mehr Rente

Die bei Vertragsbeginn garantierte Mindestrente ist ein wichtiges Kriterium bei der Auswahl eines Angebots. Damit kann der Kunde planen. Im aktuellen Test privater Rentenversicherungen beträgt der Unterschied zwischen der höchsten und der niedrigsten garantierten Monatsrente für den Modellkunden 25 Euro. Auf den ersten Blick erscheint das wenig. Doch wenn die Rente zum Beispiel 20 Jahre läuft, summiert sich dieser Unterschied zwischen einem guten und einem schlechten Angebot im Finanztest-Modellbeispiel allein bei der garantierten Rente auf mehr als 6 000 Euro.

Eine private Rente fließt lebenslang. Bei allen getesteten Tarifen kann der Kunde sich jedoch bis kurz vor Rentenbeginn auch für eine Kapitalabfindung entscheiden. Auch hier gibt es große Leistungsunterschiede von mehr als 6 000 Euro.

Kunden können den Beitrag und die Dauer der Einzahlung in den Vertrag frei wählen. Der 37-jährige Finanztest-Modellkunde zahlt 30 Jahre lang 1 200 Euro jährlich ein. Dafür bekommt er je nach Anbieter eine schon bei Vertragsschluss garantierte Monatsrente (Rentenzusage) zwischen 166 Euro (Europa) und 141 Euro (Ergo).

Die Rentenzusage ist mit 40 Prozent in das Gesamturteil eingegangen. Anbieter, die für ihre Kunden sehr gut anlegen, packen auf die garantierte Rente noch kräftig drauf. Der Anlageerfolg der Versicherer für die Kunden

Finanztest Private Rentenversicherungen im Test

Sechs von 39 Angeboten schneiden in der Finanztest-Untersuchung gut ab, zwölf sind nur ausreichend.

Anbieter	Tarifbezeichnung	Finanztest QUALITÄTSURTEIL	Rentenzusage (40 %)	Anlageerfolg (40 %)	Flexibilität (10 %)	Transparenz (10 %)
Europa	E-R1	GUT (1,7)	++ (0,5)	O (2,6)	++ (0,5)	⊖ (3,6)
Interrisk	(D) SLR1[1)]	GUT (1,8)	++ (0,5)	+ (2,5)	++ (1,5)	− (4,6)
Huk24	RAGT24 @	GUT (2,0)	++ (0,7)	⊖ (4,0)	++ (0,5)	++ (0,5)
Bayerische	13767/0	GUT (2,3)	O (3,4)	++ (1,4)	++ (1,2)	O (2,8)
Huk-Coburg	RAGT	GUT (2,4)	+ (1,9)	⊖ (4,0)	++ (0,5)	++ (0,5)
HanseMerkur	R 2013S	GUT (2,5)	+ (1,8)	⊖ (3,9)	++ (1,2)	++ (0,5)

Bewertung:
++ = SEHR GUT (0,5–1,5).
+ = GUT (1,6–2,5).
O = BEFRIEDIGEND (2,6–3,5).
⊖ = AUSREICHEND (3,6–4,5).
− = MANGELHAFT (4,6–5,5).

@ = Angebot nur über Internet.

1) Angebot über Internet, Post oder Telefon. Dieser Tarif wird auch als Honorartarif angeboten, bei dem ein zusätzliches Honorar anfällt.

Stand: 7. August 2014

ist daher ebenfalls mit 40 Prozent in das Qualitätsurteil eingegangen.

Angebote schlechter als im Test 2011

Im Vergleich zum Test aus dem Jahr 2011 sind die Garantierenten schlechter geworden. Denn der Garantiezins ist Anfang 2012 von 2,25 Prozent auf 1,75 Prozent gesunken.

Bei Verträgen, die Kunden ab 2015 neu abschließen, fällt die garantierte Rente noch einmal niedriger aus. Denn der Garantiezins für Neuverträge geht von derzeit 1,75 Prozent auf 1,25 Prozent zurück. Für den Modellkunden von Finanztest kann das – je nach Anbieter – rund 25 Euro weniger Garantierente pro Monat ausmachen.

Für Kunden mit langem Atem

Kunden, die eine private Rentenversicherung abschließen, brauchen einen langen Atem. Wenn sie den Vertrag nicht durchhalten, reicht das Guthaben nicht für die erwartete Rente.

Deshalb sollte der Vertrag zeigen, wie viel Sparguthaben der Kunde zu welchem Zeitpunkt mindestens erreichen wird. So sieht er, wie wenig ihm bleibt, wenn er einmal nicht mehr zahlen kann und den Vertrag beitragsfrei stellt oder wenn er früher als geplant in Rente geht. Dies ist ein wichtiger Punkt bei der Prüfung der Transparenz der Angebote.

Flexible Verträge

Getestet hat Finanztest auch, ob der Kunde seinen Vertrag zu den ursprünglichen Bedingungen fortführen kann, wenn er seinen Beitrag zeitweise verringern möchte, etwa wenn ein Selbstständiger eine Auftragsflaute hat und sich die vollen Beiträge für seine Rentenversicherung eine Zeit lang nicht leisten kann. Nicht möglich ist das laut Bedingungen bei diesen Versicherern: Allianz, Cosmos-Direkt, DEVK, DEVK-Eisenbahn, Rheinland, SDK. Flexibilität und Transparenz der Tarife machen jeweils 10 Prozent des Gesamturteils aus.

In diesen beiden Prüfpunkten wie auch insgesamt gibt es große Unterschiede zwischen den Tarifen. Es kommt also sehr darauf an, ein gutes Angebot auszuwählen. ■

Zulage mit neuem Glanz

Bei aller Kritik an der Riester-Rente – die Rendite durch Zulagen kann sich oft sehen lassen. Manchmal gibt es mehr als 8 Prozent im Jahr.

Finanztest 9/2014 Es gibt sie noch – die sichere Rendite für die Altersvorsorge. Sie versteckt sich in der Riester-Förderung. Anders als die Zinsen sind die staatlichen Zulagen nicht gesunken und glänzen im derzeitigen Zinstief. Je nach Einkommen und Familiensituation bringen die Zulagen zwischen 0,4 und 8,5 Prozent Rendite im Jahr. Die gibt es zusätzlich zur Rendite, die der Vertrag bringt.

Unser Rat

Riester-Profiteure. Haben Sie mehrere Kinder, für die Sie Kindergeld beziehen? Dann lohnt sich ein Riester-Vertrag wegen der Zulagen. Sind Sie Besserverdienender ohne Kinder? Dann lohnt sich der Vertrag, weil Sie dank Sonderausgabenabzug Steuern sparen. Schenken Sie ihn sich, wenn Sie im Alter staatliche Hilfe brauchen werden.

Riester-Berechtigte. Unmittelbar förderberechtigt sind Sie, wenn Sie in der gesetzlichen Rentenversicherung pflichtversichert oder Beamter sind. Wenn Sie diese Voraussetzungen nicht erfüllen, können Sie nur riestern, wenn Ihr Ehegatte oder eingetragener Lebenspartner ein Riester-Sparer ist.

Riester-Tipps. Sie machen das Beste aus der Riester-Förderung, wenn Sie einen passenden Produkttyp auswählen, einen guten Vertrag finden, möglichst langfristig anlegen, die volle Laufzeit durchhalten und vor allem die Förderung voll ausnutzen.

Jeder Riester-Sparer bekommt bis zu 154 Euro Grundzulage im Jahr, dazu kommen Zulagen für jedes Kind: bis zu 185 Euro im Jahr bei Geburt vor dem Jahr 2008, bis zu 300 Euro im Jahr bei Geburt ab 2008.

Mit den Zulagen können Riester-Sparer immer rechnen – selbst wenn ihre Rentenversicherung teuer ist, ihr Anbieter schlecht wirtschaftet oder ihr Fonds schlecht läuft. Jeder Anbieter muss sicherstellen, dass bei Laufzeitende eines Riester-Vertrags mindestens alle eingezahlten Beiträge und Zulagen vorhanden sind.

Sparer mit Kindern profitieren

Wir haben untersucht, wie hoch die Rendite alleine durch die Zulagen ist und für welche Sparer sich ein Abschluss besonders lohnt. Vor allem für Eltern mit niedrigem Einkommen ist die Zulagenrendite hoch. Bei 8,5 Prozent liegt sie für einen Sparer mit zwei kleinen Kindern, einem versicherungspflichtigen Einkommen von 20 000 Euro im Jahr und einer Laufzeit von 30 Jahren.

Hat der gleiche Sparer ein Einkommen von 52 500 Euro, verringert sich die Rendite auf 1,7 Prozent, obwohl er dieselbe Zulage erhält wie der Sparer mit niedrigem Einkommen. Das liegt daran, dass der Sparer mit dem hohen Einkommen mehr selbst einzahlen muss.

90 Prozent zahlt der Staat

In einen Riester-Vertrag müssen jedes Jahr 4 Prozent des rentenversicherungspflichtigen Einkommens fließen. Nur dann gibt es die Zulagen in voller Höhe. Zu den 4 Prozent zählen nicht nur die eigenen Beiträge, sondern auch die Zulagen.

Bei dem Sparer mit dem 20 000-Euro-Einkommen und zwei Kindern müssten 800 Euro im Jahr in den Riester-Vertrag fließen. Seine Zulagen betragen 754 Euro im Jahr (1 × Grundzulage von 154 Euro + 2 × Kinderzulage von je 300 Euro). Da gesetzlich festgelegt ist,

Finanztest Sichere Rendite vom Staat

Für Riester-Sparer ist mindestens die Zulagenrendite sicher.

Beitragspflichtiges Vorjahreseinkommen (Euro)	**Vertragskapital bei Nullverzinsung = Garantiekapital** (Euro)	**Summe der Eigenbeiträge** (Euro)	**Summe der Zulagen** (Euro)	**Rendite aus Zulagen** (Prozent im Jahr)
Riester-Sparer ohne Kinder				
20 Jahre Vertragslaufzeit				
20000	16000	12920	3080	**1,9**
25000	20000	16920	3080	**1,5**
30000	24000	20920	3080	**1,2**
35000	28000	24920	3080	**1,0**
40000	32000	28920	3080	**0,9**
45000	36000	32920	3080	**0,8**
52500	42000	38920	3080	**0,7**
Riester-Sparer mit zwei nach 2007 geborenen Kindern				
20 Jahre Vertragslaufzeit, Kinderzulage über die ersten 7 Vertragsjahre				
20000	16070	9390	6680	**6,4**
25000	20000	13320	6680	**4,4**
30000	24000	17320	6680	**3,4**
35000	28000	21320	6680	**2,8**
40000	32000	25320	6680	**2,4**
45000	36000	29320	6680	**2,0**
52500	42000	35320	6680	**1,7**

dass der Eigenbeitrag mindestens 60 Euro betragen muss, fließen nicht 800, sondern 814 Euro im Jahr in seinen Vertrag. Der Anteil, den der Staat an der Einzahlung übernimmt, beträgt mehr als 90 Prozent. Das ergibt am Ende die Zulagenrendite von 8,5 Prozent.

Hat der Sparer 52500 Euro Einkommen, liegt der Staatsanteil nur bei 36 Prozent. Er zahlt für die volle Zulage 1346 Euro selbst und erreicht eine Zulagenrendite von 1,7 Prozent.

Weniger Zulagen für Kinderlose

Sparer ohne Kinder rechnen genauso. Doch da Kinderlose weniger Zulagen bekommen, zahlen sie selbst mehr in den Vertrag ein und der Staat weniger. Bei einem Einkommen von 20000 Euro im Jahr und einer Laufzeit von 10 Jahren liegt die Zulagenrendite bei 3,5 Prozent. Bei 40 Jahren Laufzeit und einem Einkommen von 52500 Euro liegt sie nur bei 0,4 Prozent. Kinderlose Gutverdiener profitieren aber von den Steuervorteilen. Riester-Einzahlungen sind Sonderausgaben.

Für Besserverdiener ist Riester vor allem aufgrund der Steuerersparnis interessant, Eltern und Geringverdiener profitieren vor allem von den Zulagen. Ein Haken für Geringverdiener: Haben sie später als Rentner trotz Riester-Rente so wenig zum Leben, dass sie auf staatliche Hilfe angewiesen sind, bleibt nach derzeitiger Rechtslage manchem nichts von der Zusatzvorsorge. Sie wird mit der staatlichen Grundsicherung verrechnet.

Ungeschoren kommt im Alter kein Riester-Rentner davon. Anders als die Einzahlungen sind die Auszahlungen steuerpflichtig. ■

Vorsorge mit Steuervorteil

Selbstständige können mit dieser Altersvorsorge Steuern sparen. In unserem Test gibt es zehn gute Angebote für eine Rürup-Rente.

Finanztest 12/2014 Die Rechtsanwältin Christiane Hauschildt hat ihn. Die Popstars Bill und Tom Kaulitz von der Band Tokio Hotel hatten ihn, einen Rürup-Vertrag.

Hauschildt sorgt mit einer Rürup-Rentenversicherung fürs Alter vor. Auch die beiden Kaulitz-Brüder zahlten jahrelang Beiträge in eine Rürup-Rentenversicherung bei der Allianz. Ihre Mutter hatte die Verträge für sie abgeschlossen. Denn bei Vertragsschluss im Jahre 2006 waren Bill und Tom erst 16 Jahre alt. Sie hatten im jugendlichen Alter mit ihrer Musik schon Millionen verdient, waren aber noch nicht voll geschäftsfähig.

Später wollten sie aussteigen und forderten von der Allianz ihre Beiträge zurück, insgesamt 240 000 Euro. Die Allianz stellte sich erst quer, denn die Brüder hätten die Beiträge als Volljährige zunächst weiter bezahlt und damit die von ihrer Mutter abgeschlossenen Verträge nachträglich genehmigt.

Die Kaulitz-Brüder klagten beim Landgericht Berlin (Az. 23 O 273/12). „Wir haben uns für eine kundenfreundliche Lösung des Konflikts entschieden und unseren Kunden Bill und Tom Kaulitz die geleisteten Beiträge zurückgezahlt", so Allianz-Sprecher Udo Rössler.

Abschluss gut überlegen

Sicherlich ist es die Ausnahme, wenn eine Mutter für ihre minderjährigen Kinder einen Rürup-Vertrag unterschreibt. Doch auch für erwachsene Kunden gilt: Aus einem Rürup-Vertrag kommen sie nicht so einfach heraus.

Eine Kündigung ist nicht möglich, es gibt keinen Rückkaufswert. Kunden können nur ihre Beitragszahlung stoppen. Ihr Guthaben bleibt bis zum Rentenalter stehen, und sie bekommen dann eine monatliche Auszahlung. Eine Kapitalauszahlung ist nicht möglich.

Guter Vertrag bringt 30 000 Euro mehr

Weil die Rürup-Rente so unflexibel ist, sollte jeder vorher überlegen, ob sie für ihn die geeignete Altersvorsorge ist.

Wenn ja, dann ist es sehr wichtig, ein gutes Angebot zu wählen. Denn zwischen der Rente aus einem guten Vertrag in unserem Test wie dem von der Europa und einem teuren Vertrag wie dem Angebot der PB können über die Jahre im Alter leicht 30 000 Euro Unterschied liegen.

Unser Rat

Termin. Wenn Sie eine klassische Rürup-Rentenversicherung ohne Fonds wollen, schließen Sie bald einen Vertrag ab, denn der Garantiezins für Neuverträge sinkt ab Januar 2015 von derzeit 1,75 auf 1,25 Prozent. In unserem Test gibt es aber nur zehn gute Tarife. Vorn liegt ein Angebot der **Europa.**

Beruf. Eine Rürup-Rente eignet sich längst nicht für jeden als Altersvorsorge. Gut fahren Sie damit nur als dauerhaft gutverdienender **Selbstständiger**. Sie müssen die Beiträge bis zum Laufzeitende zahlen können, weil Sie den Vertrag nicht kündigen können. Für **Beamte** ist eine gute Riester-Rente erste Wahl, für **Angestellte** eine gute Riester-Rente oder betriebliche Altersvorsorge.

Information. Unsere Ratgeber „Altersvorsorge für Selbstständige" (16,90 Euro) und „Pension und Rente im öffentlichen Dienst" (19,90 Euro) gibt es unter www.test.de/shop oder im Buchhandel.

Nur für Gutverdiener

Die Rürup-Rente gibt es als klassische Rentenversicherung, als Fondspolice und als Fondssparplan. Alle drei Varianten nennen die Versicherer auch Basisrente.

Wir haben die Angebote für eine klassische Rürup-Rentenversicherung untersucht. Der Kunde bekommt bei Vertragsbeginn eine garantierte Verzinsung. Er weiß schon bei Abschluss, wie hoch seine garantierte Rente einmal sein wird. Als Christiane Hauschildt im Jahr 2007 ihren Vertrag unterschrieb, galt noch ein Garantiezins von 2,25 Prozent. Derzeit sind es noch 1,75 Prozent und für ab 2015 geschlossene Verträge sinkt die garantierte Verzinsung auf 1,25 Prozent.

Eine Rürup-Rente kommt für gutverdienende Selbstständige und Freiberufler infrage, die sich die Beiträge bis zum Rentenbeginn leisten können und Wert auf eine lebenslange Rente legen.

Für Selbstständige, die wenig verdienen und die Beiträge nicht langfristig aufbringen, lohnt sich ein Vertrag nicht. Sie profitieren kaum oder gar nicht von Steuervorteilen.

Für die Rürup-Rente gilt diese Faustregel: Wer regelmäßig viel verdient und viel Steuern zahlt, profitiert sofort von jährlichen Steuervorteilen in seinem Berufsleben.

Beispiel Einzahlphase In unserem Modell zahlt der Kunde jährlich 6 000 Euro Beitrag. Bei einem Jahreseinkommen von 60 000 Euro als Selbstständiger bringt ihm dies 2014 eine Steuerersparnis von 1966 Euro.

Die Auszahlung müssen Rürup-Rentner später beim Finanzamt versteuern.

Riesenunterschiede bei der Rente

Je nach Vertrag bekommt unser Modellkunde eine garantierte Monatsrente zwischen 758 Euro (Europa) und 588 Euro (PB, Versicherer der Postbank). Dafür zahlt er seine 6 000 Euro Jahresbeitrag 27 Jahre lang ein.

Der Unterschied zwischen der höchsten und der niedrigsten garantierten Rente beträgt also 170 Euro. Das sind 2 040 Euro im Jahr. Bei einer Rentendauer von 15 Jahren summiert sich die Differenz auf 30 600 Euro – allein bei der garantierten Rente.

Sie kann durch Überschüsse steigen. Damit kann der Kunde jedoch nicht fest rechnen. Überschüsse hängen vor allem davon ab, wie gut der Versicherer die Beiträge anlegt und die Kunden am Anlageerfolg beteiligt. ■

Zu Beginn des Ruhestands

Die bessere Sofortrente

Es gibt wohlhabende Sparer, die sich erst kurz vor dem Ruhestand oder im Ruhestand für eine zusätzliche Rentenversicherung entscheiden. Sie zahlen dann einen größeren Betrag auf einen Schlag ein und bekommen davon eine Rente. So zahlten Kunden, die 2013 einen Rürup-Vertrag abschlossen, insgesamt mehr als 524 Millionen Euro Einmalbeiträge.

Beamte und Freiberufler können sich aber auch für eine gesetzliche Sofortrente per Einmalbeitrag entscheiden. Dafür gibt es nur eine Voraussetzung: Sie waren am 10. August 2010 bereits so alt, dass sie bis zum regulären Ruhestand weniger als fünf Jahre haben und deshalb mit laufenden freiwilligen Beiträgen keine gesetzliche Rente mehr erwerben können. Sie müssen also vor September 1950 geboren sein. Spätestens bis Ende 2015 müssen sie bei der Deutschen Rentenversicherung den Antrag auf freiwillige Beitragszahlung stellen. Die Tabelle rechts zeigt: Das kann sich lohnen.

Tipp Mehr Informationen im Internet (test.de/freiwilliger-rentenbeitrag).

Finanztest Die besten Rürup-Angebote

Zwischen der höchsten Garantierente (Europa) für den Finanztest-Modellkunden und niedrigsten (PB, nicht abgebildet) liegen 170 Euro im Monat.

Anbieter	Tarifbezeichnung	Finanztest QUALITÄTSURTEIL 100%	Rentenzusage 40%	Garantierte Rente Modellkunde (in Euro)	Anlageerfolg 40%	Flexibilität 10%	Transparenz 10%
Europa	E-R1B	GUT (1,7)	++(0,5)	758	○(2,6)	++(1,5)	○(3,4)
VHV	VGVRB4 Ⓔ	GUT (1,7)	++(0,7)	739	○(2,7)	○(3,0)	++(0,8)
HanseMerkur	RB 2013	GUT (1,9)	++(0,5)	750	⊖(3,9)	++(1,0)	++(0,5)
Huk24	BRA24 @	GUT (2,0)	++(0,5)	753	⊖(4,0)	++(1,0)	++(1,4)
Interrisk	(D) SLR1B[1)2)] @	GUT (2,1)	++(0,9)	735	+(2,5)	○(3,0)	⊖(4,3)
Huk-Coburg	BRA	GUT (2,2)	++(1,1)	731	⊖(4,0)	++(1,0)	++(1,4)
Hannoversche Leben	RB4	GUT (2,3)	++(1,2)	727	⊖(3,9)	++(1,5)	++(0,5)
HanseMerkur	RB 2013M	GUT (2,3)	+(1,6)	719	⊖(3,9)	++(0,5)	++(0,5)
Debeka	BA3 (01/13)	GUT (2,4)	+(1,9)	712	○(3,5)	+(2,0)	++(0,8)
Karlsruher	KBR	GUT (2,4)	++(1,3)	725	○(3,3)	⊖(4,0)	+(1,9)

Bewertung: ++ = SEHR GUT (0,5–1,5).
+ = GUT (1,6–2,5).
○ = BEFRIEDIGEND (2,6–3,5).
⊖ = AUSREICHEND (3,6–4,5).
− = MANGELHAFT (4,6–5,5).
Bei gleichem Qualitätsurteil Reihenfolge nach Alphabet.

Ⓔ = Angebot regional und/oder auf bestimmte Personengruppen eingeschränkt.
@ = Angebot nur über Internet.
1) Tarif wird auch als Honorartarif angeboten, bei dem ein zusätzliches Honorar anfällt.
2) Anbieter gibt eine Mindesttodesfallleistung vor.
Stand: Oktober 2014

Finanztest Drei Sofortrenten im Vergleich

Welche Sofortrente lohnt sich? Eine gesetzliche, eine private oder eine Rürup-Rente? Für Beamte und Selbstständige mit privater Krankenversicherung ist die gesetzliche Sofortrente zurzeit erste Wahl. Bei gesetzlich Krankenversicherten würden Krankenversicherungsbeiträge die gesetzlichen Rente drücken.

Rentenart	**Höhe der monatlichen Sofortrente** (Euro) **im ersten Jahr je nach Einzahlung**		**Steuerersparnis durch Altersvorsorgebeiträge** (Euro)
	Bruttorente	**Nettorente**	
Beamter/Selbstständiger/Freiberufler im Ruhestand zahlt 20 000 Euro auf einmal ein			
Gesetzliche Rente	93[1)]	84	3 959
Private Sofortrente	73	72	0
Rürup-Rente	73	61	3 945
Beamter/Selbstständiger/Freiberufler im Ruhestand zahlt 40 000 Euro auf einmal ein			
Gesetzliche Rente	186[1)]	157	5 171
Private Sofortrente	146	140	0
Rürup-Rente	146	113	5 154

1) Plus 7,3 Prozent der Rente als Zuschuss zur privaten Krankenversicherung. **Stand: Oktober 2014**

Sparen ist Chefsache

Der Chef zahlt, der Sparvertrag bringt gut 3 Prozent Zinsen und manchmal gibt der Staat etwas dazu. Gute VL-Verträge sind unschlagbar.

Finanztest 2/2014 Als die Stiftung Warentest im April 1966 ihr erstes test-Heft herausgab, schrieb sie, was heute noch aktuell ist: „Viele kennen gar nicht alle Vergünstigungen, die ihnen das Gesetz bietet." Es ging und geht um vermögenswirksame Leistungen (VL), damals noch als 312-Mark-Gesetz bekannt.

Mehr als 13 Millionen Verträge laufen derzeit. Doch längst nicht jeder, der Anspruch auf solche Leistungen vom Arbeitgeber hat, nutzt sie auch. Dabei ist die Sache einfach: Der Arbeitnehmer schließt einen VL-Vertrag ab. Er gibt die Bestätigung in der Personalstelle ab. Dann zahlt der Arbeitgeber in den VL-Vertrag ein – zusätzlich zum Bruttolohn.

Pro Monat zahlen Arbeitgeber zwischen 6,65 Euro und 40 Euro. Davon profitieren neben voll- und teilzeitbeschäftigten Arbeitnehmern auch Auszubildende, Beamte und Soldaten.

Das Extrageld gibt es nur, wenn Arbeitnehmer einen passenden Vertrag vorlegen. Sie können damit sogar Spitzenzinsen erzielen, wie unser Test zeigt: 3,39 Prozent und mehr sind leicht drin, zum Beispiel mit dem VL-Banksparplan der Degussa Bank.

Einen Wermutstropfen gibt es allerdings: Arbeitnehmer müssen für die Leistung vom Chef Steuern und Sozialabgaben zahlen. Die Arbeitgeberleistung fließt voll in den VL-Vertrag. Die Abgaben werden dem Arbeitnehmer vom Gehalt abgezogen.

In den VL-Vertrag muss der Arbeitnehmer nichts selbst einzahlen, er kann das aber tun. Eingezahlt wird sechs Jahre, und nach einem Jahr Ruhezeit kann der Anleger an das Geld heran. In der Ruhezeit kann bereits der nächste Vertrag beginnen. Nur beim Bausparen wird sieben Jahre eingezahlt.

Wer Geld vom Chef bekommt und in welcher Höhe, hängt vom Tarifvertrag oder der Betriebsvereinbarung ab. Die Beträge unterscheiden sich je nach Branche und Region.

So bekommen Bankmitarbeiter im ganzen Land monatlich 40 Euro. Im Einzelhandel in Nordrhein-Westfalen und in Ostdeutschland zahlt der Arbeitgeber den Beschäftigten 13,29 Euro im Monat. Nur 6,65 Euro bekommen Beamte und Angestellte im öffentlichen Dienst.

Arbeitnehmer, die einen VL-Vertrag abschließen wollen, müssen das für sich passende Produkt finden. Für Immobilienbesitzer bietet sich die Tilgung eines Kredits oder ein Bausparvertrag an, sicherheitsbewusste Sparer punkten mit einem Banksparplan und risikoorientierte Anleger werden sich eher für einen Aktienfonds entscheiden.

Sonderfall Altersvorsorge

Keine Wahl haben Arbeitnehmer in der Metall- und Elektroindustrie. Für sie ist tarifvertraglich geregelt, dass die Extrazahlungen vom Chef altersvorsorgewirksame Leistungen (AVWL) sein müssen. Sie dürfen nur in einen Riester-Vertrag oder in die betriebliche Altersvorsorge fließen.

Auch Arbeitnehmer anderer Branchen können VL häufig für ihre Betriebsrente verwenden. Das hat den Vorteil, dass der Arbeitnehmer für die Beiträge keine Steuern und Sozialabgaben zahlen muss. Stattdessen muss er die Auszahlung im Rentenalter versteuern. Einzahlungen in andere VL-Verträge müssen hingegen versteuert werden. Zins- und Kapitalerträge unterliegen der Abgeltungsteuer.

Staatliche Förderung obendrauf

Einen zusätzlichen Vorteil beim VL-Sparen haben Arbeitnehmer, die wenig verdienen. Liegt ihr Jahreseinkommen nach Abzug von

Unser Rat

Vertrag. Nutzen Sie die vermögenswirksamen Leistungen (VL) vom Chef. Bis zu 40 Euro im Monat sind drin. Selbst wenn es in Ihrer Firma nur ein paar Euro im Monat sein sollten, erzielen Sie durch den Zuschuss beim VL-Sparen mehr Rendite als mit herkömmlichen Sparverträgen. Sie müssen dem Arbeitgeber nur einen passenden Vertrag vorlegen.

Förderung. Wenn Sie wenig verdienen, haben Sie Anspruch auf staatliche Förderung. In diesem Fall sollten Sie sogar dann einen VL-Vertrag abschließen, wenn Sie kein Geld vom Arbeitgeber bekommen (Einkommensgrenzen siehe Tabelle S. 58).

Baukredit. Zahlen Sie einen Immobilienkredit ab, dann nutzen Sie vermögenswirksame Leistungen wenn möglich zum Tilgen. Ihre Rendite ist so hoch wie der Zins Ihres Kredits. Das ist kaum zu schlagen.

Bausparvertrag. Wollen Sie ein Haus kaufen oder bauen, dann ist ein VL-Bausparvertrag, mit dem Sie sich niedrige Darlehenszinsen sichern, erste Wahl. Worauf Sie achten müssen, erfahren Sie online (www.test.de/bausparen).

Sparen. Sichere Renditen erhalten Sie mit Banksparplänen und Rendite-Bausparverträgen. Der Banksparplan von der **Degussa Bank** bietet Ihnen 3,39 Prozent Rendite im Jahr.

Aktien. Wenn Sie Verluste aushalten können, dann stecken Sie Ihr Geld in einen geeigneten Aktienindexfonds (ETF). Besonders breit investiert der weltweit anlegende Fonds **db x-trackers MSCI World Index Ucits**.

Altersvorsorge. VL-Beiträge können Sie auch für Ihre Betriebsrente nutzen. Auf Sparbeiträge fallen keine Steuern und Sozialabgaben an. Die Rentenauszahlungen müssen Sie versteuern.

steuerlichen Posten wie Pendlerpauschale und anderen Werbungskosten bei 17 900 Euro oder darunter (Ehepaare 35 800 Euro), gibt es vom Staat die Arbeitnehmersparzulage für Bausparverträge oder für die Tilgung eines Baukredits. Bei Fondssparplänen beträgt die Fördergrenze 20 000 Euro, für Paare das Doppelte.

Die Zulage fürs Bausparen oder die Tilgung eines Kredits beträgt bis zu 43 Euro im Jahr, für einen Aktienfondssparplan bis zu 80 Euro jährlich. Der Staat fördert aber nicht alle Verträge. Banksparpläne und betriebliche Altersvorsorge bleiben außen vor.

Etwas mehr verdienen dürfen VL-Sparer, wenn sie für einen Bausparvertrag die staatliche Wohnungsbauprämie beantragen. Die Einkommensgrenze liegt hier bei 25 600 Euro (Paare 51 200 Euro). Der maximale Zuschuss beträgt 45 Euro (90 Euro). Die Prämie gibt es aber nur für Einzahlungen, für die Sparer keinen Anspruch auf Arbeitnehmersparzulage haben. Sowohl die Zulage als auch die Prämie sind steuerfrei.

Rund 10 Millionen VL-Bausparverträge

Besonders beliebt bei VL-Sparern ist das Bausparen mit rund zehn Millionen Verträgen. Ein Bausparvertrag ist eine gute Idee für Sparer, die ein Haus bauen, eine Wohnung kaufen oder sanieren wollen. Sie erhalten für die Einzahlungen wenig Zinsen, sichern sich dafür aber bereits heute einen günstigen festen Zins für ein späteres Darlehen.

Sicherheit bieten auch Banksparpläne. Der Sparer weiß, wie viel Geld er nach sieben Jahren erhalten wird. Der Sparplan der Degussa Bank mit 3,39 Prozent Zins ist bundesweit ohne Bedingungen zu haben.

Auch Bau-und Wohnungsgenossenschaften kommen für VL-Sparer infrage, wenn sie dort Mitglied sind oder es werden. Jedoch gibt

Finanztest Was der Staat dazugibt

Arbeitnehmer, die wenig verdienen, haben Anspruch auf staatliche Förderung, entweder auf Arbeitnehmersparzulage oder auf Wohnungsbauprämie.

Anlageform	Einkommensgrenzen für zu versteuerndes Einkommen1) (Euro, Alleinstehende/Ehepaare)	Geförderte Einzahlung pro Jahr bis zu ... (Euro, Alleinstehende/Ehepaare)	Förderhöhe (Prozent)	Maximaler Zuschuss pro Jahr (Euro, Alleinstehende/Ehepaare)
Arbeitnehmersparzulage				
Bausparen	17 900/35 800	470/940	9,0	43/86
Tilgung eines Kredits	17 900/35 800	470/940	9,0	43/86
Aktienfonds2)	20 000/40 000	400/800	20,0	80/160
Wohnungsbauprämie3)				
Bausparen2)	25 600/51 200	512/1 024	8,8	45/90

1) Orientierung gibt das zu versteuernde Einkommen des Vorjahres. Es steht im Steuerbescheid.
2) Gleiche Grenzen gelten für den Erwerb von Genossenschaftsanteilen.
3) VL müssen für Immobilienzwecke verwendet werden, Ausnahme: Sparer unter 25 Jahre. **Stand: Januar 2014**

es nur wenige und nur regionale Angebote. Zum einen gibt es Sparverträge, zum anderen erlauben vereinzelte Genossenschaften den Erwerb von Anteilen über diese Sparform.

Einige Versicherungsunternehmen bieten ihren Kunden eine Kapitallebensversicherung für ihre VL-Beträge an. Davon raten wir ab. Die Verträge leiden wie andere Produkte auch unter den schlechten Zinserträgen und haben zusätzlich hohe Kosten.

Aktienfonds für Nervenstarke

Die höchstmögliche Rendite können Arbeitnehmer mit einem Aktienfondssparplan erzielen. Ein Plus von 5 bis 10 Prozent jährlich ist auf längere Sicht möglich – die Betonung liegt auf „längere Sicht" und auf „möglich".

Fonds sind nur etwas für Sparer, die auch Verluste aushalten können. Denn sollten die Kurse auf dem Aktienmarkt über längere Zeit auf Talfahrt gehen, kann am Ende der Laufzeit des Vertrags auch ein Minus bei der Rendite stehen.

Wer dann das Geld für eine Anschaffung braucht, hat Pech. Anleger sollten besser einen Zeithorizont von zehn Jahren einplanen. So können sie Verluste aussitzen.

Erstmals hat Finanztest VL-Sparpläne mit Aktienfonds getestet, die Indizes wie den deutschen Aktienindex Dax nachbilden. Sie heißen ETF und stehen für Exchange Traded Funds, also börsengehandelte Fonds. Finanztest hat aus 67 VL-Fondssparplänen zehn ausgewählt, die sich auf einen geeigneten Aktienmarkt beziehen und diesen möglichst breit abbilden.

Schlechte Verträge nicht kündigen

Wer bereits einen VL-Vertrag hat und feststellt, dass er nicht optimal ist, sollte den Vertrag nicht kündigen. Wenn der Anleger Anspruch auf staatliche Förderung hat, verliert er diese in den meisten Fällen durch eine vorzeitige Kündigung. Auch der Bonus eines Banksparplans ginge verloren.

Gerade dieser Bonus macht viele Angebote erst attraktiv. Sparer sollten in der Regel ihren Vertrag durchhalten und sich dann für die nächsten sieben Jahre ein besseres Angebot suchen.

So gilt für VL-Sparer heute, was 1966 für 312-Mark-Sparer galt. Diese „sollten genau rechnen und ihre Chancen nutzen", empfahl die Stiftung Warentest damals. ■

Einfach zu mehr Zins springen

Der Wechsel vom Sparbuch zum Tagesgeldkonto bringt Geld und klappt gut. Vier Banken aus unserem Praxistest sollten aber nachbessern.

Finanztest 8/2014 Sparer können ein Tagesgeldkonto in wenigen Tagen eröffnen. Überweisungen sind sicher, die Scheu vor einer Onlinebank ist unbegründet. Auch die ausländischen Banken erfüllen die Qualitätskriterien der Stiftung Warentest. Sieger in unserem Praxistest ist die ING-Diba mit dem Finanztest-Qualitätsurteil sehr gut. Die Bank bietet eine Verzinsung von 0,8 Prozent pro Jahr, für Neukunden sind es 1,25 Prozent (Stichtag 1. Juli 2014). Das ist das Ergebnis einer Untersuchung von 22 Direktbanken.

Finanztest hat geprüft, wie gut sich die Tagesgeld-Onlinekonten in der Praxis bewähren. Die Tester haben Tagesgeldkonten eröffnet, Geld überwiesen, Mailanfragen gestellt und eine Kontosperre verlangt. Geprüft wurden Banken, die Anfang 2014 die besten Zinsen für Bestands- oder Neukunden anboten. Untersucht wurde auch, wie die Banken Kunden vor Onlinebetrügern schützen und wer haftet, wenn doch etwas passiert.

Vier Banken nur ausreichend

Zwölf Banken schnitten gut ab, fünf befriedigend. Nur ausreichend waren die Advanzia Bank, die Amsterdam Trade Bank, die Denizbank und die Garantibank. Alle vier Banken haben große Mängel in den Haftungsregeln.

Sollte einmal durch Betrug ein Schaden passieren, soll der Kunde bei der Advanzia Bank und der Amsterdam Trade Bank sein Recht nicht in Deutschland, sondern in Luxemburg oder den Niederlanden einklagen. Denizbank und Garantibank möchten dem Kunden das ganze Risiko des Missbrauchs aufbürden, obwohl das Gesetz auch den Instituten einen Teil des Risikos zuweist.

Bei den deutschen und ausländischen Banken im Test ist das Geld der Sparer mindestens bis 100 000 Euro pro Anleger geschützt, wenn die Bank pleitegeht. So ist es innerhalb der Europäischen Union gesetzlich vorgeschrieben. Die meisten Banken auf dem deutschen Markt sichern höhere Beträge.

Unser Rat

Testsieger. Die **ING-Diba** hat in unserem Praxistest zur Nutzung von Online-Tagesgeldkonten am besten abgeschnitten. Sie bot am Stichtag (1. Juli 2014) 0,80 Prozent, für Neukunden 1,25 Prozent. Von den gut getesteten Banken bietet **MoneYou** mit 1,20 Prozent den besten Tagesgeldzins für Bestandskunden. Elf weitere Banken schlossen den Praxistest ebenfalls mit einem Gut ab.

Zinsen. Die Top 20 der Tagesgeldangebote stehen jeden Monat in Finanztest. Es gibt sie auch alle zwei Wochen aktuell unter test.de/zinsen. Wenn Sie Ihr Tagesgeldkonto nicht ständig wechseln möchten, suchen Sie sich eine der „dauerhaft guten" Banken aus. Deren Tagesgeld gehörte in den letzten 24 Monaten mindestens 22 Mal zu den besten 20 Angeboten.

Sicherheit. Tagesgeld ist eine sichere Geldanlage. Innerhalb der EU sind bei einer Pleite die Einlagen bis mindestens 100 000 Euro pro Kunde und Bank über die gesetzliche Einlagensicherung geschützt. Rücküberweisungen vom Tagesgeldkonto sind bei allen getesteten Banken mit sicheren Verfahren möglich.

Kontoeröffnung binnen einer Woche
Die Kontoeröffnung klappte sehr gut nur bei der ING-Diba, bei MoneYou, der Onlinemarke der niederländischen ABN Amro Bank, und beim Direktversicherer CosmosDirekt. Manchmal haperte es aber mit dem Tempo.

Spätestens eine Woche nachdem der Bankkunde den Antrag gestellt hat, sollte er Zugriff auf sein Tagesgeldkonto haben. Das schaffte knapp ein Drittel der Banken.

Ärgerlich ist ein verzögerter Zugriff auf das Konto, wenn das dafür vorgesehene Geld einstweilen unverzinst auf dem Girokonto liegt. Pluspunkte vergaben die Tester, wenn der Kunde gleich nach der Bestätigung seines Antrags Geld auf das Tagesgeldkonto überweisen konnte und nicht erst auf die Zugangsdaten warten musste. Das geht bei der ING-Diba, bei MoneYou, CosmosDirekt und RaboDirect.

Geldwäscheregeln umgangen
Ein Konto dürfen in Deutschland nur Menschen eröffnen, die sich zweifelsfrei legitimiert haben. Das können sie in einer Postfiliale mit dem Postident-Verfahren tun.

Das Schlusslicht Advanzia Bank und die Amsterdam Trade Bank wählen ein weniger strenges Verfahren. Ihnen reicht es, wenn der Kunde mit dem Kontoantrag eine Kopie

Finanztest Online-Tagesgeldkonten im Praxistest

Anbieter	Konto	Finanztest QUALITÄTSURTEIL	Kontoeröffnung (25 %)
ING-Diba	Extra-Konto	SEHR GUT (1,2)	++ (1,3)
RaboDirect	Tagesgeld	GUT (1,8)	O (2,7)
MoneYou	Tagesgeld	GUT (2,1)	++ (1,0)
Volkswagen Bank Direkt	Plus Konto TopZins	GUT (2,1)	+ (2,4)
1822direkt	ZinsCash	GUT (2,2)	O (2,7)
Net-m Privatbank 1891	Private Cash	GUT (2,2)	+ (2,0)
Bank of Scotland	Tagesgeld	GUT (2,3)	O (3,1)
Akbank	Online Tagesgeld	GUT (2,4)	⊖ (3,8)
GE Capital Direkt	Tagesgeld	GUT (2,4)	O (2,6)
pbb direkt	Tagesgeld	GUT (2,4)	O (3,0)
akf Bank	Tagesgeld	GUT (2,5)	+ (2,4)
Cortal Consors	Tagesgeld	GUT (2,5)	O (3,5)
NIBC Direct	Mehr.Zins.Konto	GUT (2,5)	O (2,8)
Ikano Bank	Fleks Horten Tagesgeld	BEFRIEDIGEND (2,6)	O (3,3)
DAB Bank	Tagesgeldkonto	BEFRIEDIGEND (2,7)	O (2,6)
Renault Bank Direkt	Tagesgeld	BEFRIEDIGEND (2,7)	+ (1,7)
FFS Bank	Tagesgeld	BEFRIEDIGEND (3,0)	O (3,2)
CosmosDirekt	Tagesgeld Plus	BEFRIEDIGEND (3,3)	++ (1,4)
Amsterdam Trade Bank	Internet-Tagesgeldkonto	AUSREICHEND (3,6)	– (4,6)
GarantiBank	Kleeblatt-Sparkonto	AUSREICHEND (3,6)	O (3,3)
Denizbank	Online Sparen Tagesgeld	AUSREICHEND (3,7)	O (3,1)
Advanzia Bank	Advanziakonto	AUSREICHEND (3,8)	⊖ (4,3)

Bewertung:
++ = Sehr gut (0,5–1,5).
+ = Gut (1,6–2,5).
O = Befriedigend (2,6–3,5).
⊖ = Ausreichend (3,6–4,5).
– = Mangelhaft (4,6–5,5).
Bei gleichem Qualitätsurteil Reihenfolge nach Alphabet.
*) Führt zur Abwertung

seines Personalausweises schickt. Das ist praktisch. Aber das strengere deutsche Verfahren soll Geldwäsche verhindern. Auch wenn das für die Kunden ein eher theoretisches Problem ist, wurden Verfahren, die nicht deutschem Recht entsprechen, schlechter bewertet. Das verkürzte Verfahren beschleunigt die Kontoeröffnung übrigens nicht. Bis die Tester Zugang zum Konto hatten, verging mindestens eine Woche.

Kontosperre problematisch

Hatten die Testkunden das Konto eröffnet, gab es bei der Kontoführung keine gravierenden Probleme. Die meisten Banken drängen ihre Kunden zu einem sicheren Passwort. Es sollte mindestens acht Stellen haben und aus Groß- und Kleinbuchstaben sowie Sonderzeichen bestehen. Kontostandsabfragen waren jederzeit möglich, Rücküberweisungen auf das Referenzkonto klappten.

Einige Banken enttäuschten mit ihren Antworten auf die E-Mail-Anfragen der Tester: Entweder dauerte es lange, bis eine Antwort kam, oder sie war nicht korrekt.

Probleme gab es, wenn die Tester telefonisch eine Kontosperre verlangten, weil sie die Zugangsdaten verloren hatten. Meist argumentierten die Banken, dass eine Sperre nicht nötig sei, weil Überweisungen nur auf das Referenzkonto möglich sind. Insgesamt gab es bei sieben Banken Probleme. Cosmos-Direkt und die Renault Bank Direkt haben in keinem der drei Fälle das Konto gesperrt.

Manche nahmen den Sperrauftrag entgegen, taten aber nichts. Die Tester hatten mit den alten Zugangsdaten weiter Zugriff.

Kontoführung (35 %)	Haftung (15 %)	Sicherheit (25 %)
+ (1,6)	++ (0,5)	++ (0,9)
++ (1,5)	++ (0,5)	+ (1,8)
○ (3,3)	+ (2,5)	++ (1,2)
○ (2,6)	++ (1,5)	++ (1,3)
○ (3,0)	++ (1,5)	++ (1,0)
○ (2,6)	+ (2,0)	+ (2,0)
○ (2,7)	+ (2,0)	++ (1,2)
+ (2,2)	+ (2,0)	++ (1,3)
○ (3,2)	+ (2,0)	++ (1,5)
○ (2,7)	++ (1,5)	+ (2,0)
○ (3,1)	+ (2,0)	+ (1,9)
+ (1,9)	++ (1,5)	○ (2,9)
○ (3,0)	+ (2,0)	+ (1,9)
○ (3,1)	+ (2,5)	++ (1,3)
○ (2,9)	++ (1,5)	○ (3,3)
– (4,6)	+ (2,0)	++ (1,5)
○ (3,0)	+ (2,5)	○ (2,9)
– (4,8)	⊖ (3,9)	○ (2,7)
○ (2,8)	– (4,8)*)	+ (2,2)
○ (2,6)	– (5,0)*)	+ (1,9)
⊖ (4,0)	– (4,9)	○ (3,2)
– (4,6)	– (5,4)	++ (1,3)

Praxistest Januar bis April 2014

Schutz vor Betrügern

Der Missbrauch von Tagesgeldkonten durch Betrüger war bisher kein Thema. Trotzdem wurden von den Banken Vorkehrungen verlangt, die unberechtigte Zugriffe aufs Konto verhindern.

Die Tester überprüften, ob die Bank Überweisungen wirklich nur auf ein Referenzkonto zulässt und ob dieses Konto auf den Namen des Kontoinhabers lauten muss. Diese Bedingung haben bis auf die DAB Bank, die Denizbank, die FFS Bank und Cortal Consors alle im Test erfüllt.

Wenn Überweisungen vom Tagesgeldkonto auf jedes andere Konto möglich waren, wurde geschaut, wie sicher die Onlinebanking-Verfahren sind. Auch hier mussten nur wenig Punkte abgezogen werden.

An der Sicherheit war kaum etwas auszusetzen. Fast alle Banken legten den Kunden im Rahmen der Kontoführung keine übertriebenen Pflichten auf und sie müssen höchstens nach grob fahrlässigem Verhalten einen Teil des Schadens tragen. ■

Die besten Zinsen

Finanztest ermittelt jeden Monat die besten Angebote, die Kunden ohne Einschränkungen und zusätzliche Kosten erhalten können.

Finanztest 12/2014 In unsere Listen der Top-Zinsangebote und in die Online-Produktfinder (www.test.de/zinsen) kommen nur Institute, die ihren Sitz in der EU haben. Bei all diesen Banken sind mindestens 100 000 Euro pro Anleger und Bank gesetzlich geschützt. Für Eheleute mit einem Gemeinschaftskonto sind mindestens 200 000 Euro pro Bank abgesichert. Im Fall einer Pleite muss das Geld spätestens nach 20 Arbeitstagen zurückgezahlt werden.

Deutsche Einlagensicherung

Gehört eine Bank nur der Entschädigungseinrichtung deutscher Banken (EdB) an, sind Einlagen bis 100 000 Euro gesichert. Dies sind: akf Bank, Bank11direkt, Eurocity Bank, FFS Bank, Fidor Bank, Ikano Bank, Net-m Privatbank, SWK Bank, Umweltbank, Varengold Bank.

Privatbanken, die zusätzlich dem Einlagensicherungsfonds des Bundesverbands deutscher Banken (BdB) angehören, sichern darüber hinaus Einlagen in Millionenhöhe ab. Bei neuen Mitgliedern wie der Gefa Bank, Pro-Credit Bank und der Bank of Scotland sind in den ersten drei Jahren aber nur Beträge bis 250 000 Euro gesichert.

Öffentliche Banken, Sparkassen und Genossenschaftsbanken bieten über eigene Einrichtungen unbegrenzten Schutz.

Bei privaten Bausparkassen sind Einlagen bis 250 000 Euro pro Anleger sicher.

Einlagen bei Lebensversicherern wie CosmosDirekt schützt unbegrenzt die Sicherungseinrichtung Protektor.

Ausländische Einlagensicherung

Bei Banken mit Geschäftssitz außerhalb Deutschlands greift bei einer Pleite das Sicherungssystem des jeweiligen Landes. Der Mindestschutz beträgt nach dem Recht der Europäischen Union 100 000 Euro pro Anleger und Bank.

Kombination aus deutscher und ausländischer Einlagensicherung

Die Bank of Scotland, die Barclays Bank, die ICICI Bank und Cortal Consors haben zwar einen ausländischen Sitz, sind aber gleichzeitig Mitglied im Sicherungsfonds des Bundesverbands deutscher Banken.

Für diese Banken gilt: Im Pleitefall würde zunächst die britische beziehungsweise die französische Einlagensicherung maximal 100 000 Euro entschädigen. Für darüber hinausgehende Beträge ist dann die Einlagensicherung des BdB zuständig. Sie sichert Einlagen in Millionenhöhe ab und bei Neu-Mitgliedern bis zu 250 000 Euro. ■

www.test.de

Produktfinder Zinsen. Im Internet auf test.de veröffentlichen wir regelmäßig die besten Zinsen für Tagesgeld und für Festgeld ohne vorzeitige Kündigungsmöglichkeit mit Laufzeiten zwischen einem Monat und zehn Jahren. Wir aktualisieren diese Produktfinder alle 14 Tage.

www.test.de/zinsen

Marktplatz. Unter dem Stichwort „Marktplatz" finden Leser auf test.de viele Informationen zum Thema Geldanlage – von unserer Warnliste bis zu aktuellen Ratenkreditkonditionen.

www.test.de/marktplatz

Finanztest Top 20 Tagesgeldkonten

Sortiert nach Rendite pro Jahr.

Anbieter	Einlagensicherung (Land/Begrenzung)		Kontakt		Mindestanlage* (Euro)	Anlagebetrag 5 000 Euro, Zins/Rendite pro Jahr (Prozent) Zins	Rendite
PSA Direktbank	F	▽	www.psa-direktbank.de	@	Keine	1,50	**1,51**
Sberbank Direct[1)2)]	A	▽	www.sberbankdirect.de	@	Keine	1,30	**1,31**
Bank11direkt[3)]	D	▽	www.bank11direkt.de	@	Keine	1,25	**1,25**
Ikano Bank[4)]	D	▽	www.ikanobank.de	@	Keine	1,25	**1,25**
Renault Bank Direkt[5)]	F	▽	www.renault-bank-direkt.de	@	Keine	1,10	**1,11**
Autobank[4)6)]	A	▽	0 800/4 04 10 08		Keine	1,10	**1,10**
Denizbank[2)7)]	A	▽	0 800/4 88 66 00		1 000[8)]	1,10	**1,10**
CosmosDirekt[9)10)]	D		www.cosmosdirekt.de	@	1 000[8)]	1,05	**1,05**
Amsterdam Trade Bank	NL	▽	www.atbank.de	@	Keine	1,05	**1,05**
MoneYou	NL	▽	www.moneyou.de	@	Keine	1,05	**1,05**
NIBC Direct	NL	▽	www.nibcdirect.de	@	Keine	1,05	**1,05**
Advanzia Bank[5)]	L	▽	0 800/8 80 21 20		5 000	1,01	**1,01**
RaboDirect	NL	▽	www.rabodirect.de	@	Keine	1,01	**1,01**
Vakifbank[3)]	A	▽	0 69/2 71 36 67 55		5 000	1,00	**1,00**
VTB Direktbank[2)11)]	A	▽	www.vtbdirektbank.de	@	Keine	1,00	**1,00**
Varengold Bank[3)5)]	D	▽	www.varengold.de	@	2 500	1,00	**1,00**
akf Bank	D	▽	www.akf24.de	@	2 500	0,95	**0,95**
GE Capital Direkt[12)]	D		www.gecapitaldirekt.de	@	Keine	0,90	**0,90**
ICICI Bank	GB+D		www.icicibank.de	@	Keine	0,90	**0,90**
Santander Direkt Bank[4)]	D		www.santander-direkt.de	@	Keine	0,90	**0,90**

*Wird dieser Beitrag unterschritten, entfällt die Verzinsung oder es wird ein deutlich niedrigerer Zins gezahlt.
@ = Kontoeröffnung und/oder kostenlose Kontoführung nur im Internet möglich.
○ = Einlagensicherung ist auf 250 000 Euro pro Person begrenzt.
▽ = Einlagensicherung ist auf 100 000 Euro pro Person begrenzt.
D = Deutschland. F = Frankreich. GB = Großbritannien. L = Luxemburg. NL = Niederlande. A = Österreich.

1) Die Sberbank Direct ist eine Niederlassung der Sberbank Europe mit Sitz in Österreich.
2) Gegen die russischen Mutterbanken hat die EU Sanktionen erlassen, von denen die europäischen Töchter nicht betroffen sind.
3) Zins gilt nur für Beträge bis 50 000 Euro.
4) Zins gilt nur für Beträge bis 100 000 Euro.
5) Neukunden erhalten für einen begrenzten Zeitraum einen höheren Zins.
6) Kontoeröffnung nur über Internet möglich, Kontoführung per Telefon.
7) Die Denizbank mit Sitz in Österreich gehört zur Sberbank Gruppe.
8) Erstanlage, Betrag kann später unterschritten werden.
9) Lebensversicherungsprodukt: Einlagen sind in unbegrenzter Höhe durch „Protektor", die Sicherungseinrichtung der Lebensversicherer geschützt.
10) Zins gilt nur für Beträge bis 25 000 Euro.
11) Die VTB Direktbank ist eine Niederlassung der VTB Bank (Austria) mit Sitz in Österreich.
12) Zins gilt nur für Beträge bis 75 000 Euro.

Stand: 5. November 2014

Finanztest Top 10 Festgeldangebote

Angebote für eine Anlagedauer zwischen einem und fünf Jahren.

Anbieter	Einlagensicherung (Land/Begrenzung)		Kontakt		Mindestanlage (Euro)	Rendite pro Jahr* (Prozent)
1 Jahr						
Denizbank[1)2)]	A	▽	0 800/4 88 66 00		1 000	**1,50**
PSA Direktbank	F	▽	www.psa-direktbank.de	@	500	**1,50**
Varengold Bank	D	▽	www.varengold.de	@	5 000	**1,50**
Vakifbank	A	▽	0 69/2 71 36 67 55		5 000	**1,45**
Amsterdam Trade Bank[3)]	NL	▽	www.atbank.de	@	5 000	**1,45**
Autobank[4)5)]	A	▽	0 800/4 04 10 08		5 000	**1,41**
VTB Direktbank[2)6)]	A	▽	0 69/6 65 58 99 99		500	**1,40**
Crédit Agricole Consumer Finance[5)]	F	▽	0 67 21/9 10 18 36		5 000	**1,40**
NIBC Direct	NL	▽	www.nibcdirect.de	@	1 000	**1,40**
Sberbank Direct[2)7)]	A	▽	www.sberbankdirect.de	@	1 000	**1,40**
2 Jahre						
Denizbank[1)2)9)]	A	▽	0 800/4 88 66 00		1 000	**1,80**
Vakifbank	A	▽	0 69/2 71 36 67 55		5 000	**1,65**
PSA Direktbank[9)]	F	▽	www.psa-direktbank.de	@	500	**1,65**
NIBC Direct[9)]	NL	▽	www.nibcdirect.de	@	1 000	**1,65**
Crédit Agricole Consumer Finance[5)]	F	▽	0 67 21/9 10 18 36		5 000	**1,60**
Varengold Bank	D	▽	www.varengold.de	@	5 000	**1,60**
Autobank[4)5)9)]	A	▽	0 800/4 04 10 08		5 000	**1,57**
Amsterdam Trade Bank[3)]	NL	▽	www.atbank.de	@	5 000	**1,55**
VTB Direktbank[2)6)]	A	▽	0 69/6 65 58 99 99		500	**1,50**
Sberbank Direct[2)7)]	A	▽	www.sberbankdirect.de	@	1 000	**1,50**
3 Jahre						
Sberbank Direct[2)7)]	A	▽	www.sberbankdirect.de	@	1 000	**2,20**
VTB Direktbank[2)6)]	A	▽	0 69/6 65 58 99 99		500	**2,10**
Denizbank[1)2)9)]	A	▽	0 800/4 88 66 00		1 000	**2,00**
VTB Direktbank[2)6)8)]	A	▽	www.vtbdirektbank.de	@	500	**2,00**
Crédit Agricole Consumer Finance[5)]	F	▽	0 67 21/9 10 18 36		5 000	**1,86**
PSA Direktbank[9)]	F	▽	www.psa-direktbank.de	@	500	**1,80**
NIBC Direct[9)]	NL	▽	www.nibcdirect.de	@	1 000	**1,80**
Vakifbank	A	▽	0 69/2 71 36 67 55		5 000	**1,70**
akf Bank[9)]	D	▽	www.akf24.de	@	2 500	**1,70**
Amsterdam Trade Bank[3)]	NL	▽	www.atbank.de	@	5 000	**1,70**

Anbieter	Einlagen-sicherung (Land/Begrenzung)	Kontakt	Mindest-anlage (Euro)	Rendite pro Jahr* (Prozent)
4 Jahre				
Sberbank Direct[2,7]	A ▽	www.sberbankdirect.de @	1000	**2,20**
VTB Direktbank[2,6]	A ▽	0 69/6 65 58 99 99	500	**2,10**
Denizbank[1,2,9]	A ▽	0 800/4 88 66 00	1000	**2,05**
Crédit Agricole Consumer Finance[5]	F ▽	0 67 21/9 10 18 36	5000	**2,05**
PSA Direktbank[9]	F ▽	www.psa-direktbank.de @	500	**1,95**
NIBC Direct[9]	NL ▽	www.nibcdirect.de @	1000	**1,90**
Credit Europe Bank	NL ▽	0 69/2 56 26 00	2500	**1,80**
Vakifbank	A ▽	0 69/2 71 36 67 55	5000	**1,80**
akf Bank[9]	D ▽	www.akf24.de @	2500	**1,80**
DHB Bank	NL ▽	www.dhbbank.de @	2500	**1,80**
5 Jahre				
VTB Direktbank[2,6]	A ▽	0 69/6 65 58 99 99	500	**2,10**
Denizbank[1,2,9]	A ▽	0 800/4 88 66 00	1000	**2,10**
Crédit Agricole Consumer Finance[5]	F ▽	0 67 21/9 10 18 36	5000	**2,10**
NIBC Direct[9]	NL ▽	www.nibcdirect.de @	1000	**2,10**
Vakifbank	A ▽	0 69/2 71 36 67 55	5000	**2,01**
Von Essen Bank[9]	D	02 01/8 11 81 46	2500	**2,00**
pbb direkt[9]	D	www.pbbdirekt.com @	5000	**2,00**
DHB Bank	NL ▽	www.dhbbank.de @	2500	**2,00**
Credit Europe Bank	NL ▽	0 69/2 56 26 00	2500	**1,95**
DHB Bank	NL ▽	02 11/21 09 08 98	2500	**1,90**

D = Deutschland.
F = Frankreich.
GB = Großbritannien.
L = Luxemburg.
NL = Niederlande.
A = Österreich.

@ = Kontoeröffnung und/oder kostenlose Kontoführung nur im Internet möglich.
○ = Einlagensicherung ist auf 250000 Euro pro Person begrenzt.
▽ = Einlagensicherung ist auf 100000 Euro pro Person begrenzt.

* = Bei einem Anlagebetrag von 5000 Euro.

1) Die Denizbank mit Sitz in Österreich gehört zur Sberbank Gruppe.
2) Gegen die russischen Mutterbanken hat die EU Sanktionen erlassen, von denen die europäischen Töchter nicht betroffen sind.
3) Zinsen werden monatlich auf das Tagesgeldkonto ausgeschüttet.
4) Zins gilt nur für Beträge bis 100000 Euro.
5) Kontoeröffnung nur über Internet möglich, Kontoführung per Telefon.
6) Die VTB Direktbank ist eine Niederlassung der VTB Bank (Austria) mit Sitz in Österreich.
7) Die Sberbank Direct ist eine Niederlassung der Sberbank Europe mit Sitz in Österreich.
8) 20 Prozent des Anlagebetrages sind jederzeit flexibel verfügbar.
9) Zinsansammlung ab einer Laufzeit von zwei Jahren möglich, Zinsen werden jährlich gutgeschrieben und mitverzinst.

Stand: 5. November 2014

Auf lange Sicht

Steigen die Zinsen oder steigen sie nicht? Anleger mit Rentenfonds können das entspannt sehen, wenn sie langfristig investieren.

Finanztest 12/2014 Es ist fast zum Heulen: Für zehnjährige Bundesanleihen gab es im November nicht einmal mehr 1 Prozent pro Jahr – weniger als die Top-Anbieter für Tagesgeld zahlen. Manchen Anlegern bereiteten die sinkenden Zinsen allerdings Spaß. Mit Rentenfonds Euro, die Staatsanleihen kaufen, konnten sie im vergangenen Jahr rund 11 Prozent Gewinn erzielen (30. September 2014).

Dickes Plus trotz niedriger Zinsen

Elf Prozent? Mit Staatsanleihen, für die es kaum noch Zinsen gibt? Viele Anleger wundern sich darüber, wie solche Erträge überhaupt zustande kommen. Die Erklärung: In den Fonds liegen noch alte, besser verzinste Anleihen. Ihr Wert steigt, wenn nur noch niedrig verzinste, neue Anleihen auf den Markt kommen.

Zum guten Ergebnis der Rentenfonds beigetragen haben nicht nur die fallenden Zinsen in Deutschland. Auch die Risikoaufschläge für Staatsanleihen der Euro-Krisenländer sind gesunken und führten zu steigenden Anleihenpreisen.

Allmählich macht sich aber Angst breit. Was, wenn die Zinsen bald nicht mehr sinken, sondern steigen?

Anleger fragen sich, ob sie mit ihren vermeintlich sicheren Investments nicht auf einem Pulverfass sitzen. Der Grund: Steigende Zinsen wirken sich genau umgekehrt auf Anleihen aus wie sinkende Zinsen. Sie bringen Besitzern von Rentenfonds keine Kursgewinne, sondern vielmehr Verluste.

Doch Anleger, die langfristig investieren, brauchen sich keine Sorgen zu machen. Das verrät ein Blick zurück. Über mehrere Jahre gesehen brachten die Fonds stabile Zuwächse. Rückschläge blieben moderat. Nach wie vor gilt: Rentenfonds Euro sind eine flexible Anlage und auf längere Sicht meist rentabler als Tages- oder Festgeld.

So war es ...

Wie wenig dramatisch die Vergangenheit war, zeigt die Wertentwicklung des ältesten deutschen Rentenfonds, des Allianz Euro Rentenfonds, bei steigenden und fallenden Zinsen. Die Ergebnisse beruhigen.

Den größten Verlust mit minus 6,5 Prozent gab es zwischen Februar 1969 und Juni 1970. Damals stiegen die Leitzinsen von 3 auf 7,5 Prozent. Rund 5 Prozent Verlust gab es Anfang der achtziger Jahre und in der ersten Hälfte der neunziger Jahre. Die Verluste in der Finanzkrise von rund 6 Prozent waren nicht nur auf Zinserhöhungen zurückzuführen, sondern auch auf die Eurokrise.

Meistens waren die Verluste schnell wieder aufgeholt, nach nicht einmal eineinhalb Jahren lag der Fonds wieder im Plus. Nur von 2005 bis 2007 dauerte es mit 27 Monaten länger, da betrug das größte zwischenzeitliche Minus aber nur knapp 4 Prozent.

Im Durchschnitt hat der Fonds seit Auflage im Januar 1966 pro Jahr eine Rendite von 6,8 Prozent erzielt.

... und so könnte es kommen

Einen Unterschied zwischen früher und heute gibt es allerdings: das Zinsniveau. Bisher stiegen die Zinsen in Phasen, in denen sie schon von vornherein höher waren als heute. Steigende Zinsen wirken sich dann nicht so gravierend aus, wie es künftig der Fall sein könnte.

Dazu eine Überschlagsrechnung: Bei einem Zinsniveau von 3 Prozent für eine siebenjährige Anleihe würden steigende Zinsen – jeweils 1 Prozentpunkt drei Jahre hintereinander – zu Verlusten von rund 3 Prozent führen. Liegen die Anleihezinsen zu Beginn aber bei 1 Prozent, könnten sich die Verluste auf rund 8 Prozent belaufen. Die Verlustphase verlängert sich ebenfalls.

Die Frage ist, ob es von einem so niedrigen Zinsniveau wie dem jetzigen zu Zinserhöhungen in dieser Größenordnung überhaupt kommen wird. Ein Anstieg um jeweils einen Prozentpunkt in drei Jahren wie in dem Beispiel entspricht einer Vervierfachung des Zinses.

Und die Frage ist nicht nur, wie hoch Zinserhöhungen sein könnten, sondern auch, ob sie überhaupt kommen und wenn ja, wann. Einige Experten warten seit Jahren darauf, andere vermuten, dass die Zinsen noch eine Weile auf niedrigem Niveau verharren.

Hohe Kosten, weniger Rendite

Bleiben die Zinsen unverändert, können Anleger mit den Fonds nicht mehr viel verdienen. Der Allianz Euro Rentenfonds weist jetzt schon eine Endfälligkeitsrendite von 1,13 Prozent aus. So viel würden Anleger durchschnittlich bekommen, wenn der Fonds mit dem jetzigen Portfolio weiterlaufen würde.

1,13 Prozent klingt wenig, ist im Vergleich mit Festzinsanlagen jedoch durchaus konkurrenzfähig. Anders sieht es aus, wenn man die Kosten des Fonds berücksichtigt. Sie betrugen zuletzt 0,8 Prozent im Jahr. Das heißt: Übrig blieben nur 0,33 Prozent.

Je geringer die Erträge, desto mehr fallen die Kosten ins Gewicht. Deshalb spricht gerade bei Rentenfonds viel für die Wahl von ETF. Das Kürzel steht für „Exchange Traded Funds", deutsch: börsengehandelte Fonds. Sie bilden einen Index nach und sind daher meist billiger als ein gemanagter Fonds.

Die Kosten von ETF sind nur ungefähr ein Viertel so hoch wie die der gemanagten Fonds aus der Fondsgruppe Rentenfonds Staatsanleihen Euroland (Tabelle S. 68). Da bleibt nicht nur unterm Strich mehr übrig für den Anleger, auch das Verlustrisiko bei Zinserhöhungen ist geringer.

Unser Rat

Zinsanlage. Rentenfonds Euro mit Staatsanleihen oder mit Staats- und Unternehmenspapieren eignen sich für Sie, wenn Sie langfristig anlegen – für etwa fünf Jahre und mehr – und eine sichere und flexible Zinsanlage suchen.

Risiken. Seien Sie nicht beunruhigt, falls Ihr Fonds mal ins Minus rutscht – etwa, wenn am Markt die Zinsen steigen. In der Vergangenheit blieben die Verluste meist einstellig und waren nicht von langer Dauer.

Fonds. Als Basis empfehlen wir Fonds mit Anleihen der Euroländer. ETF dazu bieten etwa **db x-trackers** (Isin LU 029 035 571 7) und **iShares** (DE 000 A0H 078 5). Geeignet sind auch Fonds, die Staats- und Unternehmensanleihen mischen, etwa der **iShares Euro Aggregate Bond** (DE 000 A0R M44 7). Sie können auch selbst ETF auf Staats- und Unternehmensanleihen mischen.

Kurze Laufzeiten, geringeres Risiko

Trotzdem kann sich der Kauf gemanagter Fonds lohnen. Manager können den Folgen steigender Zinsen entgegenwirken, indem sie Papiere mit kürzeren Laufzeiten kaufen, die dann weniger Verlust machen.

Ein paar Fonds haben ihr Portfolio schon umgestellt. Das zeigt die „modifizierte Duration", die Anbieter häufig nennen. Sie gibt an, wie stark der Preis des Fonds sinkt, wenn der Zins um 1 Prozentpunkt steigt. Beträgt die modifizierte Duration 7 Prozent, geht der Fondskurs bei einem Zinsanstieg um einen Prozentpunkt um zirka 7 Prozent zurück.

Der LBBW-Rentenfonds Euro Deka etwa hat mit 2,9 Prozent per Ende September eine geringere modifizierte Duration als vergleichbare Fonds, die bei rund 4 Prozent liegen – und stünde bei einer Zinswende relativ gut da, sollte sie denn kommen. ■

Empfehlenswerte Rentenfonds

Staatsanleihen sollten immer mit ins Depot

Rentenfonds Staatanleihen Euroland. Die sicherste Basis fürs Depot sind „Rentenfonds Staatsanleihen Euroland (Euro)". Die Angabe „(Euro)" heißt, dass die Anleihen in den Fonds vorwiegend auf Euro lauten. In der Tabelle finden Anleger die Fonds, die mit fünf Punkten zurzeit die beste Finanztest-Bewertung haben. Außerdem führen wir marktbreite Indexfonds (ETF) auf. Sie sind erste Wahl, weil sie so günstig sind.

Rentenfonds Welt. Geeignet sind auch Rentenfonds, die Staats- mit Unternehmensanleihen oder Pfandbriefen mischen. Die Fondsgruppe heißt „Rentenfonds Welt (Euro)". Die Anleihen werden von Emittenten weltweit begeben, daher „Welt", sie lauten aber in der Regel auf Euro oder sind in Euro abgesichert. Die Papiere sind überwiegend sicher, spekulativere Papiere dürfen beigemischt werden. Das erhöht Risiko und Renditechance.

Tipp Weitere Fonds dieser Gruppen und Informationen über andere Rentenfonds, beispielsweise Fonds mit Unternehmensanleihen, gibt es online (test.de/fonds).

Finanztest Die besten Rentenfonds Euro

Fonds	Isin	Finanztest Bewertung Chance-Risiko-Verhältnis	Chance Glücksrendite (% p. a.)	Risiko Pechrendite (% p. a.)	Marktorientierung (%)[1]	Kosten (Prozent p. a.)[2]	Wertentwicklung (in % p. a.)[3] 5 Jahre	1 Jahr
Rentenfonds Staatsanleihen Euroland (Euro)								
Referenzindex: Barclays Euro Treasury (Total Return)	–		9,4	–3,6	100	–	5,5	11,4
Dauerhaft gut: Marktbreite ETF								
db x-trackers iBoxx Sov. Eurozone Ucits ETF 1C[4][5] Ⓣ	LU 029 035 571 7	●●●●○	9,3	–3,7	100	0,15	5,3	11,1
iShares Euro Gov. Bond Capped 1.5-10.5 Ucits ETF (DE) Ⓐ	DE 000 A0H 078 5	●●●●○	9,2	–3,6	94	0,16	5,2	10,6
Fonds mit aktuell bester Bewertung								
Schroder ISF Euro Gov. Bond A Dis[5] Ⓐ	LU 005 390 389 3	●●●●●	9,3	–3,4	94	0,62	5,6	11,6
Pioneer Euro Governm. Bond (A)[5] Ⓐ	AT 000 085 602 6	●●●●●	9,0	–3,3	91	0,73	5,5	10,4
RT Vorsorge §14 Rentenfonds (A)[5][6] Ⓐ	AT 000 085 891 5	●●●●●	6,8	–2,5	50	0,52	4,1	7,1

Fonds		Isin	Finanztest Bewertung Chance-Risiko-Verhältnis	Chance Glücksrendite (% p. a.)	Risiko Pechrendite (% p. a.)	Marktorientierung (%)[1]	Kosten (Prozent p. a.)[2]	Wertentwicklung (in % p. a.)[3] 5 Jahre	1 Jahr
Rentenfonds Welt (Euro)									
Referenzindex: Barclays Euro Aggregate (Total Return)			–	8,6	–2,8	100	–	5,5	9,8
Marktbreiter ETF									
iShares Euro Aggregate Bond Ucits ETF[10]	Ⓐ	DE 000 A0R M44 7	–[9]	8,4	–2,9	100	0,25	5,3	9,5
Fonds mit aktuell bester Bewertung									
BGF Euro Bond A2 EUR[4)5)]	Ⓣ	LU 005 037 247 2	●●●●●	9,1	–2,7	97	0,98	6,2	11,1
3 Banken Euro Bond-Mix (A)[5]	Ⓐ	AT 000 085 632 3	●●●●●	6,6	–1,9	84	0,53	4,5	7,4
LBBW-Rentenfonds Euro Deka	Ⓐ	DE 000 848 068 2	●●●●●	4,9	–1,3	78	0,69	3,5	3,9
LBBW Renten Euro Flex	Ⓐ	DE 000 976 696 4	●●●●●	6,7	–1,8	68	0,90	4,8	6,9
Rorento DH EUR (Robeco)[4)7)]	Ⓣ	LU 093 419 561 0	●●●●●	7,4	–2,1	59	0,79	5,1	6,3
Goldman Sachs Gl. Fixed Inc. Plus (Hedged) Di.[5)7)]	Ⓐ	LU 023 458 977 7	●●●●●	7,1	–1,9	58	1,25	5,0	6,6
Adireth (Allianz GI)	Ⓣ	DE 000 976 955 4	●●●●●	7,0	–2,1	57	0,78	4,7	4,5
Superior 1 Ethik Renten (A)[5)8)]	Ⓐ	AT 000 085 560 6	●●●●●	5,0	–1,0	49	0,77	4,0	4,6

Finanztest-Bewertung
●●●●● = Stark überdurchschnittlich.
●●●●○ = Überdurchschnittlich.
●●●○○ = Durchschnittlich.
●●○○○ = Unterdurchschnittlich.
●○○○○ = Stark unterdurchschnittlich.

Das Chance-Risiko-Verhältnis ist die Grundlage für die Punktebewertung. Je besser es ist, desto besser der Fonds. Die **Glücksrendite** zeigt die Chance eines Fonds. Grundlage sind nur die Monate, in denen der Fonds ein Plus gemacht hat. Die **Pechrendite** zeigt das Risiko eines Fonds. Grundlage sind nur die Monate, in denen der Fonds ein Minus gemacht hat. Die **Marktorientierung** zeigt, wie stark die Entwicklung eines Fonds vom Markt beeinflusst war. Fonds mit speziellen Anlagekonzepten haben eine geringe Marktorientierung.

Bei gleicher Bewertung Reihenfolge nach Marktorientierung und Kosten.

Isin = Internationale Wertpapierkennnummer.
Ⓣ = Thesaurierender Fonds. Die laufenden Erträge verbleiben im Fondsvermögen.
Ⓐ = Ausschüttender Fonds. Teilthesaurierungen sind dennoch möglich.
1) Wird relativ zum jeweiligen Referenzindex berechnet.
2) Laut „Wesentliche Anlegerinformationen" (KIID).
3) Unterschiedliche Stichtage zum Monatsende möglich, insbesondere bei ETF.
4) Bei ausländischen, thesaurierenden Fonds kann die Steuererklärung aufwendiger sein.
5) Fonds hat mindestens eine weitere Anteilsklasse.
6) Schwerpunkt Deutschland.
7) Fonds sichert auf Euro ab.
8) Fonds berücksichtigt nach eigenen Angaben Nachhaltigkeitsaspekte.
9) Ohne Bewertung, weil nach dem 31. Dezember 2008 aufgelegt.
10) Fonds ist trotz deutscher Isin im Ausland aufgelegt.

Bewertungszeitraum: 5 Jahre, Stand: 30. September 2014

Sparen lohnt sich noch

Selbst bei den aktuellen Niedrigzinsen gibt es noch attraktive Banksparpläne. Die besten bringen zwischen 2,5 und mehr als 3 Prozent Rendite.

Finanztest 11/2014 Reich werden kann man mit einem Banksparplan nicht– ein hübsches Sümmchen anhäufen schon. Mit 100 Euro pro Monat ist selbst beim aktuellen Zinsniveau nach zehn Jahren ein Betrag von weit über 13 000 möglich.

Wir haben 41 Banksparpläne untersucht. Herausragend sind die Angebote von Denizbank und VTB Direktbank, beide aus Österreich. Bei der Denizbank gibt es für einen Zehnjahresplan konkurrenzlos hohe 3,125 Prozent, die VTB Direktbank ist mit ihren 2,5 Prozent für fünf Jahre unerreicht.

Beide Institute sind Tochtergesellschaften russischer Banken. Die in der Ukraine-Krise verhängten Sanktionen der EU gegen die russischen Mutterbanken gelten jedoch nicht für ihre Töchter in der EU.

Da Sparanlagen bei der Denizbank und der VTB Direktbank der vertrauenswürdigen österreichischen Einlagensicherung unterliegen, hat Finanztest keine Sicherheitsbedenken. Anleger, die ihr Geld aber dennoch nicht dorthin geben wollen, finden im Test auch andere attraktive Angebote.

Feste oder variable Zinsen

Eigentlich ist ein Banksparplan ein simples Finanzprodukt. Der Sparer zahlt regelmäßig meist einen konstanten Betrag auf einem Konto ein und kassiert dafür Zinsen in einer vorher vereinbarten Höhe. Doch der Teufel steckt im Detail. Anleger sind gut beraten, sich vor Abschluss mit den Zins-, Bonus- und Ausstiegsbedingungen zu befassen.

Die erste Frage lautet: Wie lange soll der Sparplan laufen? Und dann: Will ich einen Sparplan mit festen oder mit variablen Zinsen? Wenn die Zinshöhe für die gesamte Laufzeit feststeht, können Sparer genau berechnen, welche Summe sie am Ende haben werden. Damit ist aber auch klar, dass sie Zinserhöhungen in den kommenden Jahren nur als Zuschauer erleben würden. Gerade bei Laufzeiten von deutlich über zehn Jahren kann das heikel werden.

Nur zur Erinnerung: Vor 15 Jahren lag die Umlaufrendite, eine gängige Messlatte für die durchschnittliche Verzinsung von Bundeswertpapieren, bei mehr als 5 Prozent. Zurzeit dümpelt sie weit unter 1 Prozent. Selbst wenn kaum etwas auf eine grundsätzliche Zinswende hindeutet, ist sie auf lange Sicht nicht auszuschließen.

Commerzbank wenig dynamisch

Aber Vorsicht: Auch variabel verzinste Sparpläne lassen Sparer nicht in jedem Fall an Zinserhöhungen teihaben. Das Paradebeispiel ist der „Dynamische Sparplan" der Commerzbank. Er bietet eine Mindestverzinsung von 0,5 Prozent, durch Bonuszahlungen ist in fünf Jahren eine Rendite von 1,35 Prozent pro Jahr zu erwarten, nach sechs Jahren von 1,46 Prozent.

Auf mehr sollten Sparer selbst dann nicht hoffen, falls die Zinsen wider Erwarten nach oben schnellen. Der Basiszins, den die Commerzbank gewährt, ist viel höher, als er laut Vertrag sein müsste. Sie muss Zinssteigerungen deshalb vorerst nicht weitergeben.

Im Vertrag koppelt die Commerzbank ihren Zins an die Höhe des Drei-Monats-Euribor, eines Zinses, zu dem sich Banken untereinander Geld leihen. Von diesem Zins darf sie 3 Prozentpunkte abziehen. Aktuell ergäbe das einen Minuszins von 2,7 Prozent.

Die Bank muss Zinssteigerungen deshalb erst weiterreichen, wenn der Drei-Monats-Euribor mehr als 3,2 Prozentpunkte steigt. Das scheint aus heutiger Sicht utopisch.

Abbruch kann teuer werden

Auch mit der Frage nach einem vorzeitigen Ausstieg aus dem Sparplan sollte man sich vor und nicht nach Abschluss eines Vertrags befassen. Eine falsche Entscheidung kann Sparer teuer zu stehen kommen.

Klar geht fast jeder davon aus, dass er regelmäßig einzahlt und bis zum Ende dabeibleibt. Andernfalls würde er sich ja gar nicht für diese Sparlösung entscheiden. Doch neue Lebensentwürfe, Schicksalsschläge oder plötzliche finanzielle Engpässe lassen sich nicht planen. Dann geht es womöglich nicht anders, als den Sparplan aufzulösen oder zumindest nicht weiter einzuzahlen. Wer sich diese Freiheit erhalten will, sollte einen Sparplan mit Kündigungsrecht wählen.

Bei Verträgen mit fest vereinbarter Laufzeit sind Sparer meist auf den guten Willen der Bank angewiesen, wenn sie vorzeitig kündigen wollen – und sie müssen in der Regel hohe Einbußen hinnehmen. Wir empfehlen diese Sparpläne deshalb nur denjenigen, die keine Zweifel daran haben, dass sie bis zum Ende durchhalten.

Die interessantesten Sparpläne

Gute Angebote gibt es unter den Sparplänen mit und ohne Kündigungsrecht.

- **VTB Direktbank.** Mit einer garantierten Rendite von 2,5 Prozent ist der FlexSparplan der in Österreich beheimateten Bank bei kürzeren Laufzeiten konkurrenzlos. Da die Bank Sparraten bis zu 1000 Euro pro Monat und jährliche Sonderzahlungen von maximal 5000 Euro zulässt, ist der Sparplan bei einer Laufzeit von vier bis fünf Jahren sogar eine Alternative zu schlechter verzinsten Einmalanlagen (siehe Tabellen S. 72). Der Sparplan läuft maximal zehn Jahre, ein Ausstieg ist frühestens nach vier Jahren mit Dreimonatsfrist jederzeit möglich.
- **Denizbank.** Die ebenfalls der österreichischen Einlagensicherung angeschlossene Denizbank ist mit zwei Sparplänen vertreten, einem mit festen und einem mit variablen Zinsen.

Unser Rat

Eignung. Ein Banksparplan ist ideal für Sie, wenn Sie ohne Kursrisiko für eine größere Anschaffung oder für Ihre Kinder oder Enkel sparen wollen.

Laufzeit. Überlegen Sie vor Abschluss, ob und wie lange Sie sich binden wollen. Manche Verträge können Sie nicht oder nur unter großen Nachteilen kündigen.

Empfehlungen. Das beste Angebot mit festem Zins und Kündigungsrecht macht die österreichische **VTB Direktbank** (2,5 Prozent). Wer sich für zehn Jahre festlegen kann, erhält bei der ebenfalls in Österreich ansässigen **Denizbank** sogar eine Rendite von über 3 Prozent. Als langfristiger Sparplan für Kinder eignet sich das Produkt der **Edekabank**. Bei 18 Jahren Laufzeit gibt es 2,5 Prozent Rendite. Einen ordentlichen Sparplan mit variablem Zins hat die **Nassauische Sparkasse**. Für fünf und sieben Jahre sind über 2 Prozent Rendite drin.

Rechner. Im Internet-Auftritt der Stiftung Warentest können Sie die Rendite für die meisten Sparpläne mit Zinstreppe und Bonus berechnen (test.de/sparplanrechner).

Der Festzinssparplan für fünf bis zehn Jahre ragt in fast allen Laufzeiten heraus. Die Rendite von mehr als 3 Prozent bei zehnjähriger Laufzeit ist Spitze. Ein vorzeitiger Ausstieg oder eine mehr als halbjährige Ratenpause sind für Sparer allerdings sehr schmerzhaft, da sich die Verzinsung rückwirkend auf 1 Prozent oder gar auf 0,5 Prozent reduziert.

Der Denizbank-Sparplan mit variabler Verzinsung ist im aktuellen Zinsumfeld dem Festzinsangebot deutlich unterlegen. Nur wenn die Zinsen in den kommenden Jahren dramatisch steigen sollten, würden Sparer damit besser fahren.

Finanztest Sparpläne mit fest vereinbarter Laufzeit

Ein vorzeitiger Ausstieg aus dem Sparplan ist nicht möglich oder führt zu erheblichen Ertragsverlusten.

Anbieter	Produkt	Angebotene feste Laufzeiten (Jahre)	Rendite (Prozent) bei einer vereinbarten Laufzeit von ... Jahren[1]			
			5	7	10	18
Sparpläne mit festem Zins oder festem Basiszins plus festem Bonus am Ende der Laufzeit						
Denizbank ▽	Sparplan (fixe Verzinsung)[2]	5 bis 10	**2,25**	**2,75**	**3,125**	–
Edekabank	Sparplan	3, 5, 10, 18	**0,90**	–	2,00	**2,50**

Sortiert nach der Rendite bei einer Laufzeit von fünf Jahren. Bei den anderen Laufzeiten wurden überdurchschnittliche Angebote hervorgehoben.
▽ = Einlagensicherung ist auf 100 000 Euro pro Person begrenzt.
– = Entfällt.
1) Alle Renditen und Renditeerwartungen wurden mit einer Monatsrate von 100 Euro gerechnet.
2) Mindestalter bei Online-Vertragsabschluss 18 Jahre.

Stand: 10. September 2014

▪ **Sparda Bank Südwest.** Der attraktive Ansparplan wird nur im Einzugsgebiet der Bank, in Rheinland-Pfalz und im Saarland, angeboten. Den größten Beitrag zur Rendite liefert der von der Laufzeit abhängige Bonus auf die jährliche Sparleistung. Aus heutiger Sicht ist für fünf und sieben Jahre eine Rendite von mehr als 2 Prozent zu erwarten.

Bei zehn Jahren wären es sogar knapp 2,5 Prozent. Selbst wenn die Basisverzinsung über die gesamte Laufzeit bei 0 Prozent läge, käme über die Bonuszahlungen eine Rendite von 1,74 Prozent heraus.

Der aktuelle Basiszins liegt bei ordentlichen 0,75 Prozent. Er ist allerdings nicht garantiert und könnte jederzeit abgesenkt werden. Der maximal mögliche Abstand zum Referenzzins würde aktuell sogar eine Nullverzinsung zulassen.

▪ **Nassauische Sparkasse.** Das Anlagekonzept Zukunft gehört trotz des mickrigen Basiszinses von zurzeit 0,2 Prozent zu den attraktivsten Angeboten. Sparer profitieren von den hohen Bonuszahlungen auf die jährliche Sparleistung.

Die Rendite von mehr als 2 Prozent ist wegen des variablen Basiszinses zwar nur ein Erwartungswert. Er kann aber selbst bei weiter sinkenden Zinsen nicht viel nachgeben, da ein Basiszins unter der Nullmarke ausgeschlossen ist.

▪ **Umweltbank.** Die höchste Rendite für eine 18-jährige Laufzeit verheißt der Sparvertrag der Umweltbank. Aus heutiger Sicht ergeben sich durch den aktuellen Basiszins von 0,3 Prozent und üppige Bonuszahlungen auf die jährliche Sparleistung fast 2,8 Prozent pro Jahr.

Problematisch: Die Bank hat im Vertrag nicht festgelegt, auf welchen Marktzins sie sich bezieht, wenn sie die Zinsen ändert. Das müsste sie unseres Erachtens gemäß einem Urteil des Bundesgerichtshofs von 2004 zu Sparplänen mit variablen Zinsen und laufzeitabhängig steigenden Boni. Die Umweltbank ist anderer Meinung.

▪ **Bank für Kirche und Caritas.** Auch der Sparplan der Bank für Kirche und Caritas ist für längere Laufzeiten interessant. Doch auch diese Bank hat nicht festgelegt, woran sie die variable Verzinsung koppelt.

▪ **Edekabank.** Für Sparer, die wissen wollen, was in 18 Jahren zusammenkommt, ist das Angebot der Edekabank attraktiv. Wer den Sparplan kurz nach Geburt eines Kindes auf dessen Namen abschließt, kann die Rendite von 2,5 Prozent sogar netto kalkulieren. Da weder ein vorzeitiger Ausstieg noch ein Senken oder Aussetzen von Raten zulässig ist, sollten sich nur Sparer darauf einlassen, die den Vertrag auf jeden Fall durchhalten. Bei einer Mindestrate von nur 25 Euro ist das Risiko überschaubar.

Schlussbonus als Steuerproblem

Sparer ärgern sich, wenn sie die Zinsen auch noch mit dem Finanzamt teilen müssen. Von den jährlichen Erträgen gehen 25 Prozent Abgeltungsteuer ab, außerdem Solidaritätszuschlag und Kirchensteuer.

Da die Zinserträge in der Regel aber überschaubar sind, hilft vielen Sparern der Freibetrag von 801 Euro pro Jahr. Ein Problem kann es allerdings geben, wenn die Zinseinnahmen zum Ende der Laufzeit stark steigen und im Extremfall ein einmaliger Schlussbonus ausgezahlt wird. Das ist zum Beispiel bei der DKB, der Triodos Bank und der Ethikbank der Fall.

Nach einer Sparzeit von zum Beispiel 18 Jahren dürfte der Schlussbonus den Freibetrag in vielen Fällen sprengen. Bei einer Monatsrate von 100 Euro würden bei der DKB zusätzlich zu den Basiszinsen knapp 3000 Euro gutgeschrieben werden, bei der Triodos Bank wären es rund 2700 Euro. Wer das vermeiden will, sollte auf ein Angebot ohne Schlussbonus ausweichen. ■

Finanztest **Sparpläne mit Kündigungsrecht**

Die Erträge stehen fest, den Ausstiegszeitpunkt kann der Kunde bestimmen.

Anbieter	**Produkt**	**Maximale Laufzeit** (Jahre)	**Flexibilität des Vertrags**	**Kündigungssperrfrist/ Kündigungsfrist** (Monate)	**Rendite** (Prozent) **bei Verfügung nach … Jahren**[1]			
					5	**7**	**10**	**18**
Sparpläne mit fest vereinbartem Zins oder Zinstreppe								
VTB Direktbank ▽	FlexSparplan[2] @	10	3)4)	48/3	**2,50**	**2,50**	**2,50**	–
Sparpläne mit veränderlichem Zins und vertraglich festgelegter Anbindung an einen Referenzzins								
Sparda Bank Südwest	Ansparplan Ⓔ	10	5)	0/3	**2,06**	**2,11**	**2,44**	–
Nassauische Sparkasse	Anlagekonzept Zukunft	25	5)	0/3	**2,04**	**2,14**	2,14	2,06
Sparpläne mit veränderlichem Zins ohne vertraglich festgelegte Anbindung an einen Referenzzins								
Bank für Kirche und Caritas	VarioDynamiksparen	25	5)6)	0/3	**1,64**	1,85	1,97	2,64
Umweltbank ▽	Sparvertrag	25	5)7)	0/3	**1,31**	1,51	2,00	2,77

▽ = Einlagensicherung ist auf 100 000 Euro pro Person begrenzt.
@ = Kontoeröffnung nur über Internet möglich.
Ⓔ = Angebot regional begrenzt.

1) Alle Renditen wurden mit einer Monatsrate von 100 Euro gerechnet.
2) Mindestalter für Vertragsabschluss 18 Jahre.
3) Eine Ratenunterbrechung ist jederzeit möglich.
4) Ratensenkungen/-erhöhungen bis 1 000 Euro/Monat können jederzeit vorgenommen werden. Sonderzahlungen bis zu 5 000 Euro/Jahr sind erlaubt.
5) Eine vereinbarte höhere Rate kann auf die Höhe der Mindestrate reduziert werden.
6) Eine Ratenunterbrechung bis maximal 2 Monate ist möglich.
7) Eine Ratenunterbrechung bis maximal 12 Monate ist möglich.

Stand: 10. September 2014

Fonds auf grüner Welle

Ethisch-ökologische Aktienfonds wollen sauber investieren. Aber nicht jeder erfüllt das Versprechen.

Finanztest 9/2014 Jede Fondsgesellschaft versteht etwas anderes unter nachhaltiger, ethisch-ökologischer oder sauberer Geldanlage. Finanztest und die Verbraucherzentrale Bremen haben deshalb gemeinsam 46 nachhaltige Investmentfonds darauf untersucht, wie konsequent die Fondsgesellschaften bei der Auswahl von Aktien und Anleihen sind.

Beurteilt haben die Tester, wie ernsthaft und umfassend die Fonds Branchen wie Rüstung, Atomenergie, Gentechnik und Glücksspiel ausschließen und wie konsequent sie mit Kinderarbeit umgehen. Ob sie den Anleger gut über ihre Auswahl informieren, hat Finanztest extra bewertet.

Die Gesellschaften sollten angeben, welche der Ausschlusskriterien sie erfüllen. Die vergangenen Tests haben gezeigt, dass sich die Gesellschaften an ihre Kriterien halten, nach denen sie die Werte auswählen. Sie arbeiten mit Agenturen zusammen, die Unternehmen ethisch-ökologisch bewerten und sich oft auf Angaben der Firmen verlassen. Saubere Investments sind spätestens an der Stelle auch in diesem Test Vertrauenssache.

Konsequentester Fonds: ÖkoVision

Sieger unter den konsequentesten Aktienfonds ist der ÖkoWorld ÖkoVision Classic C. Er schließt kompromisslos Problembranchen aus und erfüllt die im Test vorgegebenen Ausschlusskriterien zu 100 Prozent. Das zeigen die Daten der Fondsgesellschaft. Er liegt weit vor dem Zweiplatzierten, dem Triodos-Aktienfonds, der nur 68 Prozent erfüllt.

Allerdings gibt es einen Wermutstropfen: Pro Jahr verlangt der ÖkoVision 2,5 Prozent Gebühren und zusätzlich eine Erfolgsgebühr. Das macht ihn zum teuersten Fonds im Test. Die Kosten drücken die Rendite. Sie tragen dazu bei, dass die Finanztest-Bewertung des Verhältnisses von Chancen und Risiken bei diesem Fonds unterdurchschnittlich ist.

Waffenhersteller müssen raus

Die Ausschlusskriterien von Finanztest und der Verbraucherzentrale Bremen stützen sich

Typ 1

Der strenge Anleger

Sie wollen kompromisslos Unternehmen mit problematischen Geschäften aussortieren? Dann brauchen Sie einen ebenso kompromisslosen Aktienfonds Welt. Ganz vorn liegt der **ÖkoWorld ÖkoVision Classic C**. Er erfüllt unsere Ausschlusskriterien zu 100 Prozent. Mit Abstand folgt der zweitplatzierte **Triodos Sustainable Equity R** (68 Prozent). Sein Vorteil: Triodos-Manager nehmen Einfluss auf die Aktiengesellschaften.

Typ 2

Der Pragmatiker

Sie wollen mit etwas besserem Gewissen anlegen, aber möglichst gute Renditechancen haben? Dann wählen Sie einen Aktienfonds Welt mit überdurchschnittlichem Verhältnis von Chancen und Risiken, der unsere Ausschlusskriterien möglichst weitgehend berücksichtigt. Am besten geeignet sind **Candriam Equities L Sustainable World C** und **DNB Global SRI**. Sie erfüllen unsere Kriterien zu 45 und 34 Prozent.

auf eine Umfrage, die beide beim Marktforschungsinstitut Forsa in Auftrag gegeben hatten. Die meisten Menschen erwarten demnach von ethisch-ökologischen Fonds den Verzicht auf Rüstung und ausbeuterische Kinderarbeit. Auch Atomkraft, Glücksspiel und Pornografie will die Mehrheit der über 1000 Befragten nicht darin sehen (siehe test.de/umfrage-ethisch).

Auf die am häufigsten genannten Branchen haben die Tester 34 Aktienfonds Welt abgeklopft, aber auch 10 Rentenfonds Welt (Euro) mit Schwerpunkt Staatsanleihen und 2 Fonds mit Staatsanleihen aus Euroland.

Vier Anlegertypen

Die Umfrage zeigt nicht nur, welche Branchen Anleger nicht wünschen, sondern auch, dass sie ganz unterschiedliche Erwartungen an ethisch-ökologische Fonds haben.

Finanztest unterscheidet vier Typen: Der strenge Anleger will kompromisslos Firmen mit problematischen Geschäften ausschließen. Der Pragmatiker ist weniger streng, weil er auch möglichst gute Renditechancen haben will. Der Klima-Freund will erneuerbare Energien fördern und fossile Energieträger ausschließen. Und der bequeme Anleger will mit seinem Fonds einfach einem Börsenindex folgen.

Unser Rat

Gute Idee. Ethisch-ökologische Aktienfonds Welt sind ideal für Sie, wenn Sie bei Ihren Aktieninvestments problematische Unternehmen meiden oder Themen wie sauberes Klima fördern wollen. Sie können mit solchen Fonds Investitionen in Rüstung, Kinderarbeit, Atomenergie, Gentechnik und Glücksspiel ausschließen oder begrenzen.

Gute Geldanlage. Aktienfonds Welt passen in jedes Depot. Planen Sie wegen Wertschwankungen mindestens rund zehn Jahre Anlagezeit ein. Mithilfe der vier Anlegertypen finden Sie Ihren Fonds.

Beste Fonds. Der Fonds **ÖkoWorld ÖkoVision Classic C** bedient gleich zwei der vier Finanztest-Anlegertypen. Er ist der konsequenteste und der klimafreundlichste Aktienfonds Welt im Test. Allerdings ist er auch der teuerste Fonds. Seine laufenden Kosten betragen 2,5 Prozent pro Jahr.

Alle Fonds. Noch mehr ethisch-ökologische Aktienfonds Welt, Rentenfonds Welt (Euro) und Staatsanleihenfonds Euroraum finden Sie im Internet (test.de/saubere-fonds).

Typ 3

Der Klima-Freund

Sie wollen mit Ihrer Geldanlage erneuerbare Energien fördern und fossile Energieträger ausschließen? Ihren Vorstellungen am nächsten kommt der **ÖkoWorld ÖkoVision Classic C**. Er erfüllt unsere Klimakriterien zu 100 Prozent, ist aber auch der teuerste im Test. Auf dem zweiten Platz folgt mit 80 Prozent der **Swisscanto (LU) Portfolio Green Equity B**. Er lässt allerdings Firmen zu, die mit Kohlestrom handeln.

Typ 4

Der bequeme Anleger

Sie möchten einen bequemen Fonds, der möglichst sauber investiert? Dann kaufen Sie einen Indexfonds (ETF), der einen Index mit nachhaltiger Ausrichtung abbildet. Ihr Fonds wird sich wie der Index entwickeln. Wir empfehlen den **UBS MSCI World Socially Responsible Ucits ETF** und den **iShares Dow Jones Global Sustainability Screened Ucits ETF**. Sie erfüllen 47 beziehungsweise 35 Prozent unserer Kriterien.

Der ÖkoVision ist sowohl für den streng ethisch-ökologischen Anleger als auch für den Anleger, der gezielt klimafreundlich investieren will, die erste Empfehlung.

Kinderarbeit nicht ausgeschlossen

Sicherzustellen, dass es in der Produktionskette keine Kinderarbeit gibt, ist schwierig. Doch können Fondsanbieter Unternehmen auswählen, die keine Kinder in ihren Fabriken beschäftigen und das auch von Zulieferern verlangen. Keine harten Ausschlüsse von Kinderarbeit haben vier Aktienfonds: iShares Dow Jones Global Sustainability Screened Ucits ETF, Allianz Global Sustainability, LO Generation Global und Swisscanto Portfolio Green Equity.

Für alle 46 Fonds im Test schließen die Gesellschaften Beteiligungen an Firmen aus, die mit Antipersonenminen und Streumunition zu tun haben. Doch manche nehmen es mit anderen Waffen- und Rüstungsgütern nicht so genau. Im Fonds Allianz Global Sustainability etwa können Unternehmen vertreten sein, die Kriegsgerät herstellen, entwickeln oder damit handeln.

Ein klein bisschen Rüstung erlaubt

Die meisten Manager der Aktienfonds Welt im Test kombinieren zwei Ansätze: Sie picken die besten Unternehmen heraus (Best-in-Class-Ansatz) und schließen die schlimmsten Branchen aus.

Viele schließen Branchen aber nicht vollständig aus, sondern tolerieren einen kleinen Umsatzanteil, zum Beispiel bei Rüstungsgütern. Dann sind auch Dax-Unternehmen wie Daimler, Deutsche Telekom, ThyssenKrupp und Volkswagen zugelassen, die bis zu 5 Prozent ihres Umsatzes im Rüstungsbereich machen.

Guter Kompromiss für Pragmatiker

Der Pragmatiker unter den vier Anlegertypen will Ausschlusskriterien und eine ansehnliche Rendite unter einen Hut bringen. Finanztest hat für alle Fonds, für die das möglich war, Gewinne und Verluste für die vergangenen fünf Jahre ins Verhältnis gesetzt. Je besser dieses Chance-Risiko-Verhältnis, desto besser schneidet der Fonds in der regelmäßigen Finanztest-Bewertung jenseits ethisch-ökologischer Kriterien ab.

Den besten Kompromiss unter den Fonds mit überdurchschnittlicher Finanztest-Bewertung bietet der Candriam Equities L Sustainable World: Er erfüllt zugleich 45 Prozent der Ausschlusskriterien.

Klimafreundlich Anlegen

Die sechs klimafreundlichsten Fonds im Test schließen nicht nur fossile Energieträger und das Betreiben von Kohlekraftwerken aus. Sie investieren auch gezielt in Anlagen für regenerative Energien und in Firmen mit effizienter Energienutzung. Auf Platz zwei hinter dem Aktienfonds ÖkoVision folgt der Swisscanto (LU) Portfolio Green Equity A. Er lässt allerdings Firmen zu, die mit Kohlestrom handeln.

Gezielte Investitionen sind neben Ausschlüssen und Best-in-Class ein dritter Anlageansatz.

Bequeme kaufen Aktienindexfonds

Für bequemere Anleger eignen sich Indexfonds (ETF), weil die Anleger damit die Fondsmanager und ihre gelegentlich wechselnden Ideen vergessen können. Ihr Fonds folgt dem Index, den sie gewählt haben.

Der UBS MSCI World Socially Responsible Ucits ETF schlägt sich im Test wacker. Als nachhaltiger Ableger des Weltaktienindex MSCI World erfüllt er 47 Prozent der Ausschlusskriterien.

Was Anleger vom Fonds erfahren

Eine gute Transparenznote bekommen Fondsgesellschaften, die klar über ihr Anlagekonzept informieren. Sie müssen erklären, welche Branchen sie ausschließen und wo sie gezielt investieren. Für die Hälfte der Fonds im Test müssen die Gesellschaften die Informationen stark verbessern. ■

Maßarbeit ist Glückssache

Einige Berater von Allfinanzvertrieben sind richtig gut. Doch kein Vertrieb bietet durchgängig gute Qualität.

Finanztest 6/2014 Die Testerin war begeistert. Gleich zweimal binnen sieben Tagen beriet sie der Vermittler der Deutschen Vermögensberatungs AG (DVAG). Dann machte er passende Vorschläge zur sicheren Anlage ihres Geldes.

Gar nicht angetan war der Tester, dem ein Berater von Swiss Life Select hochriskante geschlossene Fonds als sicher empfahl.

Eine gute Finanzberatung in Deutschland zu bekommen, ist nicht einfach. Das gilt für Banken und genauso für die vier größten Allfinanzvertriebe Deutschlands in diesem Test. Auch bei ihnen hängt die Beratungsleistung vor allem von der Qualität des einzelnen Beraters ab. Bei keinem einzigen Vertrieb berieten die Vermittler unsere Testkunden auf der Suche nach einer sicheren, langfristigen Geldanlage durchgehend gut.

Vertriebe besser als ihr Ruf

Am passendsten und ohne größere Fehler waren die Produktempfehlungen der Berater der Deutschen Vermögensberatungs AG (DVAG), der MLP AG und der OVB Vermögensberatungs AG (OVB). Alle drei Anbieter verfehlten in diesem Prüfpunkt nur knapp ein Gut. Deutlich schlechter schnitten die Produktvorschläge der Swiss Life Select Deutschland GmbH ab. Hier konnten wir nur ein Ausreichend vergeben.

Ein Problem stellten wir bei allen Vertrieben fest: Die Kunden hatten in vielen Fällen kaum Chancen zu durchschauen, was die angebotenen Produkte sie kosten würden.

Komplettausfälle bei der Beratung kamen nur vereinzelt vor. Das war früher anders. Vor allem in den 90er Jahren, nach dem Mauerfall, rekrutierten die Vertriebe häufig Mitarbeiter ohne jede Qualifikation. Sie wurden über Nacht zu Finanzberatern.

Der Job dieser auf Provisionsbasis arbeitenden selbstständigen Vertreter endete meist, wenn sie Freunde und Bekannte schlecht beraten hatten und keine Kunden

Unser Rat

Allfinanz. Wenn Sie eine finanzielle Rundumberatung für alle Lebensbereiche benötigen, kommt ein Berater eines Allfinanzvertriebs wie DVAG, MLP, OVB oder Swiss Life Select infrage. Er kann Ihnen Sachversicherungen, Kranken-, Lebens- und Rentenversicherungen genauso wie Bausparverträge, Baufinanzierungen und Geldanlagen vermitteln.

Beratung. Sie können viel dazu beitragen, dass Ihre Beratung zu einem guten Ergebnis führt. Bereiten Sie sich gut auf das Gespräch vor. Überlegen Sie sich, was Sie mit Ihrer Geldanlage erreichen wollen. Wollen Sie bauen oder für das Alter vorsorgen? Wie lange können Sie Ihr Geld entbehren? Möchten Sie eine Einmalanlage, eine Ratensparanlage oder eine Kombination aus beiden? Nehmen Sie zum Beratungsgespräch einen Zeugen mit. Das hilft, wenn es später Streit gibt.

Abschluss. Unterschreiben Sie Verträge niemals sofort. Lesen Sie zuhause mindestens die Beipackzettel zu einer Anlage. Falls Sie nicht sicher sind, ob ein Produkt zu Ihren Wünschen passt, sollten Sie eine zweite Meinung einholen. Fragen Sie zum Beispiel bei einer Verbraucherzentrale nach.

mehr fanden. Für den Ruf der Allfinanzdienstleister war das Gift. An der Verkaufspraxis änderte sich trotzdem wenig.

Erst die Finanzkrise im Jahr 2008 öffnete Anlegern und Vertriebschefs die Augen. Wärmstens empfohlene Produkte bescherten Anlegern herbe Verluste. Der Imageschaden war beträchtlich, die Umsätze der Finanzvertriebe sanken. Um Vertrauen zurückzugewinnen, starteten sie Ausbildungsoffensiven.

Auch die Politik reagierte auf die vielen Anlageskandale und führte strengere Regeln ein. Heute müssen Finanzvermittler von DVAG, MLP, OVB und Swiss Life Select eine berufliche Qualifikation nachweisen und umfassende Beratungspflichten erfüllen. Erst dann dürfen sie als selbstständige Handelsvertreter auf Provisionsbasis arbeiten.

Von Allfinanz spricht man, wenn ein Unternehmen rundum in Finanzdingen berät – von der Krankenversicherung über die Geldanlage bis hin zur Baufinanzierung. Für unseren Test wäre das zu umfassend gewesen. Deshalb strickten wir einen einfachen Geldanlagefall, um die Beratung von DVAG, MLP, OVB und Swiss Life Select zu testen.

Ein einfacher Fall der Geldanlage

Unsere Testkunden wollten eine Einmalsumme von fallweise 15000 Euro, 20000 Euro oder 25000 Euro für einen Zeitraum zwischen 15 und 20 Jahren sicher anlegen. Zusätzlich wollten sie über denselben Zeitraum jeden Monat 500 Euro sicher sparen. Am Ende der Laufzeit sollte das gesamte Geld verfügbar sein.

Pro Vertrieb haben wir fünf Beratungen in fünf verschiedenen Regionen Deutschlands begutachtet. Die Testkunden waren meist selbstständig, zwischen 40 und 50 Jahre alt, gut versichert und ohne Schulden.

Nicht nur der Kunde zählt

Eine gute Finanzberatung besteht aus einer gründlichen Analyse des Kundenstatus, passenden Produktvorschlägen und klaren Informationen über Laufzeit, Risiko und Kosten der Produkte.

Warum sich einige Berater mit den Vorgaben so schwertaten und für den Modellfall keine passenden Produkte anboten, wissen wir nicht. Möglicherweise haben sie einige Vorschläge nur gemacht, weil ihnen das empfohlene Produkt viel Provision einbringt. Vielleicht hängt manche Empfehlung auch von den Beteiligungen der Vertriebe an bestimmten Versicherungsgesellschaften ab.

Wenig mit dem Wunsch unseres Kunden zu tun hat zum Beispiel eine Rürup-Rente. Gleich sechs Mal wurde sie empfohlen, wenn auch nicht immer für den ganzen Anlagebetrag. Anders als der Kunde verlangt hat, kann er bei einer Rürup-Rente über sein Geld nie komplett verfügen, sondern bekommt am Ende immer nur eine Rente. Den Vogel bei Rürup schoss ein MLP-Berater ab. Seine Empfehlung, das gesamte Geld in eine Rürup-Basisrente zu stecken, bewerteten wir mit mangelhaft.

Große Unterschiede bei Swiss Life

Völlig daneben war auch die Empfehlung eines Beraters des Vertriebs Swiss Life Select, des früheren AWD aus Hannover. Nach wochenlangem Warten schickte der Vermittler Verkaufsprospekte für zwei hochriskante geschlossene Fonds. Bei solchen Fonds müssen Anleger als Mitunternehmer bis zur Höhe ihrer Einlage für eventuelle Verluste haften. Im schlimmsten Fall können sie ihr ganzes Geld verlieren. Auch ist es höchst unsicher, ob sie nach Ablauf der Mindestlaufzeit über ihr Geld verfügen können.

MLP empfiehlt gern Investmentfonds

MLP tat sich mit unseren Vorgaben schwer, weil die Berater gerne Investmentfonds empfehlen. Das kann zum Kunden passen, gab aber auch öfter Punktabzüge – je nach Risikoklasse des Fonds. Bei Fonds mit hoher Risikoklasse ist nämlich nicht sicher, dass das Geld am Ende vollständig zur Verfügung steht. Gut fanden wir die Datenerhebung und den

Finanztest **Beratung durch Vermittler von Allfinanzvertrieben**

Die Qualität der Beratung hängt vom einzelnen Vermittler ab. Kein Vertrieb im Test bot durchgehend gute Beratungsleistungen.

Finanzvermittler	Erfassung des Kundenstatus und Gesprächsverlauf	Produktempfehlung	Informationsqualität
DVAG	gut (2,5)	befriedigend (2,6)	ausreichend (4,2)
MLP	befriedigend (3,1)	befriedigend (2,6)	befriedigend (3,5)
OVB	befriedigend (3,1)	befriedigend (2,6)	ausreichend (3,6)
Swiss Life Select	befriedigend (2,7)	ausreichend (3,6)	befriedigend (3,2)

Bewertung: Sehr gut (0,5–1,5). Gut (1,6–2,5). Befriedigend (2,6–3,5). Ausreichend (3,6–4,5). Mangelhaft (4,6–5,5).

Produktvorschlag für den eingangs geschilderten Fall einer Testerin bei der DVAG. Ausführlich setzte sich der Berater mit der persönlichen und finanziellen Situation der Frau auseinander. Er schlug vor, eine Hälfte der Einmalanlage in eine klassische Rentenversicherung der AachenMünchener Versicherung zu stecken. Die AachenMünchener ist ein Exklusivpartner der DVAG.

Für die andere Hälfte der Einmalsumme schlug der Berater einen Bausparvertrag der Badenia vor, zusätzlich sollte die Frau dort 100 Euro im Monat einzahlen. Je 50 Euro im Monat könnten in einen Rentenfonds und in einen Aktienfonds Welt fließen und der Rest des Geldes in zwei fondsgebundene Rentenversicherungen.

Die Mischung fanden wir passend. Auch der breit streuende Aktienfonds DWS Top Dividende der Risikoklasse 6 störte uns in diesem Fall nicht. Er hat sich in der Vergangenheit gut bewährt, und eine regelmäßige Einzahlung von Raten über 20 Jahre macht den Sparer ein Stück weit unabhängig vom Auf und Ab des Aktienmarktes.

Kosten wurden teilweise verschwiegen

Weniger gut waren die Informationen des Beraters. Weder übergab er der Testperson Prospekte oder Beipackzettel zu den empfohlenen Produkten noch nannte er die Kosten für alle Verträge.

OVB-Berater setzte Risikoklasse hoch

Schon bei der Abfrage der Kundendaten im ersten Beratungsgespräch gab es bei einem OVB-Termin Probleme. Neben die Wünsche unserer Testerin malte der Berater Herzen in das Beratungsprotokoll. Dabei schien ihn ihr Anliegen herzlich wenig zu interessieren. Denn er setzte kurzerhand die Risikoklasse für einen Teil des Geldes herauf, um dann die gesamte Einmalanlage in Fonds der Risikoklasse 3 und 4 zu stecken.

„Das fand ich gar nicht gut", schrieb uns die Testerin ins Protokoll dieses Beratungstermins, da sie ja ganz sicher anlegen wollte. Finanztest fand das auch nicht gut und vergab für diesen Fall nur mittelmäßige Noten.

Unsere Tester brauchten viel Geduld

Leicht hatten es unsere Tester nicht. Sie brauchten viel Geduld und oft gute Nerven. Ein Swiss-Life-Berater forderte die Testerin auf, sich die Unterlagen zu zehn empfohlenen Fonds anhand der Wertpapierkennnummern selber herauszusuchen.

Ein OVB-Berater gab unserem Tester Hinweise, wie er mit seinem „Raubkätzchen" – gemeint war die Ehefrau – über die Anlagevorschläge sprechen sollte. Dass der Kunde nicht alles verstanden habe, quittierte er mit der Bemerkung. „Das macht nichts, es reicht, wenn ich den Durchblick habe und den habe und behalte ich."

Jeder kann sparen

Der sicherste Weg zu höherer Rendite heißt Kosten senken. Beim Kauf von Investmentfonds können Anleger viel Geld sparen.

Finanztest 1/2014 Vor allem Kunden von Filialbanken können profitieren, wenn sie die üblichen Kaufwege verlassen. Ordern sie in ihrer Bank- oder Sparkassenfiliale einen Aktienfonds, bezahlen sie meist 5 Prozent als Ausgabeaufschlag. Dieser Prozentsatz wird vor den Kauf abgezogen und entspricht somit einem Aufschlag von rund 4,8 Prozent auf die Anlagesumme.

Der Ausgabeaufschlag fällt an, wenn der Bankmitarbeiter den Fonds direkt bei der Fondsgesellschaft bestellt, die ihn herausgibt. Fast immer kann der Angestellte den Fonds günstiger über eine Börse kaufen. Er muss nur die Kauforder eingeben.

Statt 4,8 Prozent bezahlen Kunden für Bank- und Börsenspesen normalerweise 1,5 bis 2 Prozent der Anlagesumme. Bei einem Betrag von 5 000 Euro haben sie nur etwa 75 bis 100 Euro Kosten. Bankangestellte sind allerdings oft nicht begeistert, wenn Anleger den Fondskauf über die Börse verlangen, denn ihnen entgeht dadurch die lukrative Vertriebsprovision.

Direktbankkunden sollten rechnen

Auch die Kunden von Direktbanken haben die Wahl zwischen dem Kauf von der Fondsgesellschaft und über die Börse. Sie übernehmen den Job, den sonst ein Bankmitarbeiter macht, und geben die Daten für den Kauf in die Ordermaske im Internet ein.

Jedoch ist der Spareffekt meist geringer als für Filialbankkäufer, da Direktbanken weniger Ausgabeaufschlag verlangen als die Filialbanken. Üblich ist bei Direktbanken ein Aufschlag von 2,5 Prozent für Aktienfonds. Fondsanteile im Wert von 5 000 Euro würden also mit etwa 120 Euro Aufschlag belastet. Ein Börsenkauf kostet dagegen oft weniger als die Hälfte, denn die Direktbanken nehmen auch dafür weniger Gebühren als die Filialbanken.

Bevor ein Direktbankkunde den Börsenkauf wählt, sollte er prüfen, ob sein Anbieter den Fonds nicht sogar „kostenlos" anbietet. Bei allen Direktbanken gibt es empfehlenswerte Fonds ohne Ausgabeaufschlag.

Dreierlei Kosten an der Börse

Wie viel der Kaufauftrag über eine Börse genau kostet, hängt von drei Dingen ab: von den Kaufgebühren der Bank, den Börsenspesen und von der Handelsspanne, dem sogenannten Spread.

Die Bankgebühren beim Wertpapier- und Fondskauf hat Finanztest im Jahr 2013 untersucht (siehe www.test.de/depot). Im günstigsten Fall kostet eine Order nur 5 Euro (Flatex), die meisten Direktbanken berechnen für einen 5 000-Euro-Auftrag aber 10 bis 20 Euro.

Dazu kommen die Kosten des jeweiligen Börsenplatzes, die meist zwischen 5 und 8 Euro pro Auftrag liegen. Sie werden in der Regel von der Bank an den Kunden weitergereicht. Dabei arbeiten Direktbanken gern mit Pauschalgebühren, um allzu komplizierte Einzelabrechnungen zu vermeiden.

Jeder Börsenplatz hat andere Kostenstrukturen, die sich meist noch nach Wertpapierarten unterscheiden. Grundsätzlich gilt: Je kleiner der Anlagebetrag, desto stärker schlagen die Börsenkosten prozentual zu Buche. Bei weniger als 2 000 Euro können sie 40 bis 50 Prozent der gesamten Orderkosten ausmachen.

Der dritte Posten neben Bank- und Börsengebühren ist der Spread, wie der Unterschied zwischen Kauf- und Verkaufskurs eines Fonds genannt wird. Der Käufer zahlt im Allgemeinen etwas mehr, als der Fonds zu diesem Zeitpunkt tatsächlich wert ist.

Die Börsen setzen den maximalen Spread auf 1,5 bis 2 Prozent fest, aber in der Praxis ist die Spanne viel geringer. Nach Beobachtungen von Finanztest liegt sie für Aktienfonds oft zwischen 0,5 und 0,8 Prozent.

Auf den Internetseiten ihrer Direktbank oder der Wertpapierbörsen können Kunden nachschauen, zu welchen Kursen die Fonds an den einzelnen Handelsplätzen im Angebot sind und sich den aktuell günstigsten heraussuchen. Entscheidend ist der Briefkurs. Wer sicherstellen will, dass ein bestimmter Preis nicht überschritten wird, erteilt seine Order mit Limit.

Preiswerter gehts nicht

Anleger, die ihre Fonds über einen Fondsvermittler im Internet kaufen, brauchen sich mit der Alternative Börsenkauf erst gar nicht zu befassen. Für sie ist es der Normalfall, überhaupt keinen Ausgabeaufschlag zu zahlen, obwohl die Vermittler die Fonds direkt bei der Fondsgesellschaft besorgen. Preiswerter ist ein breit gefächertes Fondsdepot nicht zu bekommen.

Fondsvermittler arbeiten Hand in Hand mit speziellen Banken, bei denen die gekauften Fondsanteile der Anleger gelagert werden. Die Fondsbanken, die bekannteste ist die Commerzbank-Tochter Ebase, sind auch für die Abwicklung der Käufe und Verkäufe verantwortlich.

Der Kauf über Fondsvermittler eignet sich für Anleger, die keine Berührungsängste mit einem Onlinedepot haben. Um die Sicherheit müssen sie sich nicht sorgen, da der Vermittler ihr Geld gar nicht in die Hand bekommt. Die Fondsanteile sind als Sondervermögen im Depot der Fondsbank ebenso gut geschützt wie in jedem anderen Wertpapierdepot.

Fondsvermittler besorgen sich die Anteile über die Fondsbanken direkt bei den Fondsgesellschaften. Mit dem Ausgabeaufschlag verzichten sie größtenteils oder vollständig auf die Verkaufsprovision. Ihre wichtigste Einnahmequelle ist die Bestandsprovision, die Fondsgesellschaften jährlich an diejenigen zahlen, die ihre Fonds vertreiben.
Je mehr Fondsanteile in den Kundendepots der Vermittler lagern, desto höher sind diese regelmäßigen Zahlungen. Einige Anbieter geben sogar einen Teil der Provision an ihre Kunden zurück. Die Bestandsprovisionen, die Fondsgesellschaften an Banken und Finanzdienstleister zahlen, machen einen großen Teil der jährlichen Verwaltungskosten von gemanagten Fonds aus.

Letztlich müssen alle Anleger, die den Fonds haben, dafür bezahlen – selbst diejenigen, die bereits beim Kauf einen 5-prozentigen Ausgabeaufschlag entrichtet haben und von einer Erstattung der Provision nicht zu träumen wagen. ■

Unser Rat

Filialbankkunden. Fragen Sie beim Kauf von Aktienfonds in Ihrer Filiale, ob ein Ausgabeaufschlag anfällt. Wenn es die üblichen 5 Prozent sind, sollten Sie Ihren Berater bitten, den Fonds über die Börse zu kaufen statt direkt bei der Fondsgesellschaft. Das lohnt sich fast immer, außer bei Anlagen unter 1 000 Euro. Beim Fondskauf im Wert von 5 000 Euro sparen Sie meist weit mehr als 100 Euro.

Direktbankkunden. Prüfen Sie, ob Ihre Direktbank den Fonds Ihrer Wahl ohne Ausgabeaufschlag anbietet. Wenn nicht, lohnt sich in der Regel der Börsenkauf. Vergleichen Sie im Internet vor dem Kauf, welcher Börsenplatz den niedrigsten Kaufkurs (Briefkurs) anbietet.

Flexible Anleger. Wenn Sie die geringe Mühe für die Eröffnung eines neuen Depots nicht scheuen, kommen Sie über einen Fondsvermittler im Internet am billigsten an Investmentfonds. Prüfen Sie vor der Entscheidung für einen Vermittler, ob dieser Ihre Wunschfonds ohne Aufschlag anbietet.

Wo Anleger doppelt zahlen

Erfolgsgebühren sind ein Ärgernis. Manchmal zahlen Anleger sogar dann für den „Erfolg“, wenn ein Fonds schlecht läuft.

Finanztest 6/2014 Fondsmanager kosten Geld. Ihr Gehalt bezahlen die Anleger. Es fließt aus den Verwaltungskosten, die dem Fondsvermögen jedes Jahr entnommen werden. Doch vielen Fondsgesellschaften ist das nicht genug. Sie berechnen eine zusätzliche Gebühr, wenn der Fonds „erfolgreich“ ist und wenn er einen festgelegten Vergleichsmaßstab schlägt. Anleger zahlen in diesem Fall also doppelt.

Tatsächlich aber ist die Erfolgsgebühr kein Ansporn für bessere Leistungen. Das zeigt unsere Untersuchung, in der wir die Erfolgsgebühren von Aktienfonds Welt unter die Lupe genommen haben.

Einen Zusammenhang zwischen Erfolgsgebühr und Fondsqualität ist nicht erkennbar. Selbst bei Fonds mit sehr schwacher Wertentwicklung wurden oft Erfolgsgebühren fällig.

Erfolgsgebühr spornt nicht an

Erfolgsgebühren gibt es bei stark überdurchschnittlichen, aber auch bei unterdurchschnittlichen Fonds. Mitunter zahlen die Anleger diese Gebühr sogar für ziemlich lausige Renditen. Krasses Beispiel auf Fünfjahressicht: Beim Sarasin EquiSar IIID (Eur) P acc wurden im Durchschnitt mehr als 0,6 Prozent pro Jahr abgezogen, obwohl der Fonds jährlich über 10 (!) Prozentpunkte gegenüber dem Weltaktienmarkt verlor.

Auch bei den meisten anderen untersuchten Fonds war der Anreiz für die Manager offenbar nicht groß genug, denn einen Indexfonds auf den globalen Aktienindex MSCI World übertreffen nur wenige. Dieser gibt die durchschnittliche Entwicklung des Marktes wieder.

Dazu kommt: Bei keinem Fonds im Test fließen die Einnahmen aus der Erfolgsgebühr direkt an die Manager und Analysten. Normalerweise bilden sie einfach einen weiteren Ertragsposten der Fondsgesellschaft.

Kritik 1: Misserfolge zählen nicht

Alle aktuell erhobenen Erfolgsgebühren sind auf die Interessen des Fondsanbieters zugeschnitten. Im Erfolgsfall erzielt er zusätzliche Einnahmen, bei Misserfolgen passiert ihm nichts.

Für langfristige Anleger ist das unerfreulich. Nicht selten werden sie jahrelang zur Kasse gebeten, wenn der Fondsmanager einen guten Lauf hat. Läuft es dann aber schlecht, müssen sie es ganz allein ausbaden.

Verschärft wird diese Benachteiligung, wenn eine Fondsgesellschaft statt des üblichen jährlichen Berechnungszeitraums für die Gebühr ein kürzeres Zeitintervall wählt. Bei etlichen Fonds wird der Anlageerfolg vierteljährlich gemessen, beim C-Quadrat ARTS Best Momentum (T) sogar monatlich. Die Wahrscheinlichkeit, dass es in dem kürzeren Zeitraum ein positives Ergebnis gegeben hat und Anleger zusätzlich zahlen müssen, erhöht das natürlich sehr.

Kritik 2: Bescheidener Maßstab

Woran bemisst sich überhaupt der Erfolg eines Aktienfonds? Im Normalfall müssen die Fondsgesellschaften einen Vergleichsmaßstab übertreffen. Je deutlicher sie ihn schlagen, desto höher ist die Erfolgsgebühr, die sie kassieren. Den Maßstab wählen die Anbieter selbst aus, für global anlegende Aktienfonds nehmen sie meist den MSCI World.

Diesen Index gibt es allerdings in unterschiedlichen Ausführungen und somit bleibt Spielraum für die Anbieter. Wenn sie statt des sogenannten Performanceindex den Preisindex als Maßstab wählen, verschaffen sie sich einen ungehörigen Startvorteil.

Im Preisindex sind nämlich keine Dividendenerträge enthalten, während der Fonds ja sehr wohl Einnahmen aus Dividenden erzielt. Der Unterschied zwischen Preis- und Performanceindex beträgt beim MSCI World etwa 2 bis 2,5 Prozentpunkte. So groß ist der Puffer, den sich die Fondsgesellschaft für ihre Leistungsmessung genehmigt.

Doch es geht noch schlimmer. Wenn eine Fondsgesellschaft jeden positiven Ertrag als Erfolg einstuft, kann für sie kaum noch etwas schiefgehen. In schlechten Börsenjahren muss sie nichts zahlen, in guten erhält sie zuverlässige Extraeinnahmen.

Kritik 3: Tricks bei der Berechnung

Aber selbst wenn sie einen fairen Vergleichsmaßstab wählen, können sich Fondsanbieter bei der Erfolgsgebühr gesundstoßen – indem sie an den Berechnungsdetails schrauben. Der einfachste Trick geht so: Der Anlageerfolg wird nicht **nach**, sondern **vor** Abzug der Kosten berechnet.

Das ist aus Sicht des Anlegers inakzeptabel, denn für ihn ist nur der Nettoerfolg entscheidend. Der Unterschied ist erheblich, da die Verwaltungskosten eines Aktienfonds Welt selten unter 1,5 Prozent liegen. Oft sind sie deutlich höher. Diese Berechnungsmethode ist seit Juli 2013 für in Deutschland aufgelegte Fonds nicht mehr zulässig, kommt aber bei einigen ausländischen Fonds noch vor.

Auch durch eine hohe Beteiligungsrate an der Erfolgsgebühr lassen sich die Einnahmen der Fondsgesellschaften auf einfache Art steigern. Normalerweise kassieren sie 10 bis 20 Prozent des Mehrertrags, aber einigen Anbietern ist das nicht genug.

Bei den untersuchten Fonds der Sparkassengesellschaft Deka und der zum Volksbankenverbund zählenden Union Investment wird Anlegern ein Viertel des Mehrertrags entzogen, beim First Private Global Aktien A sogar rund ein Drittel. Das ist aus unserer Sicht viel zu hoch.

Unser Rat

Fondskäufer. Wählen Sie Fonds mit Erfolgsgebühren nur dann, wenn Sie von ihrer Strategie und Qualität vollkommen überzeugt sind. Unter den aktuell von Finanztest besonders empfohlenen Aktienfonds Welt (siehe S. 92) ist der Uni Favorit: Aktien der einzige mit einer Erfolgsgebühr.

Fondsbesitzer. Überprüfen Sie, ob Sie Fonds mit Erfolgsgebühren im Depot haben. Finanztest hat sie mit Fußnote gekennzeichnet und bietet im Produktfinder unter www.test.de/fonds für die Suche einen eigenen Filter. Wenn Sie mit der Wertentwicklung oder Ausrichtung der Fonds unzufrieden sind, ist es sinnvoll, sie zu verkaufen.

Alternative. Börsengehandelte **Indexfonds (ETF)** haben keine Erfolgsgebühr und geringere laufende Kosten als gemanagte Fonds. Für bequeme Anleger sind ETF auf den Index MSCI World eine gute Lösung.

Indexfonds als Ausweg

Erfolgsgebühren sind für Anleger ärgerlich. Dennoch rät Finanztest nicht von allen Fonds ab, die welche kassieren. Wenn ein Fonds über viele Jahre besser läuft als der breite Markt und wenn Anleger von seiner Strategie überzeugt sind, sollte die Erfolgsgebühr kein Kaufhindernis sein. Ein gutes Beispiel ist der Uni-Favorit: Aktien, der trotz Erfolgsgebühr eine gute Rendite schaffte. Dabei summierten sich seine Verwaltungs- und Erfolgsgebühren in den vergangenen fünf Jahren auf stolze 2,5 Prozent pro Jahr.

Zu den meisten Produkten mit Erfolgsgebühr gibt es kostengünstige Alternativen. Börsengehandelte Indexfonds (ETF) bilden stur die Entwicklung bestimmter Märkte ab und haben keine Erfolgsgebühr. Auch die Verwaltungskosten sind weit niedriger als bei gemanagten Fonds. Anleger sparen doppelt. ■

Mit Fonds auf Du und Du

Indexfonds sind für viele Anleger ideal, doch sie wissen es nicht. Denn die „Wesentlichen Anlegerinformationen" sind oft eine Zumutung.

Finanztest 5/2014 Gesetzliche Vorgaben für die Informationen zu Finanzprodukten sind eine prima Idee. Nach all den Reinfällen, die Anleger in den vergangenen Jahren erlebt haben, ist Transparenz oberstes Gebot. Doch Ideal und Wirklichkeit liegen weit entfernt.

Das Ideal sieht so aus: Anleger erhalten standardisierte Informationsblätter, die sie nebeneinanderlegen, um Eigenschaften, Chancen und Risiken verschiedenartiger Geldanlagen vergleichen zu können.

Und das ist die traurige Wirklichkeit: Die von Finanztest untersuchten Informationsblätter zu 18 Indexfonds, die „Wesentlichen Anlegerinformationen", sind oft zum Davonlaufen formuliert.

Unser Rat

Eignung. Indexfonds eignen sich für alle, die eine Anlage in Aktien wollen, um die sie sich nicht ständig kümmern müssen. Als Basisanlage taugen nur Indexfonds auf breit streuende Indizes wie den MSCI World oder Stoxx Europe 600. Spezielle Länder- oder Branchenindizes sind allenfalls in geringer Dosierung zu empfehlen. Das gilt auch für den Dax.

Information. Die „Wesentlichen Anlegerinformationen" reichen als Information nicht. Lesen Sie zusätzlich das monatlich aktualisierte „Fact Sheet" auf der Internetseite des Fondsanbieters. Dort gibt es auch den Verkaufsprospekt, der Risiken ausführlich beschreibt.

Der Gesetzgeber fordert in den Ausführungen zu einer EU-Richtlinie ausdrücklich: „Jargon ist zu vermeiden." Viele Infoblätter strotzen jedoch vor Fachbegriffen und sind sprachlich wie inhaltlich eine Zumutung für den Leser. Sie tragen wenig zum Verständnis und Vergleich von Geldanlagen bei.

Indexfonds für viele Anleger ideal

Es wäre jammerschade, wenn sich Normalanleger von den verkorksten Informationsblättern abschrecken ließen und den Schluss zögen, Indexfonds seien für sie zu kompliziert. Gerade das stimmt überhaupt nicht. Von allen Geldanlagen, deren Risiko über das von Sparbuch und Tagesgeld hinausgeht, eignen sich breit streuende Indexfonds am ehesten für jeden.

Indexfonds – in der Regel handelt es sich um börsengehandelte Fonds, sogenannte ETF (Exchange Traded Funds) – sind kostengünstig und für Anleger einfach zu verstehen, weil sie stur die Wertentwicklung von Aktien- oder Rentenindizes nachzeichnen. Wer zum Beispiel den deutschen Dax regelmäßig verfolgt, weiß auch, wie sich sein Dax-Indexfonds entwickelt.

Risiken kommen zu kurz

Das für den Anleger wohl wichtigste Thema bei Fonds ist das Risiko, auf das er sich gefasst machen muss. Die für die „Wesentlichen Anlegerinformationen" maßgebliche EU-Richtlinie schreibt eine siebenstufige Risikoskala vor, mit Stufe 7 als höchstem Risiko.

Aktienfonds stehen aufgrund ihrer Wertschwankungen normalerweise auf der Stufe 6 oder 7. Anleger wissen also, dass sie schlimmstenfalls erhebliche Verluste erleiden können. Leider ist die Skala nicht feinteilig genug, um breit anlegende Fonds von hochspekulativen Fonds abzugrenzen.

Die Risiken von Aktienmärkten erleben Anleger vor allem in Gestalt von Kursschwan-

Checkliste

So finden Sie den passenden ETF

- **Index.** Für Normalanleger eignen sich am ehesten Indexfonds (ETF) auf marktbreite Indizes, die zumindest europaweit, besser aber global ausgerichtet sind, vor allem Fonds auf den MSCI World. Passende Fonds veröffentlicht Finanztest regelmäßig (test.de/fonds).

- **Zusatzinformation.** Wer Fonds- und Indexdetails wissen will, informiert sich am besten über die Internetseite der Fondsgesellschaft. Im sogenannten Fact Sheet wird mindestens monatlich die grobe Zusammensetzung des Fonds aktualisiert. Den kompletten Fondsinhalt finden Anleger im Halbjahres- oder Jahresbericht.

- **Kosten.** Zu unterscheiden ist zwischen Kauf- und Verkaufskosten sowie den jährlich berechneten Verwaltungskosten. Wie viel der Kauf und Verkauf von Fondsanteilen kostet, hängt von der Bank des Anlegers ab. Dazu kommt noch die allerdings meist geringe Handelsspanne (Spread) im Börsenhandel. Bei der Fondsauswahl sollten Anleger die Wertentwicklung vergleichen; hier spiegelt sich der Einfluss der laufenden Kosten wider.

- **Dividendenerträge.** Die Erträge aus Dividenden werden an Anleger ausgeschüttet oder bleiben im Fonds, werden also „thesauriert". Bei der Thesaurierung profitieren Anleger automatisch vom Zinseszinseffekt. Ansonsten müssen sie sich selbst um die Wiederanlage kümmern, sofern die Depotbank keine Wiederanlage anbietet. Bei thesaurierenden Fonds, die im Ausland aufgelegt wurden, sollten Anleger aus steuerlichen Gründen alle Belege bis zum späteren Verkauf aufbewahren. Bei Aktienfonds auf Swap-Basis entfällt das Problem, da sie in der Regel die anfallenden Erträge in Kurszuwächse ummünzen.

kungen. Sehr hilfreich wäre eine Angabe über den maximalen Verlust, den sie in der Vergangenheit mit einem Fonds innerhalb eines Jahres erleiden konnten. In den Informationsblättern sucht man solche Zahlen vergeblich.

Immer wieder werden durch die Wortwahl Risiken verschleiert. So lockt es Anleger auf die falsche Fährte, wenn Wertentwicklungen nur als „positiver oder negativer Ertrag" etikettiert werden. In mehr als der Hälfte der Informationsblätter ist das der Fall. Ein „negativer Ertrag" ist ein Verlust und sollte so genannt werden.

In der EU-Richtlinie bleiben viele Details offen und manche Risikofaktoren unberücksichtigt. Entsprechend dürftig sind die Anlegerinformationen in diesen Punkten. Zum Beispiel ist das Währungsrisiko für die Einstufung in die Risikoklassen kein Thema.

Irreführende Hinweise zum Kauf

Anleger ohne Vorkenntnisse werden kaum etwas über den Kauf von Indexfonds wissen. Für sie muss in den Informationsblättern klar und deutlich erklärt sein, wo sie die Fonds kaufen können und welche Kosten bei Bank und Börse dafür üblich sind.

Doch der Börsenkauf von ETF ist in den Papieren allenfalls ein Randthema. Selbst im Kostenblock fehlen die Informationen teilweise oder sie sind nur schwer erkennbar und versteckt.

Das liegt auch an den Vorgaben der EU-Richtlinie, in der vom Börsenhandel der Fonds keine Rede ist. Hier geht es ausschließlich um den Kauf und Verkauf von Anteilen über den Fondsanbieter. Der spielt bei ETF aber kaum eine Rolle. Der Kauf über die Fondsgesellschaft wäre für Privatanleger wirtschaftlich meist unsinnig, weil die Kosten höher sind als im Börsenhandel.

Kuddelmuddel bei den Vorschriften

Zur Ehrenrettung der Fondsanbieter muss gesagt werden, dass es nicht nur an ihnen liegt, wenn die Informationsblätter mehr Verwirrung als Nutzen stiften.

Das Kuddelmuddel beginnt bei den gesetzlichen Vorgaben. Das deutsche Wertpapierhandelsgesetz macht klare Vorgaben für die Beschreibung von Aktien, Anleihen und Zertifikaten. Die Regelungen für Investmentfonds wurden dagegen auf EU-Ebene getroffen.

Schon im Aufbau und Erscheinungsbild sind die Informationsblätter so unterschiedlich, dass Anleger eine Einzelaktie und einen Aktienfonds nicht miteinander vergleichen können. Für Vermögensanlagen wie geschlossene Fondsbeteiligungen oder Genussrechte gibt es wieder andere Informationsblätter. Sie haben bereits in einem früheren Test enttäuscht (Finanztest 6/2013). ■

Finanztest | Die Infoblätter für Indexfonds taugen nicht viel

Die meisten Informationsblätter zu Indexfonds (ETF) sind schlecht formuliert und strotzen vor nicht erklärten Fachbegriffen.

Fondsname	Isin	Finanztest QUALITÄTSURTEIL
Indexfonds auf den MSCI World		
SSgA World Index Equity P	FR 000 001 827 7	BEFRIEDIGEND (3,4)
ComStage MSCI World TRN Ucits ETF I	LU 039 249 456 2	BEFRIEDIGEND (3,5)
db x-trackers MSCI World Ucits ETF 1C	LU 027 420 869 2	AUSREICHEND (4,2)
iShares MSCI World Ucits ETF (Inc)	DE 000 A0H GZR 1	AUSREICHEND (4,3)
MSCI World Source ETF	IE 00B 60S X39 4	AUSREICHEND (4,4)
UBS MSCI World Ucits ETF A	LU 034 028 516 1	AUSREICHEND (4,5)
Lyxor Ucits ETF MSCI World	FR 001 031 577 0	MANGELHAFT (4,7)
Amundi ETF MSCI World Ucits ETF-EUR	FR 001 075 609 8	MANGELHAFT (4,8)
Indexfonds auf den Stoxx Europe 600		
ComStage Stoxx Europe 600 NR Ucits ETF I	LU 037 843 458 2	BEFRIEDIGEND (3,4)
iShares Stoxx Europe 600 Ucits ETF (DE)	DE 000 263 530 7	AUSREICHEND (4,0)
db x-trackers Stoxx Europe 600 Ucits ETF 1C	LU 032 847 579 2	AUSREICHEND (4,1)
Stoxx Europe 600 Source ETF	IE 00B 60S WW1 8	AUSREICHEND (4,4)
Amundi ETF Stoxx Europe 600 Ucits ETF	FR 001 079 100 4	MANGELHAFT (4,7)
Indexfonds auf den Dax 30		
ComStage Dax Ucits ETF I	LU 037 843 873 2	BEFRIEDIGEND (3,2)
Deka Dax Ucits ETF	DE 000 ETF L01 1	AUSREICHEND (3,6)
iShares Dax Ucits ETF (DE)	DE 000 593 393 1	AUSREICHEND (4,1)
db x-trackers Dax Ucits ETF 1C	LU 027 421 148 0	AUSREICHEND (4,3)
Lyxor Ucits ETF Dax	LU 025 263 375 4	MANGELHAFT (4,7)

Bewertung:
Sehr gut (0,5–1,5). Gut (1,6–2,5). Befriedigend (2,6–3,5). Ausreichend (3,6–4,5). Mangelhaft (4,6–5,5).
Bei gleichem Qualitätsurteil Reihenfolge nach Note.

Stand: November 2013

Sparen mit Erfolg

Sparpläne auf Aktienfonds eignen sich für fast jeden. Finanztest nennt die besten Angebote von Filialbanken, Direktbanken und Vermittlern.

Finanztest 7/2014 Über das Sparen in Aktienfonds sollte jeder nachdenken, der regelmäßig ein paar Euro zur Seite legen kann. Für junge Leute sind Fondssparpläne ohnehin eine ideale Ergänzung der Altersvorsorge.

Das Plädoyer für Fondssparpläne gilt aber nur unter zwei Voraussetzungen: Sparer sollten mindestens zehn Jahre lang einzahlen und sie sollten das Geld nicht für ihren Lebensunterhalt benötigen.

Aktienfonds unterliegen Kursschwankungen, die auch mal sehr heftig sein können. Wer im Börsentief unbedingt seine Fondsanteile verkaufen muss, hat das Nachsehen.

Finanztest hat das Sparplanangebot von Banken und Fondsvermittlern durchforstet. Das Ergebnis: Bei der Hausbank um die Ecke ist die Auswahl eher dürftig, aber es gibt gute Alternativen bei Direktbanken und Fondsvermittlern – teilweise sogar ohne Kaufkosten.

Denkbar einfach

Fondssparpläne funktionieren denkbar einfach. Der Sparer wählt einen oder mehrere Fonds aus und trifft mit seiner Bank eine Sparvereinbarung über die Höhe der Rate und den Rhythmus der Zahlung. In der Folge kauft die Bank für ihn zum Beispiel jeden Monat für 100 Euro Anteile an einem Aktienfonds Welt.

Sparer können auch mit geringeren Beträgen einsteigen, bei vielen Banken liegt die Mindestrate bei 25 Euro. Fondssparpläne haben keine feste Laufzeit, sondern laufen solange, wie der Sparer es wünscht. Ein Ausstieg ist jederzeit kurzfristig möglich.

Unser Rat

Eignung. Aktienfondssparpläne sind eine ideale Ergänzung der Altersvorsorge für junge Leute. Alle anderen finden darin eine chancenreiche Ergänzung zu sicheren Sparformen. Zahlen Sie aber nur Geld ein, das Sie langfristig entbehren können.

Laufzeit. Sie sollten mindestens zehn Jahre lang einzahlen, besser sind 20 oder 30 Jahre. Dann haben Sie mehr Möglichkeiten, sich eine möglichst gute Rendite zu sichern.

Fonds. Für Sparpläne eignen sich am besten Indexfonds (ETF) auf breit streuende Aktienindizes wie den MSCI World, den MSCI Europe oder den Stoxx 600 Europe. Lassen Sie sich in Ihrer Bankfiliale nicht zu Sparplänen auf Branchen- oder Themenfonds überreden. Auch Fonds, die gerade neu aufgelegt wurden, sind keine gute Idee. Wählen Sie stattdessen Fonds, die ihre Güte bereits über viele Jahre bewiesen haben.

Zusatzdepot. Filialbankkunden sollten über ein zusätzliches kostenloses Onlinedepot nachdenken. Dann können sie über eine Direktbank oder einen Fondsvermittler beim Kauf sparen und finden meist ein viel größeres Angebot an guten Sparplänen.

Königsweg mit Indexfonds (ETF)

Als Königsweg des Fondssparens sieht Finanztest einen Sparplan mit einem Indexfonds (ETF) auf einen breiten Aktienindex wie den MSCI World. Mit einem solchen Fonds weiß der Sparer, dass er jeden Höhenflug des Marktes mitmacht und keine größeren Verluste als der Markt erleidet.

Bei aktiv gemanagten Fonds besteht dagegen das Risiko, Rendite zu verschenken, so-

Finanztest Kostenlose ETF-Sparpläne

Ideale Lösung: Bei diesen Banken können Anleger ohne Kauf- und Depotkosten mit ETF-Sparplänen auf den Börsenindex MSCI World sparen. Sie sollten von Zeit zu Zeit überprüfen, ob der Sparplan nach wie vor kostenfrei ist.

Anbieter von ETF auf den MSCI World	Isin	Comdirect	Cortal Consors	DAB Bank	Maxblue	Onvista Bank	Sparkassen Broker
ComStage	LU 039 249 456 2	■	■	■			■[1]
db x-trackers	LU 027 420 869 2		■	■	■		
iShares	DE 000 A0H GZR 1	■				■	
Lyxor	FR 001 031 577 0					■	

1) Bei einer höheren Sparplanrate als 200 Euro betragen die Transaktionskosten 2,5 Prozent.

bald sie nicht optimal geführt werden. Sparer sollten sie regelmäßig kontrollieren. Das ist bei Indexfonds nicht nötig.

Begrenztes Angebot bei der Hausbank

Die meisten Anleger kaufen Investmentfonds nach wie vor über ihre Hausbank. Manche tun es aus Bequemlichkeit, andere wollen die persönliche Beratung nicht missen.

In der Regel zahlen sie dann – anders als die Kunden von Direktbanken oder Fondsvermittlern – bei jedem Anteilskauf den vollen Ausgabeaufschlag von rund 5 Prozent. Wer mit dem Service seiner Bank zufrieden ist, wird das akzeptieren.

Nicht akzeptabel ist dagegen, wenn der Filialbankkunde auch noch ein schlechteres Angebot bekommt, wie das bei Fondssparplänen oft der Fall ist.

Nur Commerzbank hat ETF-Sparpläne

Bei Sparkassen oder Volksbanken gibt es, von wenigen Ausnahmen abgesehen, keine Sparpläne auf börsengehandelte Indexfonds (ETF). Auch die meisten Privatbanken bieten keine ETF-Sparpläne.

Allein die Commerzbank hebt sich ab. Ihre Kunden können nicht nur auf alle gemanagten Fonds zugreifen, für die Sparpläne auf dem Markt sind. Zusätzlich gibt es Sparpläne auf rund 50 ETF. Allerdings zahlen Kunden gerade bei kleinen Raten hohe Kaufgebühren. In den unzähligen Filialen der Sparkassen und Volksbanken erhalten Anleger vornehmlich Angebote der verbundeigenen Fondsgesellschaften Deka (Sparkassen) und Union Investment (Volksbanken).

Finanztest hat herausgesucht, welche Fonds aus dem Angebot von Sparkassen, Volks- und Privatbanken sich am besten für langfristige Sparpläne eignen (Tabelle S. 89). Anlegern, die mehr Auswahl wünschen und die Kosten senken wollen, bleibt ein einfacher Ausweg: ein zusätzliches Depot bei einer Direkt- oder Fondsbank.

Direktbanken sind gute Adressen

Eine gute Adresse fürs Fondssparen mit Indexfonds (ETF) sind Direktbanken. Sie bieten Sparpläne auf ETF und auf gemanagte Fonds an. Meist ist das Depot kostenlos, was die Kosten des Sparplans deutlich drückt.

Für ETF-Sparpläne mit Monatsraten von 50 Euro zahlen Kunden von Comdirect und Cortal Consors nur 1,5 Prozent Transaktionskosten, bei der ING-Diba sind es 1,75 Prozent. Nicht empfehlenswert sind kleine Sparbeträge bei der 1822direkt, der DAB Bank und bei Maxblue, wo pro Rate mehr als 5 Prozent Kosten anfallen. Bei Monatsraten von 200 Euro liegen fast alle Anbieter unter 2 Prozent.

Bei etlichen Direktbanken finden die Kunden sogar Sparpläne mit Indexfonds auf den MSCI World ganz ohne Nebenkosten (siehe

Tabelle S. 92). Es stellt sich natürlich die Frage, wie lange so ein Topangebot gilt. Cortal Consors behält sich ausdrücklich vor, den Nulltarif in den nächsten Jahren auf den Prüfstand zu stellen. Andere Banken sagen dazu nichts.

Sparer sollten wissen, dass sie keinen Rechtsanspruch darauf haben, dauerhaft ohne Nebenkosten zu sparen. Sie müssen deshalb von Zeit zu Zeit nachsehen, ob sich die Konditionen ihrer Bank geändert haben.

Großes Angebot bei Fondsvermittlern

Die preiswerteste Quelle für Sparpläne auf gemanagte Fonds sind oft Fondsvermittler im Internet. Sie haben ein extrem großes Angebot an Sparplänen und in der Regel auch alle Fonds, denen Finanztest ein besonders gutes Chance-Risiko-Verhältnis bescheinigt. Fondsvermittler arbeiten mit Fondsbanken wie Ebase oder der FIL Fondsbank zusammen. Bei Sparplänen auf gemanagte Aktienfonds verzichten die Vermittler meist auf den Ausgabeaufschlag. Das ist möglich, weil ihnen die Fondsgesellschaften Provisionen für die Fondsanteile im Bestand zahlen.

Wer ohnehin schon ein Depot bei einer Fondsbank hat, sollte auch seine Sparpläne dort abschließen. Auch für Einsteiger lohnt sich ein Fondsvermittler in jedem Fall, wenn es um aktiv gemanagte Fonds geht.

Etwas anders sieht es aus, wenn sie bei Vermittlern Sparpläne auf börsengehandelte Indexfonds (ETF) abschließen wollen. Gerade bei geringen Sparbeträgen schlagen die Verwahrkosten stark zu Buche. Bei Monatsraten von 50 Euro können die Gesamtkosten zwischen 2,4 und 4,5 Prozent betragen. ■

Finanztest Empfehlenswerte Fonds für Filialbankkunden

Diese gemanagten Aktienfonds sind eine gute Wahl für langfristige Sparpläne. Sparer müssen die Qualität der Fonds aber im Auge behalten. Sparpläne auf Indexfonds (ETF) bietet unter den Filialbanken nur die Commerzbank an.

Bank/ Bankengruppe	Beispiele für empfehlenswerte Fonds	Isin	Finanztest Bewertung Chance-Risiko-Verhältnis
Bundesweites Angebot			
BBBank mit UnionDepot	UniFavorit: Aktien, UniGlobal	DE 000 847 707 6, DE 000 849 104 1	●●●●○
Commerzbank	ComStage MSCI World TRN Ucits ETF I	LU 039 249 456 2	●●●●○[1]
Deutsche Bank, Postbank	DWS Top Dividende LD	DE 000 984 811 9	●●●●●
Hypovereinsbank, Targobank	Swisscanto (LU) Equity Fund Selection International B	LU 023 011 204 6	●●●●●
Santander Bank	Allianz Europe Equity Growth A EUR	LU 025 683 919 1	●●●●●
Regionales Angebot			
Volksbanken/Raiffeisenbanken mit UnionDepot	UniFavorit: Aktien, UniGlobal	DE 000 847 707 6, DE 000 849 104 1	●●●●○
Sparkassen mit DekaBank-Depot	Deka-EuropaSelect CF	DE 000 978 618 6	●●●●○

Finanztest-Bewertung: ●●●●● = Stark überdurchschnittlich. ●●●●○ = Überdurchschnittlich. Erläuterung zur Bewertung siehe Seite 88. 1) Dauerhaft gut: Marktbreiter ETF (Indexfonds). **Stand: 30. April 2014**

Fondsanlage leichtgemacht

Noch nie war es so einfach, international in Aktien anzulegen. Breit streuende Indexfonds eignen sich für fast alle Anleger.

Finanztest 12/2014 Nur jeder sechste Anleger besitzt Aktien oder Aktienfonds. Sind die Deutschen also unverbesserliche Aktienmuffel? Wir meinen nein. Viele würden gern mitmischen, wissen aber nicht, wie sie es anstellen sollen.

Für solche Menschen sind ETF (Exchange Traded Funds) ideal. Diese Fonds bilden Aktienindizes nach und eignen sich für alle Anleger, die sich nicht mit Fondsmanagement und Strategien befassen, sondern einfach langfristig in Aktien investieren wollen. Wer einen Aktien-ETF einmal gekauft hat, ist mit dem Fonds auf den richtigen Index anschließend stets beim Wohl und Wehe seines Marktes dabei.

Indexfonds eignen sich für alle Anleger. Die Spezialisten können versuchen, mit gemanagten Fonds noch mehr herauszuholen.

Aller Anfang ist leicht

Wie legt ein Einsteiger zum Beispiel 5000 Euro am besten an? In 50 bis 100 sorgfältig ausgewählte Einzelaktien? Viel zu teuer, je nach Bank betragen die Kaufkosten bei solch kleinen Aufträgen meist mehr als 10 Prozent, manchmal sogar 30 bis 50 Prozent. Also lieber weniger und dafür größere Positionen? Das ist wiederum zu riskant.

Ein ETF auf den globalen Börsenindex MSCI World bietet den Ausweg: Die investierten 5000 Euro verteilen sich dann auf rund 1600 international bedeutende Unternehmen. Die Kosten für den Kaufauftrag für den Indexfonds sind überschaubar. Bei den meisten Hausbanken betragen sie etwa 50 Euro, bei Direktbanken üblicherweise 5 bis 20 Euro. Preiswerter ist eine gut verteilte Aktienanlage nicht zu haben.

Anleger brauchen starke Nerven

Mit einem ETF auf den MSCI World gehen Anleger genau das Risiko ein, das mit dem weltweiten Aktienmarkt verbunden ist – nicht weniger, aber auch nicht mehr. Man sollte das Risiko nicht kleinreden, denn der Index war in den schlimmsten Zeiten schon mal 40 bis 50 Prozent von vorherigen Höchstständen entfernt. Solche Schwankungen müssen Anleger aushalten können. Ansonsten sind sie bei Aktien falsch.

Trotz ihrer Vorzüge fristen Aktien-ETF zumindest in Deutschland bisher ein Schattendasein. Die meisten Anleger kaufen klassische Aktienfonds – entweder aus alter Gewohnheit oder weil sie diese von ihrem Bankberater empfohlen bekommen.

Bei aktiv gemanagten Fonds legen Manager das Geld der Anleger nach bestimmten Vorgaben an. Ob sie damit den breiten Markt ausstechen, ist ungewiss. Die Erfahrung zeigt allerdings, dass es den meisten Aktienfonds nicht gelingt. Sie bleiben auf lange Sicht hinter ihren Vergleichsindizes zurück.

Gemanagte Fonds oft zu teuer

Dass gemanagte Fonds meist nicht mithalten können, liegt vor allem an höheren Kosten. Meist werden bei globalen Aktienfonds Jahr für Jahr zwischen 1 und 2 Prozent des Fondsvermögens für Verwaltung und Vertrieb abgezogen, bei ETF sind 0,5 Prozent üblich.

Der Fondsmanager muss also mit seinen Anlageentscheidungen deutlich vor dem Index liegen, um den Kostennachteil auszugleichen. Die damit verbundenen Risiken führen oft dazu, dass einige Fonds noch stärker hinter den Indizes zurückbleiben.

Gemanagte Fonds eignen sich ohnehin nur für jene, die bereit sind, sich mit ihrer Anlage zu beschäftigen und die Fondsentwicklung regelmäßig zu kontrollieren. Selbst Top-Fonds können im Laufe der Jahre abrutschen. Dann sollten sich Anleger von ihnen trennen.

Mehr Chancen oder weniger Risiko

Aus Anlegersicht gibt es vor allem zwei Anreize für gemanagte Aktienfonds: höhere Renditechancen oder ein reduziertes Risiko.

Unsere Tabelle auf S. 92 zeigt die gemanagten Fonds mit der besten Bewertung. Sie bieten ein besonders günstiges Verhältnis aus Chance und Risiko. Im Idealfall schafften es Fondsmanager sogar, den Index zu schlagen und dabei die Wertschwankungen zu senken.

Innerhalb der Qualitätsgruppen sortieren wir nach Marktorientierung. Ganz oben stehen die Indexfonds, ganz unten die Fonds mit stark vom Markt abweichender Entwicklung. Darin liegt keine Wertung, denn die Marktorientierung ist kein Gütesiegel. Doch sie zeigt, ob ein Fonds als Basisanlage geeignet ist. Bei sehr geringer Marktorientierung ist das nicht der Fall.

Für Fondsmanager ist es eine große Herausforderung, sich nicht stark von der Marktentwicklung zu entfernen, diese aber dauerhaft zu übertreffen. Wenn das, wie beim **Swisscanto (LU) Equity Selection International B**, über längere Zeit gelingt, kann das ein Indikator für gutes Management sein.

Im Plus mit Dividenden

Etliche Fonds aus der Top-Liste setzen auf die Auswahl dividendenstarker Aktien, also solcher Papiere, deren laufende Ausschüttungen im Verhältnis zum Aktienkurs hoch sind. Die Tatsache, dass sie unterschiedlich stark vom MSCI World abweichen, zeigt schon den Spielraum bei dieser Strategie.

Die Fondsmanager gehen nicht nur nach der Dividendenrendite, sondern nehmen Kriterien wie Marktstellung und Wachstumsaussichten der Unternehmen hinzu.

Mit einer Marktorientierung von 94 Prozent ist der **KBC Equity High Dividend** fast schon ein verkappter Indexfonds. Seinen Top-Ten-Positionen sieht man das nicht unbedingt an, denn Indexschwergewichte wie Apple oder Google sind in diesem wie in anderen Dividendenfonds nicht vertreten. Die Länder- und Branchenaufteilung ähnelt der des Indexes dagegen stark.

Auch der Dividendenfonds **M&G Global Dividend A EUR** kommt der Indexentwicklung recht nahe – ein Kunststück, wenn man bedenkt, dass der Fonds zurzeit kaum mehr als 50 Aktienpositionen enthält.

Seit Jahren unter den besten Aktienfonds Welt steht der **DWS Top Dividende.** Er setzt vor allem auf bodenständige Weltkonzerne wie Roche, Nestlé oder Johnson & Johnson. Der Fonds zählt zu den risikoärmsten unserer Untersuchung. Das geringste Risiko aller Aktienfonds Welt hat ein anderer Dividendenfonds: der **BL Equities Dividend A.** ■

Unser Rat

Eignung. Breit streuende Aktienfonds eignen sich für jeden, der das Geld langfristig entbehren kann und sich der Risiken bewusst ist. Aktienfonds sind kein Ersatz für sichere Geldanlagen, aber eine ideale Ergänzung.

Langfristige Anlage. Wer sich nicht mit dem Marktgeschehen und nur selten mit seinen Geldanlagen befassen will, nimmt einen der von Finanztest empfohlenen **marktbreiten Fonds auf den Index MSCI World** (S. 92 oben).

Gezielte Anlage. Für aktive Anleger, die ihre Fonds regelmäßig kontrollieren, gibt es viele empfehlenswerte gemanagte Aktienfonds. Einen Mittelweg zwischen Weltindex und aktiver Aktienauswahl nimmt der **Swisscanto (LU) Equity Fund Selection International B**, der bei bemerkenswert geringen Wertschwankungen eine deutlich höhere Rendite als der Index schaffte. Deutlich besser als der breite Markt liefen auch der **UniFavorit: Aktien** und der **Vontobel Global Equity A-USD**.

Finanztest Die besten Aktienfonds Welt

Fonds		Isin	Finanztest Bewertung Chance-Risiko-Verhältnis	Chance Glücksrendite (Prozent p. a.)	Risiko Pechrendite (Prozent p. a.)	Marktorientierung (%)[1]	Wertentwicklung (in Prozent p. a.)[2] 5 Jahre	1 Jahr
Referenzindex: MSCI World (Total Return)			–	23,5	-7,0	100	14,8	20,9
Dauerhaft gut: Marktbreite ETF								
Lyxor Ucits ETF MSCI World D-EUR	Ⓐ	FR 001 031 577 0	●●●●●	22,7	-7,2	100	13,8	20,1
ComStage MSCI World TRN Ucits ETF[3]	Ⓣ	LU 039 249 456 2	●●●●○	23,6	-7,7	97	14,1	20,2
UBS MSCI World Ucits ETF A[4]	Ⓐ	LU 034 028 516 1	●●●●○	23,3	-7,6	97	13,9	20,2
db x-trackers MSCI World Ucits ETF 1C[3,4]	Ⓣ	LU 027 420 869 2	●●●●○	23,3	-7,6	97	14,0	20,2
iShares MSCI World Ucits ETF (Dist)[4]	Ⓐ	IE 00B 0M6 2Q5 8	●●●●○	23,3	-7,7	97	13,8	20,2
Fonds mit aktuell bester Bewertung								
KBC Equity High Dividend (auss.)[4]	Ⓐ	BE 094 070 394 6	●●●●●	22,7	-6,5	94	14,7	18,9
ING Global High Dividend P Dis.[4]	Ⓐ	LU 014 625 852 9	●●●●●	19,5	-6,3	92	12,0	18,2
Swisscanto (LU) Eq. Fund Sel. Inter. B[3,4]	Ⓣ	LU 023 011 204 6	●●●●●	24,2	-6,7	91	15,9	20,3
UniFavorit: Aktien[4]	Ⓐ	DE 000 847 707 6	●●●●●	25,8	-7,9	88	15,8	18,4
BNY Mellon Long-Term Global Equity EUR A[3,4]	Ⓣ	IE 00B 29M 2H1 0	●●●●●	19,5	-6,3	86	12,0	13,1
Schroder ISF QEP Gl. Quality EUR A Acc[3,4]	Ⓣ	LU 032 359 183 3	●●●●●	22,5	-6,8	84	14,2	19,0
Robeco BP Gl. Premium Equit. (EUR) D[3,4]	Ⓣ	LU 020 397 543 7	●●●●●	25,3	-7,9	81	15,4	19,4
M&G Global Dividend A EUR[3,4]	Ⓣ	GB 00B 39R 2S4 9	●●●●●	24,6	-7,6	78	15,1	15,4
Schroder ISF Global Equity Yield A Dis[4]	Ⓐ	LU 022 577 123 6	●●●●●	20,0	-6,1	76	12,7	19,3
Schroder ISF Global Dividend Maximiser USD A Dis[4]	Ⓐ	LU 030 680 758 6	●●●●●	17,9	-5,2	76	11,8	16,8
BL Global Equities B[3]	Ⓣ	LU 011 728 758 0	●●●●●	17,8	-5,4	72	11,4	11,3
Threadneedle Gl. Eq. Income EUR Net inc.[4]	Ⓐ	GB 00B 1Z2 NM0 5	●●●●●	22,5	-7,1	72	13,8	9,6
Flossbach von Storch Global Equity F[4]	Ⓐ	LU 009 733 370 1	●●●●●	17,4	-5,6	68	10,8	20,0

SCHMITT & HAHN
Buch und Presse GmbH & Co. KG
Im Hauptbahnhof
60329 Frankfurt
Tel. +49 69 24252317

QUITTUNG
BON 1613416435

Datum: 02.06.2015 13:13:34
Bediener: Frau Schlappner, S.
Bereich: Standard
Filiale: Süd
Kasse: 62 Süd
Kundengr.: Standard

FINANZTEST JAHRBUCH .... 9,80 EUR (7%)
4196307109808500001

Summe: 9,80 EUR
Summe (Netto): 9,16 EUR
7% MwSt: (Netto: 9,16 EUR) 0,64 EUR

USt-IdNr. 143290519
Besuchen Sie auch unseren Online-Shop
www.schmitt-hahn.de

Fonds		Isin	Finanztest Bewertung Chance-Risiko-Verhältnis	Chance Glücksrendite (Prozent p. a.)	Risiko Pechrendite (Prozent p. a.)	Marktorientierung (%)[1]	Wertentwicklung (in Prozent p. a.)[2] 5 Jahre	1 Jahr
DWS Top Dividende LD	Ⓐ	DE 000 984 811 9	●●●●●	18,4	-5,1	68	12,5	18,4
db x-trackers Stoxx Gl. Sel. Dividend 100 Ucits ETF 1D	Ⓐ	LU 029 209 618 6	●●●●●	20,2	-5,6	65	13,5	18,5
Newton Gl. Higher Income (GBP) (Inc)	Ⓐ	GB 00B 0MY 6T0 0	●●●●●	19,3	-5,2	61	13,1	16,1
Nordea Gl. Stable Eq. Unhedged BP-EUR[3)4)]	Ⓣ	LU 011 246 745 0	●●●●●	20,2	-5,0	61	14,2	20,8
Vontobel Global Equity A-USD[4)]	Ⓐ	LU 021 891 002 3	●●●●●	22,9	-5,9	56	15,6	17,2
Nordea Global Value AP-EUR[4)]	Ⓐ	LU 025 563 760 4	●●●●●	19,0	-5,7	53	12,2	13,5
Uni-Global Equities World SA-USD (Lemanik)[3)4)]	Ⓣ	LU 033 727 011 9	●●●●●	21,7	-6,4	50	13,9	22,7
BL Equit. Dividend A[4)]	Ⓐ	LU 030 919 149 1	●●●●●	15,5	-3,9	44	11,0	16,9
Invesco Global Structured Equity A[4)]	Ⓐ	LU 026 798 493 7	●●●●●	22,4	-6,3	39	14,7	24,7
Große Fonds aus Deutschland								
UniGlobal	Ⓐ	DE 000 849 105 1	●●●●○	22,4	-7,7	95	13,0	17,1
Allianz Interglobal A EUR	Ⓐ	DE 000 847 507 0	●●●○○	24,3	-9,3	86	12,7	16,3
DekaLuxTeam-GlobalSelect CF[4)]	Ⓐ	LU 035 009 302 6	●●●○○	23,3	-9,4	83	11,8	16,6
DWS Vermögensbildungsfonds I LD	Ⓐ	DE 000 847 652 4	●●○○○	21,1	-10,6	82	8,3	18,9

Finanztest-Bewertung
●●●●● = Stark überdurchschnittlich.
●●●●○ = Überdurchschnittlich.
●●●○○ = Durchschnittlich.
●●○○○ = Unterdurchschnittlich.
●○○○○ = Stark unterdurchschnittlich.

Das Chance-Risiko-Verhältnis ist die Grundlage für die Punktebewertung. Je besser es ist, desto besser der Fonds. Die **Glücksrendite** zeigt die Chance eines Fonds. Grundlage sind nur die Monate, in denen der Fonds ein Plus gemacht hat. Die **Pechrendite** zeigt das Risiko eines Fonds. Grundlage sind nur die Monate, in denen der Fonds ein Minus gemacht hat. Die **Marktorientierung** zeigt, wie stark die Entwicklung eines Fonds vom Markt beeinflusst war. Fonds mit speziellen Anlagekonzepten haben eine geringe Marktorientierung.
Bei gleicher Bewertung Reihenfolge nach Marktorientierung und Kosten.

Isin = Internationale Wertpapierkennnummer.

Ⓣ = Thesaurierender Fonds. Die laufenden Erträge verbleiben im Fondsvermögen.
Ⓐ = Ausschüttender Fonds. Teilthesaurierungen sind dennoch möglich.

1) Die Marktorientierung wird relativ zum jeweiligen Referenzindex berechnet.
2) Vorübergehend Renditeunterschiede wegen unterschiedlicher Stichtage zum Monatsende möglich, insbesondere bei ETF.
3) Bei ausländischen, thesaurierenden Fonds kann die Steuererklärung aufwendiger sein.
4) Dieser Fonds hat mindestens eine weitere Anteilsklasse.

Bewertungszeitraum: 5 Jahre.
Stand: 30. September 2014

Sparer stets entschädigt

Seit 1976 hat die deutsche Einlagensicherung bei mehr als 30 Bankpleiten funktioniert. Jetzt wird der Schutz europaweit ausgebaut.

Finanztest 2/2014 Für Helmut Bayer* war die Pleite der Noa Bank Ende August 2010 ein Schock. Er kam nicht an die 40 000 Euro Tagesgeld heran, die er für den Umzug seiner Familie brauchte. Der Familienvater musste einen Kredit aufnehmen.

So viel Pech wie Bayer haben sicher die wenigsten. Denn vom Zahlungsverbot bis zur Feststellung der Insolvenz einer Bank vergehen meist nur wenige Tage. Bei der Noa Bank dauerte es vom 18. bis zum 25. August, bis die Bankenaufsicht den Entschädigungsfall feststellte. Am 9. September 2010 hatten fast alle Sparer wie Bayer ihr Geld.

Ersetzt wurden alle Sparguthaben bis zur damaligen Sicherungsgrenze von 50 000 Euro von der Entschädigungseinrichtung deutscher Banken (EdB), in der alle deutschen Privatbanken Mitglied sein müssen.

Sicherung immer weiter verbessert

Auch bei Pleiten anderer Banken hat die Einlagensicherung in Deutschland stets gut funktioniert, wie die Tabelle auf Seite 96 zeigt. Bis heute wurde der Sparerschutz weiter verbessert. Seit 2011 sind Spargeld und Kontoguthaben in Höhe von 100 000 Euro bei allen Banken mit Sitz in der Europäischen Union (EU) gesetzlich geschützt.

Nicht jedes EU-Land hat jedoch einen ausreichend gefüllten Einlagensicherungsfonds. War bisher nicht genug Geld da, um eine Bank zu retten oder nach einer Pleite die Ersparnisse zu ersetzen, musste der jeweilige Staat und damit der Steuerzahler einspringen. Das soll sich bis 2024 ändern. Bis dahin muss jedes EU-Land einen eigenen Einlagensicherungsfonds aufbauen, den die Institute mit Beiträgen in Höhe von 0,8 Prozent der geschützten Guthaben als Sicherungsvermögen füllen sollen. Insgesamt sollen 60 Milliarden Euro zusammenkommen. Jedes Land verwaltet seinen Fonds selbst.

Hat die Bankenaufsicht den Entschädigungsfall festgestellt, sollen Sparer künftig binnen sieben Tagen ihr Geld zurückbekommen.

Deutschland hat gleich zwei Fonds

In Deutschland gibt es längst so einen Fonds. Geht eine Bank pleite, erfüllt die Entschädigungseinrichtung deutscher Banken (EdB) den gesetzlichen Schutz.

Zusätzlich gibt es einen freiwilligen Einlagensicherungsfonds des Bundesverbands deutscher Banken (BdB). Der Fonds sichert alle über 100 000 Euro hinausgehenden Guthaben in Millionenhöhe ab, die von der EdB nicht ersetzt würden. Er wurde 1976 nach der Pleite der Herstatt Bank gegründet. Fast alle deutschen Privatbanken sowie einige ausländische Banken mit Niederlassungen in Deutschland sind Mitglied in diesem freiwilligen Fonds.

Der BdB ist stolz darauf, dass er seit seiner Gründung mehr als 30 Pleitefälle gelöst hat. Kein einziger Kunde einer Mitgliedsbank habe Geld verloren.

Obwohl Anleger seit Gründung der freiwilligen Sicherung vor 37 Jahren stets entschädigt wurden, zweifeln Kritiker an der Tragfähigkeit des Schutzes jenseits der gesetzlich gesicherten 100 000 Euro. Im Ernstfall, so ihr Argument, könnte wohl eher die EdB 100 000 Euro pro Anleger und Bank zurückzahlen als der Sicherungsfonds des BdB Beträge jenseits der 100 000 Euro. Ginge die Deutsche Bank pleite, wäre im Sicherungsfonds des BdB nicht genug Geld, um mehrstellige Milliardensummen zu entschädigen.

** Name von der Redaktion geändert.*

Der BdB widerspricht nicht: Ein Sicherungsfonds könne nur in Einzelfällen helfen. Bei massenhaften Pleiten oder dem Zusammenbruch einer systemrelevanten Großbank wäre jedes Sicherungssystem überfordert, heißt es beim Bankenverband.

In so einem Fall müsste wohl der Staat helfen. Solange es aber nicht um Massenpleiten geht, hält Finanztest den Einlagenschutz der Privatbanken für wirksam.

Zweifel haben wir an anderer Stelle. Deshalb schafft es trotz gesetzlicher Garantie der Einlagen bis 100 000 Euro nicht jede EU-Bank mit guten Zinsangeboten in die Top 20-Listen. Wenn es begründete Zweifel gibt, dass ein Land größere Bankpleiten stemmen kann, verzichtet Finanztest auf eine Empfehlung. Das gilt selbst für den Fall, dass die EU für Institute in Mitgliedsländern einspringen würde.

So hat Finanztest in den vergangenen Jahren die Angebote der Big Bank aus Estland und der AS Privatbank aus Lettland nicht in seine Tabellen aufgenommen, weil die Tester der estnischen und lettischen Einlagensicherung nicht zutrauen, die Pleite einer Bank zu schultern. Zu schwach präsentieren sich die Volkswirtschaften dieser Länder.

Dagegen empfehlen wir durchaus die Angebote vieler anderer Banken mit fremden Namen. Dazu gehören Direktbanken wie MoneYou, NIBC Direct (Niederlande) oder Denizbank und VTB Direktbank (Österreich), bei denen Kunden ihre Konten meist nur per Internet verwalten können.

Auch wenn Leser von diesen Banken noch nie gehört haben, brauchen sie keine Bauchschmerzen zu haben, wenn sie dort Konten eröffnen. Sowohl die niederländische als auch die österreichische Einlagensicherung haben sich in der Vergangenheit bewährt.

Fremde Namen, deutscher Schutz

Viele weitere Banken mit fremden Namen sind deutscher, als mancher denkt. Santander Consumer Bank, Oyak Anker oder Akbank sind beispielsweise eigenständige deutsche Töchter ausländischer Banken. Gingen sie pleite, müsste die deutsche Einlagensicherung die Guthaben der Kunden nach ihren üblichen Regeln ersetzen.

Anders als Privatbanken können Sparkassen sowie Volks- und Raiffeisenbanken nicht so ohne weiteres pleitegehen. Gerät ein Institut in Schieflage, müssen ihm die anderen unter die Arme greifen oder es mitsamt seiner Schulden übernehmen. Für Kunden bedeutet dieser Institutsschutz, dass ihre Einlagen unbegrenzt gesichert sind.

Natürlich lässt sich auch hier nicht ausschließen, dass eine umfassende Krise die Sicherungssysteme überfordern würde. Bisher wurden aber alle Problemfälle ohne Schäden für die Sparer gelöst. ■

Unser Rat

Sparen. Für Ihr Spargeld sind Tages- und Festgeldkonten bei Direktbanken erste Wahl. Sie sind übers Internet, teilweise per Telefon oder über einzelne Niederlassungen zu erreichen und zahlen meist deutlich bessere Zinsen als große Filialbanken, Sparkassen oder Volksbanken.

Finden. Die besten Angebote von mehr als 100 Banken für Tages- sowie für Festgeld mit Laufzeiten zwischen einem Monat und fünf Jahren finden Sie in unseren Produktfindern (www.test.de/zinsen).

Sichern. Bei Banken mit Sitz in der Europäischen Union sind mindestens 100 000 Euro pro Anleger gesetzlich geschützt. Wollen Sie mehr als 100 000 Euro anlegen, sollten Sie Ihr Geld auf mehrere Institute verteilen oder eine Bank oder Sparkasse wählen, die einer weitergehenden deutschen Einlagensicherung angehört. Volks- und Raiffeisenbanken sowie Sparkassen in Deutschland haben einen Institutsschutz. Das bedeutet, dass Spargeld unbegrenzt abgesichert ist.

Finanztest Was im Ernstfall passiert ist

Name der Bank	Schließung[1)]	Einlagensicherung	Verluste für Sparer
Pleite von Banken, bei denen die Einlagensicherung entschädigte			
Bankhaus Fischer & Co.	1995	Einlagensicherungsfonds des BdB[2)]	Keine
Bankhaus Partin	29.01.2001	Entschädigungseinrichtung deutscher Banken und Einlagensicherungsfonds des BdB[2)]	Keine
BKMU Bank	06.05.2002	Entschädigungseinrichtung deutscher Banken	Mindestens 10 %, da bis 2008 nur 90 % und maximal 20 000 Euro gesetzlich geschützt waren
Gontard und Metallbank	06.05.2002	Entschädigungseinrichtung deutscher Banken und Einlagensicherungsfonds des BdB[2)]	Keine
BFI Bank, Dresden	07.04.2003	Entschädigungseinrichtung deutscher Banken	Mindestens 10 %, da bis 2008 nur 90 % und maximal 20 000 Euro gesetzlich geschützt waren
Privatbank Reithinger	02.08.2006	Entschädigungseinrichtung deutscher Banken	Mindestens 10 %, da bis 2008 nur 90 % und maximal 20 000 Euro gesetzlich geschützt waren
Weserbank	08.04.2008	Entschädigungseinrichtung deutscher Banken und Einlagensicherungsfonds des BdB[2)]	Keine
Lehman Brothers Bankhaus	15.09.2008	Entschädigungseinrichtung deutscher Banken und Einlagensicherungsfonds des BdB[2)]	Entfällt, da keine Einlagen von Privatkunden, aber Verluste mit Wertpapieren
Noa Bank	18.08.2010	Entschädigungseinrichtung deutscher Banken	Keine bis 50 000 Euro (damals gesetzlicher Schutz)
Ausländische Problemfälle, die anders gelöst wurden			
Kaupthing Edge	2008/2009	Isländische Einlagensicherung	Keine, aber deutlich verzögerte Rückzahlung, teilweise Zinsverlust
Parex Bank	2008/2010	Lettische Einlagensicherung, ab 2008 zusätzlich Einlagensicherungsfonds des BdB[2)3)]	Keine, aber zeitliche Verzögerung bei der Rückzahlung von Beträgen über 50 000 Euro
Problemfälle, die vom Haftungsverbund aufgefangen wurden			
Grundkreditbank	1998/1999	Sicherungseinrichtung des BVR[4)]	Keine
Ökobank	2000/2002	Sicherungseinrichtung des BVR[4)]	Keine

1) Bei Problemfällen, die nicht zur Pleite führten, Verstaatlichung, Abwicklung oder Fusion.
2) BdB = Bundesverband deutscher Banken.
3) Der BdB war nicht tätig, weil die Bank vom lettischen Staat abgewickelt wurde.
4) BVR = Bundesverband der deutschen Volks- und Raiffeisenbanken.

„Ich könnte heulen"

Prokon-Anleger bangen um ihr Geld. Bei anderen Firmen haben zehntausende bereits viel verloren. Unsere Faustregeln schützen vor Reinfällen.

Finanztest 3/2014 Rentnerin Dagmar Weber aus der Eifel könnte heulen, wenn sie hört, dass Finanztest schon im Jahr 2010 vor Genussrechten der Windkraftfirma Prokon aus Itzehoe gewarnt hat. Denn erst Ende 2012 investierte sie ihre gesamten Ersparnisse in die Ökofirma. „Ich wollte meine Rente von 900 Euro im Monat aufstocken", sagt Weber.

Am 22. Januar 2014 hat Prokon Regenerative Energien Insolvenz angemeldet. Seither ist Weber in Panik. Sie bangt wie 75 000 weitere Anleger um ihr Geld. Gemeinsam haben sie die gigantische Summe von 1,4 Milliarden Euro bei der Ökofirma investiert.

Die Prokon-Pleite ist nur einer von mehreren Fällen, die den staatlich immer noch wenig kontrollierten grauen Kapitalmarkt in den vergangenen Monaten erschüttert haben. Zuvor sorgten im Jahr 2013 vor allem die Skandale um die Frankfurter Immobilienfirma S & K, das Hamburger Emissionshaus Wölbern Invest und die Dresdner Infinus-Gruppe für Schlagzeilen.

„Jedes Finanzprodukt, jeder Finanzort und jeder Finanzmarktakteur muss reguliert werden", betonte Bundeskanzlerin Angela Merkel im Juni 2013. In Deutschland sei das „weitestgehend geschafft".

Tatsächlich hat der Gesetzgeber Bankberatern, freien Anlageberatern und Anbietern geschlossener Fonds, bei denen Anleger Mitunternehmer werden, strengere Regeln auferlegt (siehe Kasten S. 98). Die neuen Gesetze haben aber Lücken, wie nicht nur der Fall Prokon zeigt. Immer wieder werden Anleger auch schlicht Opfer von kriminellen Machenschaften. Oder sie bekommen von Finanzberatern Produkte aufgeschwatzt, die nicht zu ihnen passen.

Die Ökofirma Prokon fällt erst gar nicht unter das Kapitalanlagegesetzbuch, weil sie nicht der Finanzbranche zugerechnet wird. Ihre Genussrechte hat sie über massive Werbung direkt an den Mann und die Frau gebracht. Deshalb gab es auch keine Anlageberater, die Anleger über die Risiken des Genussrechts hätten aufklären müssen.

Weil Verkaufsprospekte und Verträge zu Geldanlagen für Laien oft nur schwer verständlich sind, lesen viele Anleger sie nicht.

Faustregel Begnügen Sie sich nie mit der Werbung. Fragen Sie nach dem Verkaufsprospekt. Lesen Sie mindestens die Risikohinweise und nehmen Sie diese ernst.

Auch die Vertriebsfirma Carpediem lief auf Verkaufsveranstaltungen zu Höchstform auf. „Es wurde sehr viel auf Träume und Wünsche hin gearbeitet", beschrieb ein Mitarbeiter die Methode. Die Firma pries zum Beispiel die riskanten Unternehmensbeteiligungen an der Cis Deutschland AG als einzige wahre Chance für den Vermögensaufbau an und verdammte sichere Anlagen wie Sparverträge oder Lebensversicherungen.

Den Carpediem-Vertrieb gibt es nicht mehr, die Anlagen der Cis AG verfehlten die Prognosen und tausende Anleger bereuen, dass sie ihre Sparverträge aufgelöst und das Geld daraus in dubiose Beteiligungen gesteckt haben.

Auch bei S & K-Firmen wurden tausenden Anlegern Geldanlagen aufgeschwatzt, die für sie viel zu riskant waren. Die Firmenchefs Stephan Schäfer und Jonas Köller verprassten viel Anlegergeld für private Zwecke. Als das herauskam, wanderten die Firmenchefs in Untersuchungshaft und ihr Reich brach zusammen.

Faustregel Lassen Sie sich nichts vormachen. Mehr Rendite als mit sicheren Anlagen ist nur möglich, wenn Sie mehr Risiko eingehen.

Blindes Vertrauen gegenüber einem selbsternannten „Finanzcoach" ist in jedem Fall fehl am Platz, wie Karin Müller-Wohlfahrt, die Ehefrau des bekannten FC-Bayern-München-Arztes, schmerzlich erfahren musste. Sie wollte Geld für ihre Altersvorsorge investieren.

Der Finanzcoach sprach von Superrenditen, die ein „Trader" durch den Handel mit Rohstoffen an der Börse erzielen würde. Karin Müller-Wohlfahrt schloss einen Vertrag ab. Die Anlage sollte ihr 50 Prozent Rendite in 52 Wochen bringen. Anfangs flossen die Gewinne. Doch als Müller-Wohlfahrt die letzte Rate überwiesen hatte, stoppten sie abrupt. Am Ende waren 570 000 Euro weg.

Natürlich ist nicht jeder Finanzberater ein Hochstapler und Betrüger. Doch selbst bei Mitarbeitern von Banken oder Finanzvertrieben oder bei freien Beratern können Kunden sich häufig nicht sicher sein, dass die empfohlenen Geldanlagen in erster Linie ihre Bedürfnisse erfüllen. Mancher Tipp ist vor allem für den Berater gut, weil er ihm eine hohe Provision bringt. Bei Produkten wie riskanten Unternehmensbeteiligungen ist die Provision besonders hoch.

Faustregel Hinterfragen Sie jede Anlageempfehlung. Passt Sie wirklich zu Ihnen? Wie viel verdient der Verkäufer daran? Berater sind meist auch Verkäufer und vertreten eigene Interessen.

Der 73-jährige Alfred Raue* fiel auf einen Telefonverkäufer herein und verlor dabei mehr als 130 000 Euro. Der Anrufer, der sich als Angestellter der Firma Ifas Berlin ausgab,

Regulierung des grauen Kapitalmarkts

Die neuen Gesetze haben reichlich Lücken

Kapitalanlagegesetzbuch. Seit Juli 2013 regelt das Kapitalanlagegesetzbuch sehr umfassend, was Firmen alles erfüllen müssen, wenn sie Anlageangebote auflegen und damit Anlegergeld einsammeln. Die Verantwortlichen eines Unternehmens müssen fachlich qualifiziert sein und beispielsweise alle Risiken im Blick haben. Manche Anbieter legen deshalb keine geschlossenen Fonds mehr auf. Ziel des Gesetzes ist es, die Wirtschaft vor den Folgen eines Zusammenbruchs von großen Anlagefirmen zu schützen. Für kleinere Firmen gelten weniger strenge Regeln.

Ausnahmeregelung. Unternehmen wie der Windkraftspezialist Prokon, die Geld für ihr normales Geschäft brauchen und nicht aus der Finanzbranche stammen, fallen nicht unter das Kapitalanlagegesetzbuch. Legen sie Genussrechte auf, reicht es weiterhin, wenn sie einen Verkaufsprospekt bei der Bundesanstalt für Finanzdienstleistungsaufsicht (Bafin) einreichen. Die Bafin billigt ihn, wenn alle formalen Vorgaben eingehalten sind und es keine offensichtlichen Widersprüche gibt. Das reicht, selbst wenn es wie bei Prokon um gewaltige Summen geht. Der größte Anbieter von Geldanlagen auf dem grauen Markt wollte 10 Milliarden Euro von Anlegern einsammeln. Für manche Anlageangebote ist nicht einmal ein Verkaufsprospekt nötig.

Beratung. Die Finanzaufsicht Bafin sammelt Beschwerden über Bankberater und darf Sanktionen aussprechen. Freie Vermittler müssen ihre Sachkunde nachweisen und sich gegen Vermögensschäden durch Falschberatung versichern. Alle müssen genau dokumentieren, wann und wie sie wen beraten haben. Das soll verhindern, dass Berater Anlegern Produkte andrehen, die sie selbst nicht verstanden haben. Die neuen Regeln gelten aber nicht für Firmen, die ihre Produkte ohne Finanzberater vertreiben – wie Prokon.

überredete Raue zum Kauf vorbörslicher Aktien. Die Papiere würden bei der in Kürze erfolgenden Börseneinführung extreme Kurssteigerungen erfahren.

Raue sah sein Geld, das er auf ein angebliches Treuhandkonto der Firma überwies, nie wieder. Bei der Polizei erfuhr er, dass die Ifas Berlin dort als Betrugsfirma bekannt war.

Faustregel Gehen Sie nicht auf Anlageangebote ein, die Ihnen per Telefon, Fax oder E-Mail gemacht werden.

Manchmal können sich Anleger aber kaum schützen, wenn Betrüger am Werk sind. Dann trifft es selbst Menschen, in deren breit gestreutes Vermögen eine Unternehmensbeteiligung durchaus passt.

Äußerst smart traten die Chefs der Infinus-Gruppe aus Dresden auf. Das beeindruckende Wachstum der Firmen des Finanzdienstleisters stand aber wohl auf tönernen Füßen. Die Ermittler gehen dem Verdacht des Betrugs zum Nachteil vieler Anleger nach.

Mehrere Firmen der Gruppe meldeten Insolvenz an. Einige hatten über Orderschuldverschreibungen, Genussrechte und Nachrangdarlehen Geld eingesammelt. Den Schaden von geschätzten 400 Millionen Euro haben mehr als 25 000 Anleger.

Auch kein Anleger von Fonds des Hamburger Emissionshauses Wölbern Invest kam wohl auf die Idee, dass die Übernahme der Firma durch den Medizinprofessor Heinrich Maria Schulte ihm schaden könnte. 137 Millionen Euro soll der Professor veruntreut haben, die Staatsanwaltschaft ermittelt noch.

Mit dem Betrug konnte keiner rechnen. Doch selbst wenn die Verantwortlichen redlich sind, kann es bei Beteiligungen an Unternehmen immer passieren, dass das Geschäftsmodell nicht aufgeht. Anlegern muss bewusst sein, dass sie als Mitunternehmer ihrer Anlagegesellschaft Verluste mittragen müssen.

Faustregel Investieren Sie nur so viel in eine Unternehmensbeteiligung, dass Sie einen Totalverlust verkraften könnten. ■

**Name von der Redaktion geändert*

Checkliste

So schützen Sie sich vor Reinfällen

- **Vorbereitung.** Legen Sie Anlagebetrag, -dauer und -ziel vor dem Gespräch mit einem Berater fest. Überlegen Sie, wie viel Risiko Sie eingehen wollen. Nehmen Sie einen Zeugen mit.
- **Fakten.** Lassen Sie sich von Ihrem Berater schriftlich bestätigen, wie hoch die Kosten der Anlage sind und wann Sie ohne Nachteile frühestens kündigen können.
- **Versicherung.** Nehmen Sie nur einen Berater, der eine Vermögensschaden-Haftpflichtversicherung hat. Berät er Sie falsch, ersetzt die Versicherung den Schaden.
- **Gewinne.** Misstrauen Sie auffällig hohen Renditeversprechen von Anbietern und Vermittlern. Renditen über 3 Prozent ohne jedes Risiko gibt es derzeit für keine Geldanlage.
- **Kauf.** Kaufen Sie keine Immobilie als Kapitalanlage, die Sie nicht besichtigt haben. Das geht fast immer schief.
- **Prospekt.** Lesen Sie die Risikohinweise und nehmen Sie die Warnungen ernst – auch wenn der Berater sie verharmlost.
- **Steuerberater.** Lassen Sie alle Angebote von einem Steuerberater prüfen. Berät er Sie falsch, muss er für Fehler haften.
- **Warnliste.** Schauen Sie in der Finanztest-Warnliste im Internet nach (www.test.de/warnliste), ob die Anlagefirma schon einmal negativ aufgefallen ist.

Lieber gut gemischt

Anleger setzen oft alles auf eine Karte, statt ihr Geld gut zu verteilen. Ein typischer Fehler, der sich leicht vermeiden lässt.

Finanztest 7/2014 Deutsche Anleger gelten als risikoscheu. Die meisten vertrauen auf Tagesgeld. Wagen sie sich an Wertpapiere, erzielen sie häufig zu wenig Rendite für das Risiko, das sie eingehen. Zu diesem Ergebnis kommen Wissenschaftler der Goethe-Universität Frankfurt am Main, die mehr als 3000 Depots privater Anleger ausgewertet haben. Drei Viertel der Anleger haben teils verheerende Ergebnisse erzielt – viele von ihnen, weil sie ihr Geld nicht breit genug gestreut haben.

4 Prozent weniger Rendite

Mangelnde Streuung ist einer der häufigsten Fehler privater Anleger. „Und gleichzeitig der teuerste", sagt Andreas Hackethal, Professor für Personal Finance. Er und sein Frankfurter Team haben herausgefunden: „Mangelnde Streuung kostet Anleger im Schnitt 4 Prozent Rendite."

Aktienfonds mit Zinsanlagen mixen

Gegen mangelnde Streuung im Aktiendepot hilft zum Beispiel der Kauf eines einzigen Fonds, der weltweit in Aktien investiert. Hinzu kommt eine Zinsanlage. Das kann entweder Tagesgeld oder Festgeld sein oder auch ein Rentenfonds Euro, der in sichere Anleihen investiert.

Mit ETF bequem und kostengünstig

Im Idealfall kaufen Anleger dafür börsengehandelte Indexfonds oder kurz ETF (Exchange Traded Funds). Ein ETF bildet einen Index nach, der eine Vielzahl von Titeln enthält. Anders als einen gemanagten Fonds müssen Anleger einen ETF nicht ständig im Blick behalten. Und die Kosten sind gering.

Den riskanten Anteil des Depots bestücken Anleger idealerweise mit einem ETF auf den Weltaktienindex MSCI World. Für den Sicherheitsbaustein können Sparer Tagesgeld nutzen oder Rentenfonds verwenden, die sichere Staatsanleihen kaufen.

Für Tages- oder Festgeld spricht die große Sicherheit dieser Geldanlagen. Ihr Wert schwankt nicht, vor Pleite schützt die Einlagensicherung. Mit Rentenfonds Euroland können Anleger in aller Regel mehr verdienen

Unser Rat

Aufbau. Für eine ausreichende Risikostreuung Ihrer Geldanlage brauchen Sie eine sichere und eine chancenreiche Anlage. Für die sichere Anlage verwenden Sie Tages- oder Festgeld oder kaufen einen Rentenfonds, der in erstklassige Staatsanleihen aus Euroland investiert. Für den chancenreichen Teil kaufen Sie einen Aktienfonds Welt.

Fonds. Als Basisfonds am besten geeignet sind marktbreite ETF, börsengehandelte Indexfonds. Das Kürzel ETF steht für Exchange Traded Funds. Marktbreite ETF sind gut gestreut, günstig und flexibel (geeignete Fonds siehe www.test.de/fonds).

Mischung. Für Vorsichtige empfehlen wir einen Aktienfondsanteil von bis zu 25 Prozent. Wollen Sie viel Risiko eingehen, passen bis zu 75 Prozent Aktienfonds. Mehr Hilfe beim Depotaufbau finden Sie im Internet (test.de/pantoffel-portfolio.de).

als mit Tagesgeld oder Festgeld. Sie sind vor allem für eine langfristige Geldanlage gut geeignet, weil sie unbegrenzt laufen.

Anders als mit Tagesgeld können Anleger mit Rentenfonds aber auch Verlust machen – etwa, wenn die Zinsen am Kapitalmarkt steigen. Die Verluste bleiben – so war es zumindest in der Vergangenheit – jedoch meist einstellig und die Verlustphasen sind kürzer als die an den Aktienmärkten.

Risiko passend machen

Als Faustregel gilt: Vorsichtige sollten höchstens ein Viertel ihres Geldes in riskante Anlagen stecken. Auf diese Weise tragen sie auch nur ein Viertel des Aktienmarktrisikos. Wer ein mittleres Risiko eingehen will, macht halbe-halbe. Risikofreudige können ihren Aktienanteil aufstocken – bei etwa 75 Prozent sollte aber Schluss sein. Mehr Risiko lohnt sich nicht.

Drei Viertel der Anleger schneiden zu schlecht ab

Die Grafik stellt dar, wie Anleger mit Mischungen aus einem internationalen Aktienfonds und einer Festzinsanlage abgeschnitten hätten – und wie sie tatsächlich abgeschnitten haben. Fazit: Viele bekommen zu wenig Rendite für das Risiko, das sie eingehen.

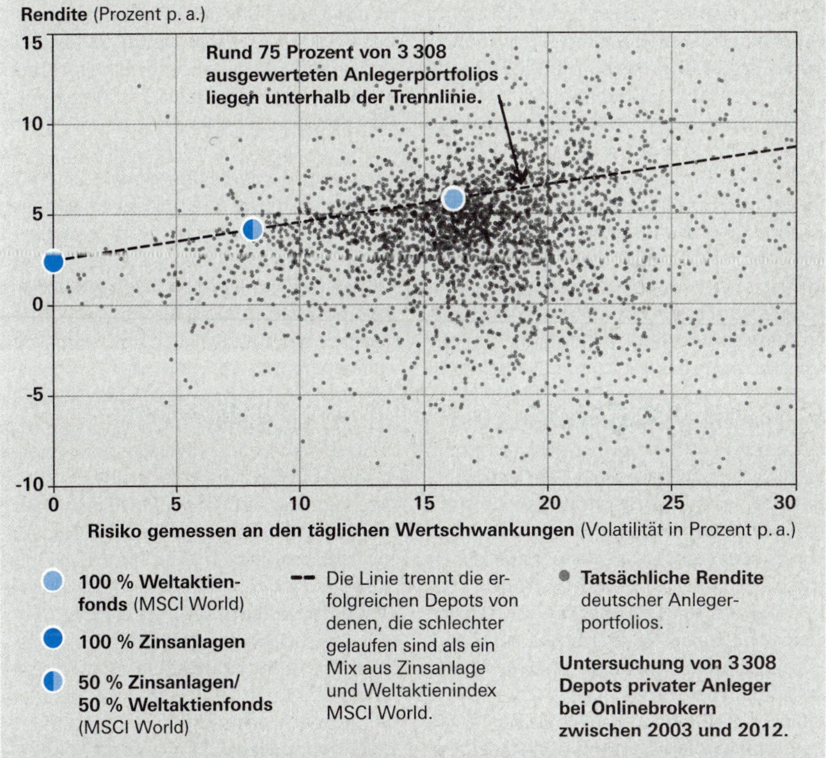

Untersuchung von 3 308 Depots privater Anleger bei Onlinebrokern zwischen 2003 und 2012.

Quelle: Andreas Hackethal und Steffen Meyer von der Goethe-Universität Frankfurt am Main sowie eigene Berechnungen

Ins Schwärmen kommen

Viele Leute steuern kleine oder große Beträge bei, um gute Ideen zu unterstützen. Die einen legen Geld an, die anderen spenden es.

Finanztest 11/2014 Die Idee ist genial, aber das Geld fehlt? Ein Fall für Crowdfunding, zu Deutsch Schwarmfinanzierung. Viele Menschen bringen dabei das Geld auf. Selbst wenn alle nur Minibeträge beisteuern, kommen stattliche Summen zusammen.

Die Initiatoren (Starter) stellen ihr Projekt im Internet vor. Sie nennen die benötigte Summe und den Zeitraum, in dem Unterstützer (Supporter) ihnen Geld zusagen können. In der Regel ist zu sehen, wie wie viel Geld schon zusammengekommen ist. Wird das Mindestziel nicht erreicht, bekommen die Unterstützer ihr Geld zurück.

Beim Crowdfunding unterstützen die Geldgeber zum Teil einen guten Zweck, zum Teil erhalten sie eine Gegenleistung, etwa ein neues Produkt. Zum Teil wollen sie Renditen erwirtschaften. Sie vergeben Darlehen oder steigen bei Projekten ein. Die dargestellten Steuerfolgen gelten für Privatleute, für Unternehmen sind sie zum Teil anders.

Geld verleihen und Zinsen bekommen

Was gemeint ist. Geldgeber leihen einem Projekt oder Unternehmen Geld (Crowdlending). Sie wollen es mit Zinsen zurückhaben.

Wer so Geld bekommen hat. Dem Resort Weissenhaus an der Ostsee haben Investoren über die Internetplattform Companisto.com Geld geliehen. Manche Plattformen sind auf Themen oder Branchen spezialisiert. Bei Bettervest.de sind es etwa Projekte für mehr Energieeffizienz.

Was es bringen kann. Einige Kreditnehmer versprechen hohe Zinsen und beteiligen die Kapitalgeber am Erfolg der Projekte. Andere werben mit Transparenz: Die Kreditgeber erfahren genau, wohin ihr Geld fließt.

Was schiefgehen kann. Die Kredite sind in der Regel Nachrangdarlehen, die besonders riskant sind. Oft dürfen die Kreditnehmer im Krisenfall Zahlungen aussetzen, um eine Insolvenz zu vermeiden. Kommt es zu einem Insolvenzverfahren, werden erst die Forderungen aller vorrangigen Gläubiger erfüllt. Für die nachrangigen Gläubiger ist in den meisten Fällen nichts mehr übrig.

Ist die Verzinsung an den Erfolg geknüpft und läuft es nicht gut, bekommen die Gläubiger keine oder geringere Zinsen als erhofft. Vor Laufzeitende ist es schwer bis unmöglich, an das eigene Geld heranzukommen.

Was der Staat an Steuern will. Auf die Einnahmen fallen 25 Prozent Abgeltungsteuer plus Solidaritätszuschlag und gegebenenfalls Kirchensteuer an.

Bei einem Projekt einsteigen

Was gemeint ist. Die Geldgeber beteiligen sich am Projekt. Zeichnen sie Aktien oder Genossenschaftsanteile, tragen sie als Mitunternehmer Gewinne und Verluste mit. Andere Formen wie Genussrechte und stille Beteiligungen gewähren keine Mitbestimmungsrechte, knüpfen Zahlungen aber an den Erfolg. Zum Teil müssen Geldgeber auch hier Verluste mittragen.

Kredite können Geldgeber ebenfalls stark am Ergebnis beteiligen. Über die Plattform Seedmatch.de etwa schließen die Unterstützer „partiarische Darlehen" mit niedrigen festen und gewinnabhängigen Zinsen ab. Dafür fließen hohe Bonuszinsen, wenn die Gründer eines Projekts zum Beispiel Investoren finden, die ihnen Anteile abkaufen.

Wer so Geld bekommen hat. Über die Plattform Bergfuerst.de bot die Urbanara Home AG Aktien an, die nicht an einer Börse notiert sind. Über Startnext.de warb die Genossenschaft Fairnopoly eG um Genossen.

Was es bringen kann. Beteiligen sich Anleger früh an einem erfolgreichen Unternehmen, kann aus einem geringen Einsatz ein Vermögen werden. Starthilfe für innovative Unternehmen ist gut für die Wirtschaft.

Was schiefgehen kann. Viele Unternehmen scheitern. Das Geld ist dann weg. Es ist mühselig, Unterlagen wie Investmentverträge, Jahresabschlüsse und Wertpapierverkaufsprospekte zu studieren. Geldgeber müssen sich für Jahre binden. Wollen sie vorzeitig verkaufen, steht in den Sternen, ob und zu welchem Kurs das möglich ist.

Was der Staat an Steuern will. Auf Einkünfte sowie Veräußerungsgewinne fallen 25 Prozent Abgeltungsteuer plus Solidaritätszuschlag und gegebenenfalls Kirchensteuer an. Hält ein Anleger mehr als 1 Prozent der Anteile, zählen Veräußerungsgewinne als Einkünfte aus Gewerbebetrieb. Die Steuerberaterin Susanne Girrbach von der Kanzlei Kollmorgen & Girrbach erklärt: „Zu 40 Prozent bleiben sie steuerfrei. 60 Prozent sind mit dem individuellen Steuersatz anzusetzen."

Einen guten Zweck unterstützen

Was gemeint ist. Organisationen und Privatpersonen sammeln Spenden für Projekte.

Wer so Geld bekommen hat. Über Betterplace.org sammelte das Deutsche Medikamentenhilfswerk Action Medeor Geld für Schutzausrüstungen vor Ebola. Über Socialfunders.org unterstützten Geldgeber Jugendliche in Kamerun. Auf Kiezhelden.com stellte sich die Initiative „Laut gegen Nazis" vor.

Was es bringen kann. Projekte umsetzen, die es sonst vielleicht nicht geschafft hätten.

Was schiefgehen kann. Das Projekt kommt nicht in die Gänge, der Zweck wird nicht erzielt – oder das Geld erreicht diejenigen nicht, denen es zugutekommen sollte.

Was der Staat an Steuern will. Gar nichts. Spenden an steuerbegünstigte Spendenorganisationen berücksichtigt das Finanzamt als Sonderausgabe. Ab 200 Euro ist eine Zuwendungsbestätigung als Beleg nötig. Bis 200 Euro reicht oft der Zahlungsbeleg. Es kann sein, dass noch eine Bescheinigung mit weiteren Angaben angefordert wird.

Zuwendungen an Privatleute oder Organisationen, die nicht als gemeinnützig anerkannt sind, können nicht abgesetzt werden.

Etwas Besonderes bekommen

Was gemeint ist. Die Empfänger zahlen das Geld nicht zurück, liefern aber eine Gegenleistung, etwa ein neuartiges Produkt.

Wer so Geld bekommen hat. Auf Kickstarter.com gab es eine Kombination aus Aquarium und Pflanzenbeet. Die Gründer des Wissenschaftsmagazins Substanz luden über Startnext.de zu einer Party ein. Die Sportprojekte-Plattform Fairplaid.org stellte Gutscheine von Unternehmen zur Wahl, wenn Geldgeber einem Jungen einen Sport-Rollstuhl mitfinanzierten.

Was es bringen kann. Zugang zu Dingen, die sonst nicht so einfach zu haben sind.

Was schiefgehen kann. Das Projekt scheitert, die Gegenleistung fällt flach.

Was der Staat an Steuern will. Geldgeber müssen keine Steuern zahlen, können aber auch nichts absetzen. ■

Unser Rat

Angebot durchschauen. Sie haben die Chance, bei interessanten Projekten als Spender, Kreditgeber oder Mitunternehmer dabei zu sein. Informieren Sie sich aber über Ihre Rechte und Pflichten, bevor Sie Geld geben. Auch wenn eine Rückzahlung vorgesehen ist, kommen Sie oft über Jahre nicht an Ihr Geld.

Risiken streuen. Teilen Sie die Summe, die Sie anlegen wollen, auf mehrere Projekte auf. Bei einem einzigen Projekt ist die Gefahr des Totalverlusts groß.

Grenzen setzen. Setzen Sie nur so viel Kapital ein, dass Sie es verkraften könnten, wenn alle Projekte in einem Totalverlust enden.

TOMTAILOR COAST

Christian Sporer hat den teuren Kreditvertrag für seine Eigentumswohnung widerrufen. Durch den Wechsel zu einem günstigeren Darlehen könnte er 11 000 Euro sparen. Doch die Bank sträubt sich.

Seite 126

Riester-Förderung fürs Eigenheim **S. 106,** Riester-Bausparverträge **S. 108,** Immobilienkredite von Bausparkassen **S. 110,** Eigenheim finanzieren **S. 112,** Günstige Baukredite **S. 114,** Förderung fürs Eigenheim **S. 120,** Bereitstellungszinsen **S. 122,** Immobilienkredit ablösen **S. 124,** Ausstieg aus Immobilienkrediten **S. 126,** Hausratversicherung **S. 129,** Aufzug für Eigentumswohnung **S. 132,** Immobilienpreise **S. 134,** Strom- und Gasrechnung **S. 136,** Stromkosten senken **S. 138,** Gasanbieter wechseln **S. 140,** Hausmodernisierung **S. 142,** Schimmel in der Wohnung **S. 145,** Kleinreparaturen für Mieter **S. 146,** Kündigung wegen Eigenbedarfs **S. 148**

FOTO: EBERHARD FRANKE

Schulden weg mit Riester

Ab 2014 können viel mehr Hauseigentümer die Riester-Förderung nutzen, um Schulden schnell zu tilgen. Das ist besser als Sparen.

Finanztest 1/2014 Für viele Haus- und Wohnungseigentümer wird die Riester-Förderung ab Januar deutlich attraktiver als bisher. Davon profitieren vor allem diejenigen, die schon in den eigenen vier Wänden wohnen:

- Eigentümer, die Geld in einem Riester-Vertrag haben, können ihr angespartes Guthaben künftig jederzeit für die Entschuldung ihrer Immobilie verwenden. Bisher mussten sie damit bis zum Rentenbeginn warten.
- Jeder Eigentümer, der Anspruch auf die staatliche Förderung hat, kann für seine Anschlussfinanzierung auf ein Riester-Darlehen umsteigen. Das durften zuvor nur diejenigen, die ihre Immobilie 2008 oder später gebaut oder gekauft haben.
- Ab 2014 dürfen Eigenheimbesitzer das Riester-Vermögen auch für den altersgerechten Umbau verwenden.

Altverträge zur Entschuldung nutzen

Egal, ob Riester-Sparer eine Rentenversicherung, einen Bank- oder einen Fondssparplan abgeschlossenen haben: Wenn sie mindestens 3000 Euro gespart haben, können sie seit Januar 2014 das Geld aus dem Vertrag nehmen, um damit Schulden für ihre Wohnung zu tilgen.

Tilgen statt sparen – das wird sich meist lohnen. Viele Riester-Verträge werfen derzeit nur eine magere Rendite ab – viel weniger, als Kreditnehmer für ihre Finanzierung an Zinsen zahlen müssen. Für die Hauseigentümer ist es daher am besten, wenn sie erst ihre Schulden tilgen, bevor es an den Aufbau einer zusätzlichen Geldrente geht.

Dazu ein Beispiel: Ein Hauseigentümer hat einen Riester-Vertrag mit 10 000 Euro Guthaben. Lässt er das Geld stehen, würde es bei einer Sparrendite von 2 Prozent in den nächsten 20 Jahren einen Ertrag von 4860 Euro abwerfen. Tilgt er damit ein Baudarlehen mit einem Effektivzins von 3,5 Prozent, spart er in 20 Jahren rund 9900 Euro Kreditzinsen. Der Umstieg vom Sparen zum Tilgen bringt ihm langfristig einen Vorteil von mehr als 5000 Euro.

Hauseigentümer können in der Regel wählen, ob sie ihr gesamtes Riester-Kapital oder nur einen Teil davon für die Tilgung entnehmen. Es müssen aber mindestens 3000 Euro sein. Wollen sie ihr Riester-Guthaben nur teilweise abheben, beispielsweise weil ihr Kredit nur begrenzte Sondertilgungen zulässt, müssen mindestens 3000 Euro in dem Altvertrag bleiben.

Anschlusskredit mit Riester-Zulagen

Viel mehr Eigentümer als bisher haben künftig auch die Chance, die Riester-Förderung für ihre Anschlussfinanzierung zu nutzen. Endet die Zinsbindung ihres Darlehens, können sie auf ein zertifiziertes Riester-Darlehen einer Bank oder Bausparkasse umschulden. Für die Kredittilgung erhalten sie dann die gleichen Zulagen und Steuervorteile wie für einen Riester-Sparvertrag oder eine Riester-Rentenversicherung.

Riester-Darlehen können Eigentümer künftig unabhängig davon aufnehmen, wann sie ihre Immobilie gebaut oder gekauft haben. Wichtig bleibt aber, dass sie das ursprüngliche Darlehen für den Bau oder Kauf und nicht etwa für eine Modernisierung aufgenommen haben.

Spardose für den Umbau

Ihren Riester-Vertrag können Haus- und Wohnungskäufer künftig auch als Spardose für einen altersgerechten Umbau nutzen. Zu den anerkannten Umbauten gehören zum Beispiel die Installation einer bodengleichen Dusche, der Abbau von Schwellen und der Einbau von breiteren Türen, Rampen, Treppenliften und Notrufsystemen. Die Förderung ist allerdings an mehrere Voraussetzungen geknüpft:

- Baut der Eigentümer seine Wohnung innerhalb von drei Jahren nach dem Bau oder Kauf um, muss er dafür mindestens 6000 Euro aus seinem Riester-Vertrag entnehmen. Baut er später um, beträgt die Mindestsumme sogar 20000 Euro. Die meisten Riester-Sparer werden daher noch einige Jahre sparen müssen, bevor so viel Geld auf ihrem Konto liegt.
- Der Eigentümer muss mindestens die Hälfte des Entnahmebetrags für Umbauten nach der Din-Norm für barrierefreies Bauen verwenden. Die anderen Maßnahmen müssen ebenfalls zum Abbau von Barrieren führen. Beides muss ein Sachverständiger bestätigen.
- Der Eigentümer darf für die Umbaukosten keine weiteren öffentlichen Zuschüsse oder Steuervorteile in Anspruch nehmen.

Mehr Zeit zum Wohnungswechsel

Die Riester-Förderung gibt es weiter nur für selbstgenutzte Immobilien. Doch jetzt sind die Regeln etwas flexibler, wenn der Geförderte Haus oder Wohnung verkauft.

Um Steuernachteile zu vermeiden, muss er die geförderten Beträge innerhalb eines Jahres nach dem Verkauf in einen Riester-Vertrag einzahlen oder erneut in ein Eigenheim investieren. Bislang musste er sich die neue Immobilie innerhalb eines Zeitraums von einem Jahr vor und vier Jahren nach dem Auszug aus der geförderten Wohnung zulegen. Diese Spanne wird auf zwei Jahre vor und fünf Jahre nach dem Auszug verlängert.

Besteuerung wird flexibler

Etwas günstiger werden auch die Steuerregeln für Eigentümer. Wie bisher müssen sie das sogenannte Wohnförderkonto versteuern, auf dem alle geförderten Tilgungsleistungen und Entnahmebeträge verbucht werden. Sie müssen sich aber nicht mehr schon zu Rentenbeginn entscheiden, ob sie das Förderkonto jährlich in gleichen Raten bis zum 85. Lebensjahr oder sofort versteuern. Bei Sofortbesteuerung sind nur 70 Prozent des Wohnförderkontos zu versteuern.

Ab 2014 dürfen Hauseigentümer im Rentenalter jederzeit auf die Einmalbesteuerung umsteigen. Sie können zunächst mit der jährlichen Besteuerung anfangen und nach ein paar Jahren den noch offenen Restbetrag abzüglich 30 Prozent auf einmal versteuern. So ist es möglich, die Besteuerung auf einen günstigen Zeitpunkt zu verlagern.

Unser Rat

Riester-Vertrag. Sie haben ein Eigenheim oder schaffen sich gerade eines an? Dann nutzen Sie Ihr bereits angespartes Riester-Vermögen zur Schuldentilgung oder als Eigenkapital für Ihre Finanzierung. Damit sparen Sie in aller Regel mehr Zinsen, als Sie zum Beispiel mit Ihrer Riester-Rentenversicherung oder Ihrem Riester-Banksparplan erzielen können.

Riester-Darlehen. Sorgen Sie dafür, dass auch Ihre weitere Riester-Förderung ins Eigenheim fließt. Wenn Sie für Ihre Neufinanzierung oder Ihren Anschlusskredit ein Riester-Darlehen aufnehmen, können Sie Zulagen und Steuervorteile schon von Anfang an für eine schnellere Schuldentilgung nutzen.

Angebote. Holen Sie sich Angebote für Riester-Darlehen bei Banken, Kreditvermittlern und Bausparkassen ein. Vergleichen Sie Kreditangebote mit gleicher Zinsbindung anhand des Effektivzinses. Bei Kombikrediten mit Bausparverträgen sind die „Gesamtkosten in Prozent" entscheidend. Achten Sie darauf, dass der Effektivzins für das Riester-Darlehen nicht oder kaum höher ist als für ein ungefördertes Darlehen.

So attraktiv wie nie

Mit den Toptarifen aus unserem Test sichern sich Bausparer schon heute eine günstige Finanzierung fürs Eigenheim.

Finanztest 11/2014 Auf den ersten Blick scheint Bausparen heute völlig uninteressant zu sein. Die Sparzinsen sind kläglich. Viele Kassen nehmen mehr Gebühren, als sie Zinsen zahlen. Und für das spätere Bauspardarlehen verlangen sie zwar niedrige Kreditzinsen, die heutigen Immobilienkredite vieler Banken sind aber billiger.

Doch der Schein trügt. Nie war Bausparen so attraktiv wie heute. Die niedrigen Zinsen für das Bauspardarlehen sind garantiert – auch wenn der Bausparer sein Darlehen erst in zehn Jahren abruft und die Zinsen am Kapitalmarkt bis dahin dreimal so hoch sein sollten wie heute. Diese Sicherheit bietet kein anderes Finanzprodukt.

Die schlechte Verzinsung in der Sparphase fällt dagegen nicht mehr so stark ins Gewicht. Banken bieten zurzeit auch nicht viel höhere Zinsen.

Bausparen ist daher eine gute Wahl für Sparer, die sich niedrige Zinsen für ihre künftige Finanzierung sichern wollen. Haben sie Anspruch auf die staatliche Riester-Förderung, geht das am besten mit einem Riester-Bausparvertrag.

Wüstenrot erneut Testsieger

Finanztest hat die besten Riester-Tarife anhand von vier Modellkunden ermittelt, die in 7 bis 15 Jahren ein Eigenheim planen. Wie in den beiden Vorjahren schneidet Wüstenrot am besten ab. Ihr Tarif RC/FX steht zweimal an der Spitze und einmal auf dem zweiten Platz. Gute Riester-Tarife bieten aber auch die Alte Leipziger, die Deutsche Bausparkasse Badenia und die Bausparkasse Mainz.

Fördervoraussetzungen prüfen

Sinn hat ein Riester-Bausparvertrag allerdings nur für Sparer, die Anspruch auf die Riester-Förderung haben. Sie dürfen den Vertrag außerdem nur für eine Immobilie einsetzen, die sie auf Dauer selbst nutzen.

Gefördert wird der Bau oder Kauf eines Eigenheims, ein altersgerechter Umbau oder die Entschuldung der eigenen Immobilie durch die Ablösung eines bestehenden Kredits.

Ein Riester-Bausparvertrag lohnt sich außerdem nur für Bausparer, die recht sicher sind, dass sie ihre Eigenheimpläne verwirklichen und das günstige Bauspardarlehen nutzen können. Sonst bleibt ihnen nur ein schlecht oder mäßig verzinster Sparvertrag.

Sparrate festlegen

Zwei Eckpunkte sollten Bausparer festlegen, bevor sie Angebote einholen: den Zeitpunkt, zu dem sie Guthaben und Darlehen für ihre Finanzierung voraussichtlich benötigen, und die Sparrate, die sie monatlich zahlen wollen.

Die Sparrate ergibt sich bei Riester-Verträgen vor allem aus den Förderregeln. Die meisten Kunden schöpfen die Förderung optimal aus, wenn sie den steuerlich geförderten Höchstbetrag einzahlen. Das sind jährlich 2100 Euro abzüglich der ihnen zustehenden Riester-Zulage.

Eine Ausnahme gilt für Sparer, die wenig verdienen oder so hohe Kinderzulagen erhalten, dass ihnen der Riester-Vertrag keine oder nur geringe Steuervorteile bringt. Sie sollten nur so viel einzahlen, wie für die volle Zulage nötig ist. Dieser Mindesteigenbeitrag liegt bei 4 Prozent des Bruttoeinkommens des Vorjahres, abzüglich der Zulage.

Bausparangebote einholen

Von mindestens drei günstigen Bausparkassen aus unserem Test sollten sich Sparer Angebote einholen. Sparrate und gewünschte

Zuteilung geben sie vor, möglichst auch ungefähr die Monatsrate, die sie später maximal für das Bauspardarlehen zahlen wollen.

Aufgabe der Bausparkassen ist es, die Bausparsumme so zu berechnen, dass sie pünktlich zur Verfügung steht und der Kunde aus seiner Sparleistung ein optimales Darlehen herausholt.

Zu jedem ordentlichen Angebot gehört ein Spar- und Tilgungsplan. Daraus geht hervor, wann der Vertrag voraussichtlich zugeteilt wird, wie viel der Kunde bis dahin anspart, wie hoch das Darlehen ist und welche Rate dafür zu zahlen ist.

Spar- und Tilgungspläne vergleichen

Ob ein Angebot auf die Ziele des Bausparers zugeschnitten ist, lässt sich meist schon an zwei Kriterien erkennen:

- Die Bausparsumme wird zeitnah zum geplanten Bau oder Kauf zugeteilt. Das vermeidet eine längere und eventuell teure Zwischenfinanzierung.
- Die Bewertungszahl des Vertrags liegt zum Zuteilungstermin nur knapp über der von der Bausparkasse berechneten Zielbewertungszahl, die der Vertrag mindestens erreichen muss. Die Bewertungszahl ist eine Kennziffer für die Sparleistung des Bausparers. Ist sie viel höher als nötig, holt er aus seiner Sparleistung weniger heraus, als der Tarif hergibt.

Schwieriger ist es, die Bausparangebote miteinander zu vergleichen. Es bringt nichts, nur die Spar- und Darlehenszinsen, Gebühren und sonstige Konditionen gegenüberzustellen. Entscheidend sind Höhe und Zeitpunkte aller Zahlungen, die sich aus den Spar- und Tilgungsplänen ergeben.

Ein korrekter Vergleich ist nur mithilfe von Computerprogrammen möglich. Wer sich mit Bausparen etwas auskennt, kann dafür den Finanztest-Bausparrechner nutzen (test.de/bausparrechner). Persönliche Unterstützung finden Bausparer bei den Verbraucherzentralen. Eine neutrale Beratung – auch zur Riester-Förderung – ist vor Vertragsabschluss ohnehin sinnvoll. ■

Unser Rat

Riester-Vertrag. Ein Riester-Bausparvertrag ist für Sie gut geeignet, wenn Sie in einigen Jahren ein Eigenheim planen. Sie sichern einen Teil Ihrer Finanzierung gegen steigende Zinsen ab und profitieren von der staatlichen Förderung. Ein Riester-Bausparvertrag lohnt sich aber nur, wenn Sie später tatsächlich in die eigenen vier Wände ziehen.

Testsieger. Lassen Sie sich von günstigen Bausparkassen aus unserem Test Angebote erstellen. Toptarife bieten vor allem **Wüstenrot** (ab 50 000 Euro Bausparsumme), **Alte Leipziger, Deutsche Bausparkasse Badenia** und **Bausparkasse Mainz.**

Plan. Lassen Sie sich einen Spar- und Tilgungsplan erstellen. Achten Sie darauf, dass der Vertrag etwa zu der Zeit zugeteilt wird, zu der Sie bauen oder kaufen wollen. Möchten Sie damit einen laufenden Kredit ablösen, muss die Bausparsumme spätestens zum Ende der Zinsbindung zugeteilt sein.

Rechner. Mit unserem kostenlosen Bausparrechner im Internet können Sie Angebote mit und ohne Riester-Förderung vergleichen (test.de/bausparrechner).

Finanztest

Empfehlenswerte Bauspartarife mit Riester-Förderung

Diese Tarife stehen im Test mehrfach in der Spitzengruppe.[1]

Wüstenrot RC/FX 2,45 (Mindestbausparsumme 50 000 Euro)
Alte Leipziger Easy Finanz Riester
Deutsche Bausparkasse Badenia Via Badenia 500 R ClassicFinanz
Bausparkasse Mainz W WohnriesterPlus

1) Sortiert nach den Top-3-Platzierungen im Test.

Täuschung mit System

Kombikredite mit Bausparverträgen sind mal günstig, mal teuer – aber fast immer eine Mogelpackung. Viele Bausparkassen verschleiern Kosten.

Finanztest 2/2014 Sie sind sicher und flexibel und haben besonders niedrige Zinsen – so werben Bausparkassen wie Schwäbisch Hall und Wüstenrot für die Immobilienfinanzierung mit einer Kombination aus einem Darlehen und einem Bausparvertrag.

Im Idealfall haben die Kombikredite tatsächlich genau diese Eigenschaften. In Finanztest-Vergleichen waren Kredite von Bausparkassen oft günstiger als Bankangebote.

Doch Vorsicht: Viele Angebote sind Mogelpackungen. Eine Gesetzeslücke erlaubt es den Bausparkassen, für Kombikredite mit irreführenden Effektivzinsen zu werben. In den Zinsangaben fehlen verdeckte Kreditkosten von vielen tausend Euro. Die Kombikredite sind meist viel teurer, als Banken und Bausparkassen ihre Kunden glauben lassen.

Finanztest hat Bausparkredite ausgewertet, die von Februar bis Dezember 2013 angeboten wurden. Der Effektivzins der Kombikredite lag im Schnitt mehr als 20 Prozent über den Effektivzinsen, die Bausparkassen und Banken für das Vorausdarlehen und das Bauspardarlehen angaben.

Mitunter klaffen Schein und Wirklichkeit um fast 50 Prozent auseinander. Das ist eine systematische Verbrauchertäuschung und Wettbewerbsverzerrung zulasten klassischer Bankdarlehen.

Sparen statt tilgen

Von gewöhnlichen Bankkrediten unterscheiden sich Kombikredite vor allem durch die Art, wie der Kunde seine Schulden tilgt. Der Kreditnehmer zahlt für sein Darlehen zunächst nur Zinsen. Gleichzeitig überweist er jeden Monat Beiträge in einen Bausparvertrag, statt Schulden zu tilgen.

Die Bausparsumme des Vertrags entspricht dem Kreditbetrag. Sobald der Bausparvertrag nach beispielsweise zehn Jahren das Mindestguthaben erreicht hat und zugeteilt wird, löst der Kunde sein Darlehen mit der Bausparsumme auf einen Schlag ab. Danach muss er die Raten aus Zins und Tilgung für das Bauspardarlehen abzahlen.

Für Bauherren und Wohnungskäufer, die kein Zinsrisiko eingehen wollen, können Kombikredite eine gute Alternative zu herkömmlichen Bankdarlehen sein. Denn das Darlehen und der Bausparvertrag sind meist so aufeinander abgestimmt, dass die Zinsen für die gesamte Laufzeit der Finanzierung feststehen. Doch sie dürfen sich von der Bank oder Bausparkasse nicht über den Preis täuschen lassen.

Kunden tappen in die Falle

Typisch ist ein Angebot der Deutschen Bank über einen Kombikredit in einer Höhe von 100 000 Euro mit einer Laufzeit von fast 25 Jahren. Für das 15-jährige Vorausdarlehen bis zur Zuteilung des Bausparvertrags nannte die Bank einen Effektivzins von 3,25 Prozent. Den Effektivzins für das anschließende Bauspardarlehen mit neuneinhalb Jahren Laufzeit gab sie mit 2,98 Prozent an.

Beide Zinsangaben sind für sich genommen korrekt. Trotzdem führen sie in die Irre. Über die Gesamtlaufzeit von 25 Jahren liegt der Effektivzins des Kombikredits bei 4,05 Prozent – und damit knapp ein Drittel höher, als die Zinsangaben der Bank vermuten lassen. Deshalb war das Deutsche-Bank-Angebot nicht etwa günstiger, sondern viel teurer als vergleichbare Bankkredite.

Zinsen täuschen

Viele Kreditnehmer glauben, der Effektivzins der Kombikredite liege über die gesamte

Laufzeit gesehen etwa in der Mitte der Effektivzinsen, die die Bausparkasse nennt. Tatsächlich liegt er fast immer deutlich über dem Effektivzins der einzelnen Kreditbausteine. Denn obwohl die Bausparbeiträge fester Bestandteil der Finanzierung sind, rechnen die Anbieter keinen Cent davon in die Effektivzinsen ein.

Dadurch wird ein entscheidender Nachteil der Kombikredite unterschlagen: Für das Geld, das die Kunden in den Bausparvertrag einzahlen, bekommen sie viel weniger Zinsen, als sie gleichzeitig für das Vorausdarlehen zahlen müssen. Kreditzinsen von derzeit um die 3 Prozent stehen Sparzinsen von 0,25 bis 1,0 Prozent gegenüber – abzüglich Abschluss- und Kontogebühren. Sparen statt tilgen ist deshalb mit hohen Zinsverlusten verbunden. Im Beispiel der Deutschen Bank sind es mehr als 10 000 Euro.

Ob Schwäbisch Hall, BHW oder Landesbausparkassen: So wie die Deutsche Bank verschleiern die meisten Bausparkassen die wirklichen Kosten ihrer Kombikredite. Das Gleiche gilt für Banken und Kreditvermittler, die das Bausparmodell anbieten.

Transparenz nur bei Riester-Darlehen

Finanztest warnt seit Jahren vor dem Etikettenschwindel bei Kombikrediten. Längst hat auch der Gesetzgeber erkannt, dass die Effektivzinsen der Bausparkassen täuschen.

Für die Kombikredite mit staatlicher Riester-Förderung müssen die Anbieter seit 2008 den wirklichen Effektivzins im Kreditvertrag ausweisen. Nur dadurch sei sichergestellt, dass der Kreditnehmer die tatsächlichen Darlehenskosten kennt, lautete die Begründung der damaligen Bundesregierung.

Doch dabei ist es bislang geblieben. „Bei ungeförderten Krediten dürfen die Bausparkassen den Gesamteffektivzins der Kombikredite weiter verschweigen", kritisiert Frank-Christian Pauli vom Verbraucherzentrale Bundesverband. „Das ist nicht nachvollziehbar. Ob mit oder ohne Riester – es ist das gleiche Finanzierungsmodell."

Unser Rat

Bedarf. Ein Bauspar-Kombikredit kann sinnvoll sein, wenn Sie voraussichtlich 20 Jahre und länger für die Rückzahlung brauchen und kein Zinsrisiko eingehen wollen. Verlassen Sie sich aber nicht auf die Zinsangaben der Bausparkassen. Die Effektivzinsen, die sie für das Vorausdarlehen und das Bauspardarlehen angeben, täuschen über die Kosten der Finanzierung.

Gesamteffektivzins. Lassen Sie sich stets schriftlich den Gesamteffektivzins nennen, in den auch die Sparbeiträge und Gebühren für den Bausparvertrag einfließen. Nur damit können Sie Kombikredite untereinander und mit Bankangeboten vergleichen. Von sich aus nennen Bausparkassen den Gesamteffektivzins meist nur bei Kombikrediten mit Riester-Förderung.

Risiko. Achten Sie darauf, dass der Zinssatz für das Vorausdarlehen bis zur Zuteilung des Bausparvertrags festgeschrieben ist. Endet die Zinsbindung viele Jahre vor der Zuteilung, ist das Zinserhöhungsrisiko hoch.

Mehrfachverträge. Meiden Sie Kombikredite, bei denen das Vorausdarlehen scheibchenweise durch mehrere Bausparverträge oder Teilbausparsummen abgelöst wird.

Eine Finanztest-Anfrage bei mehreren Bausparkassen ergab: Den wirklichen Effektivzins der Finanzierung bekommen in der Regel nicht einmal die Mitarbeiter der Bausparkassen ausgewiesen, wenn sie ein Angebot erstellen. „Standardmäßig ist dies nicht vorgesehen", teilten etwa die Landesbausparkassen Bayern und Nord mit.

In anderen Worten: Die Berater empfehlen und verkaufen ihren Kunden also Finanzierungsprodukte, deren genauen Preis sie nicht einmal selbst kennen. ■

50 000 Euro sparen

Ob Bau- oder Anschlusskredit – vergleichen lohnt sich! Im Test gab es Zinsunterschiede von mehr als 50 000 Euro für den gleichen Kredit.

Finanztest 4/2014 Mit wenig Aufwand viele tausend Euro sparen? Bei der Finanzierung der eigenen vier Wände ist das fast immer drin.

Das zeigt eindrucksvoll der aktuelle Finanztest-Vergleich. Für sechs typische Finanzierungen haben wir die Konditionen von mehr als hundert Banken, Kreditvermittlern, Bausparkassen und Versicherern ermittelt. Die günstigsten Banken verlangen je nach Modellfall 8 000 bis 52 000 Euro weniger Zinsen als die teuersten im Test.

Mehrere Kreditangebote einzuholen und zu vergleichen, kostet einige Stunden Aufwand. Doch im Verhältnis zur möglichen Zinsersparnis ist das kaum der Rede wert. Viel Geld sparen Bauherren und Wohnungskäufer auch durch einen geschickten Aufbau ihrer Finanzierung.

Unser Rat

Plan. Ob Kauf, Bau, Sanierung oder Anschlusskredit – planen Sie mithilfe unserer Checkliste auf Seite 113 die Eckdaten für die Finanzierung Ihres Eigenheims. Holen Sie dafür mindestens drei bis fünf Kreditangebote bei Banken und Vermittlern ein.

Test. Günstige Kreditanbieter finden Sie jeden Monat in Finanztest (siehe auch S. 116) und im Internet (test.de). Besonders günstig sind zurzeit zinssichere Bauspar-Kombikredite mit staatlicher Riester-Förderung.

Beratung. Lassen Sie sich von einer Verbraucherzentrale beraten, bevor Sie ein Kreditangebot unterschreiben. Eine ausführliche Beratung kostet meist 120 bis 200 Euro.

Kombikredite sensationell günstig

Für Baufinanzierer, die kein Risiko eingehen wollen, sind die Kombikredite der Bausparkassen zurzeit eine gute Alternative zum herkömmlichen Bankkredit. In dieser Variante schließt der Kreditnehmer einen Bausparvertrag ab, den die Bausparkasse bis zur Zuteilung mit einem tilgungsfreien Darlehen vorfinanziert.

Zurzeit sind vor allem Kombikredite mit staatlicher Riester-Förderung sensationell günstig – viel billiger als vergleichbar sichere Bankdarlehen mit 20 oder 25 Jahren Zinsbindung. Das Top-Angebot im Test kam von der LBS Bayern: Für ihren Kombikredit mit 18 Jahren Laufzeit verlangte sie nur einen Effektivzins von 2,57 Prozent. Die Riester-Förderung kommt als Zusatzvorteil noch hinzu.

Rabatte für Volltilgerdarlehen nutzen

Kreditnehmer, die sich eine hohe Rate leisten können, sollten sich nicht mit den Zinssätzen für Standardkredite mit 1 oder 2 Prozent Tilgung abspeisen lassen. Denn je schneller sie tilgen, desto günstiger kann sich die Bank das für die Kreditvergabe nötige Geld am Kapitalmarkt besorgen.

Vereinbart der Kunde zum Beispiel, seinen Kredit innerhalb von zehn Jahren zu tilgen, muss die Bank für die Refinanzierung gut einen halben Prozentpunkt weniger Zinsen zahlen als für ein Darlehen mit 2 Prozent Tilgung. Diesen Vorteil geben viele Banken zumindest teilweise an den Kunden weiter.

Ein Volltilgerdarlehen mit zehn Jahren Zinsbindung gab es im Test schon ab einem Effektivzins unter 2 Prozent. Allein durch den Rabatt spart der Kunde bei einer Kreditsumme von 100 000 Euro bis zu 2 900 Euro. ■

Checkliste

Schritt für Schritt zum passenden Kredit

- **Eigenkapital.** Stellen Sie eine Liste Ihres Eigenkapitals zusammen. Wie viel ist sofort verfügbar? Welche Mittel können Sie erst später einsetzen?

- **Kosten.** Wie viel kostet der Bau oder Kauf mit allen Nebenkosten und Ausgaben für Renovierung und Modernisierung? Wie hoch sind die Bewirtschaftungskosten?

- **Budget.** Wie viel Geld haben Sie nach Abzug aller Lebenshaltungskosten monatlich für Kreditraten und Bewirtschaftung der Immobilie zur Verfügung?

- **Förderung.** Erkundigen Sie sich frühzeitig, ob Sie öffentliche Fördermittel in Anspruch nehmen können. Wichtige Förderquellen finden Sie bei uns im Internet (www.test.de/thema/eigenheimfoerderung).

- **Zinsniveau.** Verschaffen Sie sich einen Überblick über die aktuellen Konditionen für Hypothekendarlehen, damit Sie Kreditangebote der Banken besser einschätzen können. Aktuelle Konditionen finden Sie jeden Monat in Finanztest und auf test.de.

- **Tilgung.** Sie sollten sich mindestens eine jährliche Anfangstilgung von 2 Prozent der Kreditsumme leisten können. Eine Tilgung von nur 1 Prozent führt zu einem extrem langsamen Schuldenabbau und einer Kreditlaufzeit bis zu 50 Jahren.

- **Zinsbindung.** Sichern Sie sich die derzeit niedrigen Zinsen langfristig, am besten durch eine Zinsbindung von 15 oder sogar 20 Jahren.

- **Restschuld.** Wie hoch ist die Restschuld am Ende der Zinsbindung? In dieser Höhe benötigen Sie später einen Anschlusskredit, für den Sie vermutlich einen höheren Zinssatz als heute zahlen müssen.

- **Risiko.** Wie hoch ist die Rate, wenn der Zinssatz nach Ablauf der Zinsbindung auf 6 oder 7 Prozent steigt? Könnten Sie sich das noch leisten?

- **Schuldenfrei.** Wann sind Sie voraussichtlich schuldenfrei? Spätestens bis zum Rentenbeginn sollten Sie alle Kredite getilgt haben.

- **Flexibilität.** Halten Sie sich die Möglichkeit offen, Ihren Kredit flexibel zu tilgen, etwa durch Sondertilgungsrechte oder die Möglichkeit, den Tilgungssatz zu ändern.

- **Merkblatt.** Lassen Sie sich für alle Kredite das „Europäische Merkblatt" geben. Es enthält alle wichtigen Kreditinformationen und ist bei allen Banken gleich aufgebaut.

- **Plan.** Lassen Sie sich einen Finanzierungsplan erstellen, der Finanzierungsaufbau, Monatsbelastung und Restschuldentwicklung zeigt.

- **Vergleich.** Holen Sie Kreditangebote von mehreren Banken und Vermittlern ein. Vergleichen Sie Kreditangebote mit (annähernd) gleicher Zinsbindung anhand des Effektivzinses. Bei Kombikrediten der Bausparkassen ist der Gesamteffektivzins entscheidend, der neben den Zinsen auch Sparbeiträge und Gebühren berücksichtigt.

- **Riester-Darlehen.** Bevorzugen Sie ein Darlehen mit Riester-Förderung, wenn Sie förderberechtigt sind und der Effektivzins für Riester-Darlehen nicht oder nur geringfügig höher ist als für einen ungeförderten Kredit.

Superzinsen richtig nutzen

Minizinsen für Kredite machens möglich. Die eigenen vier Wände kosten monatlich oft gerade mal so viel wie eine Mietwohnung.

Finanztest 9/2014 Die Preise für Häuser und Wohnungen ziehen seit Jahren an. Trotzdem sind die eigenen vier Wände fast überall erschwinglicher geworden. Denn gleichzeitig purzelten die Zinsen für Baukredite von einem Rekordtief zum nächsten – viel schneller, als die Immobilienpreise gestiegen sind.

Für einen Kredit mit zehn Jahren Zinsbindung verlangen günstige Banken Tiefstzinsen von nicht einmal 2 Prozent im Jahr. Vor vier Jahren zahlten Kreditnehmer noch mehr als doppelt so viel an die Bank.

Unser Rat

Zinsbindung. Sichern Sie sich die niedrigen Zinsen für Ihre Immobilienfinanzierung am besten für 15 oder 20 Jahre. Das kostet zwar mehr als für kürzere Zeiträume. Sie haben aber deutlich mehr Sicherheit. Nach zehn Jahren können Sie langlaufende Kredite bei Bedarf mit sechs Monaten Frist kündigen.

Tilgung. Nutzen Sie die niedrigen Zinsen, um Ihren Kredit möglichst schnell zu tilgen. 2 bis 3 Prozent Tilgung im Jahr sollten Sie sich mindestens leisten können. Wollen Sie schon in 20 Jahren schuldenfrei sein, müssen es fast 4 Prozent sein.

Vergleich. Sie sparen viele tausend Euro, wenn Sie mehrere Angebote vergleichen. Aktuelle Kreditübersichten, Rechner und Finanzierungstipps finden Sie bei uns im Internet (test.de/thema/eigenheim-miete).

Dank Minizinsen können sich heute in vielen Regionen auch Durchschnittsverdiener eine eigene Immobilie leisten. Kreditraten und Bewirtschaftungskosten sind oft nur so hoch wie die Miete für eine vergleichbare Wohnung – manchmal sogar geringer. Auf lange Sicht ist Kaufen dann günstiger als Mieten.

Eigenkapital senkt Preis und Risiko

Ohne Eigenkapital geht allerdings nichts. Grunderwerbsteuer, Notar- und Grundbuchkosten sowie Maklercourtage sollten Bauherren und Wohnungskäufer stets aus ihrem Ersparten bezahlen. Das können bis zu 15 Prozent des Kaufpreises sein. Darüber hinaus sollten sie ein Eigenkapital von mindestens 20 Prozent des Kaufpreises haben. Viele Banken akzeptieren zwar weniger. Manche finanzieren gegen einen kräftigen Zinsaufschlag sogar den vollen Kaufpreis. Doch je geringer das Eigenkapital, desto höher ist das Risiko, dass der Kunde die Raten nicht dauerhaft zahlen kann oder nach einem Verkauf der Immobilie auf einem Schuldenberg sitzen bleibt. Auf eine Vollfinanzierung sollten sich daher allenfalls Kreditnehmer einlassen, die ein hohes und sicheres Einkommen haben.

Lange Zinsbindung wichtig

Oberstes Gebot der Finanzierung: Die Kreditraten müssen auf Dauer bezahlbar sein – auch wenn die Zinsen am Kapitalmarkt steigen. Dafür ist gerade in einer Niedrigzinsphase eine lange Zinsbindung und ein zügiger Schuldenabbau nötig. Die meisten Banken bieten ihre Kredite mit einer jährlichen Mindesttilgung von anfangs nur 1 Prozent der Kreditsumme an. Bei dieser Minitilgung bekommen Bankkunden einen Kredit von 300 000 Euro mit zehn Jahren Zinsbindung schon ab 750 Euro im Monat.

Doch Vorsicht: Weil sich die Schulden nur im Schneckentempo abbauen, beträgt die Restschuld nach zehn Jahren noch 266 820

Finanztest Schnell von den Schulden runter

Eine lange Zinsbindung und mindestens 2 bis 3 Prozent Tilgung machen die Finanzierung sicher. Faustregel: Am Ende der Zinsbindung sollte mindestens ein Drittel und nach 20 Jahren mindestens die Hälfte der Schulden weg sein. **Beispiel:** Bei einem Zinssatz von 2,75 Prozent und einer Tilgung von 2,00 Prozent beträgt die Restschuld nach 15 Jahren 62,92 Prozent des Anfangskredits. Bei 120 000 Euro Kredit sind das 75 504 Euro (120 000 x 62,92 %).

Anfangstilgung (Prozent pro Jahr)	**Zinssatz** (Prozent pro Jahr)						
	2,00	**2,25**	**2,50**	**2,75**	**3,00**	**3,25**	**3,50**
Restschuld nach 10 Jahren (in Prozent der Darlehenssumme)							
1,00	88,94	88,80	88,65	88,50	88,35	88,20	88,05
2,00	77,88	77,59	77,30	77,01	76,71	76,40	76,09
3,00	66,82	66,39	65,96	65,51	65,06	64,61	64,14
4,00	55,76	55,19	54,61	54,02	53,42	52,81	52,19
Restschuld nach 15 Jahren (in Prozent der Darlehenssumme)							
1,00	82,52	82,18	81,82	81,46	81,09	80,70	80,31
2,00	65,05	64,36	63,65	62,92	62,17	61,41	60,62
3,00	47,57	46,53	45,47	44,38	43,26	42,11	40,93
4,00	30,10	28,71	27,29	25,84	24,34	22,81	21,24
Restschuld nach 20 Jahren (in Prozent der Darlehenssumme)							
1,00	75,43	74,77	74,09	73,38	72,64	71,88	71,09
2,00	50,87	49,54	48,17	46,75	45,28	43,76	42,19
3,00	26,30	24,31	22,26	20,13	17,92	15,64	13,28
4,00	1,73	0[1]	0[1]	0[1]	0[1]	0[1]	0[1]

1) Kredit ist schon vorher getilgt.

Euro. Steigt der Zinssatz für den Anschlusskredit auf 6 Prozent, würde das die Monatsrate auf mindestens 1556 Euro katapultieren.

2 Prozent mindestens tilgen

Auf stabilen Füßen steht eine Finanzierung heute nur mit einer Anfangstilgung von mindestens 2 Prozent der Kreditsumme im Jahr. Bei zehn Jahren Zinsbindung sollten es sogar mindestens 3 Prozent sein, damit am Ende der Zinsbindung wenigstens ein Drittel der Schulden weg sind (siehe Tabelle oben). Die meisten Banken räumen ihren Kunden das Recht ein, zusätzlich zu den Raten jährlich bis zu 5 oder 10 Prozent der Kreditsumme zu tilgen. Mitunter kann sich der Kunde seine Sondertilgungen später wieder auszahlen lassen. Auch die Rate muss nicht starr sein. Oft darf der Kunde den Tilgungssatz bis auf 5 Prozent erhöhen oder bis auf 1 Prozent senken. Bei einem Kredit von 200 000 Euro und einem Zinssatz von 2,5 Prozent kann er die Rate innerhalb einer Spanne von 583 Euro bis 1250 Euro jederzeit neu festlegen.

Wer einen Immobilienkredit braucht, sollte immer mehrere Angebote einholen. In den Finanztest-Vergleichen liegt der Zinssatz der günstigsten Banken oft um mindestens 1 Prozentpunkt unter dem Zinssatz der teuren Institute. Für ein Darlehen von 200 000 Euro mit 20 Jahren Zinsbindung summiert sich das auf über 40 000 Euro. ■

Finanztest Riester-Darlehen

Dargestellt sind Kreditangebote von 160 000 Euro. Das sind bei einem Kaufpreis von 200 000 Euro 80 Prozent des Kaufpreises (ca. 90 Prozent des Beleihungswertes). Die Tilgung beträgt 2 Prozent. Für Beleihungsgrenzen gelten oft abweichende Konditionen. Vermittelte Angebote enthalten mindestens 1 Prozent Provision. Bei bonitätsabhängigen Angeboten stellen wir den Zinssatz dar, den mindestens 2/3 aller Kunden bekommen müssen (weitere Angebote: www.test.de/thema/immobilienkredite).

Anbieter	Kontakt	Effektivzins (%)		
		10 Jahre	15 Jahre	20 Jahre
Überregionale Anbieter ohne bundesweites Filialnetz				
DAB Bank	0 89/88 95 70 00	**1,90**	**2,30**	**2,57**
Enderlein	05 21/58 00 40	**1,90**	**2,30**	**2,57**
Fiba Immohyp	07 21/6 27 67 10	**1,90**	**2,30**	**2,57**
Hypothekendiscount	0 800/6 00 80 60	**1,90**	**2,30**	**2,57**
Santander Direkt Bank	0 800/1 00 61 62	**1,90**	**2,30**	**2,57**
Accedo	0 800/2 28 85 00	**2,01**	2,41	2,66
Haus & Wohnen	06 11/8 90 90 90	**2,02**	2,40	2,66
1822direkt	0 69/5 05 09 30	**2,02**	2,42	2,66
Comdirect Bank	0 41 06 /7 08 25 00	**2,02**	2,42	2,66
Competence	0 30/91 61 18 00	**2,02**	2,42	2,66
CosmosDirekt	06 81/9 66 70 00	**2,02**	2,42	2,66
Creditweb	08 00/2 22 05 50	**2,02**	2,42	2,66
Volkswagen Bank direct	05 31/2 12 85 95 40	**2,02**	2,42	2,66
DTW	0 800/1 15 56 00	**2,05**	2,44	2,66
MKiB	0 30/6 40 88 10	**2,05**	2,45	2,67
Haus und Geld	0 26 08/94 38 94	**2,05**	2,45	2,72
C + C Credit Consult	05 41/35 08 00	**2,05**	2,45	2,75
Geld & Plan	06 11/5 31 70	**2,07**	2,46	2,66
Baufi Direkt	06 11/3 35 51 11	**2,30**	2,55	2,66
Überregionale Anbieter mit bundesweitem Filialnetz				
Degussa Bank	0 69/36 00 38 80	**1,81**	2,43	–
Hypovereinsbank	0 180 2/87 78 77	**1,90**	**2,30**	**2,57**
Targobank	0 180 3/3 32 21 11	**1,90**	**2,30**	**2,57**
Dr. Klein	0 800/8 83 38 80	**1,96**	**2,36**	**2,63**
Interhyp	0 800/2 00 15 15 15	**2,02**	2,42	2,66

Anbieter	Kontakt	Effektivzins (%)		
		10 Jahre	15 Jahre	20 Jahre
Deutsche Bank	0 69/91 01 00 00	**2,03**	2,43	2,70
Baugeld Spezialisten	0 89/1 21 03 33 03	**2,05**	2,45	2,66
Hypofact	0 30/4 37 44 79 00	**2,05**	2,45	2,66
Postbank/DSL	02 28/55 00 20 10	**2,05**	2,45	2,72
Huk-Coburg	0 800/2 15 31 53	**2,22**	2,58	2,85
Allianz	07 11/1 29 26 46 30	**2,30**	2,55	2,66
Regionale Anbieter				
Berliner Bank	0 30/31 09 31 09	**2,03**	**2,43**	2,70
Volksbank Düsseldorf Neuss	02 11/3 80 26 66	**2,05**	2,45	2,72
Vereinigte Volksbank Münster	02 51/50 05 11 11	**2,07**	2,46	**2,65**

Sortiert nach dem Effektivzins für 10 Jahre Zinsbindung.
– = Kein Angebot.

Stand: 3. November 2014

Finanztest Immobilienkredite der KfW

Die Tabelle stellt nur eine Auswahl der KfW-Kredite dar. Weitere Informationen erhalten Sie im Internet unter www.kfw.de oder vom KfW-Infotelefon (0 800/5 39 90 02).

Programm	Progr.-Nummer	Höchstkredit[1] (Euro)	Zinsbindung[2] (Jahre)	Effektivzins (Prozent) für Laufzeit bis ... Jahre		
				10	20	30/35[3]
Wohneigentum	124	50 000	5	1,51	1,51	1,51
			10	1,92	1,92	2,02
Energieeffizient Bauen	153[4]	50 000	10	1,00	1,26	1,26
Altersgerecht Umbauen	159	50 000	5	1,00	1,00	1,00
			10	1,00	1,11	1,21
Energieeffizient Sanieren	151[5] 152[6]	75 000 50 000	10	1,00	1,00	1,00

1) Pro Wohnung.
2) Alle Programme haben auch ein endfälliges Darlehen mit vier bis zehn Jahren im Angebot (Tilgung am Laufzeitende).
3) 35 Jahre nur Wohneigentumsprogramm.
4) Tilgungszuschuss bis zu 10 Prozent der Darlehenssumme je nach Effizienzhaus-Standard möglich.
5) Sanierung zum KfW-Effizienzhaus. Je nach Standard Tilgungszuschuss 2,5 bis 17,5 Prozent der Darlehenssumme (nicht im Zins enthalten).
6) Für Einzelmaßnahmen wie Wärmedämmung, Erneuerung von Fenstern, Türen und Heizungsanlagen.

Stand: 4. November 2014

Finanztest Darlehen ohne Riester-Förderung

Anbieter	Kontakt	Effektivzins (%)		
		10 Jahre	15 Jahre	20 Jahre
Die besten überregionalen Anbieter ohne bundesweites Filialnetz				
DTW	0 800/1 15 56 00	1,64	2,23	2,32
DAB Bank	0 89/88 95 70 00	1,65	2,20	2,25
Enderlein	05 21/58 00 40	1,65	2,20	2,25
Fiba Immohyp	07 21/6 27 67 10	1,65	2,20	2,25
Hypothekendiscount	0 800/6 00 80 60	1,65	2,20	2,25
Santander Direkt Bank	0 800/1 00 61 62	1,65	2,20	2,25
Accedo	0 800/2 28 85 00	1,69[1)]	2,20[1)]	2,32
Haus & Wohnen	06 11/8 90 90 90	1,72	2,23	2,32
Baufi Direkt	06 11/3 35 51 11	1,75	2,23	2,57
MKiB	0 30/6 40 88 10	1,76[1)]	2,23	2,32
1822direkt	0 69/5 05 09 30	1,76	2,29	2,33
Comdirect Bank	0 41 06 /7 08 25 00	1,76	2,29	2,33
CosmosDirekt	06 81/9 66 70 00	1,76	2,29	2,33
Volkswagen Bank direct	05 31/2 12 85 95 40	1,76	2,29	2,33
Gladbacher Bank	0 21 61/24 93 25	1,78	2,25	2,50
Creditweb	08 00/2 22 05 50	1,80	2,31	2,58
C + C Credit Consult	05 41/35 08 00	1,80	2,31	2,63
Competence	0 30/91 61 18 00	1,80	2,31	2,63
Geld & Plan	06 11/5 31 70	1,87	2,34	2,63
Haus und Geld	0 26 08/94 38 94	1,92	2,41	2,62
Die besten überregionalen Anbieter mit bundesweitem Filialnetz				
Dr. Klein	0 800/8 83 38 80	1,64[1)]	2,20[1)]	2,47[1)]
Hypovereinsbank	0 180 2/87 78 77	1,65	2,20	2,25
Targobank	0 180 3/3 32 21 11	1,65	2,20	2,25
BBBank	07 21/14 10	1,70	2,62	–
Baugeld Spezialisten	0 89/1 21 03 33 03	1,74[1)]	2,24	2,32
Interhyp	0 800/2 00 15 15 15	1,76[1)]	2,29[1)]	2,33

Anbieter	Kontakt	Effektivzins (%)		
		10 Jahre	15 Jahre	20 Jahre
Hypofact	0 30/4 37 44 79 00	**1,80**[1)]	2,31	2,58
Degussa Bank	0 69/36 00 38 80	**1,81**	2,43	–
Santander Bank	0 800/8 07 05 10	**1,81**	2,48	–
DEVK	02 21/7 57 17 82	**1,87**	**2,27**	**2,32**
Huk-Coburg	0 800/2 15 31 53	**1,91**	2,48	2,73
Deutsche Bank	0 69/91 01 00 00	**1,96**	2,62	3,13
Die besten regionalen Anbieter				
Sparda Nürnberg	09 11/60 00 80 00	**1,53**	**2,00**	**2,16**
PSD Rhein Neckar Saar	0 800/0 01 12 31	**1,65**	2,32	–
Sparda Baden-Württemberg	07 11/20 06 38 02	**1,66**	2,38	2,99
Volksbank Düsseldorf Neuss	02 11/3 80 26 66	**1,68**	**2,25**	**2,42**
Frankfurter Sparkasse	0 69/24 18 22 24	**1,75**	**2,29**	–
MBS in Potsdam	03 31/8 93 50 17	**1,75**	**2,30**	–
Berliner Sparkasse	0 30/86 98 69 69	**1,81**	2,32	2,67
Vereinigte Volksbank Münster	02 51/50 05 11 11	**1,82**	2,37	**2,52**
BW Bank	07 11/12 44 50 02	**1,85**	2,36	3,22
PSD Nord	0 180 1/7 73 66 73	**1,86**	2,47	–
PSD Koblenz	02 61/1 30 13 20	**1,87**	–	–
PSD Karlsruhe-Neustadt	07 21/9 18 24 00	**1,87**	–	–
Sparda Münster	02 51/50 40	**1,88**	2,38	–
Sparda West	02 11/99 33 99 33	**1,90**	2,43	**2,65**
Stadtsparkasse Düsseldorf	02 11/8 78 21 11	**1,91**	2,57	2,88
Sparda München	0 89/55 14 24 00	**1,92**	2,46	2,70
Sparkasse Leipzig	03 41/98 60	**1,93**	**2,31**	–
Sparkasse Hannover @	www.sparkasse-hannover.de	**1,95**	2,65	3,90
Berliner Bank	0 30/31 09 31 09	**1,96**	2,62	3,13

Sortiert nach dem Effektivzins für 10 Jahre Zinsbindung.
@ = Angebot nur über Internet. – = Kein Angebot.
1) Hat im Modellfall auch ein günstigeres regionales Angebot.

Stand: 3. November 2014

Ran an die Fördertöpfe!

Fast jeder kann für die eigenen vier Wände öffentliche Kredite und Zuschüsse bekommen. Das bringt oft viele tausend Euro Ersparnis.

Finanztest 5/2014 Geld für die eigene Immobilie gibt es aus vielen Fördertöpfen – etwa von der bundeseigenen KfW-Bank, den Bundesländern, Gemeinden oder vom Bundesamt für Wirtschaft und Ausfuhrkontrolle.

Finanztest gib einen Überblick über die wichtigsten Fördermittel und zeigt an Beispielen, wie viel Geld Hauseigentümer jeweils sparen können.

Günstige KfW-Kredite

Die staatliche KfW-Bank vergibt günstige Darlehen für den Bau oder Kauf eines Eigenheims, einen altersgerechten Umbau oder eine energetische Modernisierung. Besonders günstig sind die KfW-Kredite für energiesparende Investitionen.

Förderbeispiel Sanierung. Ein Hauseigentümer investiert 60 000 Euro in Wärmedämmung, neue Fenster, Heizung und eine Lüftungsanlage. Dadurch wird der Energiebedarf in seinem Haus nach der Sanierung unter den für Neubauten zulässigen Wert sinken. Die KfW finanziert die komplette Summe mit einem Darlehen zu einem Zinssatz von 1 Prozent bei zehn Jahren Zinsbindung. Außerdem erhält der Eigentümer einen Tilgungszuschuss von 3 000 Euro. Im Vergleich zu einem üblichen Bankdarlehen spart er mehr als 11 000 Euro.

Antrag. Kredite vergibt die KfW nicht selbst, sondern über Banken und Sparkassen. Die Zuschüsse aus dem Programm „Energieeffizient Sanieren" können direkt bei der KfW beantragt werden.

Information. Auf www.kfw.de oder vom KfW-Infotelefon (0 800/539 90 02).

Förderdarlehen der Bundesländer

Trotz knapper Kassen vergeben die meisten Bundesländer billige Darlehen oder Zuschüsse fürs Eigenheim. Die Förderung richtet sich vor allen an Familien mit Kindern und ist meist von ihrem Einkommen abhängig. In einigen Bundesländern kommen aber auch Singles und Paare ohne Kinder zum Zug.

Förderbeispiel Baden-Württemberg. Eine Familie mit zwei Kindern und einem Bruttoeinkommen von rund 65 000 Euro im Jahr kann vom Land ein Darlehen bis zu 299 000 Euro fürs Eigenheim erhalten. Der Zinssatz für dieses „Z-15-Darlehen" beträgt in den ersten zehn Jahren nur 1,5 Prozent und danach bis zum Ende der 15-jährigen Zinsbindung 3,05 Prozent (Stand: 3. April 2014). Durch den verbilligen Zinssatz spart die Familie mehr als 50 000 Euro bei ihrer Finanzierung.

Antrag. Zuständig sind die Landesförderbank oder die Stadt- oder Kreisverwaltung.

Information. Richtlinien, Adressen und Förderrechner für alle Bundesländer gibt es im Internet (www. baufoerderer.de).

Billige Bauplätze von der Stadt

Immer mehr Städte und Gemeinden vergeben verbilligte Bauplätze an Familien, zahlen Baukostenzuschüsse oder gewähren günstige Darlehen.

Förderbeispiel Hannover. Die Stadt Hannover überlässt Familien Grundstücke mit einem Preisnachlass von 10 Prozent je Kind bis zu 16 Jahren (maximal 40 Prozent). Bei einem Grundstückswert von 100 000 Euro spart eine Familie mit drei Kindern 30 000 Euro.

Antrag. Bei der Kommunalverwaltung.

Information. www.aktion-pro-eigenheim.de zeigt die Förderung von 800 Gemeinden.

Schneller tilgen mit Wohn-Riester

Die meisten Haus- und Wohnungskäufer können für ihre Finanzierung ein Riester-Darlehen aufnehmen. Die Tilgung dieses

Unser Rat

Planen. Ob Bau, Kauf oder Sanierung – bevor Sie Geld für Ihr Eigenheim ausgeben, sollten Sie sich schon früh nach öffentlichen Fördermitteln erkundigen. Mit den Bau- oder Modernisierungsarbeiten dürfen Sie in der Regel erst beginnen, wenn die Förderung bewilligt ist. Wer vorher anfängt, geht meist leer aus.

Finden. Auf der Suche nach den passenden Förderprogrammen helfen Onlinedatenbanken, wie zum Beispiel www.energiefoerderung.info für Energiesparmaßnahmen sowie die Internetseiten www.foerderdatenbank.de und www.baufoerderer.de für die Förderprogramme des Bundes und der Bundesländer.

Kombinieren. Sie können oft mehrere Förderungen kombinieren. Wenn Sie einen Altbau kaufen und sanieren, können Sie neben einem Riester-Darlehen auch Kredite aus den Wohneigentums- und Sanierungsprogrammen der KfW aufnehmen. Dazu kommen eventuell noch Fördermittel des Bundeslandes oder der Stadt.

Finanzieren. Ein Zuschuss oder Förderdarlehen ist in der Regel nur ein Baustein Ihrer Finanzierung. Auf unserer Themenseite im Internet (test.de/eigenheim-miete) finden Sie viele Checklisten und Kreditrechner, mit denen Sie die Finanzierung Ihres Eigenheims planen und Bankangebote vergleichen können.

Darlehens wird dann genauso gefördert wie die Beiträge für einen Riester-Sparvertrag zur Altersvorsorge. Durch Zulagen und eventuelle Steuervorteile werden Hauseigentümer ihre Schulden ein paar Jahre früher los.
Antrag. Den Antrag auf Zulage stellen Kreditnehmer über ihre Bank oder Bausparkasse. Beiträge bis zu 2100 Euro im Jahr machen sie in der Steuererklärung geltend.
Information. Auf www.test.de unter dem Stichwort „Wohn-Riester".

Sanierung von Baudenkmälern

Wer eine Immobilie saniert, die unter Denkmalschutz steht oder in einem Sanierungsgebiet liegt, erhält eine hohe Steuerförderung. Zehn Jahre lang erkennt das Finanzamt jeweils 9 Prozent der Sanierungskosten als Sonderausgaben an. Die Arbeiten dürfen allerdings erst nach Abschluss des Kaufvertrags beginnen.
Förderbeispiel. Ein Ehepaar kauft eine Wohnung im denkmalgeschützten Altbau für 200 000 Euro. Der Kaufpreis enthält 100 000 Euro für die geplante Sanierung. Davon kann das Paar zehn Jahre lang je 9 000 Euro als Sonderausgaben absetzen. Beträgt das zu versteuernde Einkommen der beiden 70 000 Euro, sparen sie jährlich fast 3 000 Euro Steuern. Insgesamt sind es fast 30 000 Euro.
Antrag. Der Sonderausgabenabzug wird in der Einkommensteuererklärung beantragt.
Information. Ein Steuerberater sollte dabei helfen, den Steuervorteil optimal zu nutzen.

Zuschuss für neue Ökoheizung

Hausbesitzer, die Solarkollektoren, Heizkessel für Holzpellets oder Wärmepumpen installieren, erhalten dafür Zuschüsse vom Bundesamt für Wirtschaft und Ausfuhrkontrolle (Bafa) – vorausgesetzt, die alte Heizung wurde bereits vor dem Jahr 2009 eingebaut.
Förderbeispiel. Ein Eigentümer ersetzt die alte Heizung durch einen Pelletkessel und installiert eine Solaranlage zur Warmwasserbereitung und Heizungsunterstützung mit zwölf Quadratmeter Kollektorfläche. Dafür bekommt er insgesamt 4 900 Euro Zuschuss.
Antrag. Der Antrag ist nach Installation der Anlage beim Bafa zu stellen.
Information. Weitere Informationen gibt es von der Bafa unter www.bafa.de oder per Telefon unter 0 61 96/90 86 25.

Teure Bauzeit

Bevor der Kunde einen Cent vom Baukredit bekommt, kassieren Banken überhöhte Bereitstellungszinsen. Das kostet oft einige tausend Euro.

Finanztest 12/2014 Anfang der Neunzigerjahre zahlten Bauherren für ihren Kredit noch rund 10 Prozent Zinsen im Jahr. Zu Beginn des Jahrtausends waren es 6,5 Prozent. Heute gibt es Baugeld mit zehn Jahren Zinsbindung bei den meisten Banken zu einem Zinssatz von unter 2 Prozent.

Eines hat sich für Kreditnehmer aber nicht geändert: Heute wie damals kassieren Banken 3 Prozent Zinsen im Jahr allein dafür, dass sie den zugesagten Kreditbetrag zur Auszahlung bereithalten. Das kann die Kosten der Finanzierung der Immobilie um einige tausend Euro verteuern.

Banken zahlen Darlehen an Bauherren nicht auf einen Schlag aus, sondern in Etappen nach dem Baufortschritt – zu den Zeitpunkten, an denen die Rechnungen der Baufirmen fällig werden und der ausgezahlten Kreditsumme ein entsprechender Sachwert gegenübersteht. Beim Kauf vom Bauträger beispielsweise sieht die Makler- und Bauträgerverordnung bis zu sieben Teilzahlungen vor.

Die ersten Monate nach Abschluss des Kreditvertrags sind in der Regel noch frei. Danach berechnen die Banken jeden Monat 0,25 Prozent Bereitstellungszinsen auf den Betrag, den der Kunde noch nicht abgerufen hat – zusätzlich zu den normalen Zinsen auf die bereits ausgezahlte Kreditsumme.

Einheitszins viel zu hoch

Die 3 Prozent im Jahr oder 0,25 Prozent im Monat sind ein Einheitszinssatz, den fast alle Banken, Sparkassen und Versicherer in Deutschland seit mehr als 30 Jahren verlangen, darunter sogar staatliche Förderbanken wie die KfW-Bank oder die landeseigene WI-Bank in Hessen.

Die Commerzbank beispielsweise bot Mitte Oktober 2014 ein 200 000-Euro-Darlehen mit zehn Jahren Zinsbindung zu einem Zinssatz von 1,55 Prozent im Jahr an. Der Zinssatz gilt aber nur für den vom Kunden in Anspruch genommenen Kredit. Kann er das Geld noch nicht gebrauchen, weil sich zum Beispiel der Baubeginn verzögert, verlangt die Bank ab dem dritten Monat nach der Dar-

Finanztest **Bereitstellungszinsen bis zu 2 200 Euro**

Kredit in Raten. Ein Bauherr ruft ein Darlehen von 200 000 Euro in fünf Teilbeträgen ab. Der Zinssatz beträgt 2 Prozent, die Tilgung 3 Prozent und die Zinsbindung 10 Jahre. Die erste Auszahlung erfolgt vier Monate nach Kreditzusage.[1)]Je früher die Bank Bereitstellungszinsen verlangt, desto teurer die Finanzierung.

	Bereitstellungszinsen (3 Prozent pro Jahr) **ab ...**			
	3. Monat	**4. Monat**	**7. Monat**	**10. Monat**
Bereitstellungszinsen (Euro)	2 200	1 700	600	150
Bankeneffektivzins (Prozent)	2,02	2,02	2,02	2,02
Tatsächlicher Effektivzins (Prozent)	2,17	2,13	2,06	2,03

1) Nach vier Monaten 80 000 Euro und dann im Abstand von jeweils zwei Monaten 50 000 Euro, zwei Mal 30 000 Euro und nach zwölf Monaten die Schlussauszahlung von 10 000 Euro.

lehenszusage Bereitstellungszinsen. Die sind mit 3 Prozent fast doppelt so hoch wie der Kreditzinssatz.

Das verrückte Ergebnis: Solange der Kunde noch keinen Cent von der Bank bekommen hat, kassiert sie 500 Euro Zinsen im Monat. Nachdem sie das Geld ausgezahlt hat, sind es nur noch 258 Euro.

Zusatzgewinne auf Kundenkosten

Dass Banken überhaupt Bereitstellungszinsen nehmen, ist in Ordnung. Wenn eine Bank einen Kredit mit 10 oder 15 Jahren Zinsbindung fest zusagt, muss sie das Geld dafür langfristig am Kapitalmarkt aufnehmen und dafür selbst Zinsen zahlen. Bis zur Auszahlung an den Kunden kann sie die Summe zwar anlegen, aber nur kurzfristig zu einem niedrigeren Zinssatz.

Für Tages- oder Monatsgeld gibt es derzeit am Geldmarkt so gut wie keine Zinsen mehr. Deshalb macht es für eine Bank kaum noch einen Unterschied, ob sie den Kredit sofort auszahlt oder ihn nur bereithält. Bereitstellungszinsen bis zur Höhe des Kreditzinssatzes wären daher verständlich. Doch die 3 Prozent, die Banken wie vor 30 Jahren verlangen, liegen deutlich darüber. Banken erzielen daher Zusatzgewinne, wenn der Kunde das Darlehen spät abruft.

Bauzeit kann sich erheblich verteuern

Vom Antrag auf Baugenehmigung bis zum fertigen Haus kann es ein Jahr und länger dauern. Während der Bauphase müssen Bauherren doppelt zahlen: Zinsen auf die Kreditsumme, die sie schon bekommen haben und Bereitstellungszinsen auf den noch nicht ausgezahlten Kreditanteil.

Dazu kommen bei einigen Banken Teilauszahlungszuschläge. Der Kunde zahlt dann zum Beispiel 50 oder 100 Euro pro Auszahlung extra. Oder der Zinssatz für den Kredit erhöht sich bis zur vollständigen Auszahlung um einen Prozentpunkt.

Der Bereitstellungszinssatz ist bei fast allen Banken gleich. Trotzdem wird die Bauzeit je nach Institut unterschiedlich teuer. Entscheidend ist die Zahl der Freimonate, in der noch keine Bereitstellungszinsen anfallen.

Unser Rat

Neubau. Sie wollen bauen und dafür einen Kredit aufnehmen? Dann achten Sie beim Vergleich von Kreditangeboten nicht nur auf den Effektivzins, sondern auch auf die Bereitstellungszinsen bis zur vollen Auszahlung des Kredits. Sie fallen zusätzlich zu den normalen Kreditzinsen an und können einige tausend Euro betragen.

Spielraum. Versuchen Sie einen möglichst langen Zeitraum auszuhandeln, in dem Sie noch keine Bereitstellungszinsen zahlen müssen. Einige Banken und Versicherer bieten sechs bis zwölf Freimonate.

Internet. Viele Tests, Checklisten und Tipps für Ihre Finanzierung finden Sie bei uns im Internet auf test.de unter „Eigenheim + Miete". Dort gibt es auch einen Kredit- und Tilgungsrechner und andere Programme zum kostenlosen Herunterladen.

Große Unterschiede bei Freimonaten

Viele Banken berechnen die Zinsen schon ab dem dritten oder vierten Monate nach der Darlehenszusage. Die ING-Diba und andere räumen dem Kunden eine Karenzzeit von sechs Monaten ein. Mitunter kommen Bauherren auch komplett um die Bereitstellungszinsen herum: Der Versicherer DEVK oder die PSD Nürnberg beispielsweise verzichten ein ganzes Jahr lang darauf.

Solche Unterschiede sind beim Kreditvergleich wichtig. Denn der von den Banken genannte Effektivzins berücksichtigt weder Bereitstellungszinsen noch Teilauszahlungszuschläge. Rechnet man sie ein, liegt der Effektivzins oft um ein oder zwei Zehntel Prozentpunkte höher (siehe Tabelle S. 122). ■

Neuer Dreh für alten Kredit

Von den aktuellen Niedrigzinsen träumen viele Immobilieneigentümer mit älteren Krediten. Doch auch sie können oft tausende Euro sparen.

Finanztest 3/2014 Sie zahlen mehr als 4 Prozent für ihren Kredit und kommen nicht so ohne weiteres raus aus dem Vertrag. Haus- und Wohnungseigentümer, die ihren Kredit vor Jahren abgeschlossen haben, könnten bei aktuellen Angeboten für 2,5 Prozent glatt neidisch werden. Finanztest sagt, wie sie ihre Finanzierung günstiger machen können – oder sicherer.

Vorzeitig raus aus teuren Verträgen

Kreditkunden, die noch ein teures Bauspardarlehen abzahlen, haben es besonders leicht, zu einem günstigeren Kredit umzuschulden. Denn ihr Bauspardarlehen dürfen sie tilgen, wann sie wollen.

Fein raus sind auch Kreditkunden, die ihr Darlehen bereits vor 2004 mit einer Zinsbindung von mehr als zehn Jahren abgeschlossen haben. Egal, was in ihrem Vertrag steht: Sind zehn Jahre seit der Auszahlung des Darlehens vorbei, können sie jederzeit mit einer Frist von sechs Monaten kündigen. Eine Vorfälligkeitsentschädigung darf die Bank nicht verlangen.

Wer so einen Vertrag hat, sollte nicht zögern, wenn die Zehnjahresfrist um ist oder demnächst abläuft. Er wird heute fast immer einen viel günstigeren Kredit finden.

In den ersten zehn Jahren ist eine Umschuldung aber meist nur mit Zustimmung der Bank möglich, sofern die Zinsbindung noch läuft. Banken verlangen dafür meist eine hohe Entschädigung, die jede Zinsersparnis zunichte macht.

Tipp Holen Sie sich sofort Angebote für einen Umschuldungskredit ein, wenn Sie für Ihren alten Vertrag ein Kündigungsrecht haben. Kündigen Sie aber erst, wenn Sie eine feste Zusage für den neuen Kredit haben.

Sparen durch höhere Tilgung

Sparchancen gibt es auch für Kreditnehmer, die an ihren alten Vertrag gebunden sind. Viele haben heute mehr finanziellen Spielraum als in den ersten Jahren nach dem Bau. Den sollten sie nutzen, um ihre Schulden schneller abzubauen. Voraussetzung ist, dass ihr Vertrag Sondertilgungen erlaubt oder die Möglichkeit bietet, den Tilgungssatz während der Zinsbindung zu erhöhen.

Die Rechnung ist einfach: Jeder Euro, den die Kunden zusätzlich tilgen, beschert ihnen eine sichere Zinsersparnis in Höhe des Kredit-Effektivzinses. So viel Rendite ist mit keiner vergleichbaren Geldanlage drin.

Eine Sondertilgung von beispielsweise 5000 Euro bringt bei einem Zinssatz von 5 Prozent innerhalb von fünf Jahren 1381 Euro Zinsersparnis. Das gleiche Geld zu 1,5 Prozent bei der Bank angelegt, würde fast 1000 Euro weniger bringen.

Sondertilgungen verringern außerdem die Restschuld zum Ablauf der Zinsbindung – entsprechend geringer wirken sich mögliche Zinserhöhungen aus.

Tipp Prüfen Sie, ob Sie Geldanlagen für eine Sondertilgung auflösen können. Sie können zum Beispiel das Guthaben aus einem Riester-Vertrag zur Schuldentilgung verwenden. Das ist seit Jahresbeginn 2014 ohne Verlust der Förderung möglich (siehe Seite 106).

Zinsen sichern mit Forwarddarlehen

Läuft die Zinsbindung innerhalb der nächsten drei Jahre ab, können sich Kreditnehmer schon heute niedrige Zinsen für ihren Anschlusskredit sichern. Dafür bieten Banken sogenannte Forwarddarlehen an. Die Konditionen solcher Kredite werden schon Jahre im Voraus fest vereinbart.

Forwarddarlehen sind allerdings teurer als Immobilienkredite, die sofort ausgezahlt werden. Je länger die Vorlaufzeit bis zur Ablösung des alten Kredits, desto höher ist der Zinsaufschlag. Die ersten drei bis sechs Monate sind in der Regel frei. Für jeden weiteren Monat bis zur Ablösung des alten Kredits berechnen Banken einen Zinsaufschlag von meist 0,02 bis 0,04 Prozentpunkten. Für eine Vorlaufzeit von zwei Jahren beträgt der Aufschlag derzeit im Schnitt etwa einen halben Prozentpunkt.

Ein Forwarddarlehen lohnt sich, wenn die Zinsen steigen. Falls sie sinken, hat der Kreditnehmer nichts davon. Er muss den Kredit auch in diesem Fall zum vereinbarten Zinssatz abnehmen. Ein Forwarddarlehen ist deshalb nicht unbedingt die günstigste Lösung, aber eine sichere.

Tipp Holen Sie auch von Kreditvermittlern Angebote ein. Sie arbeiten mit vielen Banken zusammen und wissen, welche Institute gerade besonders günstige Zinsen für Forwarddarlehen haben.

Vorbeugen mit Bausparvertrag

Dauert es länger als drei Jahre bis zum Ende der Zinsbindung, können sich Hauseigentümer mit einem Bausparvertrag gegen einen Zinsanstieg wappnen. Sie zahlen dafür zunächst Sparbeiträge, die nur mit 0,25 bis 1,0 Prozent verzinst werden. Im Gegenzug garantiert ihnen die Bausparkasse ein Darlehen zu einem Zinssatz von meist nur 2,0 bis 3,5 Prozent, das sie nach einigen Jahren Sparzeit zusammen mit dem Guthaben auszahlt. Mit der Bausparsumme können Hauseigentümer zum Ende der Zinsbindung einen Teil ihres alten Darlehens ablösen.

Die Bausparvariante bietet sich vor allem für Kreditnehmer an, die auf ihre Bausparbeiträge eine staatliche Förderung bekommen. Das können Riester-Zulagen sein, aber auch staatliche Wohnungsbauprämien. Die Prämien gibt es für Bausparer mit einem zu versteuernden Einkommen bis zu 25 600 Euro im Jahr (Ehepaare bis zu 51 200 Euro).

Unser Rat

Vertrag. Sie zahlen noch immer 4 Prozent und mehr für Ihren Immobilienkredit? Dann prüfen Sie, ob Sie den Kredit vorzeitig ablösen oder eine zusätzliche Tilgung leisten können. Denken Sie auch an den in einigen Jahren fälligen Anschlusskredit.

Falsche Widerrufsbelehrung. Viele Kreditkunden kommen ohne Vorfälligkeitsentschädigung aus ihrem alten Darlehensvertrag, weil die Bank sie falsch über ihr 14-tägiges Widerrufsrecht informiert hat. Lesen Sie dazu den Artikel ab Seite 126.

Internet. Viele Tipps, Informationen und Rechenprogramme rund um die Finanzierung finden Sie auf www.test.de unter „Eigenheim & Miete".

Tipp Lassen Sie sich einen Spar- und Tilgungsplan erstellen. Achten Sie darauf, dass der Vertrag spätestens zum Ende der Zinsbindung Ihres Bankdarlehens zugeteilt wird.

Gebühren zurückholen

Viele Kunden können sich Kreditgebühren zurückholen, die sie an die Bank zahlen mussten. Das können Kontogebühren von 15 Euro im Jahr sein, aber auch Bearbeitungsgebühren von mehr als 1 000 Euro.

Kontoführungsgebühren sind nach einem Urteil des Bundesgerichtshofs (BGH) für Kredite nicht zulässig (Az. XI ZR 388/10). Das Gleiche gilt für eine Kreditbearbeitungsgebühr (BGH-Urteile vom 13.05.2014, Az. XI 170/13 und XI 405/12). Kunden können mindestens die seit 2011 gezahlten Gebühren zurückfordern.

Tipp Verwenden Sie unseren Musterbrief im Internet, um eine gezahlte Kreditbearbeitungsgebühr von Ihrer Bank zurückzufordern (www.test.de/musterbrief_kredit gebuehren). ■

Bankirrtum zu Ihren Gunsten

Millionen Verträge über Immobilienkredite sind fehlerhaft. Die Folge: Kunden können raus aus teuren Verträgen und sparen tausende Euro.

Finanztest 7/2014 Seit November 2002 verlangt der Gesetzgeber, dass Banken ihre Kunden auch bei Immobilienkreditverträgen über ihr Widerrufsrecht belehren. Sie müssen darin verständlich erklären, wie lange der Kunde seinen Vertrag widerrufen kann. Doch das ist kompliziert. Der vom Justizministerium entworfene Mustertext war selbst umstritten. Beim Versuch es besser zu machen, scheiterten die meisten Banken.

Die Folge: Kreditkunden können ihren Vertrag ewig widerrufen. Wenn die Zinsen günstiger sind als bei Vertragsschluss, lohnt sich das. Fast immer sparen Kreditnehmer tausende Euro, und gar nicht selten sind 30 000 Euro Ersparnis möglich. Doch Vorsicht: Der Widerruf birgt Risiken und hat Nebenwirkungen. Finanztest erklärt, wie Kreditnehmer am besten vorgehen und was zu beachten ist.

? Welche Vorteile bringt mir der Widerruf?
Zum einen können Sie sofort den Kredit wechseln und von den aktuell günstigen Zinsen profitieren. Zum anderen muss die Bank Ihren Vertrag rückabwickeln. Das heißt für Sie vor allem: Die Bank muss herausgeben, was sie mit Ihren Zinszahlungen erwirtschaftet hat. Klar: Sie müssen natürlich die Restschuld zurückzahlen und marktübliche Zinsen für die Nutzung des Kapitals zahlen.

? Kann ich selbst prüfen, ob die Widerrufsbelehrung in meinem Vertrag wirksam ist oder nicht?
Nein, das ist in Eigenregie kaum möglich. Ob Ihre Widerrufsbelehrung Fehler hat, ist eine Frage, die nur spezialisierte Juristen zuverlässig beantworten können.

? Ich bin mir unsicher, ob mein Vertrag Fehler hat. Was soll ich tun?
Lassen Sie Ihren Vertrag von einer Verbraucherzentrale prüfen. Sie können ihn per Post oder E-Mail hinschicken. Die Prüfung kostet zum Beispiel bei der Verbraucherzentrale Hamburg 70 Euro. Das entsprechende Auftragsformular finden Sie im Internet unter vzhh.de (erst „Beratung", dann „Baufinanzierung + Bauvertrag" anklicken und anschließend „Vertragsprüfung Widerrufsbelehrungen").

? Wie kann ich ausrechnen, was mir der Wechsel des Darlehens finanziell bringt?
Das ist ziemlich einfach: Geben Sie Ihre aktuelle Restschuld, Ihre Rate und den Zinssatz, den Sie jetzt zahlen, in den Finanztest-Excel-Rechner ein (www.test.de/kredit_tilgungs rechner). Geben Sie dann den Zinssatz ein, zu dem Sie jetzt eine Anschlussfinanzierung bekommen können. Vergleichen Sie die Restschuld aus beiden Varianten zu dem Zeitpunkt, an dem die Zinsbindung für Ihren aktuellen Kredit ausläuft.

? Wie kann ich feststellen, was bei der vollständigen Rückabwicklung des Darlehens zusätzlich drin ist?
Das kann nur ein Sachverständiger zuverlässig ermitteln. Der günstigste Preis, den wir dafür gefunden haben, waren 180 Euro. Mit einiger Mühe können Sie den Betrag, der Ihnen zusteht, aber abschätzen. Wir stellen im Internet ein Excel-Arbeitsblatt bereit (www.test.de/rechner_kreditwiderruf).

Sie müssen mit Tabellenkalkulationsprogrammen vertraut sein und alle Raten sowie den jeweils auf Zinsen und Gebühren entfallenden Betrag eingeben. Das sind bei Darlehen mit bisher fünf Jahren Laufzeit mindestens 61 Zahlen.

? Welche Kosten entstehen mir für den Anwalt?
Keine, wenn Sie zum Widerruf berechtigt sind, den Finanztest-Musterbrief benutzen und alle Hinweise dazu beachten (test.de/musterbrief_kreditwiderruf). Verweigert die Bank Ihnen den Widerruf oder benachteiligt sie Sie bei der Abrechnung rechtswidrig, sodass Sie einen Anwalt brauchen, muss die Bank ihn am Ende bezahlen. Anwälte kassieren allerdings meist einen Vorschuss.

Das Anwaltshonorar beträgt bei 20000 Euro Streitwert in typischen Fällen rund 1200 Euro für die außergerichtliche Tätigkeit. Kommt es zu einer Einigung, fallen zusätzlich rund 1300 Euro an. Geht es stattdessen vor Gericht, bekommt Ihr Rechtsanwalt dafür rund 1700 Euro. Sie müssen zudem die Gerichtskosten in Höhe von gut 1000 Euro auslegen. Das Geld erhalten Sie zurück, wenn Sie sich am Ende gegen die Bank durchsetzen.

? Worauf muss ich bei der Anschlussfinanzierung achten?
Wichtig ist, den alten Kredit erst zu widerrufen, wenn Sie eine Finanzierungszusage einer anderen Bank haben. Die Zusage muss verbindlich sein. An die Zusage eines bestimmten Zinssatzes binden sich Banken allenfalls wenige Tage. Eine Finanzierungszusage mit freibleibenden Konditionen können sie länger geben. Unterschreiben Sie die Anschlussfinanzierung erst, wenn Ihre alte Bank Sie wirklich gehen lässt.

? Ich habe ein Forwarddarlehen abgeschlossen und die Zinsen sind weiter gefallen. Kann ich auch vom Widerrufsrecht profitieren?
Ja, auch bei diesen Krediten fanden Anwälte und Verbraucherschützer viele fehlerhafte Widerrufsbelehrungen. Das Vorgehen ist dasselbe wie beim Widerruf eines anderen Kreditvertrags.

+ Unser Rat

Chance. Sie haben ab November 2002 einen Immobilienkredit aufgenommen und zahlen höhere Zinsen als heute üblich? Dann prüfen Sie Ihren Vertrag. Sie haben gute Chancen, dass Sie den Kredit wegen fehlerhafter Widerrufsbelehrung widerrufen und einen billigeren Kredit aufnehmen dürfen. Mehrere tausend Euro bringt das fast immer, gar nicht selten sind 30 000 Euro drin.

Widerstand. Wahrscheinlich wird Ihre Bank Sie nicht einfach gehen lassen. Sie müssen dann einen Anwalt einschalten.

? Ich habe mir vor Jahren ein Schrottimmobilie andrehen lassen. Kann ich sie mit einem Widerruf loswerden?
Das funktioniert nur in Einzelfällen. Fragen Sie unbedingt einen Rechtsanwalt mit einschlägigen Erfahrungen in dem Streit um Schrottimmobilien. Wahrscheinlich wird das Widerrufsrecht es Ihnen aber zumindest ermöglichen, die Finanzierung der Immobilie besser als bisher zu stemmen. Die Kreditverträge in solchen Fällen haben sich nicht von anderen Verträgen zur Immobilienfinanzierung unterschieden.

? Kann ich mich auf die Rechtslage verlassen oder kann sich da noch etwas ändern?
Es geht um gewaltige Beträge. Wenn alle Betroffenen alles fordern, was ihnen zusteht, entgehen den Banken und Sparkassen nach unserer Schätzung hunderte Milliarden Euro. Von Rechts wegen ist das kein Argument. Es ist aber vor diesem Hintergrund nicht völlig auszuschließen, dass die Rechtsprechung bankenfreundlicher wird.

Außerdem kann der Bundestag die aktuellen Gesetze ändern und die Ausübung des Widerrufsrechts für die Zukunft einschränken. ■

Finanztest Banken mit fehlerhaften Kreditverträgen

Viele Fehler der Banken in den Widerrufsbelehrungen sind schon gerichtlich festgestellt. Die Tabelle zeigt eine Auswertung der Prüfergebnisse zu 1 828 Kreditverträgen durch die Verbraucherzentralen Bremen und Hamburg. Aufgeführt sind nur Kreditinstitute, zu denen Ergebnisse für mindestens sieben Verträge vorliegen (Alle Ergebnisse unter vzhh.de oder direkt bit.ly/1dFcIYd).

Kreditinstitut	Geprüfte Verträge	Widerrufsbelehrung …		
		… in Ordnung	… fehlerhaft	
			insgesamt	mit gerichtlich bereits anerkannten Fehlern
ING-Diba	219	29	**190**	85
DSL Bank	145	25	**120**	75
Deutsche Bank	102	33	**69**	40
Hamburger Sparkasse	100	20	**80**	63
Deutsche Kreditbank	66	19	**47**	25
Commerzbank	58	15	**43**	22
Münchener Hypothekenbank	44	15	**29**	15
BHW Bausparkasse	33	4	**29**	18
Dresdner Bank	32	12	**20**	20
BW Bank	31	9	**22**	17
R+V Lebensversicherung	25	6	**19**	9
Westdeutsche ImmobilienBank	24	8	**16**	14
Hypovereinsbank	21	8	**13**	9
Kreissparkasse Köln	18	0	**18**	9
Victoria Lebensversicherung	17	2	**15**	11
Deutsche Hypothekenbank	16	3	**13**	12
Sparda Bank West	16	0	**16**	12
Sparda Bank Baden-Württemberg	15	0	**15**	11
Wüstenrot Bausparkasse	15	3	**12**	8
Santander	14	3	**11**	7
Sparkasse Köln B.	14	3	**11**	6

Kreditinstitut	Geprüfte Verträge	Widerrufsbelehrung …		
		… in Ordnung	… fehlerhaft	
			insgesamt	mit gerichtlich bereits anerkannten Fehlern
Stadtsparkasse München	12	2	**10**	8
DBV-Winterthur	11	0	**11**	6
Debeka Bauspark.	11	5	**6**	4
Degussa Bank	11	1	**10**	8
Oldenburgische Landesbank	11	0	**11**	9
PSD Bank Nord	11	0	**11**	6
Sparda Bank München	10	1	**9**	9
Schwäbisch Hall	9	5	**4**	2
Allianz	8	3	**5**	3
AXA Lebensvers.	8	4	**4**	2
BBBank	8	0	**8**	4
Nordrheinische Ärzteversorgung	8	2	**6**	6
SKG Bank	8	4	**4**	0
Sparda Bank Südwest	8	1	**7**	4
Sparkasse Harburg-Buxtehude	8	2	**6**	4
Sparkasse Holstein	8	3	**5**	4
Eurohypo	7	0	**7**	4
Postbank	7	0	**7**	4
Sparda Bank Hamburg	7	0	**7**	5
Sparkasse Münsterland Ost	7	0	**7**	5
WL Bank	7	1	**6**	5

Die Auswahl der im Auftrag von Verbrauchern durch die Verbraucherzentralen Hamburg und Bremen geprüften Verträge ist zufällig und die Ergebnisse sind nicht repräsentativ.

Ist Ihr Vertrag noch gut?

Viele Familien sitzen auf alten Hausratpolicen. Höchste Zeit, ein paar Punkte zu prüfen. Reicht der Schutz noch für den kompletten Hausrat?

Finanztest 4/2014 Eine Hausratpolice ist sinnvoll. Schon nach einem Einbruch geht es schnell um hohe Summen. Kommt es zum Totalschaden durch Brand, müsste gar der komplette Hausrat neu gekauft werden. Nicht nötig ist die Versicherung am ehesten für junge Leute, die keine teuren Elektrogeräte haben und mit billigen Gebrauchtmöbeln glücklich sind.

Viele Menschen besitzen längst eine Versicherung, haben sie aber seit Jahren nicht an ihren steigenden Wohnstandard angepasst. Flachbild-TV, Kameras, Schmuck, Computer – da kommt viel zusammen. Deshalb ist es gut, den Vertrag zu checken. Reicht die Versicherungssumme? Sind alle Risiken abgedeckt?

Am Ende kann es sinnvoll sein, den Vertrag aufzustocken oder zu einem anderen Versicherer zu wechseln, weil er günstiger ist als der bisherige. Der Test zeigt: Teure Verträge kosten dreimal so viel wie günstige. Für den Modellfall von Finanztest in Hannover machte die Docura mit 115 Euro Jahresbeitrag das günstigste Angebot. Das teuerste – allerdings mit mehr Leistungen – kam von der Axa für einen Jahresbeitrag von 531 Euro.

Versicherungssumme muss passen

Der erste Blick in den Vertrag gilt der Versicherungssumme. Sie wird pauschal vereinbart oder der Kunde gibt einen Betrag vor, nachdem er den Hausrat geschätzt hat.

Pauschale. Die übliche Pauschale beträgt 650 Euro pro Quadratmeter. In unserem Modellfall für ein 120-Quadratmeter-Haus macht das 78 000 Euro. Es zählt nur die Wohnfläche, nicht Balkon, Dachboden, Garage oder Keller. Hausrat dort ist aber versichert. Vorteil der Pauschale: Der Versicherer kürzt nie wegen Unterversicherung, auch wenn der Hausrat vielleicht 80 000 Euro wert ist, die Versicherungssumme aber nur 60 000 Euro beträgt, also eigentlich eine Unterversicherung von 25 Prozent vorliegt. Ohne diesen „Unterversicherungsverzicht“

Unser Rat

Sinnvoll. Eine Hausratversicherung ist ratsam, wenn Sie nach einem Totalschaden überfordert wären, alles Nötige neu zu kaufen. Selbst die günstigsten aktuellen Tarife decken die wichtigsten Risiken ab. Die Tarife im Test hat Finanztest um Schutz bei Überspannung und Fahrraddiebstahl erweitert, weil viele Menschen darauf Wert legen.

Richtig. Überprüfen Sie Ihren Vertrag und Ihren Hausrat. Reicht die Versicherungssumme noch? Auch die Grenze für Wertsachen? Sind Deckungserweiterungen notwendig?

Günstig. Das preisgünstigste Angebot für den Modellfall machte in Altenburg die **WGV** mit 99 Euro pro Jahr, in Darmstadt und Hannover die **Docura** mit 115 Euro, in Köln ebenfalls die **Docura** mit 161 Euro. Eine hohe Entschädigungsgrenze bei breitem Leistungsumfang bietet der Top-Vit der **GVO** für 30 bis 50 Euro mehr.

Analyse. Günstige Angebote für Ihren individuellen Versicherungswunsch finden Sie auch über den Onlineservice von Finanztest für 12 Euro (test.de/analyse-hausrat).

dürfte der Versicherer 25 Prozent von der Entschädigung abziehen. Das gilt auch bei kleineren Schäden. Wenn zum Beispiel Diebe Wertsachen für 10 000 Euro mitgenommen haben, bekäme ein Kunde ohne Unterversicherungsverzicht nur 7500 Euro ersetzt.

Allerdings zahlt der Versicherer maximal die Versicherungssumme, in diesem Beispiel also höchstens 60 000 Euro. Ist der Hausrat in Wahrheit 80 000 Euro wert, erhält der Kunde maximal diese 60 000 Euro. Zwar erhöht in vielen Verträgen eine Vorsorgeklausel die Summe um 10 Prozent. Und für Entsorgung, Transport, Aufräumen gibt es weitere 10 Prozent. Aber in kleinen Wohnungen mit teurem Hausrat reicht die Pauschalsumme oft trotzdem nicht. Kunden sollten sie erhöhen.

Einige Gesellschaften bieten statt der Pauschale eine Entschädigungsgrenze. Im Test finden sich solche „Wohnflächentarife" mit 200 000-Euro-Grenze und mehr. Nennt der Kunde die exakte Größe der Wohnung, entfällt eine Unterversicherung, gleichzeitig liegen die Beträge weit über den üblichen Versicherungssummen. Solche Tarife sind nicht immer teuer: Der Tarif Top-Vit der GVO kostet nur rund 30 bis 50 Euro mehr als günstige Pauschaltarife, bietet aber mehr.

Schätzung. Bei großen Wohnungen mit wenig Hausrat führt die Pauschale zu überhöhten Versicherungssummen. Dann ist es günstiger, nicht die Pauschale zu wählen, sondern die Summe selbst zu schätzen. Das heißt: Zimmer für Zimmer Inventur machen. Wir bieten eine Wertermittlungsliste für 2,50 Euro (www.test.de/hausrat-check). Dabei zählt der Neuwert: Das, was die Sachen heute im Laden kosten, auch bei Möbeln oder Kleidung, egal, ob neu, gebraucht oder geschenkt.

Basistarife decken das Wichtige ab

Wer seinen alten Vertrag checkt, sollte als nächstes auf den Umfang der Versicherung schauen. Ist der alte Vertrag ein Basis- oder ein Luxustarif? Sind Extraleistungen enthalten, die man vielleicht nicht mehr braucht? Die meisten Gesellschaften bieten mehrere Tarife. Die teuren Angebote heißen oft Komfort, Plus oder Premium. Die günstigen Basistarife umfassen den Grundschutz. Der reicht für die meisten Kunden. Er greift nach Einbruch, Raub, Vandalismus, Brand, Schäden durch Leitungswasser, Sturm und Hagel. Versichert ist der gesamte Hausrat: Möbel, Teppiche, Elektrogeräte, Kleidung, Musikinstrumente, Wertsachen. Für den Modellfall hat Finanztest den Grundschutz erweitert, weil viele Kunden auf zwei Extras Wert legen:

Überspannung. Wenn Blitze zum Beispiel eine Überlandleitung treffen, entstehen Spannungsspitzen. Sie können Elektrogeräte beschädigen. Viele Basistarife versichern dies inzwischen ohne Aufpreis mit.

Fahrräder. Die Tarife für den Modellhaushalt versichern den Diebstahl von Fahrrädern von der Straße mit mindestens 2000 Euro. Der Grundschutz versichert Räder sonst nur in geschlossenen Räumen.

Auf Wertsachen achten

Wertsachen sind im Grundschutz meist nur bis 20 Prozent der Versicherungssumme enthalten. Dies ist auch der Mindestbetrag im Modellfall. Je nach Art der Wertsachen gelten weitere Höchstgrenzen, in der Regel:

- 20 000 Euro für Schmuck, Briefmarken, Münzen, für alles aus Gold oder Platin,
- 3000 Euro für Wertpapiere, Sparbücher,
- 1500 Euro für Bargeld.

Zu den Wertsachen zählen auch Kunstobjekte, Pelze, handgeknüpfte Teppiche, ebenso Antiquitäten außer Möbelstücke. Wer einen Grundschutztarif hat, kann meist Grenzen und Leistungen gegen Aufpreis erhöhen.

Mehr Leistung in teuren Tarifen

Viele der teuren Tarife bieten höhere Entschädigungsgrenzen für Hausrat außer Haus, etwa wenn Urlaubsgepäck aus dem Hotel gestohlen wird oder das Ferienhaus brennt. Oder sie übernehmen für einen längeren Zeitraum die Hotelkosten oder sogar den Umzug, wenn die Wohnung dauerhaft unbewohnbar ist. Andere versichern Bankschließ-

Finanztest Günstige Hausratversicherungen

Die Tabelle zeigt die jeweils fünf günstigsten Tarife je Postleitzahlbezirk. Sie sind dunkel markiert.

Anbieter	Tarif		Jahresbeiträge für den Finanztest-Modellhaushalt (Euro)			
			04600 Altenburg	64289 Darmstadt	30161 Hannover	51065 Köln
Ammerländer	Basic	@	127	127	**127**	213
Asstel	Plus		**103**4)	187 4)	334 4)	307 4)
Bayerische	Optimal Komfort		**105**2)	**118**2)	198 2)	279 2)
Docura	Standard		**106**	**115**	**115**	**161**
GVO	Vit		**107**	**121**	**135**	**168**
GVO	Top-Vit 5)		125	144	**162**	**204**
GVV	Basis	Ⓔ	108	**122**	171	**199**
Hannoversche	Hausrat		111	**120**	184	238
Interrisk	XXL		226 1)3)	176 1)3)	176 1)3)	**176**1)3)
LBN	Hausrat-Basis	@	131 6)	148 6)	**164**6)	209 6)
WGV	Basis		**99**	133	211	226

Modellannahme: Die Preise gelten für einen 35 Jahre alten Kunden mit einem 120 Quadratmeter großen Einfamilienhaus. Neben dem Grundschutz sind Fahrräder mit mindestens 2 000 Euro versichert. Wertsachen sind mit mindestens 20 Prozent und Überspannungsschäden mit mindestens 10 Prozent der Versicherungssumme versichert.

Ⓔ = Angebot regional und/oder auf Personengruppen eingeschränkt.

@ = Angebot nur über Internet.

1) Enthält einen Schadenfreiheitsrabatt.

2) Beitrag für Lastschriftverfahren. Mit Rechnung/Dauerauftrag 10 Prozent teurer.

3) Trotz gleicher Postleitzahlen können die Beiträge je nach genauer Adresse schwanken.

4) Nach zwei schadenfreien Jahren wird ein Schadenfreiheitsrabatt gewährt.

5) Wohnflächentarif: Unterversicherungsverzicht bei genauer Angabe der Wohnfläche.

6) Eingerechnet wurde eine Beitragsvergütung von 10 Prozent, sie ist aber nicht garantiert für das Folgejahr.

Stand: 1. Februar 2014

fächer, Diebstahl aus dem Krankenzimmer, aus Schiffskabinen oder Zügen, auch Diebstahl von Gartenmöbeln.

Eine nervenschonende Erweiterung ist der Einschluss grober Fahrlässigkeit. Dann verzichtet die Versicherung darauf, mit dem Kunden zu streiten, ob dieser den Schaden grob fahrlässig verursacht hat. Sonst darf sie die Zahlung kürzen, wenn jemand aus dem Haus geht und die Fenster offen lässt oder eine Pfanne auf dem heißen Herd vergisst.

Wohnort beeinflusst den Preis stark

Beim Preis teilen die Versicherer das Bundesgebiet in Risikozonen auf. Städte mit hohem Einbruchsrisiko sind teurer. Die Tabelle nennt die Preise für das thüringische Altenburg, wo Einbrüche selten sind, für Darmstadt, Hannover und das risikoträchtige Köln.

Belege außer Haus aufbewahren

Am Ende des persönlichen Hausratchecks stehen die Belege. Besonders bei Wertsachen und teuren Elektrogeräten sollte man den Besitz nachweisen können. Aussagekräftig sind Kassenbelege, Quittungen, Garantiescheine, Reparaturrechnungen. Hat die Versicherung dann noch Zweifel, sind Fotos hilfreich.

Es empfiehlt sich, diese Unterlagen separat aufzubewahren, am besten bei Freunden oder in einem Bankschließfach, damit sie bei einem Brand nicht zerstört werden. ■

Ein Königreich für einen Lift

Eine Traumwohnung im Dachgeschoss, aber kein Aufzug? Stimmen die Miteigentümer dem Einbau nicht zu, geht es vielleicht trotzdem.

Finanztest 6/2014 Pause auf dem Treppenabsatz? Wer ohne Fahrstuhl in der vierten, fünften Etage wohnt oder noch weiter oben, hat oft einen Stuhl auf halber Strecke abgestellt. Beim Luftholen stellen viele sich die bange Frage: Wie lange wird das noch gehen?

Ein Aufzug wäre die Rettung. Ihn nachträglich einzubauen, ist technisch oft ohne große Probleme möglich. Weil er heute ein schon fast selbstverständlicher Wohnstandard ist, hat das Wohnungseigentumsgesetz (WEG) mit der Reform im Jahr 2007 die Hürden für einen Einbau gesenkt: Oft kann er mit Dreiviertel-Mehrheit beschlossen werden.

Aufzug innen oder außen?

Ob die Eigentümerversammlung mit Dreiviertel-Mehrheit beschließen darf, hängt davon ab, ob dies eher eine Modernisierung oder eine bauliche Veränderung darstellt. Als Modernisierung gelten Maßnahmen, die

- den Gebrauchswert des Gemeinschaftseigentums nachhaltig erhöhen oder
- die allgemeinen Wohnverhältnisse auf Dauer verbessern oder
- nachhaltig Energie oder Wasser sparen.

Die Gesetzesbegründung zur WEG-Reform nennt Fahrstühle ausdrücklich als Beispiel für eine Modernisierung. Ein innen eingebauter Aufzug kann daher meist mit Dreiviertel-Mehrheit beschlossen werden.

Schwieriger ist es, wenn der Schacht außen ans Gebäude gestellt wird. Das kann den architektonischen Charakter des Hauses massiv verunstalten. Das wäre keine Modernisierung, sondern eine bauliche Veränderung – und da reicht diese Mehrheit nicht, vielmehr muss jeder Eigentümer zustimmen, der durch den Bau stark beeinträchtigt wird.

Doch ob Verunstaltung oder optische Kleinigkeit, da sind die Geschmäcker verschieden. In der Praxis kommt es sehr auf den Einzelfall an. Das Amtsgericht Konstanz lehnte einen Aufzug ab, weil die Außenkonstruktion den Charakter des Hauses stark verändert hätte. Es mochte das Projekt aber nicht grundsätzlich kippen: Ein weniger auffälliger Aufzug sei möglich, alternativ ein Innenaufzug oder ein Treppenlift (Az. 12 C 17/07).

Anders entschied das Amtsgericht Auerbach, als es um den Anbau von Balkonen ging – eine juristisch eng verwandte Sachlage. Obwohl die neuen Balkone optisch von den bereits vorhandenen abwichen und obwohl sie die Symmetrie der Fassade änderten, ließ das Gericht sie zu. Auch die Nachbargebäude hatten verschiedene Balkone, die ebenfalls unsymmetrisch waren (Az. 4 C 297/09 WEG).

„Doppelte" Mehrheit

Voraussetzung für einen gültigen Beschluss ist eine doppelt qualifizierte Mehrheit. Einerseits müssen drei Viertel aller stimmberechtigten Wohnungseigentümer dafür sein. Andererseits müssen sie mehr als die Hälfte aller Miteigentumsanteile repräsentieren.

Bei der Abstimmung gibt das WEG jedem Eigentümer eine Stimme, egal wie groß seine Wohnung ist. Auch wer zwei oder mehr Wohnungen im Haus besitzt, hat nur eine Stimme. Besitzt ein Ehepaar eine Wohnung jeweils zur Hälfte, hat es zusammen eine Stimme.

Alle Eigentümer zählen mit

Es reicht nicht, wenn in der Versammlung drei Viertel aller Anwesenden mit Ja stimmen. Vielmehr zählen alle im Grundbuch eingetragenen Eigentümer mit – auch die, die gar nicht da sind. Nehmen weniger als drei Viertel der Eigentümer an der Versammlung teil, kann die Mehrheit nicht erreicht werden.

Ratsam ist vor der Abstimmung ein Blick in die Teilungserklärung. Sie darf von diesem gesetzlichen „Kopfprinzip“ abweichen und das Stimmrecht nach Miteigentumsanteilen regeln. Dann gilt: Je größer das Miteigentum, desto mehr Gewicht hat die Stimme. Die Teilungserklärung kann auch das Objektprinzip vorsehen: jede Wohnung eine Stimme.

Kommt eine Mehrheit zustande, darf der Beschluss nicht einzelne Miteigentümer erheblich benachteiligen. Das kann zum Beispiel der Fall sein, wenn ein Aufzugschacht kaum Licht in ein Fenster daneben lässt, oder wenn die Kosten unfair geregelt werden. Es ist ratsam, das Erdgeschoss frei zu stellen und die Kosten nach Etagen zu staffeln.

„Zitterbeschluss“ möglich

Wo die Dreiviertel-Mehrheit partout nicht zu bekommen ist, können Eigentümer einen Trick anwenden: die Maßnahme einfach in der Versammlung beschließen. Das ist zwar gegen die Regeln, daher können die Miteigentümer den Beschluss innerhalb eines Monats anfechten. Aber wenn sie das verpassen, wird er nach einem Monat „Zittern“ bestandskräftig – daher der Name „Zitterbeschluss“. Dann kann der Aufzug gebaut werden.

Zwar hat der Bundesgerichtshof Zitterbeschlüsse weitgehend für nichtig erklärt. Das gilt aber nicht für „vereinbarungsersetzende“ Beschlüsse (Az. V ZB 58/99), also Themen, über die die Gemeinschaft grundsätzlich beschließen darf, wie etwa ein Aufzug.

Alternative: Treppenlift

Eine Alternative bietet sich für Behinderte, oft auch für Menschen, die auf einen Fahrstuhl angewiesen sind, weil sie die Treppen nicht mehr schaffen. Zwar gibt es im Wohnungseigentumsgesetz – anders als im Mietrecht – keinen direkten Anspruch auf barrierefreien Zugang zur Wohnung. Doch vor allem bei einer schweren Gehbehinderung entscheiden Gerichte oft zugunsten der Betroffenen.

Realistischer als ein Fahrstuhl ist dann ein Treppenlift. Er kommt mit geringeren baulichen Eingriffen aus. Grundsätzlich muss eine Treppenbreite von einem Meter bleiben. Sie darf aber im Einzelfall auch leicht unterschritten werden. Treppenlifte können sogar bis ins Dachgeschoss geführt werden.

In der Praxis wird dann der Anspruch des Gehbehinderten auf barrierefreien Zugang zur Wohnung gegen das Interesse der Miteigentümer am Erhalt der baulichen Optik des Hauses abgewogen. Das wird von Gerichten unterschiedlich bewertet. Es kommt sehr auf den Grad der Behinderung und die Beeinträchtigung für die Nachbarn an.

Wer den Treppenlift durchsetzt, muss aber auch die Kosten tragen, ebenso die für das Ausbauen, wenn der Lift eines Tages nicht mehr gebraucht wird – zum Beispiel weil später doch ein Aufzug gebaut wird. ■

Unser Rat

Versammlung. Wenn Sie als Eigentümer den Einbau eines Aufzugs erreichen wollen, bitten Sie den Verwalter, das Thema auf die Tagesordnung der nächsten Eigentümerversammlung zu setzen. Sprechen Sie vorher möglichst viele Ihrer Miteigentümer im Haus an, um sie auf Ihre Seite zu ziehen.

Ausgleich. Eigentümern einer Erdgeschosswohnung bringt der Aufzug meist keine Vorteile. Ihre Zustimmung lässt sich eventuell durch eine Geldzahlung erreichen. Außerdem können Sie Erdgeschosswohnungen von den Kosten ausnehmen.

Anspruch. Behinderte können einen Anspruch auf barrierefreien Zugang zur Wohnung geltend machen, wenn die baulichen Eingriffe sich in Grenzen halten. Auch bei Personen, deren Gesundheit das Treppensteigen kaum noch zulässt, erkennen Gerichte dies oft an. In der Praxis geht es dann eher um Treppenlifte. Sie sind leichter durchzusetzen und kostengünstiger als ein Aufzug.

Plan B für Käufer

In den Metropolen sind die Preise davongezogen. Wer eine Wohnung oder ein Haus kaufen will, sollte auch in der zweiten Reihe suchen.

Finanztest 8/2014 Bundesbankpräsident Jens Weidmann malt „die Gefahr einer Immobilienblase" an die Wand. Finanzminister Wolfgang Schäuble entdeckt Anzeichen für Preisentwicklungen, „die gefährlich sind". Ein wachsender Chor warnt, Häuser und Wohnungen in Deutschland seien zu teuer. Ist es zu spät, eine Immobilie zu kaufen?

Die Antwort hängt vom Ort und der Flexibilität des Käufers ab. Städte und Kreise entwickeln sich sehr unterschiedlich, wie unsere jährliche Übersicht der Immobilienpreise und Neuvertragsmieten in 30 Städten und 20 Landkreisen zeigt (test.de/immorechner). Die Zahlen stammen vom Verband der deutschen Pfandbriefbanken (vdp). In seine Datenbank nimmt er Preise und Mieten auf, die am Markt erzielt worden sind. Das macht sie so interessant.

Keine große Immobilienblase

Mehr als 6 Prozent sind die Kaufpreise für Wohnungen und Häuser im Jahr 2013 in Berlin, Hamburg, München, Stuttgart, Freiburg und Oldenburg gestiegen. In anderen Gegenden hat sich dagegen kaum etwas getan. Im Kreis Görlitz bezahlten Käufer sogar weniger als im Vorjahr.

Andreas Kunert analysiert die Immobilienpreise für das Forschungsinstitut vdpResearch des Verbandes der Pfandbriefbanken. Er sieht keine große Immobilienblase, sondern „höchstens ein paar Hotspots". Die Preissprünge erklärt er damit, dass derzeit viele Menschen in die begehrten Städte ziehen und Wohnraum brauchen: „In allen Großstädten stehen weniger als 3 Prozent der Wohnungen leer." Das ist sehr wenig.

Es wird zwar wieder mehr gebaut. „Aber längst nicht so viel wie in den neunziger Jahren", beobachtet Kunert. Logische Folge: Vermieter und Verkäufer können höhere Mieten und Verkaufspreise durchsetzen, gerade in den ohnehin schon teuren Metropolen wie München oder Hamburg.

In einigen Gegenden fallen die Preise

Kunert geht davon aus, dass das noch ein paar Jahre so weitergeht. Irgendwann werde sich aber auch in den Metropolen der Bevölkerungsrückgang bemerkbar machen. Preise und Mieten könnten dann langsamer steigen, stagnieren oder gar fallen.

Solche Gegenden gibt es schon. In einem Internetportal wurden etwa Immobilien in Bitterfeld-Wolfen in Sachsen-Anhalt und in Nordhalben in Bayern billiger als im Vorjahr angeboten. Wenn Häuser lange leer stehen und sie niemand kauft, kommen sie ihre Eigentümer teuer zu stehen, denn unter dem Leerstand leidet die Substanz. Es kostet Geld, solche Gebäude in Schuss zu halten.

Kaufpreis-Miete-Verhältnis hilft

In München-Schwabing droht wohl auch auf lange Sicht kein Mietermangel. Trotzdem hat es wenig Sinn, die erstbeste Wohnung für einen überhöhten Preis zu kaufen. Vermieten wirft dann wenig ab.

Das Preis- und das Mietniveau zu vergleichen, ist auch für die sinnvoll, die selbst einziehen wollen. In manchen Orten kann es sich rechnen, zu mieten statt zu kaufen.

Allen Kaufinteressenten hilft das Kaufpreis-Miete-Verhältnis bei der Auswahl. Es gibt an, wie viele Jahre nötig sind, bis die Nettokaltmieten – ohne Nebenkosten – den Kaufpreis eingeholt haben.

Grundsätzlich ist ein Kauf umso attraktiver, je niedriger das Kaufpreis-Miete-Verhältnis ist. Besonders niedrig ist es allerdings bei schlechter Lage und einfacher Ausstattung. Bei solchen Objekten wird das Risiko höher eingeschätzt, dass sie leer stehen, die Miete nicht gezahlt wird oder es schwierig ist, später Käufer zu finden. Das müssen Interessenten heute berücksichtigen.

Generell gilt ein Kaufpreis-Miete-Verhältnis unter 20 als günstig. In Trendvierteln von Metropolen müssen Käufer aber höhere Werte akzeptieren.

Die Verkäufer einer Wohnung im Frankfurter Stadtteil Dornbusch stellten sich in ihrer Verkaufsanzeige im Juni 2014 einen Preis vor, der einem Kaufpreis-Miete-Verhältnis von gut 25 entsprach. Es würde also 25 Jahre dauern, bis die Mieten den Kaufpreis einholen. Für eine schicke Altbauwohnung im begehrten Frankfurter Stadtteil Sachsenhausen betrug es sogar knapp 38 – ein stolzer Wert. Käufer hoffen dann auf weitere Wertsteigerungen oder stark steigende Mieten.

Dortmund günstiger als Essen

Spannen für das Kaufpreis-Miete-Verhältnis in verschiedenen Städten nennen wir in unseren Tabellen unter test.de/immobilienpreise. Der Abruf kostet 2,50 Euro. Die Angaben helfen zu beurteilen, ob ein Angebot im üblichen Rahmen einer Stadt liegt oder nicht.

In Essen reicht die Spanne zum Beispiel von 25,8 bis 30,5, im nahen Dortmund aber nur von 19,1 bis 23,8. Die Kaufpreise für Wohnungen in Dortmund sind also im Vergleich zum Mietniveau viel günstiger als in Essen.

In angesagten Städten wie München ist nichts unter 20 zu finden. Es werden üppige Preise aufgerufen. Kapitalanleger sind gut beraten, sich auch in kleineren, etwas weniger begehrten Städten umzusehen, in denen sich die Bevölkerungszahlen und die Wirtschaftskraft positiv entwickeln.

Immobilien erschwinglicher als früher

Die Suche auszuweiten, ist auch denjenigen zu empfehlen, die selbst einziehen wollen. Denn mittlere, gute und sehr gute Lagen liegen manchmal dicht beieinander. Flexible Käufer können viel sparen, denn die Preisunterschiede zwischen verschiedenen Lagen sind zum Teil üppig. Kostet das Objekt deutlich weniger, ist monatlich auch eine viel geringere Kreditrate zu schultern.

Die Kreditzinsen im aktuellen Allzeittief kommen den Käufern entgegen. Sie erlauben es ihnen, höhere Kreditsummen aufzunehmen als früher und trotzdem noch in ordentlichem Tempo zu tilgen.

Die niedrigen Zinsen machen einen Kauf für viele daher trotz der gestiegenen Preise erschwinglicher als vor einigen Jahren. Die Warnungen vor einer Preisblase sind kein Grund, sich abschrecken lassen. Jeder muss aber achtgeben, dass er nicht völlig überzogene Preise zahlt. ■

Unser Rat

Standort. Sie wollen eine Immobilie kaufen und selbst nutzen oder vermieten? Dann schränken Sie sich bei der Suche nicht zu stark ein. Schauen Sie sich auch Angebote in Nachbarbezirken Ihres Wunschviertels an. Es kann gut sein, dass sich sehr gute und gute Lagen nicht stark unterscheiden, die Preise dafür aber extrem.

Kaufpreise. Hüten Sie sich davor, überzogene Kaufpreise zu bezahlen. Als Vermieter erwirtschaften Sie sonst Verluste statt der erhofften Gewinne. Als Selbstnutzer wird es schwer, wenigstens Ihren Kaufpreis zu erzielen, wenn Sie wieder verkaufen wollen. Ein Indiz für das Preisniveau ist das Kaufpreis-Miete-Verhältnis. Je höher es ist, desto höher ist der Preis im Verhältnis zu den Mieten.

Zukunft. Befassen Sie sich mit den Zukunftsaussichten. In Gegenden mit schrumpfender Bevölkerung oder sinkender Wirtschaftskraft kann es später schwierig werden, weiterzuvermieten oder zu verkaufen.

Kontrolle ist besser

Fehler des Energieversorgers können ins Geld gehen. Kunden überprüfen die Rechnung besser in wenigen Schritten.

Finanztest 10/2014 Energierechnungen zu kontrollieren lohnt sich nicht nur, wenn sie überraschend hoch ausfallen. Auch einer auffällig niedrigen Strom- oder Gasrechnung gehen Kunden besser nach. Denn falls der Versorger nachträglich merkt, dass er zu wenig abgerechnet hat, darf er die Rechnung korrigieren und eine Nachzahlung fordern. Erst drei Jahre ab Ende des Jahres der Abrechnung sind Nachforderungen des Energieversorgers verjährt und steht der Rechnungsbetrag endgültig fest.

Seit Oktober 2011 gibt es die Schlichtungsstelle Energie. Fast 5000 Kunden wandten sich im Jahr 2013 an die Schlichter, weil sie mit ihrem Versorger um die Rechnung stritten.

Die Kontrolle der Abrechnung ist nicht schwierig. Manche Abrechnung ist allerdings unübersichtlich und schwer verständlich, dann wird auch die Prüfung etwas mühsamer.

Stimmt die Zählernummer?

Erste Prüfung: Die in der Rechnung genannte Zählernummer muss der auf dem Zähler angebrachten Nummer entsprechen. Steht in der Rechnung eine andere Zählernummer, geht es dort um Energie, die jemand anders verbraucht hat.

Stimmt der Zählerstand?

Haben Energieversorger oder Kunde den Zähler in letzter Zeit nicht abgelesen, schätzt das Unternehmen den Verbrauch. Kunden können den richtigen Zählerstand aber noch nachträglich ablesen und melden. Der Energieversorger wird die Rechnung anpassen, wenn er vom falschen Zählerstand ausgegangen ist.

Klar: Der Zählerstand zu einem Stichtag lässt sich rückwirkend nicht mehr genau ermitteln. Der Gesamtverbrauch ist dann rechnerisch auf die verschiedenen Zeiträume zu verteilen. Anhand der Berechnung lässt sich der maßgebliche Zählerstand ausreichend genau schätzen.

Kunden können auch einfach die nächste Ablesung und Abrechnung abwarten. Haben sie in der Vergangenheit mehr Energie bezahlt als verbraucht, sparen sie den Betrag später wieder ein und umgekehrt.

Kaum noch zu korrigieren ist allerdings der Anfangsstand eines Zählers. Wer eine Wohnung oder ein Haus neu bezieht, sollte Strom- und Gaszähler unbedingt ablesen und die Stände an die Versorger melden.

Bei späteren Abrechnungen reicht aus zu kontrollieren, ob der in der aktuellen Abrechnung genannte Anfangsstand des Zählers dem Endstand des Zählers in der vorhergehenden Abrechnung entspricht.

Funktioniert der Zähler richtig?

Es ist selten, dass der Zähler defekt ist, aber es kommt vor. Dann lässt sich der Energieverbrauch nicht korrekt ermitteln.

Haben Energiekunden den Verdacht, dass der Zähler mehr anzeigt, als sie an Strom oder Gas verbraucht haben, müssen sie beim Netzbetreiber die Prüfung des Zählers beantragen. Das ist kostenlos, wenn sich zeigt, dass das Gerät tatsächlich eine Macke hat.

Funktioniert der Zähler aber innerhalb der von den Eichämtern vorgegebenen Toleranzen, müssen Kunden die Überprüfung bezahlen. Je nach Größe und Typ des Zählers sind dann zwischen 50 und 250 Euro fällig.

Gibt es den versprochenen Bonus?

Immer wieder Anlass für Ärger geben Boni oder Rabatte, die Energieversorger versprochen haben, aber nicht zahlen wollen. Oft verweisen sie auf Einschränkungen in den allgemeinen Geschäftsbedingungen.

Die Klauseln sind jedoch aus Verbrauchersicht zu interpretieren. Unklare Klauseln und solche, die Kunden benachteiligen, sind unwirksam. Das Unternehmen muss dann zahlen, obwohl der versprochene Bonus nach dem Wortlaut der Geschäftsbedingungen ausgeschlossen ist.

Stimmt der Preis?

Überprüfen sollten Verbraucher immer, ob ihr Energieversorger den richtigen Preis verlangt. Maßstab sind die Unterlagen, die sie zum Vertrag erhalten haben.

Grundpreis, Arbeitspreis, Umlagen und Steuern in der Rechnung müssen dem entsprechen, was vereinbart ist. Auch Preiserhöhungen sind nur möglich, wenn der Energieversorger das mit seinen Kunden vereinbart hat.

Muss ich Preiserhöhungen bezahlen?

Kaum ein Energieanbieter ist berechtigt, die Preise zu erhöhen. Selbst wenn die Unterlagen den in der Rechnung genannten Preis bestätigen, ist er nicht unbedingt richtig. Denn nach Urteilen des Europäischen Gerichtshofs und des Bundesgerichtshofs darf ein Versorger den Preis nur erhöhen, wenn seine Kunden bei Vertragsschluss vorhersehen können, wann, warum und wie stark der Energiepreis steigt.

Dieser Forderung der Gerichte genügen die bis heute in der Branche üblichen Preisanpassungsklauseln nicht. Für Gaspreiserhöhungen hat Finanztest die Bedingungen der wichtigsten Anbieter untersucht (Finanztest-Heft 10/2013, S. 53). In Stromlieferungsverträgen finden sich ganz ähnliche Klauseln und die Vorgaben der Gerichte gelten genauso.

Zulässig dürfte es allerdings sein, Steuern und Umlagen extra abzurechnen und ihre Erhöhungen direkt an Kunden weiterzugeben. Das muss aber in den Geschäftsbedingungen klar und verständlich geregelt sein. Finden sich dort keine Vorgaben, zählt der insgesamt vom Verbraucher zu zahlende Preis und der Energieversorger braucht für jede Änderung eine Rechtfertigung. In den allermeisten Fällen wird eine Erhöhung des Preises dann nicht zulässig sein.

Stellt eine Kunde beim Blick in die Abrechnung eine Preiserhöhung fest, kann er ihr widersprechen. Dafür hat er drei Jahre Zeit. Danach gilt der Preis, auch wenn die Preiserhöhung rechtswidrig war. So hat es der Bundesgerichtshof entschieden.

Wenn Kunden rechtzeitig widersprechen, brauchen sie die auf die Erhöhung entfallenden Beträge nicht zu bezahlen. Mehr noch: Sollten sie in den Vorjahren bereits für unzulässige Preiserhöhungen gezahlt haben, können sie darauf entfallende Beträge zurückfordern. Details zur Rechtslage und detaillierte Tipps liefert Finanztest im Internet (test.de/strompreiserhoehung). ■

Unser Rat

Prüfung. Überprüfen Sie Ihre Strom- und Gasrechnung unbedingt. Viel häufiger, als Kunden es für möglich halten, stimmt etwas nicht und der Rechnungsbetrag ist falsch.

Korrektur. Schreiben Sie an den Energieversorger, wenn Sie Fehler in Ihrer Abrechnung gefunden haben. Sie sollten sich auch bei ihm melden, wenn Sie zu wenig zahlen sollen. Das fällt später mit hoher Wahrscheinlichkeit auf und Sie müssen dann hohe Nachzahlungen leisten.

Streit. Weist Ihr Energieversorger Ihre Einwände gegen die Rechnung zurück und fordert mehr, als Sie für berechtigt halten, können Sie kostenfrei die Schlichtungsstelle Energie einschalten (www.schlichtungsstelle-energie.de). Wenn auch das nicht hilft, bleibt Ihnen immer noch der Weg zum Anwalt oder sogar zum Gericht.

Sparen statt draufzahlen

Die Ökostromumlage sinkt und trotzdem drohen steigende Strompreise. Die Lösung: Den Anbieter wechseln und so einige hundert Euro sparen.

Finanztest 12/2014 Stromkunden kennen das schon. Jahr für Jahr bekommen sie Post vom Stromversorger mit einer Preiserhöhung. Die Umlage zur Förderung von Ökostrom (EEG-Umlage) sinkt zwar erstmals geringfügig. Gleichzeitig steigen aber vielerorts die Netzentgelte. Dieses Geld verlangen die Betreiber der Stromnetze für Wartung, Ausbau und Erhaltung. Es macht zurzeit rund ein Viertel des Strompreises aus.

Nach einer Analyse des Energieanbieters Lichtblick werden 24 von 33 großen Netzbetreibern ihre Preise erhöhen. Am stärksten langt die Schleswig-Holstein Netz AG zu. Sie erhöht ihr Netzentgelt um 18,8 Prozent.

Versorger müssten Preise senken

Energieexperte Udo Sieverding von der Verbraucherzentrale Nordrhein-Westfalen sieht keinen Anlass für Preispreiserhöhungen – im Gegenteil: „Viele Versorger müssten nach unseren Berechnungen die Strompreise senken", sagte er. Das liege weniger an der minimal sinkenden Ökostromumlage als an den gesunkenen Einkaufspreisen an der Strombörse.

Wer nicht auf eine Preissenkung seines Versorgers warten will, kann jetzt schon durch einen Wechsel des Stromtarifs mehrere hundert Euro sparen. Wie hoch die Ersparnis ist, hängt vom Wohnort und Stromverbrauch sowie von den Preisen des aktuellen Tarifs ab.

Am meisten sparen normalerweise alle, die noch nie gewechselt haben. Sie können entweder beim Grundversorger vor Ort in einen günstigeren Sondertarif wechseln oder sie gehen gleich zu einem neuen Anbieter.

Vier-Personen-Haushalt spart 315 Euro

Wir haben für drei Städte die Ersparnis eines Vier-Personen-Haushalts mit einem Jahresverbrauch von 5500 Kilowattstunden berechnet. Sie ist beeindruckend: Wer in Frankfurt am Main vom Versorger Mainova zum Tarif „Strom pur" der BEV Energie wechselt, spart rund 315 Euro pro Jahr. In Berlin bringt der Abschied vom örtlichen Versorger 270 Euro und in Dresden 133 Euro (Stand: 14. Oktober 2014). So viel Ersparnis winkt aber nur Kunden, die noch in der Grundversorgung sind. Dies sind nach Angaben der Bundesnetzagentur bundesweit nur noch 37 Prozent aller Privathaushalte.

Sparen mit fairen Tarifen

Spätestens seit den Pleiten der Energiefirmen Teldafax und Flexstrom möchten viele Kunden nicht mehr sparen um jeden Preis. Sie wollen sie es lieber bequem haben.

Das geht ganz einfach, wenn sie bei der Auswahl des Stromtarifs nicht nur auf den Preis, sondern auch auf die Tarifbedingungen achten. Ärger über plötzliche Preiserhöhungen können sie sich damit genauso ersparen wie Streit um die Auszahlung eines Neukundenbonus. Sie müssen nur die wichtigsten Vertragsbedingungen in den Internetvergleichsrechnern selbst einstellen.

Die Vergleichsrechner Check24 und Verivox machen es den Kunden bei der Suche nach einem neuen Anbieter leicht. Sie haben einen Suchfilter installiert, mit dem sich Tarife finden lassen, die wir als verbraucherfreundlich einstufen. Diese Suchfunktion ist allerdings etwas versteckt (siehe „Unser Rat"). Das sind die wichtigsten Bedingungen für verbraucherfreundliche Tarife:

Lange Preisgarantie. Eine Garantie von mindestens zwölf Monaten schützt vor Preiserhöhungen im ersten Jahr.

Kurze Kündigungsfrist. Eine kurze Kündigungsfrist von sechs Wochen schon zum

Unser Rat

Wechsel. Ihren Stromanbieter können Sie unkompliziert wechseln. Denn der neue Versorger kümmert sich um alle Formalitäten und kündigt für Sie den Vertrag beim alten Versorger. Sie brauchen nur den neuen Vertrag auszufüllen, die Zählernummer und den Jahresverbrauch anzugeben. Beide Angaben finden Sie auf Ihrer alten Stromabrechnung.

Kündigungsfrist. Wenn Sie noch nie etwas an Ihrem Vertrag verändert haben, sind Sie in der Grundversorgung. Sie kommen dann innerhalb weniger Wochen aus dem Vertrag. Haben Sie schon einmal gewechselt, steht der Kündigungstermin in den Geschäftsbedingungen.

Neuer Anbieter. Einen neuen Anbieter finden Sie leicht mit den Vergleichsrechnern **Check24** und **Verivox** im Internet. Beide bieten eine Suchmöglichkeit, die Tarife mit den von der Stiftung Warentest empfohlenen Vertragsbedingungen anzeigt. Die Funktion ist etwas versteckt. Geben Sie Ihre Postleitzahl und den Jahresverbrauch ein. Klicken Sie auf „vergleichen", bei **Check24** anschließend auf „Kriterien individuell anpassen". Unter der Suchmaske finden Sie das Stiftung-Warentest-Feld. Bei **Verivox** müssen Sie nach „vergleichen" die Rubrik „weitere Voreinstellungen" öffnen. Ihren neuen Vertrag können Sie auch online auf der Seite des Anbieters abschließen.

Ende der ersten Laufzeit schützt vor Preiserhöhungen, weil Versorger Erhöhungen mindestens sechs Wochen vor Inkrafttreten bekanntgeben müssen.

Hat ein Kunde eine dreimonatige Kündigungsfrist und versäumt den ersten Ausstiegstermin, kann ihn für das zweite Vertragsjahr eine Erhöhung treffen. Ihm stünde zwar ein kurzes Sonderkündigungsrecht zu. Verpasst er es aber, weil die Preiserhöhung in der Flut der E-Mails untergeht, kommt er unter Umständen nicht mehr aus dem Vertrag.

Kurze Anschlusslaufzeit. Die Anschlusslaufzeit nach der Erstvertragslaufzeit sollte möglichst kurz sein. So bleibt der Kunde flexibel und kommt immer schnell aus dem Vertrag, falls er sich über die Abrechnung, die Höhe der Abschläge oder andere Dinge ärgert. Von Verträgen, die sich automatisch um zwölf Monate verlängern, wenn der Kunde nicht kündigt, raten wir ab.

Bonus nicht berücksichtigen. Ein Bonus verschleiert die Kosten eines Tarifes und macht ihn vor allem im ersten Jahr günstig. Die monatlichen Abschlagszahlungen sinken nicht durch einen Tarif, der oft nur wegen eines hohen Bonus günstig ist. Außerdem berücksichtigen die Versorger den Bonus oft erst nachträglich. Das Thema Bonus sorgt offensichtlich immer wieder für Ärger: Uns liegen Fälle vor, in denen Kunden um die Verrechnung des Bonus streiten.

Monatliche Zahlung. Kunden, die keine Vorkasse leisten, sondern monatlich ihren Abschlag zahlen, sind gut vor einer Anbieterpleite geschützt. Zahlen sie ihren Jahresstromverbrauch dagegen komplett im Voraus, wird ihr Geld im Fall einer Pleite Teil der Insolvenzmasse.

Vergleichsportale funktionieren gut

Unser Test der Stromvergleichsportale aus dem Jahr 2013 hat ergeben, dass die genannten Preise fast immer richtig waren. Am 14. Oktober 2014 haben wir uns Check24 und Verivox noch einmal genauer angesehen. Wir haben für drei Musterstädte überprüft, ob die Suche nach den „Kriterien der Stiftung Warentest" tatsächlich Tarife listet, die unseren Empfehlungen entsprechen. Ergebnis: Wir haben auf den ersten fünf Plätzen keine Fehler gefunden. Den Vertrag können die Kunden über die Vergleichsportale oder direkt beim Anbieter abschließen. ■

Überraschend günstig

Kunden, die den Gasanbieter wechseln, sparen bis zu 847 Euro im Jahr. Und dies sogar mit verbraucherfreundlichen Tarifbedingungen.

Finanztest 11/2014 Mitte September 2014 meldeten viele Medien: Weniger Gas aus Russland. In Deutschland, Österreich und Polen kam bis zu einem Viertel weniger Gas an, als vertraglich vereinbart. Nachrichten wie diese lassen Gaskunden aufhorchen. Sie fragen sich: Wie sicher ist die Versorgung? Kann es zu Lieferengpässen kommen? „Nein", sagt Claudia Kemfert vom Deutschen Institut für Wirtschaftsforschung (DIW). „Selbst wenn es eine komplette Unterbrechung aller Gaslieferungen aus Russland geben würde, kann Europa seine Gasversorgung in den Wintermonaten sicherstellen, da es ausreichend Gas auf den internationalen Märkten gibt."

Auch ein Preisanstieg ist derzeit nicht zu beobachten. Kemfert sagt: „Die Gaspreise sind in langfristigen Lieferverträgen festgelegt. Außerdem folgen sie oft der Ölpreisentwicklung. Da die Ölpreise derzeit nicht steigen, ist beim Gas auch nicht damit zu rechnen." Eher das Gegenteil ist der Fall. Die Preise, die Gasanbieter von Neukunden verlangen, fallen sogar.

Wechsel bringt noch mehr als 2013

In vielen Städten wie Stuttgart oder Berlin können Kunden in diesem Jahr durch einen Wechsel des Gasanbieters mehr sparen als im Jahr 2013. Wir haben wie im Vorjahr verglichen, wie viel ein Haushalt mit einem Jahresverbrauch von 20 000 Kilowattstunden durch einen Wechsel maximal sparen kann, wenn er einen fairen Tarif wählt. Berliner etwa können durch einen Wechsel aus der Grundversorgung bis zu 388 Euro sparen. Das sind 86 Euro mehr als im Jahr 2013.

Sparen ohne Ärger

Sparen, aber nicht um jeden Preis, wollen viele Gaskunden. Sie möchten nicht jedes Jahr wechseln, um einem Neukundenbonus hinterherzujagen, sondern bevorzugen einen Anbieter mit günstiger Grundgebühr und günstigem Kilowattstundenpreis.

Für diese Kundengruppe haben wir Kriterien aufgestellt, die bei der Suche nach einem günstigen Tarif helfen (siehe Kasten).

Tarife, die die Bedingungen aus dem Kasten erfüllen, haben keine undurchsichtigen Bonusklauseln. Sie eignen sich daher für bequeme Kunden, die Preissicherheit haben möchten und nicht jedes Jahr den Anbieter wechseln wollen.

Ein wichtiges Kriterium ist die Anschlusslaufzeit. Wir empfehlen keine Tarife, die sich automatisch um zwölf Monate verlängern. Denn im zweiten Vertragsjahr hat der Kunde keine Preisgarantie mehr. Sollten die Preise zu stark steigen, hat er nur ein sehr kurzes Sonderkündigungsrecht. Auch Kunden, die sich über eine falsche Abrechnung oder zu hohe monatliche Abschläge ärgern, sind im Vertrag gefangen.

Nur wer einen Vertrag abschließt, den er im zweiten Vertragsjahr monatlich kündigen kann, ist auf der sicheren Seite. Das gilt für alle Tarife in unseren Tabellen.

Ohne Vergleichsportale geht es nicht

Kunden, die einen günstigen Tarif suchen, sind auf Vergleichsportale im Internet angewiesen. Nur sie bieten eine aktuelle Preisübersicht von mehreren tausend Gastarifen. Doch was taugen die Portale?

Unsere Schwesterzeitschrift test hat Ende Juli fünf Vergleichsrechner für Gastarife untersucht (siehe test.de/gastarifportale). Kein Anbieter war rundherum gut. Trotzdem können wir zwei Rechner empfehlen: Mit Check24 und Verivox lassen sich verbraucherfreundliche Tarife finden.

Annegret Jende, Projektleiterin unseres Tariftests, sagt: „Wir beobachten, dass viele Vergleichsrechner verbraucherfreundlicher geworden sind." Die Anbieter haben neue Filtermöglichkeiten eingerichtet, damit der Kunde gezielt nach seinem Wunschtarif suchen kann. Sie werten die allgemeinen Geschäftsbedingungen der Energieversorger aus und Kunden können ihren neuen Versorger über einen Zeitraum von mehr als einem Jahr bewerten.

Ärgerliche Voreinstellungen

Eine Hürde müssen Verbraucher aber immer noch nehmen. Nach wie vor haben die Rechner Voreinstellungen.

Das ist tückisch, wenn Kunden nur die Postleitzahl und ihren Jahresverbrauch eingeben. Sie erhalten eine Tarifübersicht, die auf den vorderen Plätzen ausschließlich Angebote listet, an denen die Anbieter der Rechner eine Provision verdienen. Außerdem stehen Tarife mit Neukundenbonus vorn. Der Bonus macht den Tarif aber vor allem im ersten Jahr günstig. Wer nicht jedes Jahr wechselt, zahlt im zweiten oft drauf. ■

Unser Rat

Sparen. Wenn Sie mit Gas heizen, lohnt sich wahrscheinlich ein Anbieterwechsel für Sie. Ihre Ersparnis hängt vom Verbrauch und Tarif ab. Wenn Sie noch nie gewechselt haben, sind Sie in der Grundversorgung. Dann können Sie am meisten sparen – zum Beispiel in Leipzig bei einem Verbrauch von 20 000 Kilowattstunden bis zu 847 Euro.

Vergleichsrechner. Günstige, faire und aktuelle Tarife finden Sie nur mit Vergleichsrechnern im Internet. Die Portale **Check24** und **Verivox** haben in unserem Test am besten abgeschnitten. Beide Rechner bieten eine Suchfunktion, mit der Sie Tarife suchen können, die die Kriterien im Kasten unten erfüllen. Die Suche heißt „Stiftung Warentest" und ist schwer zu finden. Geben Sie zunächst in die Rechner Ihre Postleitzahl und Ihren Jahresverbrauch ein und starten Sie die Suche. Bei Check24 müssen Sie „Kriterien individuell anpassen" anklicken. Bei Verivox die Rubrik „weitere Voreinstellungen" öffnen.

Gute Wahl

Fairer Tarif

Wer einen verbraucherfreundlichen Gastarif sucht, sollte auf die folgenden Vertragsbedingungen achten.

- **Monatliche Zahlung.** Kunden geben ihren voraussichtlichen Jahresverbrauch an und zahlen einen monatlichen Abschlag. Sie kaufen kein Gaspaket.
- **Flexibilität.** Der Vertrag verlängert sich nicht automatisch um ein Jahr. Die Anschlusslaufzeit sollte nach der Erstvertragslaufzeit nur vier Wochen betragen. So bleibt der Kunde flexibel.
- **Kurze Frist.** Die Kündigungsfrist zum Ende der ersten Laufzeit ist nicht länger als sechs Wochen.
- **Bonus.** Gibt es einen Neukundenbonus, ist er nicht an unfaire Bedingungen geknüpft, etwa an eine Mindestabnahme.
- **Preisgarantie.** Die Preisgarantie sollte mindestens zwölf Monate gelten und mindestens die Erstvertragslaufzeit abdecken. Sie sollte wichtige Preisbestandteile wie den Energiekostenanteil und die Netzentgelte fixieren.

Der Preis der Moderne

Vermieter dürfen in mehr Komfort und bessere Technik investieren. Oft müssen die Mieter dafür zahlen. Aber längst nicht immer.

Finanztest 3/2014 Dach und Fassade sollen eine Dämmung bekommen, Bäder und WCs saniert und neue Stromleitungen verlegt werden. Viele Mieter werden sich über eine solche Ankündigung ihres Vermieters nicht nur freuen. Denn neben der Aussicht, eine zeitlang auf einer Baustelle zu wohnen, müssen sie vor allem nach dem Abschluss der Modernisierung mit einer Mieterhöhung rechnen. Schließlich dürfen Vermieter 11 Prozent der Modernisierungskosten auf die Jahresmiete umlegen. So steht es im Bürgerlichen Gesetzbuch.

Die wichtigsten Regeln

Wenn sich der Vermieter an bestimmte Regeln hält, müssen Mieter eine Modernisierung dulden. So ist das Bauvorhaben in Ordnung,

- wenn es sich nicht um übertriebenen Luxus handelt,
- der Vermieter die Arbeiten schriftlich mindestens drei Monate vor Beginn ankündigt und
- die Modernisierung für sie keine besondere Härte darstellt.

Damit der Vermieter die Kosten auf die Miete umlegen darf, muss er sie dem Mieter nach Ende der Bauarbeiten nachvollziehbar vorrechnen und die Verteilung auf verschiedene Mieter erklären. Er darf niemanden bevorzugen oder benachteiligen.

Auch kräftige Mieterhöhungen müssen Mieter im Zuge einer Modernisierung hinnehmen. Konnten sie früher bei einer finanziellen Härte die Modernisierung noch verhindern, können sie nach einer Gesetzesänderung im Jahr 2013 allenfalls noch eine verringerte Mietererhöhung erreichen.

Faustregel der Gerichte: Nach Zahlung der erhöhten Miete müssen Mieter genug Geld

Unser Rat

Mieterhöhung. Der Vermieter darf nur Modernisierungskosten, die auf Ihre Wohnung entfallen, auf Sie umlegen und Ihre Jahresmiete um 11 Prozent der Kosten erhöhen. Ausnahme: Wenn Sie einen Vertrag mit Staffel- oder Indexmiete haben, sind Mieterhöhungen wegen Modernisierungen weitgehend ausgeschlossen.

Prüfung. Der Vermieter muss Ihnen nachvollziehbar vorrechnen, was die Modernisierung kostet. Prüfen Sie, ob die Arbeiten wirklich den Standard des Hauses verbessern. Sofern die Modernisierung dem Vermieter fällige Reparaturen erspart, muss er das anrechnen.

Rechtsrat. Kündigt Ihr Vermieter Modernisierungen an und Sie sind nicht einverstanden, prüfen Sie das Schreiben anhand der Checkliste auf Seite 143. Lassen Sie sich vom Mieterverein oder Anwalt beraten, bevor Sie dem Vermieter antworten. Einwände, die Sie nicht rechtzeitig bringen, bleiben außen vor.

Baulärm. Lärm und Dreck müssen Sie bei Modernisierungen zum Energiesparen drei Monate lang hinnehmen, ohne die Miete mindern zu dürfen. Danach und bei allen anderen Bauarbeiten dürfen Sie die Miete kürzen, wenn durch sie die Nutzung der Wohnung beeinträchtigt ist.

für die gewohnte Lebensweise übrig behalten. Mietern mit höherem Einkommen ist also mehr zuzumuten als Menschen mit wenig Geld. Trotz finanzieller Härte darf der Vermieter die Kosten vollständig auf die Miete umlegen, wenn er Haus und Wohnung nur auf den inzwischen üblichen Stand bringt.

Besondere Härten

Im Einzelfall können aber Härten vorliegen, bei denen Mieter nicht zustimmen müssen. So musste der Mieter einer Einzimmerwohnung nicht die Verkleinerung des Wohnzimmers zugunsten eines neuen Bads dulden (Amtsgericht Berlin-Schöneberg, Az. 11 C 68/93). Das Amtsgericht Hamburg hielt den Einbau von neuen Fenstern mit einem Drittel weniger Glasfläche für nicht akzeptabel (Az. 46 C 395/97).

Auch die Bauarbeiten können eine besondere Härte mit sich bringen, zum Beispiel, wenn der Vermieter mitten im Winter neue Fenster einbauen lassen will. Einer älteren Dame als Mieterin ist so eine Modernisierung nicht zuzumuten, wenn sie über Wochen Küche und Toilette in ihrer Wohnung nicht benutzen kann (Landgericht Mannheim, Az. 4 S 68/84).

Kein Zwang zum Luxus

Luxussanierungen gegen den Willen der Mieter sind von vornherein ausgeschlossen. Wo die Modernisierung aufhört und der Luxus anfängt, ist aber häufig schwer zu sagen. Entscheidend ist die Antwort auf die Frage: Verbessern die Arbeiten wirklich den Wohnwert oder dienen sie doch eher dem Erscheinungsbild und der besseren Vermarktung der Wohnungen?

Der Einbau eines modernen Bades bringt eine Wohnwertverbesserung, wenn es in der Wohnung bisher nur Toilette, Waschbecken und Dusche gab. Will der Vermieter allerdings teure Natursteinbecken und Designarmaturen einbauen lassen, ist das Luxus, den sich Mieter nicht gefallen lassen und den sie auch nicht bezahlen müssen.

Checkliste

Das sind die Regeln

- **Ankündigung.** Prüfen Sie, ob zwischen der Ankündigung der Modernisierung und dem Beginn der Bauarbeiten drei Monate liegen. Die Frist beginnt mit Zugang des Schreibens bei Ihnen. Der Vermieter muss alle Arbeiten, Beginn und voraussichtliche Dauer nennen.

- **Modernisierung.** Handelt es sich wirklich um eine Modernisierung? Faustregel: Sie müssen danach einen höheren Wohnstandard haben. Werden nur Mängel beseitigt, ist das eher keine Modernisierung.

- **Duldungspflicht.** Luxusmodernisierungen müssen Sie von vorneherein nicht dulden. Sind die Arbeiten unzumutbar und bedeuten sie eine besondere Härte? Dann können Sie sie ebenfalls zurückweisen. Möglich ist das bei umfangreichen Bauarbeiten, die Ihre Wohnung unbenutzbar machen und bei einer völligen Umgestaltung der Wohnung.

- **Beweise.** Machen Sie vor Beginn der Bauarbeiten Fotos, wenn aus Ihrer Sicht ohnehin Reparaturen anstehen. Den dafür nötigen Aufwand muss der Vermieter zu Ihren Gunsten anrechnen. Sie müssen den Reparaturbedarf vor Gericht dokumentieren können.

- **Mieterhöhung.** Wenn Sie sich die nach der Modernisierung erhöhte Miete nicht mehr leisten können, müssen Sie die Modernisierung trotzdem dulden. Der Vermieter darf die volle Mieterhöhung von Ihnen aber nur verlangen, wenn er nicht mehr als den allgemein üblichen Standard hergestellt hat oder wenn die Modernisierung eine erhebliche Energie- und damit Nebenkosteneinsparung bringt.

Hat der Mieter sich eine vom Vermieter geplante Wohnwertverbesserung schon selbst verschafft, muss dieser zurückstecken. So durfte der Vermieter eine Wohnung nicht auf Kosten der Mieter an die neue Zentralheizung anschließen, nachdem die Mieter bereits mit seiner Genehmigung eine Gasetagenheizung eingebaut hatten. So hat es der Bundesgerichtshof als höchstes deutsches Zivilgericht entschieden (Az. VIII ZR 25/12).

Koalition will Kosten begrenzen

Sobald Mieter eine Modernisierung dulden müssen und keine finanzielle Härte die Mieterhöhung begrenzt, sind Vermieter fein raus: 11 Prozent der Kosten können sie auf die Jahresmiete umlegen. Haben die Mieter die Kosten für die Modernisierung nach gut neun Jahren vollständig gezahlt, bleibt die Mieterhöhung trotzdem.

Das soll nicht so bleiben, versichern CDU, CSU und SPD im Koalitionsvertrag: „Durch eine Anpassung der Härtefallklausel werden wir einen wirksamen Schutz der Mieter vor finanzieller Überforderung bei Sanierungen gewährleisten."

Künftig sollen Vermieter höchstens 10 Prozent der Modernisierungskosten auf die Jahresmiete umlegen dürfen. Außerdem soll die Mieterhöhung dem Vermieter nur zustehen, bis sich die Modernisierung amortisiert hat. Im Gesetzentwurf zur Mietpreisbremse, den die Bundesregierung im Oktober 2014 vorgelegt hat, findet sich die Regelung allerdings nicht.

Mieter müssen mitspielen

Ist die Modernisierung einmal durch, müssen sich Mieter mit ihr und den Bauarbeitern arrangieren. Wer sich doch noch querstellt, läuft Gefahr, Schadenersatz zahlen zu müssen. Mieter müssen die Handwerker in die Wohnung lassen und leichte Möbel selbst zur Seite schieben. Schwere Schrankwände sind Vermietersache.

Führt die Modernisierung zu einer Energieeinsparung, dürfen Mieter drei Monate lang nicht einmal die Miete mindern, wenn sie die Wohnung wegen der Bauarbeiten nur eingeschränkt nutzen können. Erst danach haben sie das Recht, die Miete zu kürzen.

Für alle anderen Arbeiten gilt: Die Mieter dürfen ihre Zahlungen sofort verringern. Wie viel Geld sie einbehalten dürfen, hängt davon ab, wie stark die Nutzung der Wohnung beeinträchtigt ist. Die Gerichte entscheiden von Einzelfall zu Einzelfall (siehe „Miete mindern" in Finanztest 2/2012 und www.test.de/mietminderung).

Aber Achtung: Bevor der Gesamtbetrag der Kürzungen eine Monatsmiete erreicht, sollten Mieter sich unbedingt gründlich beraten lassen. Bei unberechtigter Minderung droht ihnen die Kündigung.

Vermieter muss genau abrechnen

Wenn die Bauarbeiter fertig sind, ist die Abrechnung dran. Der Vermieter darf nur dann eine erhöhte Miete kassieren, wenn er genau erklärt, welche Modernisierungskosten entstanden sind und welcher Teil davon auf welche Wohnung entfällt.

Oft ist umstritten, ob und in welchem Umfang die Modernisierung dem Vermieter Reparaturen erspart. Denn diese muss er selbst bezahlen und darf sie nicht auf den Mieter abwälzen

Wenig Zeit für den Einspruch

Mieter müssen schnell reagieren, wenn der Vermieter eine Modernisierung korrekt ankündigt. Sie haben nach Ende des Monats, in dem sie das Schreiben des Vermieters erhalten, einen Monat Zeit, um ihre Einwände zu äußern. Die Frist gilt allerdings nur, wenn der Vermieter korrekt auf sie hingewiesen hat. Sonst dürfen Mieter ihre Argumente auch später noch bringen.

Wer sich wehren will, sollte sich sofort vom Mieterverein oder einem auf Mietrecht spezialisierten Rechtsanwalt beraten lassen. Fehler im Einspruch gegen eine Modernisierung sind nach Ablauf der Frist nicht mehr gutzumachen. ■

Die Schimmelstreiter

Wer ist schuld am Schimmel? Oft ist nicht eindeutig, ob es am Haus liegt oder ob der Mieter schlecht lüftet. Ein frühes Gutachten bringt Klarheit.

Finanztest 1/2014 Bildet sich Schimmel in der Wohnung, sollten Mieter bei der Kürzung der Miete vorsichtig sein. Vermieter können fristlos kündigen, wenn der Mieter etwa durch mangelhaftes Lüften für den Schimmel verantwortlich war und er dennoch die Miete üppig gemindert hat.

Damit es dazu nicht kommt, sollten Mieter den Vermieter zunächst zur Beseitigung des Schimmels auffordern und erklären, dass sie solange die volle Miete nur unter Vorbehalt zahlen. Reagiert der Vermieter nicht, können Mieter klagen. Im Prozess wird auch geklärt, ob eine Mietkürzung angemessen ist.

Wer die Klage vor Gericht scheut, kann sich zusammen mit dem Vermieter auf einen Sachverständigen einigen und von ihm klären lassen, wer schuld am Schimmel ist. Je nach Ergebnis des Gutachtens sollte dann auch eine Einigung über die Höhe einer Mietminderung zwischen den Mietparteien möglich sein.

Werden sich Mieter und Vermieter nicht über einen Gutachter einig, können sie bei Gericht ein „selbstständiges Beweisverfahren" beantragen. Dann sucht das Gericht den Sachverständigen aus.

Auf eigene Faust mit Vorsicht

Wer die Miete auf eigene Faust mindert, ohne die Ursache des Schimmels klären zu lassen, sollte spätestens dann mit dem Kürzen aufhören, wenn die Summe eine Miete zu übersteigen droht. Denn ab dann ist eine Kündigung wegen Mietrückstands möglich. ■

Checkliste

Gegen den Schimmel

- **Lüften.** Damit die Feuchtigkeit aus den Räumen kommt, sollten Sie – wenn möglich – drei- bis viermal pro Tag fünf bis zehn Minuten die Fenster ganz öffnen. Luftentfeuchter helfen Ihnen, wenn Sie zum Beispiel nur wenig zum Lüften kommen. Die Geräte kosten allerdings oft mehr als 100 Euro.
- **Messen.** Kaufen Sie Feuchtigkeitsmesser (Hygrometer) für jeden Raum in Ihrer Wohnung. Sie sind für 10 bis 20 Euro im Baumarkt erhältlich. Idealerweise liegt die Luftfeuchtigkeit zwischen 40 und 60 Prozent.
- **Vermieter.** Informieren Sie den Vermieter schriftlich, wenn Sie Schimmel entdeckt haben. Schreiben Sie: „Bis zur Beseitigung der Mängel zahle ich die Miete unter Vorbehalt."
- **Gutachter.** Bei der Gutachtersuche helfen Ihnen die IHK, die Handwerkskammern oder Ingenieurverbände.
- **Killer.** Schimmelflecken können Sie gut mit Wasserstoffperoxid oder Isopropanol aus der Apotheke oder mit Brennspiritus entfernen. Wenden Sie die Mittel an jeder Stelle zweimal an.
- **Information.** Mehr Tipps und Testergebnisse finden Sie im Internet unter www.test.de/schimmelpilze.

Kleinigkeiten haben Grenzen

Der Vermieter muss die Wohnung instand halten. Nur kleine Reparaturen darf er auf die Mieter abwälzen und muss sich an Grenzen halten.

Finanztest 2/2014 Juristen nennen sie Kleinreparaturen, aber sie können zu großen Rechnungen führen. In einem Fall, der 2013 vom Amtsgericht Bingen entschieden wurde, soll ein Paar aus Ingelheim bei Mainz 320 Euro für Reparaturen in der Wohnung zahlen. Das entspricht einer halben Monatsmiete.

Kurz nach dem Einzug hat das Paar Mängel festgestellt: Der WC-Spülkasten macht Probleme, ein Fenstergriff ist defekt, das Licht im Herd brennt nicht und der Wasserhahn im Bad funktioniert nicht einwandfrei. Die beiden informieren die Vermieterin.

Es dauert lange, bis die Frau Handwerker in die Wohnung schickt. Als die Mängel behoben sind, beruft sie sich auf eine Klausel im Mietvertrag. Danach müssen die Mieter Kosten bis zum Betrag von 120 Euro pro einzelner Reparatur selbst tragen. Da der Handwerker für jede der drei Arbeiten weniger als 120 Euro verlangte, stellt die Vermieterin dem Ehepaar alles in Rechnung. Die Gesamtsumme beträgt 320 Euro.

Im April 2013 kommt es zum Prozess. Das Amtsgericht Bingen entscheidet: Das Ehepaar muss nicht zahlen. Die Klausel im Mietvertrag ist unwirksam, weil 120 Euro pro Fall zu viel sind.

Vermieter muss reparieren

Es ist Vermietersache, wenn während der Mietzeit etwas in der Wohnung durch Verschleiß kaputtgeht. So steht es in Paragraf 535 des Bürgerlichen Gesetzbuchs.

Dennoch müssen die Mieter manche Reparaturen tragen. Sie sind zum Beispiel für die Ausbesserung von Schäden zuständig, an denen sie selbst schuld sind. Lässt ein Mieter einen schweren Gegenstand auf die Fliesen fallen, muss er den Schaden bezahlen. Zudem dürfen Vermieter Mieter vertraglich zu Schönheitsreparaturen verpflichten, also zum Streichen und Tapezieren der Wohnung.

Die Rechtsprechung erlaubt es Vermietern durchaus auch, wie in dem Fall aus Ingelheim die Kosten bestimmter kleinerer Reparaturen per Vertrag auf den Mieter abzuwälzen. Das klappt aber nur, wenn der Vermieter bei der Formulierung der Vertragsklausel zwei Regeln beachtet.

Erstens muss die Klausel Kostengrenzen nennen, damit der Mieter bei Unterschrift des Mietvertrags schon wissen kann, wie viel er maximal zahlen muss, und die Grenzen müssen angemessen sein. Und zweitens darf die Klausel dem Mieter nur Kosten für Reparaturen an Einrichtungsgegenständen in der Wohnung aufbürden.

Maximale Grenze pro Einzelreparatur

Was eine Reparatur maximal kosten darf, um noch als Kleinreparatur zu gelten, steht nicht im Gesetz. Gerichte legen die Grenze erst in ihren Urteilen fest. Die Summe orientiert sich an den Kosten für eine Handwerkerstunde plus Fahrkosten, Materialkosten und Mehrwertsteuer.

Im Jahr 1989 hat der Bundesgerichtshof eine Klausel gebilligt, wonach ein Mieter Reparaturen bis zu 50 Euro zu zahlen hat (Az. VIII ZR 91/88). Zwei Jahre später fand das Oberlandesgericht Hamburg bis zu 75 Euro pro Reparatur in Ordnung (Az. 5 U 135/90). Im Jahr 2005 segnete das Amtsgericht Braunschweig 100 Euro ab (Az. 116 C 196/05), das Amtsgericht Würzburg 2010 sogar 110 Euro (Az. 13 C 670/10).

Das Amtsgericht Bingen fand 120 Euro als Kostengrenze zu hoch. Steigen die Preise in der Zukunft, wird die Summe aber wohl irgendwann angemessen sein.

So wirkt die Kostengrenze

Ist die Kostengrenze im Mietvertrag in Ordnung, muss der Mieter nur die Reparaturen bezahlen, die diesen Wert nicht übersteigen. **Beispiel** Kostet die Reparatur eines defekten Fenstergriffs 50 Euro, muss ein Mieter mit 75-Euro-Klausel sie allein bezahlen. Beträgt die Rechnung 90 Euro, zahlt der Vermieter allein. Der Mieter hat die Kosten dann nicht anteilig mitzutragen.

Ist die Kleinreparaturklausel wie in dem Fall aus Ingelheim unwirksam, ist der Mieter fein raus. Dann gilt die gesetzliche Grundregel, wonach der Vermieter Reparaturarbeiten ganz allein zu tragen hat.

Höchstgrenze pro Jahr

Sind viele kleine Reparaturen im Laufe eines Jahres nötig, kann die finanzielle Belastung für den Mieter enorm werden. Der Vermieter muss in der Kleinreparaturklausel daher neben der Grenze für die einzelne Reparatur eine Jahreshöchstgrenze nennen. Auch sie steht nicht im Gesetz.

Mietrechtsexperten halten als Maximalbetrag bis zu 8 Prozent der Jahresmiete ohne Heiz- und sonstige Nebenkosten für angemessen. Wer zum Beispiel 500 Euro Miete pro Monat zahlt, muss pro Jahr mit einer maximalen Belastung von 480 Euro für Kleinreparaturen rechnen. Ist die Grenze überschritten, zahlt der Vermieter alles Weitere allein.

Reparatur an Wohnungseinrichtung

Mit einer Klausel im Mietvertrag kann der Vermieter dem Mieter immer nur Reparaturkosten für Wohnungsgegenstände aufbürden, die seinem ständigen Zugriff ausgesetzt sind. Das sind etwa Wasserhähne, Lichtschalter und Türklinken.

Strom- und Wasserleitungen oder eine Therme gehören nicht dazu. Diese sind auf Kosten des Vermieters zu reparieren. Nur die Kosten für die regelmäßige Wartung der Therme kann der Vermieter im Vertrag auf den Mieter abwälzen. Arbeiten an der Haustür oder der Hausbeleuchtung muss ein Mieter auch nicht bezahlen. Schließlich benutzt nicht nur er allein die Tür und die Lichtanlage.

Unser Rat

Kleinreparaturen. Der Vermieter darf nur für Kleinreparaturen an Gegenständen in der Wohnung wie Türgriffen oder Wasserhähnen Geld von Ihnen verlangen. Viele Gerichte sehen die Obergrenze bei 75 Euro pro Reparatur, auch 100 Euro können okay sein. Im Mietvertrag muss nicht nur die Einzelgrenze, sondern auch eine Höchstgrenze genannt sein. 8 Prozent der jährlichen Miete ohne Nebenkosten gelten weithin als angemessen. Fehlen die Grenzen im Vertrag, müssen Sie nichts zahlen.

Mängelanzeige. Zeigen sich in Ihrer Wohnung Mängel, sollten Sie diese Ihrem Vermieter schriftlich anzeigen. Der Vermieter muss sich darum kümmern, dass die Mängel behoben werden. Setzen Sie ihm eine Frist. Tut er nichts, können Sie die Arbeiten selber in Auftrag geben. Überschreitet die Rechnung die Grenze für Kleinreparaturen, dürfen Sie die Kosten mit der Miete verrechnen.

Therme. Die Pflicht, eine Therme in der Wohnung auf eigene Kosten warten zu lassen, kann Ihnen der Vermieter nur über eine individuelle Vereinbarung auferlegen, nicht über ein Mietvertragsformular. Haben Sie eine vorgedruckte Klausel, sollten Sie Rechtsrat einholen.

Vermieter beauftragt Handwerker

Auch wenn der Mieter Reparaturen bezahlen muss, weil die Kostengrenze im Mietvertrag in Ordnung ist: Handwerker beauftragen muss immer der Vermieter. Verpflichtet der Vertrag dennoch den Mieter dazu, ist die ganze Reparaturklausel unwirksam. Die Folge: Der Vermieter muss sich um die Reparaturen kümmern und diese auch bezahlen. ■

Vor die Tür gesetzt

Je stärker die Mieten steigen, desto attraktiver ist es für Vermieter, wegen Eigenbedarfs zu kündigen. Da haben Mieter kaum eine Chance.

Finanztest 9/2014 Mehr als 25 Jahre lebte die Mieterin in ihrer Zweizimmerwohnung in Berlin. Plötzlich kam die Kündigung. Ihr Vermieter wohnte mit seiner Familie in Hannover, hatte aber in Berlin eine Tochter aus einer früheren Beziehung. Die wollte der Chefarzt regelmäßig sehen, gern in einer häuslichen Umgebung statt in einem Hotel. Die Frau wehrte sich vor Gericht – und verlor.

Das Urteil überrascht. Dass Gerichte einen Mieter aus der Wohnung reißen, obwohl der Eigentümer sie nur zeitweise nutzen will, war bisher nicht selbstverständlich. Im vorliegenden Fall hatte die Frau vorm Amtsgericht gewonnen, vorm Landgericht aber verloren. Auch das Bundesverfassungsgericht ließ sie abblitzen. Vermieter dürfen kündigen, selbst wenn die Wohnung nicht ihr Lebensmittelpunkt werden soll (Az. 1 BvR 2851/13).

Eigenbedarfskündigungen nehmen zu, stellt Ulrich Ropertz vom Mieterbund fest und warnt: „Je mehr die Gerichte diesen Kündigungsweg ausweiten, desto leichter fällt es Investoren aus dem In- und Ausland, Mieter aus ihren Wohnungen zu werfen."

Täuschen leicht gemacht

Mieterschützer sind besorgt, weil Vermieter Eigenbedarf leicht vortäuschen können. Da will sich ein Ehepaar trennen und einer der Partner in die bisher vermietete Wohnung einziehen. Sobald der Mieter draußen ist, haben die beiden sich versöhnt, die Wohnung wird teuer neu vermietet. Oder die Kinder wollen Zuhause ausziehen und brauchen die vermietete Wohnung, überlegen es sich nach Auszug des Mieters aber wieder anders.

Das Problem ist hoch brisant. Mehr als die Hälfte der Deutschen wohnt zur Miete. Zwei Drittel aller Wohnungen, 15 Millionen, sind privat vermietet. Die rasant gestiegenen Mieten und Immobilienpreise machen es immer lukrativer, Altmieter loszuwerden. Jedes Jahr landen bis zu 12000 Fälle vor Gericht.

Wenn ein Vermieter kündigen will, kommt als Grund fast nur Eigenbedarf infrage. Andere Wege sind verbaut, solange Mieter sich vertragsgemäß verhalten – im Wesentlichen heißt das, dass sie pünktlich zahlen und sich an die Hausordnung halten.

Wie oft Eigenbedarf nur vorgetäuscht wird, darüber gibt es keine Statistiken. Wenn so etwas auffliegt, können Mieter aber Schadenersatz fordern. Außerdem haben sie Anspruch darauf, wieder in die alte Wohnung zurückzukehren.

Niedrige Hürden für Kündigung

Eine Kündigung wegen Eigenbedarfs ist einfach, denn der Vermieter muss nur „vernünftige, nachvollziehbare Gründe" nennen: Seine Wohnung wird zu klein, er will ein Arbeitszimmer, ein Gästezimmer oder mit einem Partner zusammenziehen. Auch diese Gründe haben Gerichte abgesegnet:

- Der Vermieter will aus gesundheitlichen Gründen weniger Treppen steigen (Landgericht Hamburg, Az. 7 S 271/88).
- Seine jetzige Wohnung ist teurer als die vermietete (BVerfG, Az. 1 BvR 697/93).
- Seine bisherige Wohnung hat Schäden (Amtsgericht Dortmund, Az. 136 C 708/89).
- Ihm wird seine jetzige Wohnung mit zwei unnötigen Kinderzimmern zu groß (Amtsgericht Gelsenkirchen-Buer, Az. 4 C 201/93).

Eigenbedarf für Angehörige

Der Vermieter kann auch für enge Angehörige Eigenbedarf anmelden. Dazu zählen getrennt lebende Ehepartner, Großeltern, Schwiegereltern, Enkel. Auch für Nichten,

Neffen, Onkel, Tanten, Schwager und Cousins kann das gelten, wenn eine enge Verbundenheit besteht (BGH, Az. VIII ZR 247/08). Selbst für Haushaltshilfen oder eine Pflegeperson kann der Vermieter Eigenbedarf geltend machen.

Kein Eigenbedarf für Firmen

Geschiedene und Freunde zählen aber nicht. Auch juristische Personen wie eine Firma können keinen Eigenbedarf haben. Für eine Gesellschaft bürgerlichen Rechts (GbR) machte der Bundesgerichtshof eine Ausnahme: Ein gehbehinderter Gesellschafter wollte die Erdgeschosswohnung (Az. VIII ZR 271/06).

Nur selten lehnen Gerichte Gründe ab. Typische Beispiele dafür sind:

- Der Bedarf ist überhöht, etwa eine Fünfzimmerwohnung für eine 18-jährige Tochter (Amtsgericht Köpenick, Az. 14 C 16/13).
- Andere Wohnungen im Haus stehen leer und der Vermieter erklärt nicht, weshalb es ihm gerade auf diese Wohnung ankommt (LG Frankfurt/Main, Az. 2/11 S 285/02).
- Der Eigenbedarf war schon bei Abschluss des Mietvertrags absehbar.

Ganz genau schauen Gerichte hin, wenn es Probleme im Mietverhältnis gab. Etwa wenn ein Vermieter nach einer misslungenen Mieterhöhung Eigenbedarf anmeldet (Amtsgericht Köln, Az. 209 C 473/09).

Wurde das Haus erst nach Einzug des Mieters in Eigentumswohnungen umgewandelt, ist in den ersten drei Jahren nach dem Kauf keine Kündigung erlaubt. In einigen Städten gelten sogar zehn Jahre Sperrfrist

Vermieter sollten Gründe nennen

Der Vermieter muss aber Angaben über seine aktuellen Wohnverhältnisse machen (BGH, Az. VIII ZR 254/06). Die Bedarfsperson muss er im Regelfall nicht namentlich nennen, sie muss aber bestimmbar sein, zum Beispiel „meine älteste Tochter“. Der Mieter hat Anspruch auf diese Informationen, damit er seine Rechtslage einschätzen kann. Hat der Vermieter mehrere Wohnungen, muss er eine Ersatzwohnung aus seinem Bestand anbieten. Voraussetzung ist, dass gerade eine Wohnung frei ist oder bald frei wird und dass sie in der Nähe liegt. Als „nah“ gilt zum Beispiel in Berlin derselbe Stadtbezirk. Um festzustellen, ob der Vermieter Wohnungen besitzt, dürfen Mieter das Grundbuch einsehen.

Fällt der Eigenbedarf nach der Kündigung weg, muss der Eigentümer den Mieter informieren. Das gilt, bis die Kündigungsfrist abgelaufen ist (BGH, Az. VIII ZR 339/04).

Vermietete Wohnung billig gekauft

Auch wer ein vermietetes Objekt kauft, weil es viel billiger ist als ein freies, darf Eigenbedarf anmelden. Das Justizministerium nennt dies in einer Broschüre sogar als Beispiel: „Frau und Herr Müller, die mit Kind eine Drei-Zimmer-Wohnung zur Miete bewohnen, kaufen ein vermietetes Haus mit fünf Zimmern. Müllers möchten einziehen; nur deshalb haben sie das Haus gekauft. Am Eigenbedarf ist nicht zu rütteln.“ ■

Unser Rat

Vermieter. Nennen Sie für die Kündigung wegen Eigenbedarfs konkrete Gründe. Der Mieter hat Anspruch auf diese Informationen, um die Erfolgschance eines Widerspruchs einzuschätzen.

Mieter. Prüfen Sie, ob die Kündigungsgründe des Vermieters stichhaltig sind. Sie haben bis zwei Monate vor Ablauf der Kündigungsfrist Zeit, zu widersprechen. Das kann Erfolg haben, wenn die Kündigung eine besondere Härte darstellt: bei Krankheit, hohem Alter, langer Mietzeit, Schwangerschaft oder wenn Sie gerade im Prüfungsstress stecken. Auch wenn Wohnungsnot herrscht und Ersatz nicht zu finden ist, kann das ein Grund sein. Eventuell kann der Vermieter Ersatzwohnungen aus seinem Bestand anbieten. Lassen Sie sich beim Mieterverein beraten.

Classico

Deliah Djinou hat im März 2013 ihren Freund Achille geheiratet. Weil sie studiert, erhält ihre Mutter auch weiterhin Kindergeld für Deliah.

Seite 152

FOTOS: JÜRGEN SCHULZKI

Kindergeld für erwachsene Kinder **S. 152,** Handwerker und Haushaltshilfen **S. 154,** Krankheitskosten **S. 156,** Pflegekosten **S. 158,** Steuer auf Lebensversicherung **S. 160,** Renten und Pensionen **S. 162**

Heirat kein K.-o.-Kriterium

Kindergeld erhalten Eltern auch für verheiratete Studenten. Offen ist, wie lange es das Geld bei dualen Ausbildungsgängen geben muss.

Finanztest 9/2014 Eltern, deren Kinder verheiratet sind und sich noch in einer Ausbildung befinden oder ein Studium absolvieren, müssen auch Kindergeld erhalten. Das hat der Bundesfinanzhof zugunsten von jungen Paaren entschieden.

Denn seit 2012 spielt das eigene Einkommen volljähriger Kinder gar keine Rolle für die Frage, ob ihre Eltern Kindergeld erhalten. Trotzdem musste erst der Bundesfinanzhof ein Machtwort sprechen.

Unser Rat

Anspruch klären. Ihr Kind will nach der Schule nicht sofort ein Studium oder eine klassische Berufsausbildung beginnen? Dann sollten Sie sich rechtzeitig bei Ihrer Familienkasse erkundigen, unter welchen Umständen Sie weiter Kindergeld erhalten.

Voraussetzungen prüfen. Am besten ist es, wenn Sie wissen, dass die Voraussetzungen für das Kindergeld erfüllt sind (siehe Tabelle S. 153). Dann brauchen Sie nicht zu befürchten, das Geld zurückzahlen zu müssen, falls kein Anspruch auf Kindergeld bestand.

Einspruch einlegen. Streicht die Familienkasse das Kindergeld ohne plausiblen Grund, legen Sie vorsorglich Einspruch ein. Sind Sie sich unsicher, überprüfen Sie mithilfe eines Anwalts oder eines Lohnsteuerhilfevereins, ob die Kasse zurecht ablehnt oder in der Frage noch Musterverfahren anhängig sind.

Die obersten Finanzrichter haben klargestellt, dass nicht nur die Einkünfte des Kindes, sondern auch die des Ehepartners für den Anspruch auf Kindergeld unerheblich sind (Az. III R 22/13).

Duales Studium eine Ausbildung

Gewonnen haben auch Eltern, deren Kinder eine integrierte praktische Ausbildung in einem dualen Studiengang zum Bachelor absolvieren. Ihnen steht nicht nur Kindergeld unabhängig vom Einkommen des Kindes bis zum Abschluss der Ausbildung zu, sondern bis zum Abschluss des dualen Studiums. Das hat der Bundesfinanzhof jüngst entschieden (Az. III R 52/13).

Der Streit wurde ausgelöst, weil seitdem nicht mehr das eigene Einkommen der Kinder zählt, die jungen Erwachsenen nach Abschluss der ersten Ausbildung während ihrer Ausbildung oder Ausbildungssuche nebenbei nicht mehr als 20 Wochenstunden arbeiten dürfen.

Haben Studenten den praktischen Ausbildungsteil mit einem anerkannten Abschluss der dualen Ausbildung absolviert, hatten sie nach Auffassung der Familienkassen die Erstausbildung bereits abgeschlossen. Ihre weitere Tätigkeit im Ausbildungsbetrieb, neben dem Studium, wurde zum Fallstrick: Beträgt die vereinbarte Arbeitszeit mehr als 20 Wochenstunden, hat die Familienkasse das Kindergeld gestrichen. Und mit ihm gingen alle weiteren kindbedingten Steuervergünstigungen verloren.

Damit ist jetzt Schluss. Der Bundesfinanzhof wie zuvor das Finanzgericht Münster entschieden, dass bei einem dualen Studium beide Ausbildungen zusammengehören. Eltern müssen demnach Kindergeld wie für Auszubildende und Studenten nach dem Abitur im Erststudium erhalten, bis der Nachwuchs sowohl Ausbildung als auch Studium abgeschlossen hat. Bedingung ist, dass sie sich

Finanztest Wann es Kindergeld für volljährige Kinder gibt

In vielen Fällen erhalten Eltern für Kinder über das 18. Lebensjahr hinaus Kindergeld. Der eigene Verdienst der Kinder spielt keine Rolle. Auch auf die Frage, ob sie verheiratet sind oder nicht, kommt es neuerdings nicht mehr an.

Kinder 18 bis 21 Jahre	
Ohne Beschäftigung	Kinder sind bei der Bundesagentur für Arbeit oder in einem EU/EWR-Staat als arbeitssuchend registriert oder beantragen ARGE-Leistungen.
Kinder 18 bis 25 Jahre	
Schule, Studium, Berufsausbildung	Kinder ▪ besuchen allgemeinbildende Schulen, Berufs-, Fachhochschulen, Universitäten, Weiterbildungskollegs, Abendgymnasien, ▪ absolvieren Abiturfernlehrgänge, Praktika, Trainee-Programme, Referendariate, Auslandsaufenthalte mit Collegebesuch oder Au-pair-Tätigkeiten mit mindestens zehn Wochenstunden Sprachlehrgang, ▪ machen eine Zweitausbildung, ein Zweitstudium oder promovieren und arbeiten nebenbei maximal 20 Stunden pro Woche oder nur in einem Minijob, ▪ lassen sich im Studium beurlauben, machen in der Zeit aber ein Praktikum oder Prüfungen oder arbeiten als wissenschaftliche Hilfskraft.
Übergangszeit	Kinder machen bis vier Monate Pause zwischen Ausbildung und Freiwilligendienst oder zwischen zwei Ausbildungsabschnitten.
Freiwilligendienste	Kinder absolvieren einen Bundesfreiwilligendienst, ein freiwilliges soziales Jahr, ein freiwilliges ökologisches Jahr oder einen Europäischen Freiwilligendienst, Freiwilligendienst aller Generationen.
Ohne Ausbildungsplatz	Kinder bemühen sich ernsthaft um einen Ausbildungsplatz, zum Beispiel mit Bewerbungen, Bewerbungsgesprächen (Nachweise vorlegen).
Kinder über 25 Jahre	
Körperlich, geistig, seelisch Behinderte	Kinder, die schon vor dem 25. Lebensjahr behindert waren.

ernsthaft auf den Studienabschluss vorbereiten und nur pro forma Student sind, erklärte die Richter vom Bundesfinanzhof.

Was zählt als Ausbildung?

Das Kindergeld steht auch bei der Frage auf dem Spiel, was überhaupt eine Ausbildung ist. Eine Mutter erhielt ein Jahr lang kein Kindgeld, weil ihr Sohn sich als Student an einer Uni für zwei Semester beurlauben ließ.

Er war während dieser Zeit Vorsitzender des Allgemeinen Studentenausschusses (Asta). Obwohl nach dem Hochschulgesetz von Nordrhein-Westfalen die Mitwirkung an der Selbstverwaltung der Uni zu den Rechten und Pflichten der Studierenden gehört, ist eine Asta-Tätigkeit keine Ausbildung. Das entschied der Bundesfinanzhof (Az. III B 87/13).

Doch die Mutter hätte die Streichung des Kindergeldes leicht vermeiden können. Eine Beurlaubung vom Studium schließt die staatliche Förderung nicht automatisch aus, betonte der Bundesfinanzhof und verwies auf ein früheres Urteil (BFH, Az. VIII R 77/02).

Der Student hätte nur ein Praktikum machen oder die eine oder andere Prüfung ablegen müssen. Dann hätte die Familienkasse das Kindergeld nicht streichen dürfen. ■

Neue Posten für die Steuer

Eigentümer profitieren stark von den neuen Steuerregeln rund ums Haus. Aber auch Mieter können beim Finanzamt kräftig sparen.

Finanztest 5/2014 Viele tausend Euro kostet der Ausbau eines Dachgeschosses, ähnlich teuer kommt der Anbau eines Wintergartens. Bislang gab es für beides keine Steuerermäßigung, denn die Arbeiten gehörten nicht zu den „haushaltsnahen Dienstleistungen". Das hat sich geändert.

Ein neues Schreiben des Bundesministeriums für Finanzen (BMF) stellt klar: Steuerbegünstigt sind ab dem Jahr 2014 auch Ausgaben für Arbeiten im Haushalt, die dazu führen, dass die Wohn- oder Nutzfläche erweitert wird (BMF-Schreiben IV C 4 - S 2296-b/07/0003).

Die Definition der „Neubaumaßnahme" wurde neu gefasst. Als Neubau gilt nur noch die Gründung eines Haushalts bis zur Fertigstellung. Für diese Arbeiten gibt es keine Steuervorteile, wohl aber für viele, die danach kommen. Begünstigt sind zum Beispiel Arbeiten am Kellerausbau, an neuen Außenanlagen, Wegen, Zäunen oder Stützmauern.

Damit ist nicht nur das zugelassen, was im Haushalt Vorhandenes ersetzt, jetzt zählen auch Tätigkeiten, durch die Neues entsteht.

So sparen Mieter

Von den Neuerungen profitieren Hauseigentümer am meisten. Aber auch Mieter können Steuern sparen, wenn sie Ausgaben rund um die Wohnung richtig geltend machen.

Nach wie vor zählen alle Arbeiten, durch die Vorhandenes ersetzt wird. Dazu gehört die Renovierung oder Modernisierung des Badezimmers genauso wie das Abschleifen der Dielen oder die Reparatur der Waschmaschine in der Wohnung. Auch die jährliche Nebenkostenabrechnung enthält Posten, die sich steuerlich günstig auswirken, zum Beispiel Ausgaben für den Hausmeister, die Gebäudereinigung und die Gartenpflege.

Unser Rat

Ausgaben. Egal, ob Sie Eigentümer oder Mieter sind – für Ihre Ausgaben an Handwerker und Haushaltshilfen bekommen Sie Geld vom Finanzamt zurück. Sie dürfen nur keine Schwarzarbeiter beschäftigen. Dafür gibt es natürlich keinen Steuerbonus.

Rechnung. Achten Sie darauf, dass Materialkosten in Rechnungen getrennt von Arbeits-, Fahrt- und Maschinenkosten ausgewiesen sind. Die Anteile sollten wenigstens prozentual aufgeschlüsselt sein. Zahlen Sie alle Rechnungen am besten per Überweisung. Vermeiden Sie unbedingt Barzahlungen, denn die erkennt das Finanzamt nicht an.

Steuererklärung 2013. Tragen Sie Lohn-, Fahrt- und Maschinenkosten inklusive Umsatzsteuer im Mantelbogen ein. Ausgaben für Minijobber gehören in Zeile 71, Zahlungen an sozialversicherte Haushaltshilfen kommen in Zeile 72, Pflege- und Betreuungskosten in Zeile 74 und Handwerkerleistungen in Zeile 75.

Freibetrag. Wenn Sie Arbeitnehmer sind, können Sie sich vom Finanzamt für die Kosten für Handwerker und Haushaltshilfen schon während des Jahres einen Lohnsteuerfreibetrag eintragen lassen. Als Selbstständiger beantragen Sie, dass Ihre Einkommensteuer-Vorauszahlungen gesenkt werden.

Finanztest Steuerabzüge für Dienste im Haushalt

Mit Ausgaben für Haushaltshilfen und Handwerker lassen sich Steuern sparen. Maximal sind 5710 Euro pro Jahr drin, wenn Steuerzahler alle drei Höchstbeträge ausschöpfen.

	Haushaltshilfe		Handwerker
	als 450-Euro-Job[1)]	**selbstständig oder sozialversichert angestellt[2)]**	
So viel erkennt das Finanzamt maximal an	2550 Euro	20000 Euro	6000 Euro
So viel Steuerermäßigung gibt es maximal	20 Prozent der Kosten, höchstens 510 Euro[3)]	20 Prozent der Kosten, maximal 4000 Euro	20 Prozent der Lohn-, Fahrt- oder Maschinenkosten, maximal 1200 Euro

1) Der Arbeitgeber muss die Haushaltshilfe bei der Minijobzentrale anmelden (www.minijob-zentrale.de). In Wohnungseigentümergemeinschaften müssen Mieter und Eigentümer 450-Euro-Jobs bei den sozialversicherten oder selbstständigen Haushaltshilfen mit abrechnen.

2) Die Hilfe kann beim privaten Arbeitgeber oder einer Firma sozialversichert angestellt sein.

3) Kosten dürfen keine Werbungskosten, Betriebsausgaben oder Sonderausgaben sein. Zählen Kosten als außergewöhnlichen Belastungen, ist nur noch der Eigenanteil, die „zumutbare Belastung", abzurechnen.

Bis zu 5710 Euro Steuerermäßigung sind drin, wenn Eigentümer oder Mieter alles ausschöpfen und 28550 Euro für Handwerker und Haushaltshilfen geltend machen.

Neuer Vorteil für Pflegebedürftige

Die neuen Regeln bringen auch etwas Erleichterung für Heimbewohner und Menschen, die zuhause gepflegt werden. Sie können jetzt Kosten für das Zubereiten und Servieren der Mahlzeiten problemlos abrechnen. Bislang gab es oft Ärger mit dem Finanzamt.

Wie bisher zählen Ausgaben für den Wäscheservice, die Reinigung des Zimmers und der Gemeinschaftsflächen. Auch Kosten für die bloße Möglichkeit, bei Bedarf Pflege und Betreuungsleistungen zu nutzen, gehen jetzt durch. Der Bundesfinanzhof (BFH) hat klargestellt, dass Aufwand für das Bereitstellen von Leistungen selbst dann zählt, wenn diese nicht genutzt werden (BFH, Az. VI R 28/08). Heimbewohner müssen keinen eigenen Haushalt führen, um solche Kosten abrechnen zu können.

Heikel kann die Abrechnung von Kosten für die Begleitung von kranken, alten oder pflegebedürftigen Personen bei Einkäufen, für Arzt- und Botengänge sein. Solche Dienstleistungen sind nur begünstigt, wenn sie zu den Nebenpflichten von Helfern gehören, die vor allem andere Aufgaben im Haushalt übernehmen. Ist die Haushaltshilfe nur für Fahrten zum Arzt, fürs Einkaufen, Spazierengehen und für Botengänge engagiert, zählen die Kosten nicht.

Schornsteinfeger zählt nicht mehr voll

Normale Wartungsarbeiten, beispielsweise am Aufzug und an der Blitzschutzanlage, sind nach wie vor begünstigt. Aber: Die Leistungen des Schornsteinfegers werden ab 2014 nicht mehr so einfach anerkannt. Sie müssen neuerdings aufgeteilt werden. Steuerbegünstigt sind auch in Zukunft Handwerkerleistungen des Schornsteinfegers, wie Kehr-, Reparatur- und Wartungsarbeiten. Nicht begünstigt sind Gutachtertätigkeiten wie Messen und Überprüfen, die auch in anderen Fällen nicht anerkannt werden.

Bis einschließlich 2013 kann jeder alle Leistungen des Schornsteinfegers aber noch in voller Höhe beim Finanzamt absetzen. Erst ab 2014 müssen die Kosten aus Steuergründen aufgeteilt werden. ■

Jeden Euro angeben

Steuerzahler sollten alle Krankheitskosten beim Finanzamt abrechnen. Der Bundesfinanzhof muss entscheiden, ob jeder Euro zählt.

Finanztest 7/2014 Ob Ausgaben für ein Zahnimplantat, die Physiotherapie, eine Kur oder Medikamente – nicht nur, wer hohe Kosten durch Krankheiten hat, sollte sie in der Steuererklärung abrechnen. Auch Kosten, die unter der heutigen Grenze für den Eigenanteil des Steuerzahlers liegen, könnten bald steuermindernd wirken.

Zwei Verfahren sind beim Bundesfinanzhof (BFH) anhängig (Az. VI R 32/13 und VI R 33/13). In beiden geht es um die Frage, ob es verfassungswidrig ist, dass das Finanzamt die Krankheitskosten der Steuerzahler um eine „zumutbare Belastung" kürzt und nur Beträge über der Grenze anerkennt.

Der eine Kläger will gut 1240 Euro ungekürzt als außergewöhnliche Belastung abrechnen – unter anderem Ausgaben für Krankenhausaufenthalte und Medikamente (Az. VI R 32/13). Der andere streitet mit dem Finanzamt um rund 170 Euro für Medikamente und Praxisgebühren (Az. VI R 33/13).

Gleichheitsgrundsatz verletzt

Rückendeckung bekommen die Kläger vom Bundesverband der Lohnsteuerhilfevereine (BDL). Der Geschäftsführer des BDL, Erich Nöll, beschreibt die aktuelle Regelung als zumindest teilweise verfassungswidrig:

„Wir vertreten die Auffassung, dass bestimmte Krankheitskosten – wie die Zuzahlungen zu Medikamenten oder der Eigenanteil für Zahnersatz – vollständig, also ohne Kürzung um die zumutbare Belastung, als außergewöhnliche Belastung steuerlich abziehbar sein müssen." Der aktuelle Streit betrifft so viele Menschen, dass die Finanzämter mittlerweile angehalten sind, die Steuerbescheide in diesem Punkt automatisch offenzulassen.

„Wir raten allen Steuerzahlern, sämtliche Ausgaben, die als außergewöhnliche Belastungen infrage kommen, in der Steuererklärung geltend zu machen", sagt Uwe Rauhöft vom Neuen Verband der Lohnsteuerhilfevereine. „Auch solche, die nach aktueller Rechtslage keine Steuerersparnis bringen."

Nach Rauhöfts Ansicht hat es allerdings keinen Sinn, jedes selbstgekaufte Pflaster anzugeben: „Krankheitskosten, deren Zwangsläufigkeit nicht belegt ist, scheiden steuerrechtlich aus." Das gelte zum Beispiel für Medikamente ohne Rezept und die Ausgaben für die Zahnreinigung.

Diese Ausgaben sind wichtig

Falls die Münchener Richter zugunsten der Steuerzahler entscheiden, müssen die Finanzämter zu viel bezahlte Steuern erstatten. Und zwar rückwirkend für alle noch offenen Steuerbescheide.

Doch nur wer seine Kosten in der Steuererklärung geltend gemacht hat, kann dann profitieren.

Auch wenn nicht jede selbstgekaufte Kopfschmerztablette zählt – Krankheitskosten im steuerlichen Sinn hat fast jeder. Sie reichen von ein paar Euro für Fahrtkosten zum Arzt bis zu mehreren tausend Euro für ein Zahnimplantat oder eine künstliche Befruchtung. Je nach Art der Ausgaben verlangt das Finanzamt unterschiedliche Belege für die Notwendigkeit und Höhe der Ausgaben.

Fahrtkosten. Für Fahrten zum Arzt, zum Therapeuten oder zur Apotheke zählen die Ausgaben für öffentliche Verkehrsmittel oder bei Fahrten mit dem Auto 30 Cent je Kilometer des Hin- und Rückwegs. Ist es unzumutbar, öffentliche Verkehrsmittel zu nutzen und ist kein eigener Pkw vorhanden, können auch Kosten für ein Taxi zählen.

Arznei, Verbandsmaterial. Sobald der Patient ein Rezept für Medikamente oder Verbandsmaterial hat, sollte er seine Ausgaben angeben. Er muss dem Finanzamt die Originalquittungen über den Kaufpreis oder seine Zuzahlungen vorlegen können. Eine Ausnahme gilt für die Verhütungspille für die Frau. Die Kosten werden steuerlich nicht anerkannt, obwohl sie verschreibungspflichtig ist.

Für Medikamente, die kein Arzt verschrieben hat, gibt es keine Steuerersparnis.

Therapie. Für die Zuzahlung zur Physiotherapie reicht das Rezept des Arztes als Nachweis. Bei Logopädie oder Psychotherapie verlangt das Finanzamt ein amtsärztliches Attest, das die medizinische Notwendigkeit bestätigt. Das Schreiben muss vor Behandlungsbeginn ausgestellt sein. Auch Ausgaben für den Heilpraktiker zählen.

Bei wissenschaftlich nicht anerkannten Behandlungsmethoden können Steuerzahler versuchen, den besonderen Nachweis der medizinischen Notwendigkeit zu erbringen. Die Richter am Bundesfinanzhof haben in einem aktuellen Verfahren beispielsweise erklärt, dass auch die Kosten für eine Bewegungstherapie (Heileurythmie) steuerlich zählen. Ein amtsärztliches Gutachten muss dafür nicht vorgelegt werden – ein Rezept vom Arzt reicht aus (Az. VI R 27/13).

Zähne. Selbstgetragene Kosten an Zahnersatz wie Implantaten zählen und sind mit Rechnungen zu belegen. Vorsorgliche Behandlungen wie eine Zahnreinigung zählen bislang nicht. Der medizinische Nutzen und damit die Zwangsläufigkeit sind noch umstritten, obwohl viele Krankenkassen die Zahnreinigung bezuschussen oder sogar ganz bezahlen (test.de/krankenkassen).

Künstliche Befruchtung. Kosten für die künstliche Befruchtung zählen, soweit die Krankenversicherung sie nicht trägt. Oft geht es um viele tausend Euro. Die Unfruchtbarkeit muss zuvor ein Arzt feststellen. Einzelne gesetzliche Kassen bezahlen die künstliche Befruchtung aber voll, andere zahlen erhöhte Zuschüsse (test.de/krankenkassen).

Unser Rat

Kosten. Geben Sie in Ihrer Steuererklärung alle zwangsläufigen Ausgaben an, die Sie wegen Krankheiten hatten. Dazu zählen Kosten für alles, was der Arzt verordnet hat, wie Kuren, Hilfsmittel, Medikamente oder Zahnersatz. Auch Fahrtkosten können Sie geltend machen.

Steuererklärung. Haben Sie Ihre Steuererklärung bereits abgegeben und vielleicht schon den Bescheid zuhause? Dann können Sie mit einem Einspruch gegen den Bescheid noch nachträglich Kosten geltend machen.

Belege. Bewahren Sie alle Belege auf. Es ist nicht ausgeschlossen, dass das Finanzamt bei einer Änderung der Rechtsprechung die Belege nochmals sehen will.

Brille, Kontaktlinsen. Als Beleg für die Kosten einer Brille reicht eine ärztliche Bescheinigung. Steuerzahler sollten alle selbstgetragenen Kosten angeben, egal, ob sie ein Kassengestell wählen oder nicht. Auch die Ausgaben für Augenoperationen mit Laser sind abziehbar.

Reha, Kur. Als Nachweis über Zuzahlungen zu einer Kur oder Reha verlangt das Finanzamt die Quittung und ein amtsärztliches Attest über die Notwendigkeit.

Hilfsmittel. Bei Zuzahlungen für Hilfsmittel wie Rollstühle, Einlagen, Hörgeräte, Prothesen reicht der Nachweis per Kaufquittung und ärztlicher Bescheinigung.

Ausgaben für vorbeugende Behandlungen zählen nie. Das Finanzamt erkennt nur „unmittelbare" Krankheitskosten an. Das sind Ausgaben für die Heilung einer Krankheit oder die Linderung von Folgen.

Keine Chance bei den Finanzbeamten haben Kosten für Schönheitsoperationen aus kosmetischen Gründen oder für die Pilgerfahrt nach Lourdes. ■

Finanzamt hilft bei Pflege

Heimkosten oder Pflegedienst – braucht ein Mensch Hilfe, kostet das viel Geld. Das Finanzamt beteiligt sich.

Finanztest 8/2014 Durchschnittlich 2460 Euro im Monat zahlt ein Bewohner in einem Pflegeheim in Hessen in Pflegestufe II. In Sachsen kosten Verpflegung, Wohnen und Pflege im Heim knapp 1900 Euro. Übers Jahr kommen so viele tausende Euro zusammen.

Einen Großteil können Heimbewohner selbst oder Angehörige, wenn sie die Kosten übernehmen, in der Steuererklärung angeben. Gleiches gilt für Kosten der Pflege zuhause. Die Ausgaben werden entweder auf den Euro genau als außergewöhnliche Belastungen oder pauschal abgegolten.

Notwendigkeit der Kosten beweisen

Sind die Ausgaben wie bei Heimbewohnern besonders hoch, zählen sie zu den außergewöhnlichen Lasten. Damit der Finanzbeamte sie anerkennt, will er Belege für die Notwendigkeit der Kosten sehen. Verordnungen über Medikamente, der Bescheid über die Pflegestufe oder der Schwerbehindertenausweis weisen den Hilfebedarf nach. Für Heimkosten reicht ein Attest vom Hausarzt. Im Idealfall stellt er es vor dem Umzug aus.

Alle Kosten für Krankheit und Pflege

Als außergewöhnliche Belastung geben Steuerzahler alles an, was sie wegen Krankheiten und Pflege ausgegeben haben. Leistungen aus Versicherungen wie Pflegegeld und Pflegetagegeld ziehen sie vorher ab.

Kommt der Pflegedienst in die Wohnung oder ins eigene Apartment im Wohnstift und übernimmt dort mehr, als die Pflegekasse bezahlt, zählt diese Extraleistung zu den absetzbaren Kosten. Teure Arznei, die Behandlung beim Physiotherapeuten, das neue Zahnimplantat und die Augenoperation mit dem Lasikverfahren werden genauso anerkannt wie der Aufenthalt im Seniorenheim nach einem Knochenbruch – und sei er noch so kurz.

Servicepauschale gehört dazu

Die Ausgaben für die Unterbringung in einem Wohnstift darf das Finanzamt nicht einfach pauschal abrechnen, entschied der BFH. Eine behinderte und pflegebedürftige Steuerzahlerin hatte geklagt, weil ihr das Amt pro Tag nur 50 Euro Wohnkosten zugestehen wollte. Die Richter stellten sich auf die Seite der Klägerin. Sämtliche Kosten, auch solche für die 24-Stunden-Grundversorgung, seien zwangsläufig und als außergewöhnliche Belastung abziehbar (Az. VI R 20/12).

Das Urteil erlaubt es Heimbewohnern, neben den Kosten für Wohnen und für die Verpflegung auch die Servicepauschale abzurechnen. Sie deckt oft kleine Hausmeistertätigkeiten und eine hauseigene Notrufbereitschaft ab. Die Servicepauschale muss nur im Rahmen des Üblichen liegen.

Lebt der nicht pflegebedürftige Ehepartner mit im Apartment, bleiben seine Kosten außen vor. Erst wenn er erkrankt, kann er die zwangsläufig anfallenden Kosten anrechnen lassen (BFH, Az. VI R 51/09).

Zumutbare Belastung ist strittig

Damit sich außergewöhnliche Lasten auf die Steuer auswirken, müssen die Kosten höher als die „zumutbare Belastung" sein. Diesen Eigenanteil zieht das Finanzamt von den Kosten ab. Er liegt zwischen 1 und 7 Prozent der Gesamteinkünfte im Jahr. Zurzeit ist aber strittig, ob der Abzug überhaupt verfassungsgemäß ist. Beim Bundesfinanzhof sind zwei Verfahren anhängig (Az. VI R 32/13 und VI R 33/13). Deshalb sollte jeder seine Kosten sogar dann angeben, wenn sie sich zurzeit nicht auswirken (siehe S. 156). Entscheidet das

Gericht zugunsten der Steuerzahler, muss die Finanzbehörde zu viel bezahlte Steuer wieder auszahlen.

Amt zieht Haushaltsersparnis ab

Bei Heimbewohnern, die keine eigene Wohnung haben, zieht das Finanzamt noch die Haushaltsersparnis ab. Für 2013 sind das 22,58 Euro pro Tag und für 2014 23,21 Euro.

Beispiel Der 62-jährige Klaus Koletzki ist krank und lebt seit 2012 im Heim. Er erhält Leistungen der Pflegeversicherung, doch 2400 Euro Pflege- und 18000 Euro Heimkosten bezahlt er selbst. Das Finanzamt kürzt die Kosten um die zumutbare Belastung und 8130 Euro Haushaltsersparnis.

Was von den Heimkosten bleibt

Heimunterbringung inklusive Servicepauschale		18000 Euro
Pflegekosten	+	2400 Euro
Haushaltsersparnis im Jahr	–	8130 Euro
Zumutbare Belastung (6 % von 38000 Euro Einkünften)	–	2280 Euro
= Außergewöhnliche Belastung		**9990 Euro**

Koletzki spart mit den 9990 Euro außergewöhnliche Lasten bei einem durchschnittlichen Steuersatz von 16,32 Prozent 1631 Euro Steuern. Die zumutbare Belastung von 2280 Euro, die das Finanzamt abgezogen hat, kann Koletzki noch zusätzlich geltend machen.

Er beantragt dafür genauso wie für die Reinigungskosten von 1200 Euro im Stift die Steuerermäßigung für haushaltsnahe Dienste. Die Behörde zieht 20 Prozent von 3480 Euro, also 696 Euro, von seiner Einkommensteuer ab. Die Gesamtersparnis beträgt nun 2327 Euro.

Die Hilfe im Haus

Bei Alleinlebenden verhindern Haushaltshilfe oder Pflegekraft oft den Umzug ins Heim. Maximal 20000 Euro im Jahr werden für haushaltsnahe Dienste anerkannt. Die Steuerlast sinkt damit auf bis zu 4000 Euro. Ausgaben für Minijober auf 450-Euro-Basis vermindern die Last um bis zu 510 Euro.

Unser Rat

Kosten angeben. Setzen Sie Ausgaben für die Pflege zuhause oder im Pflegeheim und Krankheitskosten von der Steuer ab. Geben Sie die Kosten an, egal, ob Sie selbst auf Pflege angewiesen sind oder für Angehörige Geld ausgeben. Wenn Sie eine hilflose Person pflegen, ohne Geld dafür zu bekommen, haben Sie Anspruch auf den Pflegepauschbetrag.

Wahlrecht bei Behinderung

Behinderte Menschen dürfen behindertenbedingte Ausgaben mit dem Behindertenpauschbetrag absetzen. Je nach Grad der Behinderung liegt er zwischen 310 Euro und 3700 Euro. Abgegolten werden damit wiederkehrenden Kosten, wie sie etwa bei hohem Wäschebedarf anfallen. Dafür sind keine Einzelnachweise nötig.

Behinderte haben die Wahl. Sie weisen entweder alle Krankheitskosten nach oder sie beantragen einen Behindertenpauschbetrag und setzen zusätzlich nur besondere Ausgaben ab – etwa für eine akute Krankheit.

Eine Kombination des Pauschbetrags mit den haushaltsnahen Diensten beispielsweise einer Pflegekraft ist nicht möglich.

Wenn Angehörige sich kümmern

Haben die Eltern ein geringes Einkommen, sind oft die erwachsenen Kinder gefordert. Pflegen sie ihre Eltern oder nahe Angehörige mit Pflegestufe III persönlich und unentgeltlich, bekommen sie den Pflegepauschbetrag von 924 Euro ohne Kostenbelege.

Haben sie aber hohe Ausgaben, etwa für Fahrtkosten zur Wohnung der Mutter, verzichten sie besser auf die Pauschale und setzen außergewöhnliche Belastungen ab.

Zahlen Kinder ihren Eltern Unterhalt für die Unterbringung im Heim, können sie im Jahr 2013 bis zu 8130 Euro (8354 Euro für 2014) als Unterhalt geltend machen. ■

Steuer im Griff

Soll ich kündigen? Das fragen sich viele seit der Reform der Lebensversicherung. Sie dürfen das Finanzamt nicht vergessen.

Finanztest 10/2014 Sinkende Überschüsse und weniger Beteiligung an den Reserven der Versicherer – die Nachrichten zu Lebens- und Rentenversicherungen machen Kunden keine Freude. Sollten sie kündigen? Das fragen Finanztest-Leser seit der Reform im August.

Wie groß die Einschnitte sein werden, weiß zurzeit keiner, ebensowenig, wer betroffen sein wird. Unsicher ist auch, ob Versicherte durch eine Kündigung Geld retten. Bisher haben sie dabei fast immer Verluste gemacht.

Kunden können zurzeit nur ihren Versicherer fragen und hoffen, dass sie eine ehrliche Antwort erhalten. Wenn sie eine Kündigung ins Auge fassen, müssen sie außerdem an die Steuern denken: Oft greift das Finanzamt stärker zu als nach der regulären Laufzeit.

Kapitallebensversicherung vor 2005

Besonders viel steht auf dem Spiel, wenn eine Kapitallebensversicherung schon vor dem Jahr 2005 abgeschlossen wurde.

- Wollen Kunden das Geld auf einmal haben, ist die Auszahlung steuerfrei, wenn der Vertrag mindesten zwölf Jahre lief, fünf Jahre Beitrag gezahlt wurde und als Todesfallsumme mindestens 60 Prozent der Beiträge vereinbart sind.
- Sind nicht alle Bedingungen erfüllt, verlangt das Finanzamt 25 Prozent Abgeltungsteuer für die Kapitalerträge in der Auszahlung, nachdem der Sparerpauschbetrag berücksichtigt ist.

Beispiel Ein Mann kündigt seine Lebensversicherung nach elf Jahren und erhält 50 000 Euro. Der Versicherer bescheinigt ihm, dass die Auszahlung 10 000 Euro Zinsen enthält. Das Finanzamt bekommt rund 2637 Euro Abgeltungsteuer und Solidaritätszuschlag, wenn der Sparerpauschbetrag für andere Kapitalerträge ausgeschöpft ist.

Alternativ können Versicherte die Günstigerprüfung in der Steuererklärung beantragen und den eigenen Steuersatz zahlen, wenn dieser günstiger als die Abgeltungsteuer ist.

Kapitallebensversicherung seit 2005

Kunden, die ihre Police seit 2005 oder später haben, zahlen immer Steuern. Kündigen sie zu früh, erhält das Finanzamt besonders viel.

- Wollen sie das Geld auf einmal haben, sollte die Laufzeit mindestens zwölf Jahre betragen und die Auszahlung frühestens mit 60 Jahren erfolgen. Dann ist die Differenz zwischen Auszahlung und eingezahlten Beiträgen nur zur Hälfte als Kapitaleinnahme steuerpflichtig. Es zählt der eigene Steuersatz, nachdem der Sparerpauschbetrag berücksichtigt ist.

Beispiel Eine Frau erhält im Jahr 2018 mit 60 Jahren 50 000 Euro aus einem Vertrag, der über zwölf Jahre lief. Sie hat 41 000 Euro Beiträge eingezahlt. Die Differenz zwischen Ein- und Auszahlung beträgt 9 000 Euro. Die Hälfte davon, 4 500 Euro, ist steuerpflichtig. Das Finanzamt erhält 1350 Euro, wenn der Steuersatz der Frau mit Solidaritätszuschlag 30 Prozent beträgt und der Sparerpauschbetrag für andere Kapitaleinnahmen verbraucht ist.

- Kündigt ein Versicherter seine Lebensversicherung vor Ablauf von zwölf Jahren oder vor dem 60. Lebensjahr, muss er dagegen die volle Differenz zwischen Auszahlung und eingezahlten Beiträgen als Kapitalertrag versteuern. Das Finanzamt erhält 25 Prozent Abgeltungsteuer, nachdem der Sparerpauschbetrag berücksichtigt ist.

Beispiel Ein Mann kündigt seine 2006 geschlossene Lebensversicherung vor Ablauf von zwölf Jahren. Die Beiträge summieren sich auf knapp 41 000 Euro, die Auszahlung auf 50 000 Euro. Der Mann muss die volle

Differenz von 9000 Euro versteuern. Sein Sparerpauschbetrag geht von anderen Kapitaleinnahmen ab. Die Abgeltungsteuer liegt deshalb mit Solidaritätszuschlag bei rund 2374 Euro. Wäre der Vertrag zwölf Jahre gelaufen, hätte das Finanzamt nur 1350 Euro erhalten, wenn der Steuersatz mit Solidaritätszuschlag 30 Prozent beträgt.

Müssen Versicherte die volle Differenz zwischen Ein- und Auszahlung versteuern, können sie in der Steuererklärung die Günstigerprüfung beantragen. Dann zahlen sie ihren persönlichen Steuersatz, wenn dieser günstiger als die Abgeltungsteuer ist.

Private Rentenversicherung

Steuernachteile kann es auch bei Kündigungen von privaten Rentenversicherungen mit und ohne Kapitalwahlrecht geben.

- Einmalzahlungen versteuern Kunden wie bei reinen Kapitallebensversicherungen – je nachdem, ob der Vertragsabschluss in die Zeit vor 2005 oder ab 2005 fällt.
- Geht es um Renten, ist das Jahr des Vertragsabschlusses egal. Entscheidend ist das Alter bei Rentenbeginn. Davon hängt ab, welcher Ertragsanteil steuerpflichtig ist.

Beispiel Erhält eine Frau mit 58 Jahren die erste Rente, rechnet sie von 1000 Euro 240 Euro (24 Prozent) beim Finanzamt ab, mit 63 Jahren sind es nur 200 Euro (20 Prozent).

Riester-Rentenversicherung

Viel Geld verlieren Riester-Sparer, die Rentenversicherungen kündigen. Sie müssen die Zulagen und ihre Steuerersparnisse für die Beiträge zurückzahlen. Und das Finanzamt interessieren die Kapitalerträge im Vertrag: Die Versicherungsleistung wird um die eigenen Beiträge und Zulagen gekürzt. Der Rest ist als sonstige Einkünfte mit dem eigenen Steuersatz steuerpflichtig, nachdem pauschal 102 Euro Werbungskosten berücksichtigt sind.

Beispiel Ein Mann kündigt nach elf Jahren und muss 6400 Euro Steuerersparnis und Zulagen zurückzahlen. Die Leistung aus seiner Versicherung beträgt 23000 Euro. Davon gehen 18375 Euro eigene Beiträge und Zulagen ab. Die restlichen 4625 Euro sind steuerpflichtig. Das Finanzamt erhält rund 1387 Euro, wenn der Steuersatz des Mannes mit Solidaritätszuschlag 30 Prozent beträgt.

Läuft der Vertrag regulär aus, können Riester-Sparer 30 Prozent vom Guthaben auf einmal erhalten und den Rest als Rente. Alternativ können sie das ganze Guthaben als Rente erhalten. Sie zahlen für die Auszahlung immer ihren eigenen Steuersatz. Die Förderung aus dem Berufsleben bleibt unangetastet.

Risikolebensversicherung

Nicht kündigen sollten Versicherte Risikolebensversicherungen, wenn der Schutz wichtig ist. Das Geld, das ihr Partner erhält, falls sie sterben, ist steuerfrei. ■

Unser Rat

Kündigung. Versicherte sollten bedenken: Meist ist offen, ob sie nach der Reform bei Fälligkeit ihrer Lebensversicherung weniger Geld aus den Reserven erhalten als bei vorzeitigem Ausstieg. Sie machen aber an anderer Stelle garantiert Verluste, wenn sie voreilig kündigen, weil sie zum Beispiel auf Schlussüberschüsse verzichten.

Steuern. Bei der Frage, wie viel Geld eine Auszahlung bringt, dürfen Versicherte ihre Steuern nicht vergessen. Es kann günstiger sein, mit der Kündigung zu warten. Sie zahlen weniger Steuern, wenn ihr Vertrag mindestens zwölf Jahre lief. Haben sie ihn frühestens seit dem Jahr 2005, sollten sie bei der Auszahlung mindestens 60 Jahre alt sein.

Vorsicht. Riester-Policen kündigen Versicherte grundsätzlich lieber nicht. Sonst verlieren sie die Zulagen und Steuerersparnisse, die sie erhalten haben. Auch Risikolebensversicherungen sollten sie behalten, solange sie den Schutz für den Todesfall brauchen.

Früher in Rente

Mehr Menschen können vorzeitig in den Ruhestand wechseln. Das hat auch Steuervorteile.

Finanztest 4/2014 Schwarz-Rot hat dafür gesorgt, dass Arbeitnehmer mit 63 Jahren in Rente gehen dürfen, wenn sie mindestens 45 Jahre in die gesetzliche Rentenversicherung eingezahlt haben. Wer die Chance nutzt, muss keine Rentenabschläge in Kauf nehmen. Den regulären Abzug von 0,3 Prozent für jeden Monat, den die gesetzliche Rente früher beginnt, gibt es nicht.

Trotzdem fällt die gesetzliche Rente geringer aus, wenn die Beitragsjahre bis zum regulären Berufsende fehlen. Beginnt die Rente zwei Jahre früher, sind zurzeit je nach Verdienst bis zu 115,28 Euro brutto im Monat verloren. Auch andere Altersbezüge steigen nicht mehr, wenn sie früher beginnen. Netto ist die Einbuße allerdings geringer als brutto, denn auch die Sozialabgaben und Steuern sind nicht so hoch.

Arbeitnehmer erhalten für die gesetzliche Rente außerdem höhere Freibeträge, wenn sie vorzeitig in Ruhestand gehen. Auch von lohnsteuerpflichtigen Firmen- und Beamtenpensionen ist mehr steuerfrei. Nur Bezieher von Privatrenten schneiden beim Finanzamt schlechter ab, ebenso wie einige Betriebsrentner. Von ihren Renten ist aber ohnehin der Löwenanteil steuerfrei.

Unser Rat

Planung. Sie wollen früher in Rente gehen? Prüfen Sie in den Jahresmitteilungen, die Sie von den Trägern Ihrer Altersvorsorge erhalten, wie viel Rente oder Pension Sie erwarten können. Ziehen Sie davon die Steuern, Kranken- und Pflegeversicherungsbeiträge ab, die Sie als Rentner zahlen müssen. Überschlagen Sie, ob Sie vom Rest leben können.

Rechner. Schätzen Sie mit unserem Rentenrechner im Internet ab, wie viel Steuern Sie zahlen, wenn Sie früher in Rente gehen (www.test.de/rentenrechner).

Beratung. Nutzen Sie die Beratungsangebote der Deutschen Rentenversicherung Bund und fragen Sie die anderen Träger der Altersvorsorge nach der Höhe Ihrer Altersbezüge.

Gesetzliche Rentner

Anders sieht das bei der gesetzlichen Rente aus. Gehen Arbeitnehmer 2014 in Rente, beziehen sie 32 Prozent steuerfrei. Beginnt ihre Rente erst 2015, beträgt der Freibetrag nur noch 30 Prozent und 2016 nur noch 28 Prozent (siehe Tabelle S. 163).

Bis zum Jahr 2040 sinkt der steuerfreie Rententeil bis auf null. Spätere Generationen erhalten gar nichts mehr steuerfrei. Beim Finanzamt ist die gesetzliche Rente ab 63 Jahren also günstiger als die Rente ab 65 Plus. Wie hoch der Vorteil für jüngere Rentner ist, hängt vom zu versteuernden Einkommen ab.

Beispiel Ein 63-Jähriger erhält ab Juli gesetzliche Rente. Weil sie 2014 beginnt, sind 32 Prozent steuerfrei. Im Jahr danach berechnet das Finanzamt den Freibetrag endgültig. Beträgt 2015 die Rente 18 000 Euro, gibt es 5 760 Euro (32 Prozent) als Freibetrag. So viel ist jedes Jahr bis ans Lebensende steuerfrei.

Geht der 63-Jährige erst 2016 in Rente, sinkt der steuerfreie Teil auf 28 Prozent. Bezieht er ein Jahr später 19 200 Euro Rente, beträgt sein Freibetrag 5 376 Euro. Das sind 384 Euro weniger als 2015. Über 15 Jahre gerechnet, kommen 5760 Euro zusammen. Zahlt der Rentner dafür 20 Prozent Einkommensteuer, muss er dem Finanzamt 1152 Euro mehr überweisen.

Lohnsteuerpflichtige Pensionäre

Oft erhalten Arbeitnehmer auch Beamtenpensionen oder Firmenpensionen, die sie wie Lohn versteuern müssen. Dafür gibt es Versorgungsfreibeträge. Je früher sie beginnen, desto größer ist die Entlastung.

Fängt die Pension 2014 an, bleiben bis zu 2496 Euro im Jahr steuerfrei. 2015 sind es maximal noch 2340 Euro und 2016 höchstens 2184 Euro. Ab 2040 erhalten Pensionäre gar keine Versorgungsfreibeträge mehr.

Beispiel Bezieht ein 63-Jähriger seit Januar 2014 mindestens 625 Euro lohnsteuerpflichtige Pension im Monat, sind im Vergleich zu 2016 jährlich 312 Euro weniger steuerpflichtig. Über 15 Jahre sind das 4680 Euro. Müsste der Pensionär dafür 20 Prozent Einkommensteuer zahlen, spart er 936 Euro.

Privatrentner und Betriebsrentner

Manchmal ist es aber auch ungünstig, wenn Renten früh beginnen. Erhalten Arbeitnehmer erstmals mit 63 Jahren Privat- oder Betriebsrenten, deren Beiträge im Berufsleben aus versteuertem Einkommen finanziert wurden, schneiden sie beim Finanzamt nicht so gut ab. Das kann ihnen mit Direktversicherungen vom Betrieb passieren, aber auch mit Betriebsrenten aus Pensionskassen oder Pensionsfonds. Je jünger Rentner beim Beginn sind, desto mehr müssen sie beim Finanzamt abrechnen.

Beispiel Erhält ein 63-Jähriger erst mit 65 Jahren die erste Rente, muss er von 1000 Euro im Monat nur 180 Euro (18 Prozent) beim Finanzamt abrechnen. Beginnt seine Rente mit 63 Jahren, sind von 1000 Euro Monatsrente 200 Euro (20 Prozent) steuerpflichtig. Das sind 20 Euro mehr und summiert sich in 15 Jahren auf 3600 Euro. Das Finanzamt kassiert 720 Euro Einkommensteuer mehr, wenn sein Steuersatz im Alter 20 Prozent beträgt.

Netto nur 1 533 Euro weniger

Rentner müssen sämtliche Altersbezüge betrachten, wenn sie wissen wollen, wie viel Geld sie die Rente ab 63 Jahren kostet. Entscheidend ist, was netto bleibt, nachdem die Sozialabgaben und Steuern abgezogen sind.

Ein Alleinstehender wird im Ruhestand zum Beispiel eine lohnsteuerpflichtige Betriebspension, eine gesetzliche Rente und eine Privatrente bekommen. Er geht entweder am 1. Januar 2015 mit mehr als 63 Jahren in den Ruhestand oder zwei Jahre später mit mehr als 65 Jahren.

Geht er mit 63, hat er brutto 38 000 Euro aus Betriebspension, gesetzlicher Rente und Privatrente. Mit 65 wären es 40400 Euro. Brutto beträgt der Unterschied somit 2400 Euro. Nach Abzug von Steuern und Versicherungsbeiträgen muss der Mann jedoch schätzungsweise nur auf 1533 Euro im Jahr verzichten, wenn er zwei Jahre früher als üblich in Rente geht.

Finanztest

Gesetzliche Rente

Je später Arbeitnehmer gesetzliche Rente beziehen, desto weniger ist steuerfrei. 2014 erhalten sie für 1 000 Euro Rente noch einen Freibetrag von 320 Euro (32 Prozent).
Im Jahr 2020 beträgt er nur noch 200 Euro (20 Prozent).

Altersbezüge	**Beginn der Rente** (Jahr)	**Freibetrag** (Prozent)	**Freibetrag je 1 000 Euro Rente** (Euro)1)
Renten aus der gesetzlichen Rentenversicherung wie Altersrenten, Witwen- und Waisenrenten. Außerdem vergleichbare **Renten aus beruflichen Versorgungswerken und Rürup-Veträgen.**	**2014**	32	320
	2015	30	300
	2016	28	280
	2017	26	260
	2018	24	240
	2019	22	220
	2020	20	200

1) Der lebenslange Freibetrag wird von der Rente im ersten Kalenderjahr nach Rentenbeginn berechnet.

Katrin Wolf und Stefan Kugel haben für ihren anderthalbjährigen Sohn Ben eine Kinderinvaliditätsversicherung abgeschlossen.

Seite 182

Versicherungen für Berufseinsteiger **S. 166,** Pflege organisieren **S. 168,** Ehrenamtliche Hilfe für Ältere **S. 170,** Gesundheitsbonus von der Krankenkasse **S. 172,** Gesetzliche Krankenkassen im Praxistest **S. 174,** Kassenzuschuss zur Zahnreinigung **S. 176,** Kassenleistung für künstliche Befruchtung **S. 178,** Berufsunfähigkeitsversicherung **S. 180,** Kinderinvaliditätsversicherung **S. 182,** Auslandsreise-Krankenversicherung **S. 185,** Reiserücktrittsversicherung **S. 188,** Zahnzusatzschutz **S. 190,** Private Krankenversicherung **S. 194,** Krankenversicherung für Kinder **S. 198,** Autoversicherung **S. 201,** Autopolice vom Händler **S. 204,** Private Haftpflichtversicherung **S. 206,** Schadenregulierung **S. 208**

FOTO: ANDREAS BUCK

Sicher in den ersten Job

Auszubildende und Studenten schützt oft die Versicherung der Eltern. Ab Berufseinstieg ist Schluss damit. Zeit, sich selbst zu kümmern.

Finanztest 9/2014 Das Studium ist durch, die Ausbildung beendet. Egal, ob gleich ein Job da ist oder die Suche noch dauert: Der Status hat sich verändert. Ein bisschen Papierkram muss deshalb sein. Sonst drohen gefährliche Versicherungslücken. Aber ein engmaschiges Sicherheitsnetz ist nicht nötig.

? Welche Versicherung brauche ich auf jeden Fall?

Eine private Haftpflichtversicherung, und nicht erst zu Ihrem Berufseinstieg. Doch spätestens dann oder ab dem 25. Geburtstag ist Schluss mit dem Schutz über Ihre Eltern.

Schaden Sie anderen und verletzen zum Beispiel jemanden als Radfahrer, müssen Sie dafür geradestehen, auch wenn es ein Versehen war. Das kann teuer werden. Sehr guten Schutz gab es in unserer jüngsten Untersuchung im Jahr 2012 schon ab 49 Euro im Internettarif der WGV-himmelblau (test.de/thema/haftpflichtversicherung).

? Gibt es noch andere Verträge, die ich unbedingt brauche?

Pflicht sind Kranken- und Pflegeversicherung. Sind Sie über 25 Jahre, ist es mit der beitragsfreien Familienversicherung in der gesetzlichen Kasse meist vorbei.

Angestellter. Finden Sie gleich eine Anstellung, kommt es auf Ihr Einkommen an. Verdienen Sie weniger als 53550 Euro im Jahr brutto, müssen Sie sich eine gesetzliche Kasse suchen. Das gilt selbst dann, wenn Sie im Studium privat versichert waren.

Kommen Sie als Angestellter sofort über diese Einkommensgrenze, was als Berufsanfänger wohl eher unwahrscheinlich ist, können Sie sich statt gesetzlich auch privat versichern. Überlegen Sie aber genau, ob das für Sie sinnvoll ist. Für die Versicherung Ihrer Kinder zahlen Sie zum Beispiel extra.

Beamte. Sind Sie angehender Beamter, lohnt sich eine private Krankenversicherung meistens. Der Staat trägt einen Großteil Ihrer Krankheitskosten über die Beihilfe.

Jobsuche. Suchen Sie länger einen Job, können Sie auf Antrag freiwillig weiter gesetzlich versichert bleiben, wenn Sie es vorher waren. Sie zahlen mit Pflegeversicherung 2014 dann 158,33 Euro im Monat. Die Kasse geht von einem fiktiven Monatseinkommen von 921,67 Euro aus. Waren Sie als Student privat versichert, bleibt Ihr Beitrag unverändert.

Günstiger können Sie wegkommen, wenn Sie sich beim Arbeitsamt als arbeitssuchend melden. Falls Sie Hartz IV bekommen, bezahlt die Arbeitsagentur die Kosten für Ihre gesetzliche Krankenkasse. Privat Versicherte bekommen einen Zuschuss.

? Schützt mich die normale Krankenversicherung auch im Urlaub?

Nicht genügend. Für einen Rücktransport nach Deutschland zahlt zum Beispiel keine gesetzliche Kasse und nicht jede private Police. Eine zusätzliche Auslandsreise-Krankenversicherung ist schon deshalb nötig.

Sehr guten Schutz gab es in unserem Test im Mai 2014 ab 7,50 Euro (test.de/thema/reiseversicherung).

? Wann brauche ich eine Berufsunfähigkeitsversicherung?

Müssen Sie von Ihrer Arbeit leben? Dann brauchen Sie eine Berufsunfähigkeitsversicherung. Falls Sie durch Krankheit oder Unfall langfristig nicht mehr in Ihrem Beruf arbeiten können, bekommen Sie die vereinbarte Rente. Auf eine gesetzliche Rente hätten Sie noch keinen Anspruch.

Wählen Sie einen Vertrag mit Nachversicherungsgarantie. Schließen Sie die Police bald ab. Je jünger der Versicherte und je weniger riskant der Beruf, desto preiswerter (www.test.de/thema/berufsunfaehigkeits versicherung). Eine Unfallversicherung anstelle einer Berufsunfähigkeitsversicherung ist nur eine Notlösung genauso wie eine Funktionsinvaliditätssicherung oder eine Schwere-Krankheit-Versicherung.

? Sollte ich meinen Kram über eine Hausratversicherung absichern?

Steigen Sie gerade erst in den Beruf ein, ist der Wert Ihrer Sachen vermutlich überschaubar. Sinnvoll kann die Police sein, wenn Sie teure Möbel oder Elektrogeräte oder ein edles Fahrrad haben. Achten Sie darauf, dass die Versicherungssumme Ihrem Besitz entspricht und die Entschädigungsgrenze für Räder hoch genug ist.

? Wann brauche ich eine Rechtsschutzversicherung?

Die Rechtsschutzversicherung steht für Sie sicher nicht an erster Stelle. Einen lückenlosen Rundumschutz gibt es nicht und gute Policen kosten rund 300 Euro im Jahr bei 150 Euro Selbstbehalt. Der Versicherer übernimmt Anwalts- und Gerichtskosten bei Streit mit anderen Verkehrsteilnehmern, dem Vermieter oder dem Arbeitgeber, wenn Sie den zugehörigen Baustein mitversichert haben.

Mietrechtsschutz haben Sie auch, wenn Sie Mitglied im Mieterverein sind, Arbeitsrechtsschutz über die Gewerkschaft.

Sinnvoll und preiswert ist eine reine Verkehrsrechtsschutzpolice. Sie greift oft auch, wenn Sie als Fußgänger angefahren werden und der Versicherer des Unfallgegners zickt (test.de/thema/rechtsschutzversicherung).

? Muss ich mich jetzt schon um eine Rentenversicherung kümmern?

Privathaftpflicht- und Berufsunfähigkeitsschutz gehen vor. Zahlen Sie einen Studienkredit ab, sollten Sie außerdem erst die Schulden loswerden. Bleibt dann genug vom Gehalt, ist die Altersvorsorge dran. Wenn Sie früh mit der Vorsorge anfangen, können Sie von den Zinseszinsen richtig profitieren.

Geeignet sind viele Anlageformen. Als junger Mensch sollten Sie auf Fonds setzen, am besten auf Sparpläne mit Indexfonds, nicht nur auf das unflexible Sparen mit Versicherungen.

In Betracht ziehen können Sie eine Betriebsrente, sofern Ihr Arbeitgeber etwas beisteuert. Flexibler ist ein Riester-Vertrag, bei dem der Staat Geld zuschießt. Riester-Sparen geht mit Rentenversicherungen, aber auch mit Fonds- und Banksparplänen.

? Welche Versicherungen brauche ich nicht?

Policen für Einzelprodukte wie Notebook oder Smartphone sind in der Regel zu teuer für den Gegenstandswert und sie sind lückenhaft. Vergessen oder Verlieren ist oft nicht versichert, Diebstahl nur unter bestimmten Bedingungen. Versicherungen sollen existenzielle Risiken abfedern. Der Verlust des Telefons gehört nicht dazu. ■

Service

Bin ich richtig versichert?

Prüfen Sie Ihren Versicherungsbestand. Das geht schnell, einfach und bequem im Internet. Egal, ob Sie Single sind oder Familie haben, selbstständig, angestellt oder in Rente sind. Mit wenigen Klicks erfahren Sie in unserem kostenlosen interaktiven Versicherungscheck, wie gut Ihr Versicherungsschutz ist, welche Versicherungen Sie wirklich brauchen und wie Sie Geld sparen können.
Wir sagen Ihnen, wie Sie Ihre Lücken schließen und überflüssige Versicherungen wieder loswerden.

test.de/versicherungscheck

Hilfe von allen Seiten

Pflege organisieren. Die Pflege eines lieben Menschen macht Freude und Mühe zugleich. Die richtige Organisation schafft Erleichterung.

Finanztest 3/2014 In vielen Familien funktioniert der Alltag nur mit den Leistungen der Pflegeversicherung. Ohne diese müssten viele pflegende Angehörige ihre Arbeit aufgeben, um ihren Partner oder die Eltern zu pflegen. Die meisten teilen sich die tägliche Versorgung des Pflegebedürftigen mit einem Pflegedienst. Damit einzelne nicht zu stark belastet werden, kann ein Mix aus verschiedenen Hilfen Pflegende unterstützen.

Die richtige Beratung finden

Pflegeberatungsstellen von kirchlichen, karitativen und kommunalen Trägern beraten alle Menschen mit Hilfebedarf und ihre Angehörigen. Dazu zählen beispielsweise Verbände wie die Volkssolidarität, die Arbeiterwohlfahrt oder die Caritas. In fast allen Bundesländern helfen auch Pflegestützpunkte weiter. Sie werden von Pflegekassen, Kommunen und anderen Trägern getragen. Hier finden Angehörige Informationen, wenn sie nicht mehr weiter wissen, etwa dann wenn ein nahestehender Mensch plötzlich hilfebedürftig wird. Häufig passiert das nach einem Sturz oder einem Schlaganfall.

In der Familie besprechen

Besonders am Anfang, wenn ein Mensch hilfebedürftig wird, ist die Situation für die ganze Familie neu. Das sollte dann auch gemeinsam besprochen werden. Ob die Kinder die Pflege übernehmen, ob ein professioneller Dienst helfen soll oder die Unterbringung im Heim die beste Alternative ist, hängt von vielem ab: Wie ist das Verhältnis in der Familie? Wie sind die beruflichen oder privaten Verpflichtungen? Wie gesund ist jeder Einzelne? Wie sieht das Unterstützungsangebot in der Nähe aus? Wo und wie wohnt der Betroffene? Gibt es Hilfe von Verwandten und Nachbarn?

Das Finanzielle klären

Anfangs muss erst einmal das Finanzielle geklärt werden. Dazu muss bei der Pflegekasse ein Antrag auf eine Pflegestufe gestellt werden. Die Pflegestufe legt fest, wie stark ein Mensch im täglichen Leben eingeschränkt ist. Pflegebedürftig ist er, wenn er für mehr als

Finanztest **Monatliche Leistungen der Pflegekasse ab 2015**

Für Pflege zuhause gibt es Pflegegeld oder einen festen Betrag für Sachleistungen von Profikräften. Auch eine Kombination aus Teilbeträgen ist möglich.

	Pflegegeld (Euro)		**Pflegesachleistungen** (Euro)		**Pflege im Heim** (Euro)
	ohne Demenz	**mit Demenz**[1)]	**ohne Demenz**	**mit Demenz**[1)]	
Pflegestufe 0	0	123	0	231	0
Pflegestufe I	244	316	468	689	1 064
Pflegestufe II	458	545	1 144	1 298	1 330
Pflegestufe III	728	728	1 612	1 612	1 612

1) Den Betrag bekommen Versicherte mit einer Demenz oder einer anderen geistig-seelischen Störung, die im Alltag nicht mehr allein zurechtkommen.

sechs Monate täglich in zwei der drei Bereiche Körperpflege, Ernährung und Mobilität Hilfe benötigt. Auch Unterstützung im Haushalt muss mehrmals wöchentlich nötig sein.

Erster Ansprechpartner sind die Pflegekassen, die bei der Krankenkasse gesetzlich Versicherter angesiedelt sind. Sie senden auf Anfrage ein Formular zu. Beim Ausfüllen helfen Pflegeberatungsstellen und Pflegedienste.

Wer soll pflegen?

Im Antrag auf Pflegeleistungen legt der Pflegebedürftige fest, welche Art der Pflege er künftig bekommt – Pflege durch Angehörige, Pflege durch einen ambulanten Dienst oder in einer Pflegeeinrichtung. Für die Pflege durch Angehörige gibt es Pflegegeld, das die Kasse monatlich auf das Konto des Pflegebedürftigen überweist. Er gibt es dann weiter an seinen Helfer.

Kommt ein Pflegedienst ins Haus oder übernimmt eine Pflegeeinrichtung tagsüber oder nachts die Betreuung, stellt der Pflegebedürftige einen Antrag auf Sachleistungen, Tages- oder Nachtpflege. Der Dienst rechnet dann direkt mit der Pflegekasse ab.

Kümmern sich Pflegedienst und Angehörige werden Geld und Sachleistungen kombiniert. Die Kasse überweist dann das anteilige Pflegegeld nach der Abrechnung des Dienstes an den Pflegebedürftigen.

Unser Rat

Beratung. Lassen Sie sich beraten, wie die Pflege für Sie oder Angehörige aussehen kann. Das können Sie nicht nur im Akutfall tun, sondern auch schon früher. Pflegeberatungsstellen der Wohlfahrtsverbände und Kommunen sowie viele Pflegedienste helfen.

Pflegeleistungen. Haben Sie das Gefühl, dass Sie oder Ihr Angehöriger nicht mehr ohne Hilfe zurechtkommt, scheuen Sie sich nicht, Pflegeleistungen zu beantragen. Wird der Antrag abgelehnt, können Sie jederzeit einen neuen stellen.

Pflegedienst. Wollen Sie einen Pflegedienst beauftragen, beginnen Sie mit der Suche bereits, wenn Sie den Antrag auf eine Pflegestufe stellen. Sprechen Sie mit mehreren Diensten und lassen Sie sich detaillierte Leistungsangebote geben. Adressen gibt es bei Pflegeberatungsstellen und Seniorenbüros.

Internet. Wollen Sie wissen, welche Leistungen die Pflegeversicherung im Detail bietet? Welche Voraussetzungen Sie erfüllen müssen? Welche Hilfsmittel die Pflege erleichtern? Dann lesen Sie bei uns im Internet (test.de/thema/pflege-von-angehoerigen).

Genug Zeit, um alles zu regeln

Pflege zu organisieren kostet Zeit. Und bis sich eine Situation richtig eingespielt hat, dauert es meist mehrere Wochen. Damit die Kinder oder der Partner nach der Entlassung des Patienten aus dem Krankenhaus erst einmal den Rücken etwas freier haben, gibt es Pflegezeit und Kurzzeitpflege.

In der Kurzzeitpflege wird der Versicherte vorübergehend in einem Pflegeheim oder einer Kurzzeitpflegeeinrichtung rund um die Uhr betreut, bis für die Pflege zuhause alles vorbereitet ist.

Bis zu vier Wochen im Jahr ist das möglich. Die Kosten übernimmt die Pflegekasse dann, wenn der Versicherte schon eine Pflegestufe hat. Wurde der Antrag im Krankenhaus gestellt, muss der Versicherte das Geld erst vorstrecken. Nach Bewilligung der Pflegestufe zahlt die Pflegekasse alles zurück.

Eine weitere Erleichterung bietet die Pflegezeitregelung: Arbeitnehmer können damit in einer akuten Situation bis zu zehn Tage ohne Lohnfortzahlung von der Arbeit freigestellt werden. Angestellte, die in einem Betrieb mit mindestens 16 ständig Beschäftigten arbeiten, können zusätzlich noch bis zu sechs Monate Pflegezeit ohne Vergütung beanspruchen. ■

Gegen die Einsamkeit

Kontakt zu anderen Menschen ist im Alter sehr wichtig. Ehrenamtliche Besuchs- und Begleitdienste holen ältere Menschen aus ihrer Isolation.

Finanztest 7/2014 Immer dienstags um 15 Uhr geht Dagmar Buttstädt in das Pflegewohnstift Babelsberg. Hier besucht sie Ruth Stelter, 85, die schon auf sie wartet. „Wir reden dann über die Woche, spielen Mensch ärgere dich nicht oder wir gehen einfach in den Garten", sagt die 58-jährige Dagmar Buttstädt.

Begleiter helfen zurück ins Leben

Ehrenamtliche Begleiter wie Dagmar Buttstädt schenken vor allem älteren Menschen Zeit und gehören meist zu einem Besuchs- oder Begleitdienst. Sie motivieren Menschen, sich nicht zurückzuziehen, sondern am Leben teilzunehmen. Im besten Fall verhindern sie eine Pflegebedürftigkeit und damit einen Umzug ins Pflegeheim. Freiwillige Besucher entlasten auch pflegende Angehörige.

Besuchs- und Begleitdienste bauen eine Brücke nach außen. Die Helfer begleiten die Älteren zum Arzt oder ins Theater, erledigen kleinere Einkäufe oder helfen beim Ausfüllen von Formularen. Sie übernehmen aber keine Arbeiten wie Wäschewaschen oder Putzen.

Unser Rat

Begleiter. Sind Sie oder Ihre Eltern körperlich eingeschränkt und können nur schwer aus dem Haus, kann ein Besuchs- oder Begleitdienst von ehrenamtlichen Helfern frischen Wind und Abwechslung bringen. Der Dienst ist für hilfebedürftige Menschen meist kostenlos und eine Pflegestufe von der Pflegeversicherung ist nicht notwendig.

Hilfenetz noch nicht flächendeckend

Geld bekommen die Freiwilligen nicht. Manchmal gibt es eine kleine Aufwandsentschädigung, etwa für die Fahrkosten. Die Motivation ist eine andere: „Das Lächeln auf den Lippen eines Menschen, wo schon lange keins mehr war, macht glücklich", sagt Dagmar Buttstädt.

So wie Buttstädt engagieren sich mehr als 1,6 Millionen Menschen in Deutschland im Bereich Pflege und Gesundheit. Besuchs- und Begleitdienste werden von Wohlfahrtsverbänden wie den Johannitern, der Caritas, Kommunen, Kirchengemeinden oder Vereinen angeboten. Hinzu kommen Selbsthilfekontaktstellen in verschiedenen Städten.

„Es gibt noch kein flächendeckendes Netz freiwilliger Hilfe in Deutschland", sagt Ursula Helms von Nakos, der Nationalen Kontakt- und Informationsstelle zur Anregung und Unterstützung von Selbsthilfegruppen. Abhängig sei das von der Kommune, dem Landkreis, vom jeweiligen Bundesland und den Menschen vor Ort, die sich engagieren.

Freiwillige finden sich viele. Selbsthilfe braucht aber auch Infrastruktur – zum Beispiel eine Selbsthilfekontaktstelle mit mindestens einem Mitarbeiter, der Freiwillige vermittelt und Tätigkeiten koordiniert.

Eine solche Kontaktstelle unterstützt auch Neugründungen von Selbsthilfegruppen, etwa für pflegende Angehörige, und organisiert Weiterbildungen. Die finanziellen Mittel dafür kommen von der Pflegeversicherung und den Bundesländern. Das notwendige Wissen bekommen Ehrenamtliche in Schulungen der Kontaktstellen, Wohlfahrtsverbände und Vereine.

Jüngere Rentner engagieren sich gern

Dagmar Buttstädt vermittelt hauptberuflich auch Freiwillige im Ehrenamt in der Kontaktstelle Akademie der 2. Lebenshälfte in Potsdam. „Meist sind es die jüngeren Rentner, die

Anlaufstellen

Wo finde ich Unterstützung?

Seit Jahren wächst das ehrenamtliche Angebot für ältere Menschen, die Hilfe brauchen, und das für ihre Angehörigen. Besuchs- und Begleitdienste werden von unterschiedlichen Stellen und Einrichtungen angeboten:

Selbsthilfe. Ansprechpartner können Selbsthilfegruppen vor Ort sein, zum Beispiel Gruppen für pflegende Angehörige oder auch Selbsthilfekontaktstellen. Vereine wie die Alzheimer Gesellschaft bieten neben Informationen zur Demenz auch Gruppen zum Austausch und zur Unterstützung sowie Entlastungsangebote wie Besuchsdienste. Andere Freiwilligenvereine wie die „Freunde alter Menschen" bieten Besuchspartnerschaften.

Hilfe bei der Suche nach Selbsthilfekontaktstellen und Selbsthilfegruppen bietet die Nationale Kontakt- und Informationsstelle für Anregung und Unterstützung von Selbsthilfegruppen, kurz Nakos (www.nakos.de):

Kirchengemeinde. Die Mitarbeiter sind in der Nachbarschaft meist gut vernetzt und haben im Blick, wenn jemand eine ehrenamtliche Tätigkeit sucht oder anbietet.

Wohlfahrtsverbände. Viele Sozialstationen von Wohlfahrtsverbänden wie den Johannitern und der Caritas bieten neben der professionellen Pflege auch Besuchs-, Begleit- und Holdienste für Ältere an.

Beratungsstellen für Pflege. Pflegestützpunkte und Seniorenberatungsstellen kennen die Angebote in der Umgebung. Sie vermitteln weiter zu den richtigen Ansprechpartnern. In vielen Städten gibt es ein Beratungstelefon oder eine zentrale Stelle für Senioren, die weiterhilft. Die Adressen stehen auf der Internetseite der Kommune oder im Telefonbuch.

Freiwilligenagenturen. Die Agenturen sind ein Bindeglied zwischen Freiwilligen und Wohlfahrtsverbänden, Vereinen und Initiativen. Träger sind oft die Kommunen, Kirchen, freie Initiativen und die Wohlfahrtsverbände selbst. Sie beraten und vermitteln Menschen, die sich engagieren wollen.

zu uns kommen und eine Aufgabe suchen", sagt sie. „Wir stellen dann den Kontakt her."

Auf der Suche nach Helfern für alte Menschen sind oft Krankenhäuser, Pflegestützpunkte oder die erwachsenen Kinder, die häufig nicht in der Nähe wohnen. Die Kinder wünschen sich Abwechslung und Begleitung für die meist alleinlebenden Eltern, wenn diese körperlich eingeschränkt sind.

Tochter findet Helfer für den Vater

Horst Kämmer zum Beispiel hatte sich nach dem Tod seiner Frau zurückgezogen: „Ich fiel in ein Loch, aus dem ich selbst nicht mehr rauskam", sagt der 76-Jährige. Seine Kinder machten sich Sorgen und beschlossen, für den alleinlebenden Vater Hilfe zu suchen. Die Tochter aus Freiburg im Breisgau wandte sich an einen Pflegestützpunkt in Berlin, wo der Vater lebt, und erhielt die Adresse der Kontaktstelle Pflegeengagement Mittelhof. Eine Mitarbeiterin suchte die passende Person und fand Gudrun Loebert.

Gudrun Loebert traf Horst Kämmer. Beim ersten Mal war eine Mitarbeiterin der Kontaktstelle dabei. Sie erleichterte es den beiden, ins Gespräch zu kommen und schaute, ob die Chemie stimmte. Bei Loebert und Kämmer passte es. Loebert brachte erst einmal auch ein bisschen Ordnung in Kämmers Leben. Sie verabredet sich regelmäßig mit ihm, inzwischen aber vor allem zum Reden. ■

Meine Kasse bezahlt jetzt mehr

Viele Krankenkassen haben ihre Leistungen erneut erweitert. Um davon zu profitieren, ist oft kein Wechsel der Kasse nötig.

Finanztest 9/2014 Die Grundversorgung ist bei allen Kassen gleich. Doch jede Kasse darf Extraleistungen anbieten und immer mehr Kassen machen davon stark Gebrauch. Versicherte können deshalb mehr von ihrer Kasse bekommen als bisher.

Einige Beispiele aus der aktuellen Untersuchung von 82 Kassen, denen rund 96 Prozent der gesetzlich Versicherten angehören:

Ärztliche Zweitmeinung. 33 Krankenkassen organisieren für schwerkranke Versicherte eine ärztliche Zweitmeinung bei ausgewiesenen Spezialisten. 2013 waren es nur elf.

Künstliche Befruchtung. Paaren, die auf natürlichem Weg keine Kinder bekommen können, zahlen jetzt 36 Kassen mehr Geld als gesetzlich vorgeschrieben. Im vergangenen Jahr waren es nur 19 Krankenkassen.

Rufbereitschaft Hebamme. Einen Zuschuss zu den Kosten für die Rufbereitschaft einer Hebamme, die für die Zeit der Geburt eines Kindes rund um die Uhr erreichbar ist, zahlen jetzt 54 Kassen. Das sind fast doppelt so viele wie noch 2013.

Sportmedizinische Untersuchung. Versicherte, die Sport treiben, bekommen bei 27 Kassen einen Zuschuss für eine sportmedizinische Untersuchung. Auch das sind mehr als doppelt so viele Kassen wie im Vorjahr.

Alternative Behandlungen. Gut für alle, die Wert auf alternative Behandlungen wie Homöopathie und Osteopathie legen: Hier sind seit Jahren viele Kassen aktiv. Deshalb sind die Zuwächse nicht mehr so groß. Zurzeit bezahlen 69 Kassen Zuschüsse zur Osteopathie und unterstützen die Behandlung beim Homöopathen.

Suche nach einer besseren Kasse

Jennifer Müller* aus Baden-Württemberg sind gute Osteopathieleistungen zum Beispiel wichtig. Von allen in ihrem Bundesland offenen Kassen im Test bieten 34 ihren Versicherten einen Zuschuss zur Osteopathiebehandlung von mindestens 240 Euro jährlich. Das sind recht viele. Weil Müller von einer Kasse noch mehr erwartet, grenzt sie die Zahl der für sie interessanten Kassen weiter ein.

Große Kassen enttäuschen

Zweimal im Jahr lässt Müller bei ihrem Zahnarzt eine professionelle Zahnreinigung machen. Kassen, die dafür nur bei vorgegebenen Ärzten bezahlen, kommen für sie nicht infrage. Müller sucht nach einer Kasse, die ihr bei ihrem Zahnarzt einen Zuschuss gewährt.

Auch Hautkrebsfrüherkennung ist für Müller eine wichtige Vorsorgeuntersuchung. Gesetzliche Leistung ist sie erst ab 35 Jahren und dann nur alle zwei Jahre. Manche Kassen übernehmen die Kosten schon für jüngere Versicherte, und einige von ihnen jährlich.

Durch die gewünschten Extras bleiben nur noch 23 Kassen übrig, die Müller in Baden-Württemberg zur Auswahl stehen. Darunter sind viele Betriebskrankenkassen. Müller schaut jetzt nach, wie hoch die Zuschüsse für Osteopathie im Einzelnen sind. Am meisten zahlt die Securvita mit je maximal 60 Euro für zehn Sitzungen jährlich, also 600 Euro. Die Big Direkt zahlt 400 Euro im Jahr und die BKK Braun Gilette trägt bis zu 65 Euro für sechs Sitzungen im Jahr, insgesamt 390 Euro.

Weil Jennifer Müller auch auf den Zuschuss für ihren Yogakurs nicht verzichten will, wird sie bei diesen drei Kassen nachfragen, ob sie dafür zweimal im Jahr aufkommen. Bei ihrer jetzigen Kasse Barmer GEK ist das so. Bei vielen anderen Krankenkassen ebenfalls. Hat sie sich entschieden, muss sie die Kasse nur noch wechseln, und das geht ganz leicht. ■

** Name von der Redaktion geändert.*

Unser Rat

Extraleistungen. Sind Sie in einer gesetzlichen Krankenkasse versichert? Dann überprüfen Sie, welche Extraleistungen zum Beispiel bei Osteopathie oder Gesundheitskursen Ihre Kasse zurzeit bietet. Viele haben in den vergangenen Monaten noch einmal nachgelegt bei Leistungen, Service und Geldprämien. Wahrscheinlich können Sie von Ihrer Kasse jetzt mehr bekommen als noch vor einem Jahr.

Änderungen. Fragen Sie immer mal nach, wenn Sie eine Leistung von Ihrer Kasse haben wollen, auch wenn Sie diese früher nicht bekommen haben. Es gibt häufig Änderungen.

Krankenkassenfinder. Detaillierte Informationen zu noch mehr Extras der 82 Kassen liefert unser Produktfinder im Internet für 3 Euro (test.de/Krankenkassen). Er wird monatlich aktualisiert. Für jede Krankenkasse zeigt er alle Extraleistungen und erlaubt jederzeit einen übersichtlichen Vergleich.

Wechsel. Wenn Sie unzufrieden sind, können Sie die Krankenkasse leicht wechseln. Sie müssen nur seit mindestens 18 Monaten Mitglied sein. Achten Sie darauf, dass die neue Kasse Ihnen möglichst viele Extras bietet, die für Sie wichtig sind.

Grundversorgung. Eine schlechte Versorgung müssen Sie bei keiner Krankenkasse befürchten. Die medizinische Grundversorgung ist für alle Kassen gesetzlich geregelt.

Finanztest Wertvoll: Bonus und Gesundheitskurse

Bonus. Das Bonusprogramm kann richtig Geld bringen. Diese neun Kassen bezahlen dem Finanztest-Modellkunden (Mann, 35 Jahre alt) den höchsten Bonus und das schon mit drei Gesundheitsmaßnahmen pro Jahr. Anerkannt sind je nach Kasse zum Beispiel Impfungen, Vorsorgetermine, Gesundheitskurse oder Sport im Verein.

Gesundheitskurse. Ob Yoga oder Ernährungsberatung – die Kassen beteiligen sich an bis zu zwei Kursen pro Jahr, kasseneigene sind meist kostenfrei.

Anbieter	**Beispiel: Bonus für drei Gesundheitsmaßnahmen,** (max. Bonus pro Jahr in Euro)	**Maximale Erstattung für Gesundheitskurse**[1] (pro Kurs in Euro/ Erstattung in Prozent)
BKK Mobil Oil	200	200 (100 %)[2]
IKK gesund plus	180	80 (90 %)[3]
IKK Brandenburg u. Berlin	105	75 (100 %)
Actimonda KK	100	300 (100 %)
Salus BKK	100	80 (80 %)
BKK IHV	90	160 (80 %)[4]
AOK Hessen	80	110 (80 %)
BKK VDN	80	200 (100 %)
Energie BKK	80	160 (80 %)

1) Pro Jahr werden zwei Kurse gefördert. Kasseneigene Kurse werden meist kostenfrei angeboten.
2) Zuschuss pro Kurs entspricht max. Zuschuss pro Jahr.
3) Kurse bis 25 Euro werden zu 100 Prozent erstattet.
4) Bis zu 320 Euro für Gruppenkurs, 480 Euro für 12 bis 15 Einheiten spezielles Personal-Training.

Stand: 1. Juli 2014

Testsieger Techniker

Wer Rat bei seiner Kasse sucht, schreibt lieber keine E-Mail. Auf anderen Wegen klappt es besser – auch beim Testsieger.

Finanztest 6/2014 Eigentlich ist alles da: Per Mausklick ist ein Yogakurs in Wohnungsnähe zu finden. Den Antrag für die Kur gibts zum Herunterladen und viele Krankheitsbilder sind detailliert beschrieben. Fast alle von uns überprüften 20 gesetzlichen Krankenkassen informieren ihre Versicherten im Internet umfassend: 18 der 20 Kassen schneiden in diesem Punkt sehr gut oder gut ab.

Nur leider wissen viele Versicherte von dem tollen Angebot nichts – und viele Kassenmitarbeiter auch nicht. Wenn Kunden ihre Kasse um Rat fragen, weisen die Mitarbeiter viel zu selten auf die Internetseiten hin und sie nutzen die Informationen oft nicht einmal selbst.

Das ist ein Ergebnis unseres Praxistest, bei dem wir neben dem Internetangebot der Kassen prüften, wie gut die Mitarbeiter die Versicherten beraten – in der Geschäftsstelle, am Telefon und per E-Mail. In den 20 Kassen in unserem Test sind mehr als 80 Prozent aller Kassenmitglieder versichert.

Unsere Testkunden sind in eine Geschäftsstelle ihrer Kasse gegangen, haben telefoniert und gemailt. Die Testfragen hatten wir ihnen vorgegeben. So sollten die Kassen zum Beispiel erklären, wer eine Grippeimpfung braucht und ob die Kasse dafür zahlt. Sie sollten Fragen zu Diabetes beantworten, aber auch zu Kursen wie Yoga, Vorsorgeangeboten wie der Gesundheitsuntersuchung ab dem 35. Lebensjahr und der Zahnreinigung. Das sind alles Angebote, die Kassen machen.

Unser Rat

Testsieger. Die **Techniker Krankenkasse** ist die erste Adresse, wenn Ihnen Beratung, Service und gute Informationen im Internet wichtig sind. Bessere Beratung bot nur die **BKK Mobil Oil**, ihr Service und Internetangebot sind aber schlechter. Einen zusätzlichen Überblick über Extraleistungen der Kassen gibt unser Produktfinder (test.de/krankenkassen).

Information. Nutzen Sie das Internetangebot Ihrer Kasse! Haben Sie dann noch Fragen, schreiben Sie besser keine E-Mail. Ein Besuch in der Geschäftsstelle oder ein Anruf sind erfolgversprechender.

Wechseln. Sie können Ihre Kasse jederzeit wechseln, wenn Sie 18 Monate Mitglied waren. Kündigungsbestätigung und Mitgliedsantrag reichen Sie bei der neuen Kasse ein.

Nur 6 von 20 Kassen sind gut

Erneut Testsieger im Praxistest ist die Techniker Krankenkasse, gefolgt von der AOK Niedersachsen und der KKH. Im Gegensatz zum Test im Jahr 2010 gibt es aber noch drei weitere Kassen, die das Qualitätsurteil gut erhalten: Die Knappschaft, die AOK Rheinland/Hamburg und die BKK Mobil Oil. Die restlichen 14 Kassen schafften insgesamt nur ein Befriedigend.

Dass keine der Krankenkasse im Test sehr gut abschneidet, liegt zum großen Teil an den mäßigen Beratungsleistungen. Besonders dürftig war oft die Beratung per E-Mail. Rund ein Drittel der Tester hatte nach 24 Stunden noch keine Antwort. Zwölfmal haben die Kassen nach sieben Tagen noch nicht auf die Anfrage reagiert. Damit galt die Frage als unbeantwortet.

Selbst wenn die Mitarbeiter antworteten, schickten sie nicht immer Broschüren oder

Finanztest **So gut beraten Krankenkassen**

Anbieter	Finanztest QUALITÄTSURTEIL	Ergebnis der Beratung (40 %)	Service (35 %)	Information im Internet (25 %)
TK	GUT (2,1)	+ (2,4)	+ (2,3)	++ (1,3)
AOK Niedersachsen	GUT (2,4)	○ (2,8)	○ (2,7)	+ (1,6)
KKH	GUT (2,4)	○ (2,6)	○ (2,6)	+ (1,9)
Knappschaft	GUT (2,4)	○ (2,7)	○ (2,6)	+ (1,9)
AOK Rheinland/Hamburg	GUT (2,5)	○ (2,7)	○ (2,9)	++ (1,5)
BKK Mobil Oil	GUT (2,5)	+ (2,5)	○ (2,7)	+ (2,4)
AOK Plus	BEFRIEDIGEND (2,6)	○ (2,9)	○ (2,6)	+ (2,1)
Big Direkt	BEFRIEDIGEND (2,6)	○ (2,8)	+ (2,5)	+ (2,4)
DAK Gesundheit	BEFRIEDIGEND (2,6)	○ (2,9)	○ (2,9)	+ (2,0)
Deutsche BKK	BEFRIEDIGEND (2,6)	○ (3,0)	○ (2,8)	+ (1,8)
IKK Classic	BEFRIEDIGEND (2,6)	○ (2,7)	○ (2,6)	+ (2,3)
AOK Bayern	BEFRIEDIGEND (2,7)	○ (3,1)	○ (2,9)	+ (1,7)
AOK Nordost	BEFRIEDIGEND (2,7)	○ (3,0)	○ (3,0)	+ (1,6)
AOK Nordwest	BEFRIEDIGEND (2,7)	○ (3,1)	○ (3,0)	+ (1,7)
Barmer GEK	BEFRIEDIGEND (2,7)	○ (3,2)	○ (2,7)	+ (2,0)
SBK	BEFRIEDIGEND (2,7)	○ (3,1)	+ (2,5)	+ (2,5)
AOK Baden-Württemberg	BEFRIEDIGEND (2,8)	○ (3,4)	○ (3,0)	+ (1,7)
BKK vor Ort	BEFRIEDIGEND (2,8)	○ (2,9)	○ (3,1)	+ (2,4)
IKK Südwest	BEFRIEDIGEND (3,0)	○ (2,9)	○ (2,9)	○ (3,0)
IKK Gesund Plus	BEFRIEDIGEND (3,1)	○ (3,3)	○ (3,2)	○ (2,6)

Bewertungen: ++ = Sehr gut (0,5–1,5). + = Gut (1,6–2,5). ○ = Befriedigend (2,6–3,5).
⊖ = Ausreichend (3,6–4,5). — = Mangelhaft (4,6–5,5).

Erhebungszeitraum Oktober 2013 bis Januar 2014.

passende Links zu Internetangeboten der Kasse. Nur in knapp 40 Prozent der Fälle rief ein Mitarbeiter persönlich zurück oder bat per E-Mail um Rückruf des Kunden, und war dann auch erreichbar.

Am besten klappte der Mailkontakt mit der BKK Mobil Oil. Ein gutes Urteil verpassten hier die TK, die Knappschaft, die AOK Nordost und die Big Direkt nur knapp.

Für die Mitglieder der meisten Kassen gilt aber: Wer individuell beraten werden möchte, sollte besser anrufen oder in einer Geschäftsstelle vorbeigehen.

Ungünstig: Immer wieder versuchten Mitarbeiter, medizinische Fragen selbst zu beantworten, statt auf ihre Medizin-Hotline zu verweisen. Die Antworten auf medizinische Fragen fielen dann oft laienhaft aus.

Bei den Besuchen in den Geschäftsstellen störte uns besonders, dass in mehr als 20 Prozent der Fälle die Diskretion fehlte. Testgespräche konnten von anderen Kunden mitgehört werden oder unsere Tester hatten sogar Einsicht in andere Patientendaten.

Kunden müssen hartnäckig sein

Ob Geschäftsstelle oder Telefon: Schüchtern dürfen die Kunden der gesetzlichen Kassen nicht sein. Sie müssen schon nachfragen, um von zahlreichen Extraleistungen zu erfahren. Vorher sollten sie sich auf den Internetseiten umsehen. ■

Geld für schöne Zähne

Mehr als drei Viertel der gesetzlichen Krankenkassen geben Zuschüsse zur Zahnreinigung. Einige bezahlen sogar die gesamte Rechnung.

Finanztest 1/2014 Trotz Preisen zwischen 35 Euro und 120 Euro pro Behandlung ist die professionelle Zahnreinigung eine der Privatleistungen, die gesetzlich Krankenversicherte am häufigsten nutzen.

Die Rechnung mussten die Versicherten lange Zeit vollständig selbst bezahlen, denn Kassenleistung ist die Zahnreinigung nicht. Die Krankenkassen kommen nur einmal im Jahr für die Entfernung von Zahnstein auf. Zur professionellen Zahnreinigung gehört jedoch mehr. Der Zahnarzt entfernt alle harten und weichen Beläge, poliert die Zähne, stärkt den Zahnschmelz mit Fluorid und berät Patienten bei der Mundhygiene.

Immer mehr Versicherte können dafür jetzt einen Zuschuss bekommen. Mehr als drei Viertel der 85 gesetzlichen Krankenkassen aus dem monatlichen Test von Finanztest bieten das als Extraleistung an – sehr viel mehr als noch vor einem Jahr.

Jede Kasse machts anders

Die Angebote sind so unterschiedlich wie die Preise für die Zahnreinigung. Die eine Kasse zahlt 10 Euro im Jahr, eine andere übernimmt die vollen Kosten, und das sogar zweimal im Jahr. Mal können Versicherte bei ihrem Wunschzahnarzt bleiben, mal gibt es die Extraleistung nur, wenn sie zu vorgegebenen Zahnärzten gehen. Einige Kassen buchen den Zuschuss von einem Budget für mehrere Extraleistungen ab, andere gewähren ihn nur, wenn sich Versicherte in das Bonusprogramm der Kasse einschreiben.

Die größten gesetzlichen Krankenkassen, Barmer GEK, Techniker KK und DAK Gesundheit, verlangen alle, dass die Versicherten zu vorgegebenen Zahnärzten gehen. Bei der Techniker kommen dafür nur 52 Praxen in Deutschland infrage, bei Barmer und DAK sind es hunderte. Alle drei Kassen geben Zuschüsse, tragen die Kosten aber nicht voll.

Zuschuss beim Wunschzahnarzt

Unkompliziert sind die Extraleistungen von 41 Krankenkassen. Sie bieten einen direkten Zuschuss ohne weitere Bedingungen. Versicherte können ihre Zähne in der gewohnten Praxis reinigen lassen und reichen die Rechnung dann bei der Kasse ein.

Die BKK Braun-Gilette erstattet zum Beispiel einmal jährlich bis zu 65 Euro. Bei der Actimonda KK sind es zweimal im Jahr bis zu 40 Euro. Andere Kassen zahlen mehr, ziehen den Zuschuss aber von dem Budget ab, das sie ihren Versicherten für mehrere Extraleistungen zur Verfügung stellen.

Bei der Vaillant BKK sind 300 Euro pro Jahr im Budget, bei der BKK Dürkop Adler 250 Euro. Das reicht sogar für mehrmals Zähneputzen beim Profi. Doch wenn sich die Kunden zum Beispiel noch eine sportmedizinische Untersuchung bezahlen lassen, bleibt weniger für die Zähne.

Von 40 weiteren Angeboten profitieren nur Versicherte, die bereit sind, für die Zahnreinigung in eine Praxis aus einer vorgegebenen Liste zu gehen. Andere Behandlungen kann der gewohnte Zahnarzt durchführen.

Nur ausgewählte Zahnärzte

Die Zahnreinigung bekommen die Patienten beim Vertragszahnarzt oft entweder zum günstigen Festpreis oder die Kasse übernimmt die Kosten komplett.

Die Kassen arbeiten bei diesen Angeboten jeweils mit einem Netzwerk von Zahnärzten zusammen. Die Kunden können sich einen Zahnarzt aussuchen, der zum Partnernetzwerk der Kasse gehört.

Unser Rat

Krankenkasse. Bevor Sie den nächsten Termin für Ihre Zahnreinigung machen, schauen Sie nach, ob Ihre gesetzliche Krankenkasse etwas dazugibt. Einige Kassen zahlen einen Zuschuss beim Zahnarzt Ihrer Wahl. Bei anderen Kassen ist die Reinigung günstiger oder kostenlos, wenn Sie zu einem Vertragszahnarzt der Kasse gehen. Für alle anderen Behandlungen können Sie bei Ihrem gewohnten Zahnarzt bleiben.

Kosten. Fragen Sie Ihren Zahnarzt, was die Zahnreinigung bei ihm kostet. Der Wechsel zu einem Vertragszahnarzt Ihrer Krankenkasse lohnt sich nur, wenn Sie dort weniger zahlen.

Standort. Ob es einen Zahnarzt aus dem vorgeschriebenen Netzwerk in Ihrer Nähe gibt, erfahren Sie bei Ihrer gesetzlichen Krankenkasse. Die Kooperationspartner der Kassen bieten zudem auf ihrer Internetseite meist eine Standortsuche für teilnehmende Praxen an.

Überblick. Krankenkassen bieten oft auch günstigen Zahnersatz über ihre Partner an oder geben Zuschüsse zu Füllungen oder Zahnbehandlungen. Einen Überblick über alle Extras von 85 Kassen liefert monatlich aktuell der Finanztest-Produktfinder im Internet (www.test.de/krankenkassen). Er kostet 3 Euro.

Für Versicherte von sieben Krankenkassen ist zum Beispiel die Zahnreinigung zweimal jährlich kostenlos, wenn sie in eine der 700 Praxen des Netzwerkes Dent-net gehen. Die sieben Kassen sind BKK 24, BKK Freudenberg, BKK Pfalz, BKK Verbund Plus, Energie BKK, Vaillant BKK und Vereinigte BKK. Bei der BKK Kassana sind es ebenfalls zwei Reinigungen kostenlos bei Zahnärzten des Netzwerks „Ihren Zähnen zuliebe".

Festpreis statt Erstattung

Versicherte der Bahn BKK zahlen bei Zahnärzten von „Ihren Zähnen zuliebe" einen Festpreis von 49 Euro. Die Techniker Krankenkasse hat keinen Festpreis vereinbart, sondern erstattet bei „Trudent"-Zahnärzten die Hälfte der Kosten. Eine unsichere Rechnung für Versicherte.

In beiden Fällen lohnt sich ein Vergleich mit dem Preis des gewohnten Zahnarztes. Festpreis und Zuschuss sind ja nur dann von Vorteil, wenn die Zahnreinigung damit wirklich günstiger wird und längst nicht jeder wird einen passenden Vertragszahnarzt in seiner Nähe finden.

Manchmal haben Versicherte auch die Wahl. Kassen wie die Big Direkt, HEK und zahlreiche Betriebskrankenkassen bieten beide Varianten: einen Zuschuss zur professionellen Zahnreinigung beim Wunschzahnarzt oder die Kostenübernahme beim Zahnarzt des Vertragsnetzwerks. Beide Extras zusammen erlauben die Krankenkassen aber meist nicht.

Bonusprogramm ohne Hürde

Die Anmeldung zum Bonusprogramm der Kasse ist gelegentlich Voraussetzung für eine Vergünstigung. Das muss keine Hürde sein. Die Big Direkt zahlt beispielsweise 20 Euro, die BKK Kassana 40 Euro pro Jahr, wenn Versicherte sich in das Bonusprogramm einschreiben und neben der Zahnreinigung gleich die Vorsorgeuntersuchung mitmachen lassen.

Diese Bedingungen sind unproblematisch, da der Kunde keine weiteren Leistungen erbringen muss, um den Zuschuss zu erhalten. Nicht aufgeführt hat Finanztest dagegen Kassen, die nur dann etwas zur Zahnreinigung dazugeben, wenn Versicherte noch andere Bedingungen erfüllen. Sie müssen beispielsweise Gesundheitskurse, einen Gesundheitscheck oder vorgegebene Impfungen nachweisen. ■

Kinderkriegen mit der Kasse

Vor einer künstlichen Befruchtung kann ein Wechsel der Krankenkasse sinnvoll sein. Einige Kassen zahlen tausende Euro mehr als andere.

Finanztest 4/2014 Etwa jedes siebte Paar in Deutschland ist ungewollt kinderlos, schätzt der AOK-Bundesverband. Viele von ihnen entscheiden sich für eine künstliche Befruchtung.

Neben den psychischen Belastungen kommen auf die Paare hohe Kosten zu. Zwischen 200 und 3400 Euro liegt der Preis für eine künstliche Befruchtung oft. Manchmal wird es sogar noch teurer – je nach Methode. Und selten reicht eine einzelne Behandlung aus.

Gesetzlich krankenversicherte Ehepaare haben generell Anspruch darauf, dass ihre Krankenkasse die Hälfte der genehmigten Kosten für eine festgelegte Anzahl von verschiedenen Behandlungen übernimmt. Sie müssen nur die Altersgrenzen einhalten: Frauen müssen mindestens 25 Jahre alt und höchstens 39 Jahre alt sein. Männer dürfen höchstens 49 Jahre alt sein.

Sind die Ehepartner nicht bei derselben Kasse versichert, übernimmt die Kasse der Frau deren Kosten zur Hälfte und die Kasse des Mannes zahlt für seine Behandlungen ebenfalls 50 Prozent.

Wer nicht verheiratet ist, muss die Kosten komplett selbst bezahlen – auch das ist gesetzlich festgelegt. Eine freiwillige Ausnahme macht nur die BKK Scheufelen. Sie übernimmt für unverheiratete Paare genauso wie für Verheiratete die Hälfte der genehmigten Behandlungskosten als Extraleistung. Die Krankenkasse ist aber nur für Versicherte offen, die in Baden-Württemberg leben oder arbeiten.

32 Kassen übernehmen mehr

Der Eigenanteil, den die Ehepaare trotz Unterstützung von der Kasse zahlen müssen, ist mit etlichen hundert oder tausend Euro immer noch sehr hoch. Doch manche Kassen übernehmen als Zusatzleistung mehr: Von den 84 Krankenkassen aus dem monatlichen Dauertest von Finanztest bieten 32 Kassen mehr als vorgeschrieben.

Vier Kassen bezahlen genehmigte Kosten sogar komplett: Bergische KK, IKK classic, IKK

Unser Rat

Ehepaare. Sind Sie verheiratet und planen eine künstliche Befruchtung? Dann sind vier Krankenkassen für Sie besonders geeignet: **Bergische KK**, **IKK classic**, **IKK Gesund Plus** und **Knappschaft** übernehmen genehmigte Behandlungskosten komplett. Das kann Ihnen mehrere tausend Euro Eigenanteil ersparen.

Unverheiratete. Sind Sie nicht verheiratet, müssen Sie die Kosten selbst aufbringen. Eine Beteiligung bietet nur die **BKK Scheufelen** für Versicherte in Baden-Württemberg.

Förderung. Wohnen Sie in Sachsen, Sachsen-Anhalt, Mecklenburg-Vorpommern, Niedersachsen oder Thüringen, können Sie zusätzlich Fördergeld von Bund und Land erhalten, wenn Sie verheiratet sind. (www.informationsportal-kinderwunsch.de). Sachsen-Anhalt fördert auch Unverheiratete.

Kassenvergleich. Der Produktfinder der Stiftung Warentest im Internet zeigt Ihnen aktuell viele weitere Extraleistungen von rund hundert Kassen im Test (www.test.de/krankenkassen).

Finanztest Extraleistungen für die künstliche Befruchtung

Diese vier Kassen bezahlen die genehmigten Behandlungskosten komplett ohne weitere Bedingungen. Andere Kassen legen auf die gesetzlich vorgeschriebene Hälfte der Kosten nicht ganz so viel drauf und und stellen auch Bedingungen.

Kasse	Regionale Zuständigkeit	Erstattung (Prozent pro Versuch) zusätzlich zu den gesetzlich vorgeschriebenen Leistungen	Extraleistung auch möglich, wenn nicht beide Ehepartner bei der Kasse versichert sind[1)]
Bergische KK	Hamburg, NRW	**50**	■
IKK classic	Bundesweit	**50**[2)]	❑[2)]
IKK Gesund Plus	Bundesweit	**50**	❑
Knappschaft	Bundesweit	**50**	❑

■ = Ja. ❑ = Nein.

1) Die Kasse übernimmt generell nur die Behandlungskosten, die für den eigenen Versicherten anfallen.

2) Ist nur ein Ehepartner bei der Kasse versichert, erhält dieser für seine Behandlungskosten zusätzlich zum gesetzlichen Anspruch 25 Prozent der genehmigten Kosten.

Stand: 1. Januar 2014

Gesund Plus und Knappschaft legen freiwillig und ohne Einschränkung auf die vorgeschriebene Kostenhälfte die verbleibenden 50 Prozent drauf. Da es um viel Geld geht, kann sich ein Kassenwechsel lohnen.

Einige Kassen verlangen für ihre Extraleistung, dass beide Ehepartner bei ihr versichert sind. Dazu zählen IKK Gesund Plus und Knappschaft.

Andere Kassen gewähren die Extraleistung auch, wenn nur ein Partner dort versichert ist. Dann erhält wenigstens dieser den zusätzlichen Zuschuss für die Kosten, die für ihn anfallen. So verfährt zum Beispiel die Bergische KK. Der Wechsel zu einer solchen Krankenkasse ist vor allem für die Ehefrau sinnvoll, denn bei den meisten Methoden ist die Behandlung der Frau besonders teuer.

Die Möglichkeit, eine Extraleistung zur künstlichen Befruchtung in ihrer Satzung anzubieten, haben die Kassen seit dem Jahr 2012. Den Umfang des Zuschusses legen sie selbst fest. Viele geben nicht die fehlenden 50 Prozent, sondern nur 25 Prozent oder weniger dazu, andere legen zwischen 200 und 1000 Euro pro Versuch obendrauf.

Die AOK Baden-Württemberg, die AOK Nordwest und die BKK Akzo Nobel sind die einzigen drei Kassen, die auch dann für eine künstliche Befruchtung zahlen, wenn die Frau älter als 39 Jahre ist – das ist die gesetzliche Grenze. Bei der BKK VBU darf die Frau auch jünger als 25 Jahre sein.

Die Kasse wechseln kann jeder Versicherte jederzeit, wenn er mindestens 18 Monate Mitglied bei seiner alten Kasse ist. Die Kündigungsfrist beträgt zwei Monate zum Monatsende. Wer zum Beispiel bis Ende März die Kündigung einreicht, ist ab 1. Juni bei der neuen Kasse versichert.

Erfolgsvergütung für den Arzt

Neben Kassen, die im Rahmen ihrer Satzung mehr für die künstliche Befruchtung bezahlen, gibt es für Versicherte in Bayern darüber hinaus ein interessantes Angebot: 38 Betriebskrankenkassen, darunter die BKK ATU, die BKK Faber-Castell, die mhplus BKK und die Securvita, haben einen speziellen Vertrag mit Ärzten. Hat die Behandlung Erfolg, bekommt der Arzt eine besondere Vergütung.

Die Kassen wollen einen Anreiz für teilnehmende Ärzte schaffen, Paare mit unerfülltem Kinderwunsch so gut wie möglich und mit hoher Erfolgsquote zu behandeln. Informationen, welche Kassen daran teilnehmen, liefert der Finanztest-Produktfinder (test.de/krankenkassen). ■

Jede Chance nutzen

Nur in einem Viertel der Fälle bekamen Finanztest-Leser den Berufsunfähigkeitsschutz, den sie wollten. Für manche gibt es Lösungen.

Finanztest 7/2014 Finanztest fragt regelmäßig seine Leser, was sie beim Abschluss einer Berufsunfähigkeitsversicherung erleben. Denn aus den vielen Tests ist den Experten der Stiftung Warentest bekannt, dass es immer bessere Angebote gibt – aber bekommen die Leser diese sehr guten Tarife auch?

Ausgewertet hat Finanztest die gesammelten Erfahrungen aus der Zeit von 2001 bis heute. Ergebnis: Nur in einem Viertel der Fälle lief der Abschluss glatt. In rund der Hälfte der 409 eingesandten Fälle bekamen die Leser bei einem Versicherer keinen Schutz gegen Berufsunfähigkeit. Entweder lehnte der Versicherer den Antrag ab oder die Leser akzeptierten das Angebot nicht, weil es zu teuer war oder die Bedingungen nicht ihren Wünschen entsprachen.

Knapp 21 Prozent der Leser aus den Umfragen bekamen nur einen Vertrag mit erschwerten Bedingungen.

Versicherung wichtig für alle

Die finanzielle Absicherung gegen Berufsunfähigkeit ist wichtig für alle, die von ihrer Arbeitskraft leben. Die Versicherung zahlt eine monatliche Rente, wenn jemand aufgrund eines Unfalls, einer Krankheit oder anderer Gebrechen längere Zeit nicht mehr in der Lage ist, zu mehr als 50 Prozent in seinem zuletzt ausgeübten Beruf zu arbeiten.

Ohne diese Absicherung kann im schlimmsten Fall der finanzielle Ruin drohen. Denn vom Staat gibt es für alle ab 1961 Geborenen nur eine Rente, wenn jemand fast gar nicht mehr arbeiten kann – unabhängig von seiner Qualifikation und seinem Beruf. Zudem ist die staatliche Erwerbsminderungsrente meist sehr gering.

Abgelehnt mit psychischen Leiden

Mit Krankheiten wie Diabetes haben Kunden oft generell keine Chance auf eine Absicherung gegen Berufsunfähigkeit – selbst wenn sie vorher eine anonyme Risikoanfrage stellen. Gleiches gilt etwa auch bei rheumatischer Arthritis oder nach einem Herzinfarkt.

Besonders drastisch reagieren die Versicherer, wenn es um psychische Erkrankungen geht. Mittlerweile sind sie der Hauptgrund,

Unser Rat

Wichtiger Vertrag. Wenn Sie von Ihrer Arbeitskraft leben, sollten Sie versuchen, eine Berufsunfähigkeitsversicherung abzuschließen – auch wenn der Abschluss oft nicht einfach ist.

Auf eigene Faust. Beginnen Sie mit den sehr guten Tarifen aus dem jüngsten Test (Finanztest 07/2013). Liegen Ihnen andere Angebote vor, hilft Ihnen die Checkliste (2 Euro) im Netz unter www.test.de/bu-checkliste, die Versicherungsbedingungen zu kontrollieren.

Mit Hilfe. Trauen Sie sich die Suche nicht allein zu oder befürchten Sie, aufgrund Ihres Alters oder wegen Krankheiten Einschränkungen? Dann lassen Sie sich von einem Versicherungsmakler oder Versicherungsberater helfen. Bei diesen können Sie häufig eine anonyme Risikovoranfrage stellen. Achten Sie darauf, dass Ihr Makler oder Berater Ihnen Angebote mehrerer Versicherungsunternehmen vorlegt. Prüfen Sie alle Unterlagen genau, die Sie zusammen ausfüllen.

warum Menschen nicht mehr in ihrem Beruf arbeiten können. Kunden, die eine Therapie gemacht haben, bekommen meist keinen Vertrag für eine Berufsunfähigkeitsversicherung.

Anonyme Anfrage beim Versicherer

Kunden mit Vorerkrankungen können im Vorfeld versuchen, anonym Angebote einzuholen. Dabei helfen Versicherungsberater oder Versicherungsmakler. Der Vorteil: Kunden laufen dann keine Gefahr, im Hinweis- und Informationssystem (HIS) des Gesamtverbands der Deutschen Versicherungswirtschaft zu landen.

Versicherer melden an dieses System Kunden, die sie aufgrund von Risiken problematisch finden. Jeder Versicherer, der dem Versicherungsverband angehört, kann die schwarze Liste einsehen und Kunden aussortieren, die für ihn teuer werden könnten.

Auskünfte bis zu zehn Jahre zurück

Im Antrag auf eine Versicherung müssen Interessenten oft Beschwerden und Behandlungen aus den vergangenen fünf Jahren angeben. Mitunter fragen die Versicherer auch zehn Jahre zurück. Makler werden meist wissen, bei welchem Versicherer Kunden wie lange zurück Auskünfte über ihre Gesundheit geben müssen.

Kunde und Makler müssen alles wahrheitsgemäß angeben. Wer lügt, Krankheiten verschweigt oder einfach vergisst, läuft später Gefahr, dass der Versicherer im Fall einer Berufsunfähigkeit nicht zahlt. Kommt es zum Streit, haftet nicht der Makler, sondern der Kunde für die Angaben. Daher sollte er alles gut kontrollieren.

Die Versicherer fragen auch bei Ärzten nach. Mitunter kann daher ein Gespräch mit dem Haus- oder Facharzt sinnvoll sein, bevor dieser dem Versicherer Auskunft über die Behandlungen des Kunden gibt.

Versicherer lehnen Kunden aber nicht nur aufgrund von Krankheiten ab, sondern auch, wenn sie riskante Hobbys haben oder in einem sehr risikoreichen Beruf arbeiten. So werden etwa Bau- und Gerüstarbeiter, Kanalbauer oder Künstler von Versicherern oft abgelehnt oder aber sie müssen sehr hohe Beiträge zahlen. Dann ist ein Schutz für sie kaum noch zu finanzieren.

Ein Leser berichtete, dass er als Hobby Bergsport angab. Daraufhin sollte er bei einigen Versicherern bis zu 50 Prozent Beitragsaufschlag zahlen. Eine Frau, die in ihrer Freizeit Judo trainiert, sollte bei allen angeschriebenen Versicherern einen Zuschlag von 25 Prozent akzeptieren. Letztendlich fand sie aber doch noch ein Angebot, das ihren Wünschen entsprach.

Ein reibungsloser Ablauf wäre weit mehr als den knapp 25 Prozent der Leser aus der Umfrage zu wünschen, die nur Positives berichteten. Nachdem vor Jahren die gesetzliche Unterstützung für Berufsunfähige zusammengestrichen wurde, sollte zumindest jeder privat vorsorgen können. ■

Abschluss nicht einfach

Das erlebten Finanztest-Leser beim Abschluss einer Berufsunfähigkeitsversicherung Von 409 Fällen lief nur bei 25 Prozent alles ganz glatt.

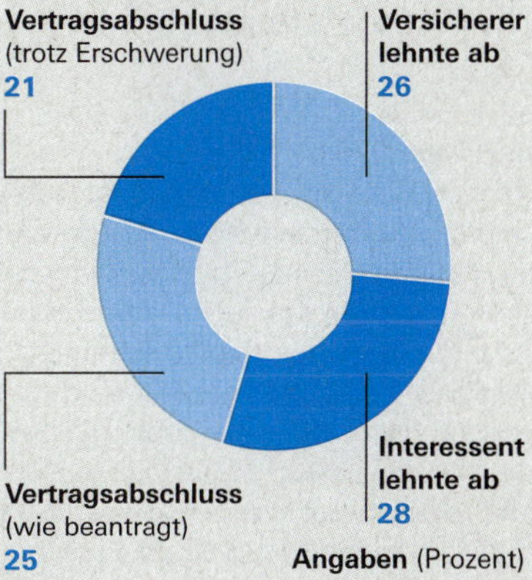

Quelle: Finanztest-Leserumfragen 2010 bis 2014

Gutes für die Kleinen

Kinder haben das Leben vor sich. Schön, wenn sie bei schweren Folgen von Krankheit und Unfall abgesichert sind. Zwei Angebote sind gut.

Finanztest 4/2014 Hat ein Kind einen Unfall oder erkrankt es so stark, dass das zu einer schweren Behinderung führt, stellt das meist das Leben der ganzen Familie auf den Kopf – das Kind braucht viel Aufmerksamkeit und oft besondere Förderung und Therapien.

Das geht auch ins Geld, etwa wenn ein Elternteil zuhause bleibt und ein Teil des Familieneinkommens wegfällt. Kann sich ein Kind kaum oder schlecht bewegen, können Ausgaben für den rollstuhlgerechten Umbau des Hauses oder der Wohnung hinzukommen.

Mit einer Kinderinvaliditätsversicherung sorgen Eltern dafür, dass mehr Geld vorhanden ist, wenn ihr Kind schwerbehindert werden sollte – unabhängig davon, ob Krankheit oder Unfall Ursache sind. Geld aus der Versicherung gibt es, wenn das Versorgungsamt dem Kind einen Grad der Behinderung von mindestens 50 bescheinigt hat.

Zehn Tarife im Test

Finanztest hat zehn Tarife mit unterschiedlichen Leistungen untersucht:

- Zwei bieten eine lebenslange monatliche Rente von 1 000 Euro und eine kleine Kapitalleistung von 12 oder 24 Monatsrenten.
- Sieben bieten nur eine Rente.
- Bei einem Angebot gibt es einmalig einen höheren Betrag, aber keine Rente.

Zu den Testsiegern gehören die Basler mit Rente plus Einmalzahlung sowie die WGV, die nur eine Rente ohne Kapitalzahlung bietet.

Alle Tarife bieten Hilfe bei Behinderungen durch Unfall oder Krankheit. Am besten schnitten Angebote ab, deren Antragsformulare fair sind – etwa bei den Gesundheitsfragen – und die besonders kundenfreundliche Bedingungen haben. Das heißt, sie bieten mehr, als die Musterbedingungen des Gesamtverbandes der Deutschen Versicherungswirtschaft (GDV) vorgeben.

In neun Tarifen gibt es für das Kind im Leistungsfall eine monatliche Rente von 1 000 Euro. Allein auf zehn Jahre gerechnet, sind das mindestens 120 000 Euro ohne Dynamisierung, also ohne regelmäßige Erhöhung der Rentensumme zum Inflationsausgleich. Auf mehrere Jahrzehnte gerechnet, kommt so viel mehr zusammen als bei einer großen Einmalzahlung von 100 000 Euro.

Die Rente bietet ein Grundeinkommen, wenn das Kind erwachsen ist. So braucht es voraussichtlich keine Grundsicherung. Bei der Berechnung vom Sozialamt wird die Rente aber als Einkommen angerechnet.

Die beste Wahl: Rente und Geldbetrag

Vorteilhaft ist es, neben der Rente anfangs eine größere Geldzahlung zu erhalten, um Umbauten und Anschaffungen wie einen Elektrorollstuhl bezahlen zu können. Nur zwei Tarife im Test, der JuniorSchutzPlus der Basler und der KISS der Barmenia, bieten das.

Für das mit gut bewertete Produkt der Basler mit lebenslanger Rente und einem Einmalbetrag müssen Familien 420 Euro im Jahr für ein Kind bis 14 Jahren zahlen. Neben der Rente gibt es einmalig einen Betrag in Höhe von zwölf Monatsrenten.

Tarife ohne Einmalzahlung liegen zwischen 130 und 478 Euro. Der gut bewertete Tarif KIZ der WGV kostet 354 Euro im Jahr.

Der ausreichende Tarif der DEVK ist zwar günstig, bietet aber nur eine Kapitalleistung und keine Rente. Er kostet 214 Euro im Jahr. Das einmal vom Versicherer erhaltene Geld muss nicht mehr zurückgezahlt werden, auch dann nicht, wenn es dem Kind wieder besser geht und der Grad der Schwerbehinderung verlorengeht, etwa nach einer Krebstherapie.

Unser Rat

Bedarf. Wenn Sie das Geld zur Verfügung haben, wählen Sie zur Absicherung Ihres Nachwuchses besser eine Kinderinvaliditätsversicherung statt einer Unfallversicherung. Sie bietet umfassenderen Schutz — nicht nur bei Unfall, auch bei schwerer Krankheit. Eine schwere Krankheit ist mit Abstand die häufigste Ursache für eine Schwerbehinderung.

Auswahl. Eine lebenslange Rente und eine Kapitalzahlung sind am besten geeignet. Ein mit gut bewertetes Angebot mit Renten- und Kapitalzahlung hat die **Basler** ab 420 Euro im Jahr. Tarife mit Rente ohne Einmalzahlung liegen zwischen 130 und 478 Euro. Der ebenfalls gute Tarif der **WGV** kostet 354 Euro im Jahr. Angebote mit einmaliger Geldzahlung und ohne Rente decken lediglich erhöhte Ausgaben in den ersten Jahren. Der DEVK-Tarif gibt eine finanzielle Starthilfe für 214 Euro im Jahr.

Steuern sparen. Die Beiträge für eine Kinderinvaliditätsversicherung können Eltern als „sonstige Vorsorgeaufwendungen" und Großeltern als „Sonderausgaben" steuermindernd geltend machen.

Versichern oder nicht?

Mehrere hundert Euro im Jahr für den Beitrag eines Kindes sind viel Geld. Nicht jede Familie kann sich das leisten. Müssen Kinder dafür auf den Reit- oder Musikunterricht, die Nachhilfestunden oder den Klassenausflug verzichten, sollten Eltern es besser lassen und ihre Kinder lieber unmittelbar fördern.

Passiert dem Kind etwas, stehen ihm auch öffentliche Hilfen zu, zum Beispiel unter bestimmten Voraussetzungen Leistungen der Pflegeversicherung. Wird das Kind erwachsen und kann nicht selbst für seinen Unterhalt aufkommen, bekommt es Grundsicherung. Im Jahr 2014 liegt sie ohne Miete bei 391 Euro im Monat für einen Erwachsenen.

Eltern oder Großeltern, die ihren Nachwuchs absichern wollen, sollten sich über das für sie passende Angebot genau informieren. Neben der Kinderinvaliditätsversicherung bieten Versicherer auch Produkte an, die manchmal nur unzureichend Schutz bieten, wie eine Unfallversicherung.

Aufgrund einer Krankheit werden weit mehr Kinder schwerbehindert als aufgrund eines Unfalls. Das zeigt auch die Schwerbehindertenstatistik des Statistischen Bundesamtes: Im Jahr 2011 lebten rund 103 000 Kinder in Deutschland, die aufgrund einer Erkrankung schwerbehindert waren. Dem gegenüber standen nur knapp 500 Unfälle.

Viele Leser haben die Erfahrung gemacht, dass Versicherungsvertreter das Produkt Kinderinvaliditätsversicherung nicht kennen. Detaillierte Informationen bekommen Interessierte meist nur direkt bei der Gesellschaft.

Krankheiten nicht verschweigen

Versicherungsnehmer, die einen Vertrag abschließen möchten, sollten das möglichst früh tun – solange sich keine Entwicklungsstörungen beim Kind zeigen und es keinen Verdacht auf eine Krankheit gibt. Ist das nämlich der Fall, kann sich der Versicherer sperren, einen Vertrag zu schließen.

Drei Gesellschaften, die Barmenia, die Basler und die Badische Allgemeine, versichern Kinder ab der sechsten Woche, nachdem die ersten drei Vorsorgeuntersuchungen stattgefunden haben.

Im Bogen zu den Gesundheitsfragen müssen Eltern alle Fragen zur Gesundheit ihres Kindes ehrlich beantworten und den behandelnden Arzt von der Schweigepflicht entbinden. Verschweigen Eltern einen Krankheitsverdacht, kann sich der Versicherer später im Krankheitsfall weigern zu zahlen und vom Vertrag zurücktreten.

Ausschluss ist möglich
Bestimmte Erkrankungen wie Neurosen, Psychosen, Persönlichkeits- und Verhaltensstörungen schließen alle Versicherungsunternehmen im Test von vornherein aus. Dazu zählen auch Lernbehinderungen, Angststörungen und das Aufmerksamkeitsdefizit-Hyperaktivitätssyndrom ADHS.

Sind hirnorganische Störungen die Ursache für psychische Auffälligkeiten, ist das zwar versichert, aber schwer nachweisbar.

Behinderungen als Folge angeborener Erkrankungen dürfen Versicherer seit 2007 nicht mehr ausschließen. Hat ein Kinder aber bei Vertragsabschluss eine Krankheit, schließen manche eine Zahlungen dafür aus. ■

Finanztest Kinderinvaliditätsversicherungen

Die Versicherungen in unserem Test bieten bei einer 50-prozentigen Invalidität oder bei einem Grad der Behinderung (GdB) von 50 eine lebenslange Monatsrente von 1 000 Euro oder eine einmalige Kapitalleistung von 100 000 Euro oder einer Kombination aus 1 000 Euro Rente und einer kleinen Kapitalleistung.

Anbieter	Tarif	Finanztest QUALITÄTSURTEIL	Anträge (30 %)	Bedingungen (70 %)	Jahresbeitrag (Euro)
Angebote mit lebenslanger Monatsrente von 1 000 Euro und kleinerer Kapitalzahlung					
Basler	JuniorSchutzPlus[1]	GUT (2,5)	+ (2,0)	O (2,7)	bis 14 J.: 420, ab 15 J.: 543
Barmenia	KISS[2)3)]	BEFRIEDIGEND (2,6)	O (3,1)	+ (2,4)	275
Angebote mit lebenslanger Monatsrente von 1 000 Euro					
WGV	KIZ	GUT (2,4)	++ (0,9)	O (3,1)	354
Allianz	Invaliditäts-Zusatzversorgung (IZV)	BEFRIEDIGEND (2,7)	+ (1,9)	O (3,1)	418
Ergo	KIZ	BEFRIEDIGEND (2,9)	+ (2,4)	O (3,1)	405
Provinzial Nord	KIZ[4] Ⓔ	BEFRIEDIGEND (2,9)	+ (2,0)	O (3,3)	433[5]
Westfäl. Provinzial	KIZ[4] Ⓔ	BEFRIEDIGEND (2,9)	+ (2,0)	O (3,3)	478[5]
Badische Allg.	Kinder-Sorglos-Schutz Exklusiv	BEFRIEDIGEND (3,5)	++ (1,3)	⊖ (4,4)	bis 6 J.: 130, bis 12 J.: 162, ab 13 J.: 178
Württembergische	Kinder-Invaliditätsversicherung[6]	MANGELHAFT (4,6)	– (4,8)*)	O (3,0)	356
Angebote mit Kapitalzahlung von 100 000 Euro					
DEVK	Junior Plus[3)7)]	AUSREICHEND (3,9)	O (2,8)	⊖ (4,4)	214

Bewertung: ++ = Sehr gut (0,5–1,5). + = Gut (1,6–2,5). O = Befriedigend (2,6–3,5). ⊖ = Ausreichend (3,6–4,5). – = Mangelhaft (4,6–5,5).

*) Führt zur Abwertung.
Ⓔ = Angebot regional eingeschränkt.
Bei gleichem Urteil wurde alphabetisch sortiert.

1) Rente von 1 000 Euro und Einmalzahlung von 12 Monatsrenten.
2) Rente von 1 000 Euro und Einmalzahlung von 24 Monatsrenten.
3) Feststellung der Schwerbehinderung oder Invalidität durch einen Arzt und nicht das Versorgungsamt. Bei Barmenia: Wahlrecht für Kunden.
4) Zusätzliche Kapitalleistung von 10, 20 oder 30 Monatsrenten möglich.
5) Ab 19 Jahre: Tarif KIZ 18 plus. Kunde kann wählen zwischen gleichem Beitrag und niedrigeren Leistungen oder höherem Beitrag für gleiche Leistungen.
6) Zusätzliche Kapitalleistung bei Pflegestufe III in Höhe von 12 Monatsrenten.
7) Anteilige Kapitalzahlung bei Unfall ab 1 Prozent, bei Krankheit ab 25 Prozent Invalidität. Ab 90 Prozent doppelte Leistung bis maximal 200 000 Euro.

Stand: 1. Januar 2014

Nicht teurer als ein Frühstück

Eine neue Versicherung ist oft besser als eine alte. Im Test von 81 Angeboten liegen Allianz und Würzburger vorn.

Finanztest 6/2014 Bonbons und Tee halfen nicht. Heftige Halsschmerzen plagten die 19-jährige Djamilia im Urlaub an der Copacabana : „Ich musste unbedingt zum Arzt."

Die junge Frau erholte sich in Rio de Janeiro, der zweitgrößten Stadt Brasiliens – und nun das. Der Hals-Nasen-Ohrenarzt stellte eine Mandelentzündung fest und verlangte gleich rund 100 Euro. In der Apotheke legte Djamilia Prange de Oliveira für die verschriebenen Medikamente etwa 50 Euro auf den Tisch.

„Ich wusste, dass ich in Brasilien mit meiner Krankenkassenkarte nicht weiterkomme und in Vorleistung treten muss", sagt sie. Die gesetzliche Krankenkasse kommt außerhalb der Europäischen Union und in Ländern, mit denen kein Sozialversicherungsabkommen besteht, nie für Behandlungen und Medikamente auf. Auch in Europa erstattet sie Behandlungskosten nicht immer voll. Für einen Krankenrücktransport nach Deutschland zahlt die Kasse nie.

Schutz bei unerwarteter Krankheit

Auf ihren Kosten von rund 150 Euro blieb Djamilia trotzdem nicht sitzen: „Ich hatte ja eine Auslandsreise-Krankenversicherung."

Eine unerwartete Krankheit wie bei der 19-Jährigen oder ein Unfall sind typische Fälle, in denen diese Versicherung hilft. Djamilias Mutter hatte bei der Huk-Coburg einen Jahrestarif für die Familie abgeschlossen. Kinder sind bis zum Alter von 20 Jahren mitversichert.

Nach ihrem Urlaub reichte die Bonnerin ihre Belege und Quittungen beim Versicherer ein. „Alles wurde unkompliziert erstattet."

Familientarife unter 20 Euro im Jahr

In unserem Test gibt es schon sehr gute Familientarife für weniger als 20 Euro im Jahr. Beim Testsieger Würzburger zahlen Urlauber 28 Euro im Tarif TravelSecure AR ohne Selbstbehalt. Unsere Tests zeigen auch, dass neue Tarife oft besser und leistungsstärker sind als alte. Über die Jahre sind auch unsere Testkri-

Unser Rat

Wechsel. Unsere jährlichen Tests zeigen, dass neue Auslandsreise-Krankenversicherungen oft besser sind als solche mit älteren Bedingungen. Schließen Sie deshalb ab und zu einen neuen Vertrag ab. Der Wechsel ist einfach. Sie kündigen schriftlich den alten Vertrag und schließen einen neuen ab.

Familie. Den besten Jahresschutz für beliebig viele Reisen im Jahr bekommt eine Familie bei der **Würzburger** im Tarif TravelSecure AR ohne Selbstbehalt für 28 Euro im Jahr. Günstiger und ebenfalls sehr gut sind **Allianz, Barmenia, Envivas/TK, Ergo Direkt** und **Neckermann.**

Einzelperson. Testsieger für Einzelpersonen ist die **Allianz** mit dem Tarif R32 für 9,80 Euro im Jahr (bis 70 Jahre).

Senioren. Für Senioren ab 70 Jahren ist die **Debeka** günstig und sehr gut. Der Reiseschutz kostet 8 Euro pro Jahr im Einzeltarif AR. Andere Versicherer verlangen oft Alterszuschläge ab dem 60., 65. oder 70. Geburtstag.

terien strenger geworden. Es kann sich lohnen, einen alten Vertrag zu wechseln.

Sehr gute Einzelpolice ab 7,50 Euro

Für die 19-jährige Djamilia hat sich das Thema Familientarif bald erledigt. Ab dem 21. Geburtstag ist sie nicht mehr über ihre Mutter mitversichert. Einen neuen und sehr guten Vertrag kann sie schon für den Preis eines ordentlichen Frühstücks abschließen. Von 46 Angeboten für Einzelreisende in unserem Test sind elf sehr gut. Sie kosten zwischen 7,50 und 17 Euro im Jahr, beim Testsieger Allianz 9,80 Euro im Jahr. ■

Finanztest Jahrestarife für Familien

Sehr gute und gute Auslandsreise-Krankenversicherungen für Familien.

Anbieter	Tarif		Angebot ohne Selbstbehalt	Finanztest QUALITÄTSURTEIL	Grundbeitrag für Neuverträge (Euro)[9]
Würzburger	TravelSecure AR	@	■	SEHR GUT (1,0)	28,00
Allianz	R33		■	SEHR GUT (1,1)	19,60
HanseMerkur	JRV		■	SEHR GUT (1,3)	29,00
Barmenia	Travel Family	@	■	SEHR GUT (1,4)	21,60
Envivas/TK	TravelXF	Ⓔ	■	SEHR GUT (1,4)	23,90[1]
Ergo Direkt	RD		■	SEHR GUT (1,5)	17,80
Neckermann	RD		■	SEHR GUT (1,5)	17,80
Würzburger	TravelSecure AR	@	❑[2]	SEHR GUT (1,5)	20,00
HanseMerkur/DAK	DAKplus Reise	Ⓔ	■	GUT (1,8)	19,90
Eura24/Europ Assistance	Eura24 Reisekranken	@	■	GUT (1,9)	27,90
Huk24/Huk-Coburg	RIF Plus	@	■	GUT (2,0)	20,00
Huk-Coburg	RVF Plus		■	GUT (2,0)	21,00
Huk-Coburg/Barmer GEK	RBF Plus	Ⓔ	■	GUT (2,0)	20,00
SDK	AR[3)4)5)6)]		■	GUT (2,0)	29,20[6)7)]
Arag	RK-JF		■	GUT (2,1)	24,00[8]
ERV	Jahres-Reisekranken-Versicherung		■	GUT (2,1)	34,00
LVM	ARJ		■	GUT (2,2)	22,00[7]
LVM/hkk	ARJ-hkk	Ⓔ	■	GUT (2,2)	15,00[7]
Central	central.holidayF		■	GUT (2,5)	23,00

Bewertung: SEHR GUT (0,5–1,5). GUT (1,6–2,5). BEFRIEDIGEND (2,6–3,5). AUSREICHEND (3,6–4,5). MANGELHAFT (4,6–5,5).

■ = Ja. ❑ = Nein.
@ = Angebot nur über Internet.
Ⓔ = Angebot für Mitglieder der betreffenden Krankenkasse.

1) Beitrag erhöht sich nach Ende der Mitgliedschaft in der Techniker Krankenkasse.
2) 100 Euro je Versicherungsfall.
3) Das Versicherungsjahr endet immer automatisch zum Ende des Kalenderjahres, in dem der Vertrag abgeschlossen wurde (31. Dezember).
4) Bei Reisen über das Jahresende hinaus besteht Versicherungsschutz bis zum Abschluss der Reise.
5) Nur auf Antrag als Dauerpolice.
6) Standardangebot inklusive Unfallversicherung. Hier Unfallversicherung abgewählt.
7) Günstigeres Angebot für Bestandskunden ab dem zweiten Versicherungsjahr.
8) Familienvertrag endet bei weniger als drei versicherten Personen.
9) Die meisten Versicherer erheben Alterszuschläge.

Stand: 1. April 2014

Finanztest Jahrestarife für Einzelpersonen

Sehr gute und gute Auslandsreise-Krankenversicherungen für Einzelpersonen.

Anbieter	Tarif		Angebot ohne Selbstbehalt	Finanztest QUALITÄTSURTEIL	Grundbeitrag für Neuverträge (Euro)[11]
Allianz	R32		■	SEHR GUT (0,9)	9,80
Debeka	AR		■	SEHR GUT (1,0)	8,00[1]
Würzburger	TravelSecure AR	@	■	SEHR GUT (1,0)	17,00
Barmenia	Travel Single	@	■	SEHR GUT (1,2)	10,80
Envivas/TK	TravelXN	Ⓔ	■	SEHR GUT (1,2)	9,80[2]
HanseMerkur	JRV		■	SEHR GUT (1,2)	17,00
Ergo Direkt	RD		■	SEHR GUT (1,3)	8,90
Neckermann	RD		■	SEHR GUT (1,3)	8,90
Universa	Uni-RD[3,4]		■	SEHR GUT (1,3)	12,84
Inter	AV[4]		■	SEHR GUT (1,5)	7,50
Würzburger	TravelSecure AR	@	□[5]	SEHR GUT (1,5)	11,00
Arag	RK-J/RK-J70		■	GUT (1,6)	8,00
HanseMerkur/DAK	DAKplus Reise	Ⓔ	■	GUT (1,6)	8,90
SDK	AR[4,6,7,8]		■	GUT (1,6)	11,15[8,9]
Eura24/Europ Assistance	Eura24 Reisekranken	@	■	GUT (1,8)	12,90
Huk24/Huk-Coburg	RI Plus	@	■	GUT (1,9)	8,50
Huk-Coburg	RV Plus		■	GUT (1,9)	8,90
Huk-Coburg/Barmer GEK	RB Plus	Ⓔ	■	GUT (1,9)	8,50
ERV	Jahres-Reisekranken-Versicherung		■	GUT (2,1)	18,00
DEVK	R2	@	■	GUT (2,2)	7,50
LVM	ARJ		■	GUT (2,2)	11,00[9]
LVM/hkk	ARJ-hkk	Ⓔ	■	GUT (2,2)	7,50[9]
Vigo	AR8[4,10]		■	GUT (2,2)	7,80
Central	Central.holidayE		■	GUT (2,3)	10,00
R+V	JR[4,6]		■	GUT (2,4)	12,50

Bewertung: SEHR GUT (0,5–1,5). GUT (1,6–2,5). BEFRIEDIGEND (2,6–3,5). AUSREICHEND (3,6–4,5). MANGELHAFT (4,6–5,5).

■ = Ja. □ = Nein.
@ = Angebot nur über Internet.
Ⓔ = Angebot für Mitglieder der betreffenden Krankenkasse.

1) Kein Familientarif, Mitversicherung je Kind bis einschließlich 19 Jahre 4 Euro, kein Alterszuschlag.
2) Beitrag erhöht sich nach Ende der Mitgliedschaft in der Techniker Krankenkasse.
3) Bei Vertragsbeginn während des Jahres Mindestlaufzeit bis zum Ende des darauffolgenden Kalenderjahres.
4) Das Versicherungsjahr endet immer automatisch zum Ende des Kalenderjahres, in dem der Vertrag abgeschlossen wurde (31. Dezember).
5) 100 Euro je Versicherungsfall.
6) Bei Reisen über das Jahresende hinaus besteht Versicherungsschutz bis zum Abschluss der Reise.
7) Nur auf Antrag als Dauerpolice.
8) Standardangebot inklusive Unfallversicherung. Hier Unfallversicherung abgewählt.
9) Günstigeres Angebot für Bestandskunden ab dem zweiten Versicherungsjahr.
10) Laut Anbieter in Kürze Tarifänderung geplant.
11) Die meisten Versicherer erheben Alterszuschläge.

Stand: 1. April 2014

Wenn es anders kommt

Für sehr teure Urlaubsreisen ist ein Schutz bei Reiserücktritt und -abbruch sinnvoll. Die besten Tarife bieten AGA und Würzburger.

Finanztest 2/2014 Beim Buchen einer Reise mag keiner daran denken, dass sie platzen könnte. Kommt aber etwas Gravierendes dazwischen, ist es gut, versichert zu sein. Eine Reiserücktritts- und Reiseabbruchversicherung übernimmt die Stornokosten. Sie trägt auch die Kosten, wenn ein Urlauber vorzeitig zurückfahren oder den Aufenthalt unfreiwillig verlängern muss.

Preiswert ist der Schutz nicht. Schon für eine kleine Reise für 500 Euro kostet er zwischen 20 und 40 Euro. Bei teuren Reisen für 6 000 Euro sind schnell 200 Euro fällig.

Im Test waren rund hundert Angebote von zwölf Versicherern: Jahresverträge und Policen für Einzelreisen jeweils für Einzelpersonen und Familien. Die besten Angebote machen Würzburger und AGA. Die Würzburger zum Beispiel erstattet bei Abbruch in der ersten Reisehälfte noch den vollen Reisepreis. Schlusslicht bildet die Signal Iduna mit dem Singletarif RRV für eine Einzelreise wegen Lücken beim Abbruchschutz.

Angebote vor Abschluss vergleichen

Abgeschlossen werden die Policen oft im Reisebüro direkt bei Buchung. Doch kaum jemand erfasst so schnell die Qualität der unübersichtlichen Bedingungen. Sicherer ist es, gute Angebote aus dem Test direkt beim Versicherer anzufordern. Dafür haben Reisende oft bis 30 Tage vor Abreise Zeit.

Empfehlenswert ist die Kombination aus Reiserücktritts- und Reiseabbruchversicherung. Die Vollschutztarife sind etwa 20 Prozent teurer als die Tarife, bei denen nur der Rücktritt von einer Reise versichert ist.

Die Reiserücktritts- und -abbruchversicherung leistet bei Ereignissen, die im Vertrag festgelegt sind. Sie übernimmt die Kosten für Storno bei Rücktritt, für Umbuchung und andere zusätzliche Ausgaben bei Abbruch oder Verlängerung einer Reise.

Einfach absagen geht nicht. Der Grund für eine Absage muss triftig sein und unerwartet eintreten. Zulässige Gründe sind eine schwere Erkrankung oder ein schwerer Unfall des

Unser Rat

Bedarf. Schließen Sie eine Reiseversicherung ab, wenn Sie frühzeitig eine Reise buchen – besonders, wenn Sie mit Kindern fahren wollen. Bis zur Abfahrt kann viel passieren, was Ihre Reise verhindert. Auch ein hoher Reisepreis spricht für eine Versicherung.

Testsieger. Das beste Angebot für Einzelreisen macht die **Würzburger (TravelSecure)**. Bei den Jahresverträgen liegen **AGA** und **Würzburger** vorn. Die **HanseMerkur** versichert ältere Reisende in Jahresverträgen als einzige ohne Aufpreis. Einzelpolicen bekommen Ältere dagegen bei mehreren Versicherern zum selben Preis wie jüngere Kunden.

Jahresverträge. Für alle, die häufiger verreisen, sind Jahresverträge viel günstiger als Verträge für Einzelreisen. In Familienverträgen sind dann auch die Reisen einzelner Familienmitglieder versichert. Wer den Vertrag wechseln oder loswerden will, muss ihn rechtzeitig kündigen. Die Frist beträgt meist ein oder drei Monate zum Ende des Versicherungsjahres.

Reisenden, Tod, Bruch einer Prothese, Schaden am Eigentum durch Einbruchdiebstahl oder andere größere Schäden. Auch ein überraschender Jobwechsel, der Verlust des Arbeitsplatzes und Naturkatastrophen am Urlaubsort wären abgedeckt.

Der Versicherer zahlt auch, wenn sogenannten Risikopersonen etwas geschieht. Das sind Menschen, die nicht mitreisen, aber den Reisenden nahestehen, wie Ehe- oder Lebenspartner, Kinder, Eltern, Stiefeltern und -kinder, Großeltern und Enkel sowie Geschwister, Schwiegereltern und -kinder. Den Begriff Risikoperson definieren die Unternehmen unterschiedlich. Finanztest hat dies in der Bewertung berücksichtigt. ■

Finanztest Gute Reiserücktritts- und Reiseabbruchpolicen

Angebote ohne Selbstbeteiligung.

Anbieter	Tarif	Finanztest QUALITÄTSURTEIL	Basisschutz Reiserücktritt (65 %)	Zusatzschutz Reiseabbruch (25 %)	Transparenz/ Verständlichkeit (10 %)	Beitrag bis … / ab … (Alter in Jahren)	Beiträge (Euro) bei einem Reisepreis von …[8] 1 500 Euro	3 000 Euro
Angebote für Einzelpersonen – Verträge für eine Reise								
TravelSecure/ Würzburger	Topschutz[1] @	SEHR GUT (1,4)	++(1,1)	++(1,2)	O(3,4)	–	52	110
AGA	Elvia Reiserücktritt-Vollschutz[1]	SEHR GUT (1,5)	++(1,0)	+(2,5)	O(2,7)	–	68	144
Hanse-Merkur	RRK + Urlaubsgarantie[1)7]	GUT (1,9)	+(1,7)	++(1,0)	−(5,1)	–	51	105
ERV	RU	GUT (2,1)	+(1,9)	+(2,2)	⊖(3,6)	–	75	132
URV	Premiumschutz[2]	GUT (2,3)	+(1,9)	O(2,9)	O(3,2)	–	80	135
TravelProtect/ Bayerische	TP RR @	GUT (2,5)	+(2,2)	O(2,8)	⊖(4,5)	64/65/ 81[3]	50/65/ –[4]	103/ 110/–[4]
Angebote für Familien – Verträge für eine Reise								
TravelSecure/ Würzburger	Topschutz[1] @	SEHR GUT (1,4)	++(1,1)	++(1,2)	O(3,4)	–	58	118
AGA	Elvia Reiserücktritt-Vollschutz[1]	SEHR GUT (1,5)	++(1,0)	+(2,5)	O(2,7)	–	76	157
Hanse-Merkur	RRK + Urlaubsgarantie[1)5)7]	GUT (1,9)	+(1,7)	++(1,0)	−(5,1)	–	58	119
ERV	RU[5]	GUT (2,1)	+(1,9)	+(2,2)	⊖(3,6)	–	78	159
URV	Premiumschutz[2]	GUT (2,3)	+(1,9)	O(2,9)	O(3,2)	69/70[6]	94/–	160/–

Bewertung: ++ = SEHR GUT (0,5–1,5). + = GUT (1,6–2,5). O = BEFRIEDIGEND (2,6–3,5). ⊖ = AUSREICHEND (3,6–4,5). − = MANGELHAFT (4,6–5,5).
– = Entfällt. @ = Angebot nur über Internet.

1) Tarif auch als Basisschutz (nur Reiserücktrittsversicherung) zum niedrigeren Beitrag abschließbar.
2) Tarif auch als Variante mit eingeschränktem Reiseabbruchschutz zum niedrigeren Beitrag abschließbar.
3) Höchsteintrittsalter 80 Jahre, bestehende Jahresverträge laufen weiter.
4) Im Tarif sind bis zu vier Personen unabhängig vom Verwandtschaftsverhältnis zum angegebenen Preis versicherbar.
5) Familienvertrag gilt nicht für kinderlose Paare.
6) Höchsteintrittsalter 69 Jahre.
7) Bei ambulanter Behandlung einer schweren Erkrankung fallen 20 Prozent Selbstbeteiligung an, mindestens 25 Euro.
8) Preis für Direktabschluss beim Versicherer. Abweichende Preise können im Reisebüro oder für Spezialreisen, zum Beispiel eine Schiffsreise, gelten.

Stand: 12. November 2013

Einen Zahn zulegen

Unser Test zeigt: Noch nie gab es so viele Versicherungen mit sehr guten Leistungen für Zahnersatz. Ein Wechsel kann sich lohnen.

Finanztest 8/2014 Mehr als 40 Prozent der Deutschen können sich teuren Zahnersatz nicht leisten. Jeder Achte läuft gar mit Zahnlücken herum, ergab eine repräsentative Umfrage des Marktforschungsunternehmens GfK für die Zeitschrift Apotheken Umschau. Mit einer privaten Zusatzpolice können gesetzlich Versicherte die Finanzierungslücke weitgehend schließen.

Viel mehr sehr gute Angebote

Die Zahl der sehr guten Angebote ist gegenüber unserem Test im Jahr 2012 stark gewachsen. Es lohnt sich deshalb für Kunden, die schon eine Versicherung haben, ihre Police zu überprüfen.

Die Note „sehr gut" für ihre Zahnersatzleistungen erreichten 55 der 189 Tarife im aktuellen Test. Sie decken zusammen mit dem Anteil der Krankenkasse auch bei teurem Zahnersatz 80 bis 95 Prozent der Rechnung. Sie kosten einen 43-jährigen Modellkunden zwischen 13 und 47 Euro im Monat.

Besser und günstiger als alter Vertrag

Der günstigste sehr gute Tarif Z90 des Versicherers Inter kostet mit 13 Euro im Monat für 43-jährige Kunden viel weniger als das, was manche langjährig Versicherten für geringere Leistungen zahlen. Ein Wechsel lohnt sich beispielsweise für Inter-Kunden, die im alten Tarif DCplus versichert sind. Er erhielt im Test 2012 die Note gut und kostete für 43-Jährige 22 Euro im Monat.

Beim eigenen Versicherer nach einem besseren Angebot zu suchen, ist besonders sinnvoll. Denn bei einem Wechsel innerhalb des Unternehmens nehmen Kunden ihre in dem alten Vertrag erworbenen Rechte mit.

Auch wenn kurzfristig Zahnersatz ansteht, haben sie nach einem Tarifwechsel Anspruch auf Leistungen. Wartezeiten und die zu Vertragsbeginn üblichen Summenbegrenzungen gelten nur für die Leistungen, die neu hinzugekommen sind.

Ein Wechsel des Anbieters ist nur zu empfehlen, wenn der eigene kein besseres Angebot hat. Ob der Wechsel sich lohnt, hängt davon ab, ob jemand in den nächsten drei bis fünf Jahren Zahnersatz benötigt.

Vorsicht beim Wechsel des Anbieters

Zu Beginn eines neuen Vertrags gelten meist acht Monate Wartezeit, während derer die Versicherung gar keine Zahnersatzkosten übernimmt. Zusätzlich beschränken fast alle Versicherer ihre Leistung in den ersten drei bis fünf Jahren.

Im Tarif Z90 der Inter sind die Leistungen beispielsweise auf 750 Euro in den ersten zwölf Monaten, auf 1500 Euro in den ersten 24 und auf 3000 Euro in den ersten 36 Monate begrenzt.

Ist schon absehbar, dass in einiger Zeit Zähne überkront oder gezogen werden müssen, oder läuft sogar bereits eine Behandlung, ist es besser, dies erst abzuwarten und danach den Anbieter zu wechseln.

In einem neuen Vertrag gibt es ohnehin keine Leistungen für Zahnprobleme, die der Patient schon bei Vertragsschluss hatte. Versicherer sehen es bereits als laufende Behandlung an, wenn der Zahnarzt bei der Kontrolluntersuchung geraten hat, demnächst einen Zahn ersetzen zu lassen. Davon erfahren die Unternehmen spätestens, wenn sie beim Zahnarzt nachfragen.

Volle Leistung nach ein paar Jahren

Kassenpatienten, die erstmals eine Zahnversicherung abschließen, kommen um die Einschränkungen zu Beginn nicht herum. Die Grenzen flossen in die Bewertung der Zahnersatzleistungen ein. Erst nach ein paar Jahren bekommen die Patienten dann die ungekürzten Zuschüsse.

Im Test bewertete die Stiftung ausschließlich die Leistungen für Zahnersatz, da die Patienten dafür am meisten selbst bezahlen müssen. Die gesetzliche Krankenkasse beteiligt sich nur an den Kosten für die Regelversorgung, eine günstige Standardlösung, die für jeden Befund festgelegt ist.

Aus medizinischer Sicht ist dagegen nichts einzuwenden. Es gibt jedoch oft schönere oder schonendere Lösungen: Die zahnfarbene Keramikkrone ersetzt eine Krone aus einer Metalllegierung ohne Goldanteil. Das Implantat macht eine Brücke überflüssig, für die Nachbarzähne abgeschliffen und überkront werden müssten.

Diese Lösungen sind um ein Vielfaches teurer, weil der Zahnarzt sein Honorar dann teilweise oder ganz nach der teureren privaten Gebührenordnung (GOZ) berechnet und

Unser Rat

Zusatzschutz. Wenn Sie gesetzlich krankenversichert sind, können Sie die knappen Zahnersatzleistungen der Kassen mit einer privaten Police aufstocken. Privatpatienten regeln ihren Zahnschutz im bestehenden Vertrag.

Höchstleistung. Die umfangreichsten Leistungen für Zahnersatz bietet Ihnen der Tarif **Zahn Exklusiv** der **DFV** mit der Bestnote sehr gut (0,5). Er kostet für 43-jährige Kunden 42 Euro im Monat, mit zunehmendem Alter steigen die Beiträge bis auf 61 Euro für 73-Jährige. Die günstigsten Tarife mit immer noch sehr guten Leistungen kosten deutlich weniger. Im **Z90** der **Inter** zahlen Kunden mit 43 Jahren 13 Euro Beitrag im Monat, später verdoppelt sich der Beitrag auf 26 Euro.

Regelversorgung. Sie müssen sich auch an den Kosten der Standardversorgung für Kassenpatienten selbst beteiligen. Wenn Sie nur diesen Anteil versichern möchten und keinen Wert auf teureren Zahnersatz legen, reicht ein Tarif mit geringeren Leistungen. Wählen Sie in diesem Fall einen Tarif, der in der Regelversorgung besonders viel leistet. Für 7 Euro im Monat bekommen 43-Jährige Tarife, die für die Kassenkrone aus unserem Beispiel das Maximum von 85 Euro zahlen: **KDT** der **DKV**, **Start-Zahn** der **Continentale**, **plus.Z** der **Halleschen**, **Z70** der **Inter**, **KDT50** der **DKV**, **560** des **Münchener Verein**.

Wechsel. Wenn Sie schon eine Zahnzusatzversicherung haben, prüfen Sie, wie viel diese leistet. Unsere Checkliste im Internet (www.test.de/zahnzusatz-checkliste) hilft Ihnen dabei. Wollen Sie sich höher versichern, sehen Sie in unserem Test nach, ob Ihr Versicherer ein Angebot mit sehr guten Leistungen hat (www.test.de/zahnversicherung). Bei einem Tarifwechsel im gleichen Unternehmen gelten Wartezeiten und Leistungsbegrenzungen nur für den Teil der Leistungen, die über Ihren bisherigen Vertrag hinausgehen.

Expertenchat: Die Experten von Finanztest und test haben in einem Live-Chat zahlreiche Fragen zu Zahnersatz und Zahnversicherung beantwortet.
Die Fragen und Antworten können Sie unter www.test.de/chat-zahnversicherung nachlesen.

Onlinespecial: Was ist Parodontitis – und was kann man dagegen tun? Wie putze ich meine Zähne richtig? Woran erkenne ich einen guten Zahnarzt? Antworten auf diese und viele weitere Fragen gibt darüber hinaus unser Special Zähne www.test.de/zahn-special

Finanztest Zahnzusatzversicherung

Die besten Tarife nach Art der Lebensversicherung.

Anbieter	Tarifangebot	Monatsbeitrag (Euro) Eintrittsalter 43 Jahre	Bewertung der Zahnersatzleistungen Zahnersatz gesamt
Allianz	ZahnBest	28[1)]	**sehr gut (1,1)**
Allianz	ZahnBest+ZahnFit	35[1)]	**sehr gut (1,1)**
Central	VitaZ1	37	**sehr gut (1,1)**
Debeka	EZ70plus	37	**sehr gut (1,1)**
Deutscher Ring	ZahnTop	47	**sehr gut (1,1)**
HanseMerkur	EZ+EZT	24	**sehr gut (1,1)**
HanseMerkur	EZ+EZT+EZP	31	**sehr gut (1,1)**
LVM	Dental-Plus	35	**sehr gut (1,1)**
R+V	Zahn Premium	35	**sehr gut (1,1)**
R+V	Zahn Premium+ZV	45	**sehr gut (1,1)**
Signal	ZahnTop	47	**sehr gut (1,1)**

Bewertungen:
Sehr gut (0,5–1,5). Gut (1,6–2,5).
Befriedigend (2,6–3,5). Ausreichend (3,6–4,5).
Mangelhaft (4,6–5,5).
Bei gleicher Note wurde alphabetisch sortiert.

Monatsbeiträge sind kaufmännisch gerundet.
1) Eintrittsalter von 44 statt 43 Jahren zugrunde gelegt, da hier das angebrochene Lebensjahr gilt.

Stand: 1. April 2014

auch für Material- und Laborkosten höhere Preise gelten. Außerdem ist Keramik oder Gold ohnehin teurer als Nichtedelmetall.

Zwei Arten von Angeboten

Es gibt zwei Arten von Zahnversicherungen: Tarife nach Art der Schadenversicherung und Tarife nach Art der Lebensversicherung. Sie unterscheiden sich vor allem darin, wie die Versicherung die Beiträge kalkuliert. In beiden Tabellen gibt es sehr gute und günstige Angebote. Ob eine der beiden Tarifarten langfristig stabilere Beiträge hat, ist derzeit noch nicht absehbar.

Bei Angeboten nach Art der Lebensversicherung richtet sich der Beitrag nach dem Alter des Kunden beim Vertragsschluss. Der Versicherer bildet eine Rückstellung, aus der er die höheren Kosten im Alter finanziert. Die Beiträge können nur steigen, wenn der Versicherer dauerhaft mehr ausgibt, als er kalkuliert hatte.

Die weitaus größere Anzahl von Angeboten ist nach Art der Schadenversicherung kalkuliert. Hier gibt es keine Rückstellungen fürs Alter. Der Beitrag steigt im laufenden Vertrag stufenweise. Nur in einzelnen Tarifen gilt in jedem Alter der gleiche Beitrag. Weitere Erhöhungen aufgrund gestiegener Ausgaben sind zusätzlich möglich.

Im Antrag die Wahrheit sagen

Stellt ein Kunde den Antrag auf eine Versicherung, muss er Fragen zum Gebiss beantworten und den Zahnarzt von der Schweigepflicht entbinden. Dass die Versicherer Kunden wegen schlechter Zähne ablehnen, ist selten. Aber wenn die Unternehmen zum ersten Mal eine hohe Rechnung erhalten, beginnen sie zu prüfen.

Stellt sich heraus, dass ein Kunde im Antrag absichtlich Falschangaben gemacht hat oder dass eine Diagnose schon vor Vertragsschluss feststand, muss der Versicherer nicht zahlen und kann unter Umständen sogar vom Vertrag zurücktreten.

Das Risiko, versehentlich eine Frage falsch zu beantworten, ist gering. Häufig fragen die Versicherer nur nach fehlenden und noch nicht ersetzten Zähnen. Wer sich unsicher ist, sollte sich von seinem Zahnarzt helfen lassen, damit er alle Angaben richtig macht. Die jährliche Kontrolluntersuchung ist eine gute Gelegenheit dafür.

Lösung für Kunden mit wenig Geld

Versicherte, die mit jedem Cent rechnen müssen und für eine Zahnversicherung weniger als 10 Euro im Monat ausgeben können, legen bei der Auswahl andere Kriterien an als Kunden mit mehr Geld. Sie sollten bei der Regelversorgung bleiben. Müssen mehrere Zähne gemacht werden, kann aber auch das ins Geld gehen. Eine Zusatzversicherung, die den Eigenanteil an der Regelversorgung weitgehend übernimmt, gibt es aber schon ab 7 Euro im Monat (siehe „Unser Rat", S. 191).

Versicherte mit einem monatlichen Einkommen bis 1000 Euro netto sollten keine Versicherung abschließen, sondern sich von ihrer Kasse beraten lassen. In Härtefällen übernimmt sie die Kosten für die Regelversorgung komplett oder beteiligt sich mit einem größeren Anteil. Laut dem „Zahnreport", einer Studie der Krankenkasse Barmer GEK, erhielten im Jahr 2012 fast 9 Prozent der Zahnersatzpatienten einen höheren Kassenzuschuss. ■

Finanztest Zahnzusatzversicherung

Die besten Tarife nach Art der Schadenversicherung.

Anbieter	Tarifangebot	Monatsbeitrag (Euro) für Alter (Jahre)			Bewertung der Zahnersatzleistungen
		43	58	73	Zahnersatz gesamt
DFV	Zahnschutz Exklusiv	42	50	61	**sehr gut (0,5)**
DFV	ZahnSchutzbrief Premium	32	32	40	**sehr gut (1,0)**
Ergo Direkt	ZAB+ZAE+ZBB	34	42	42	**sehr gut (1,0)**
Ergo Direkt	ZAB+ZAE+ZBB+ZBE	37	45	45	**sehr gut (1,0)**
Münchener Verein	571+572+573+574[1)]	38	49	60	**sehr gut (1,0)**
Münchener Verein	571+572+574[1)]	34	45	56	**sehr gut (1,0)**
Neckermann	ZAB+ZAE+ZBB	34	42	42	**sehr gut (1,0)**
Neckermann	ZAB+ZAE+ZBB+ZBE	37	45	45	**sehr gut (1,0)**
Stuttgarter	ZahnPremium	35	44	44	**sehr gut (1,1)**
Axa	Dent Premium-U	31	37	43	**sehr gut (1,2)**
Barmenia	ZGU+	34	49	49	**sehr gut (1,2)**
Direkte Leben	ZahnPremium[2)]	37	45	45	**sehr gut (1,2)**
Gothaer	MediZ Premium	25	33	38	**sehr gut (1,2)**
Gothaer	MediZ Premium+ MediProphy	36	44	50	**sehr gut (1,2)**

Bewertungen:
Sehr gut (0,5–1,5). Gut (1,6–2,5).
Befriedigend (2,6–3,5). Ausreichend (3,6–4,5).
Mangelhaft (4,6–5,5).
Bei gleicher Note wurde alphabetisch sortiert.
Monatsbeiträge sind kaufmännisch gerundet.

1) Tarif 574: Für diesen Test wurde der individuell wählbare Höchsterstattungsbetrag für Zahnprophylaxe auf 90 Euro pro Jahr festgelegt.
2) Vertragspartner ist die Stuttgarter Versicherung.

Stand: 1. April 2014

Besser, nicht billiger

Gute private Krankenversicherungen bieten mehr als die gesetzlichen Kassen. Von 107 Tarifen im Test haben fünf ein sehr gutes Preis-Leistungs-Verhältnis.

Finanztest 5/2014 In den aktuellen Test der privaten Krankenversicherungen für Beamte, Angestellte und Selbstständige kamen nur die leistungsstärksten Angebote. Finanztest hat Mindestanforderungen vorgegeben, die 107 Tarife erfüllt haben.

Mit jedem dieser Angebote sichern sich Kunden deutlich höhere Leistungen als in der gesetzlichen Krankenversicherung. Fünf Mal hat Finanztest die Bestnote Sehr gut für das Preis-Leistungs-Verhältnis eines Tarifs vergeben, 29 Mal ein Gut.

Leistungen in neuen Tarifen verbessert

Viele Unternehmen haben ihre Angebote verbessert. Anfang 2013 mussten sie ihre Verträge ohnehin umstellen, weil seither Angebote mit gleichen Beiträgen für Männer und Frauen gesetzlich vorgeschrieben sind. Diese neuen Unisextarife bieten nun zum Beispiel umfassendere Leistungen für Psychotherapie oder für Hilfsmittel wie teure Hörgeräte als viele ältere Angebote.

Etliche der privaten Versicherungen enthalten nun sogar Leistungen, die bisher fast ausschließlich den gesetzlich Versicherten vorbehalten waren, zum Beispiel Leistungen für häusliche Krankenpflege, ambulante Kuren, stationäre Rehamaßnahmen und Sterbebegleitung für unheilbar Kranke – ambulant oder in einem Hospiz.

Nicht für jeden sinnvoll

Trotzdem ist es nicht für jeden sinnvoll, in die private Versicherung zu wechseln. Einfach ist die Entscheidung nur für Beamte. Ihr Dienstherr trägt mit der Beihilfe einen Teil der Gesundheitskosten – auch für ihre Kinder und für den nicht erwerbstätigen Ehepartner. Sie brauchen also nur eine Versicherung für den verbleibenden Teil der Gesundheitskosten. In der gesetzlichen Krankenversicherung hingegen müssten Beamte den vollen Beitrag selbst zahlen.

Angestellte und Selbstständige sollten sich hingegen zweimal überlegen, ob sie sich die Beiträge in der privaten Versicherung auf Dauer leisten können. Wer mit Mitte 30 einsteigt, muss damit rechnen, dass er bei Renteneintritt mindestens das Dreifache des Beitrags zahlt, der beim Abschluss der Versicherung fällig war.

Der Beitrag in der privaten Versicherung richtet sich – anders als in der gesetzlichen – nicht nach dem Einkommen, sondern unter anderem nach dem Umfang der vertraglich vereinbarten Leistungen und nach dem Alter des Kunden beim Eintritt. Sinken im Rentenalter die Einkünfte, kann dies zu einem Problem werden. In die gesetzliche Kasse zurückzukehren, ist schwierig, ab dem 55. Lebensjahr ist der Rückweg für alle so gut wie ausgeschlossen.

Angestellte und Selbstständige sollten sich deshalb nur privat versichern, wenn sie entweder sehr wohlhabend sind oder vom Abschluss des Vertrags an jeden Monat einige hundert Euro zur Seite legen können, damit sie im Alter genügend Geld für die dann höheren Beiträge haben.

Umfassenden Schutz zusammenstellen

Wer es sich leisten kann, bekommt in der privaten Krankenversicherung aber auch deutlich höhere Leistungen, als sie die gesetzlichen Kassen bieten. Der Test bietet eine gute Orientierung in der noch immer verwirrenden Vielfalt von etlichen hundert möglichen Tarifkombinationen. Kunden müssen selbst festlegen, wie umfangreich ihr Ver-

Unser Rat

Leistungen. Achten Sie bei der Wahl Ihrer privaten Krankenversicherung zuerst auf die Leistungen und suchen Sie dann einen Vertrag, der diese möglichst günstig bietet. Denn im Krankheitsfall können Sie sich in der Regel nicht mehr höher versichern.

Beamte. Für Beamte bieten die Tarife **BV20, BV30** der **Concordia, B 501** der **Huk-Coburg** und **B20K, B30** der **Debeka** das beste Preis-Leistungs-Verhältnis im Test und kosten für einen 35-jährigen, gesunden Neukunden mit 50 Prozent Beihilfeanspruch zwischen 196 und 219 Euro im Monat.

Angestellte. Für Angestellte liegen die Tarife **Komfort2** der **Huk-Coburg VKA+u** der **Provinzial Hannover** und **Top6** der **Nürnberger** im Test vorne. Hier zahlen 35-Jährige 436 bis 441 Euro Beitrag, der Arbeitgeber trägt davon die Hälfte. Die Selbstbeteiligung zwischen 450 und 600 Euro im Jahr ist allein vom Arbeitnehmer zu tragen. Das Angebot der Provinzial Hannover gilt nur für Niedersachsen und Bremen.

Selbstständige. Das beste Preis-Leistungs-Verhältnis für Selbstständige bieten die **Provinzial Hannover** mit dem Tarif **VKSu**, die **Bayerische Beamten-Krankenkasse** mit **GC 900S** plus Krankentagegeldtarif **TAF29** für Freiberufler und die **Huk-Coburg** mit **Komfort2**. Sie kosten für unsere Modellkunden zwischen 395 und 476 Euro im Monat, bei Selbstbeteiligungen zwischen 600 und 900 Euro im Jahr.

sicherungsschutz sein soll. Bei vielen privaten Versicherern setzt sich der Vertrag nach dem Baukastenprinzip aus mehreren Bestandteilen zusammen: Die wichtigsten Bausteine für alle Versicherten sind der Ambulant-, der Stationär- und der Zahntarif. Selbstständige und Arbeitnehmer brauchen außerdem ein Krankentagegeld, das ihnen den Verdienstausfall bei Arbeitsunfähigkeit ersetzt.

Vorteile in der Arztpraxis

Der Ambulanttarif umfasst die Honorare für Behandlungen und Untersuchungen bei niedergelassenen Ärzten. Er ist aber auch für all das wichtig, was diese verschreiben, zum Beispiel Arzneimittel.

Hier sind Privatversicherte generell im Vorteil. Die gesetzlichen Kassen bezahlen rezeptfreie Medikamente wie homöopathische Mittel, viele Salben und Erkältungs- und Schmerzmittel bis auf wenige Ausnahmen nicht. Die privaten Versicherer erstatten die Kosten für solche Arzneien in der Regel, wenn ein Arzt sie dem Patienten verschreibt.

Außerdem sind Ärzte weder bei ihrem Honorar noch bei den Leistungen, die sie verschreiben, an Budgets und andere Obergrenzen gebunden. Und sie erhalten für ihre Leistungen nach der privatärztlichen Gebührenordnung mehr Geld, als wenn sie über das gesetzliche System abrechnen.

Höher als in früheren Tests hat Finanztest die Mindestanforderungen für ambulante Psychotherapie angesetzt. Alle Tarife im Test müssen nun 50 Therapiesitzungen im Jahr bieten. Außerdem müssen die Versicherer nicht nur Behandlungen bei Ärzten bezahlen, sondern auch bei psychologischen Psychotherapeuten. Da es viel mehr Psychologen als Ärzte mit entsprechender Ausbildung gibt, steigt so die Chance für Patienten, schnell geeignete Hilfe zu finden.

Gut versorgt im Krankenhaus

Den größten Unterschied zwischen Kassen- und Privatpatient gibt es im Krankenhaus. Entscheidend ist dabei nicht die Unterbringung im Ein- oder Zweibettzimmer, sondern der Anspruch, sich von Chefärzten behandeln zu lassen. Die Chefarztbehandlung bieten alle Tarife im Test. Einige Versicherer übernehmen zusätzlich besonders hohe Arzthonorare im Krankenhaus.

Schöne Zähne, teure Zähne

Zahnersatz durch Kronen, Brücken oder Implantate kann etliche tausend Euro kosten. Neben den Honoraren der Zahnärzte fallen die Material- und Laborkosten erheblich ins Gewicht. Sie machen oft die Hälfte bis zwei Drittel der Gesamtrechnung aus.

Wer für Zahnersatz eine hohe Absicherung wünscht, sollte darauf achten, dass der Versicherer sich an diesen Kosten mit möglichst wenig Einschränkungen beteiligt. Implantate sind in allen sehr guten und guten Tarifen im Test enthalten.

Ehrlich sein bei Gesundheitsfragen

Ist die sorgfältige Auswahl der Tarife getroffen, geht es an den Versicherungsantrag. Kunden müssen darin viele Fragen beantworten. Die Unternehmen dürfen nämlich kranke Interessenten ablehnen, Risikozuschläge von ihnen verlangen oder die Behandlung bestimmter Krankheiten vom Versicherungsschutz ausschließen.

Welche Krankheit zu einer Ablehnung führt oder wie viel Zuschlag Kunden bezahlen

Finanztest Die besten Tarife für Beamte

Der Finanztest-Modellkunde ist ein Bundesbeamter mit einem Beihilfeanspruch von 50 Prozent. Er ist beim Abschluss des Vertrags 35 Jahre alt und gesund. Die Angaben gelten für Männer und Frauen gleichermaßen. Alle Tarifangebote wurden erst im Januar 2013 eingeführt.

Anbieter	Tarifangebot	Aktuelles Preis-Leistungs-Verhältnis	Zusatzinformationen	
			Leistungsniveau	Monatsbeitrag (Euro)
Concordia	BV20, BV30	**sehr gut (0,5)**	B	196
Huk-Coburg	B 501	**sehr gut (1,2)**	B	207
Debeka	B 20K, B 30, WL 20K, WL 30	**gut (1,8)**	B	219
Pax-Familienfürsorge	B 501	**gut (2,1)**	B	225
Alte Oldenburger	A 30, AA20, K 330, K 530, KK 32, KK 52, Z 30, ZZ 20	**gut (2,3)**	A	236
Deutscher Ring	BK 20X, BK 30, PIT50, BS 20X, BS 30	**gut (2,3)**	B	230
LVM	AB 20E, AB 30, SB 2/20E, SB 2/30, ZB 20E, ZB 30	**gut (2,3)**	B	228
HanseMerkur	A20Z, A/30, P2EB/30, P2EZ, P3B/30, P3Z, ZA/50	**gut (2,5)**	B	233
R+V	BB20E, BB30, W220E, W230	**gut (2,5)**	B	236
Universa	uni-A 20 R, uni-A 30, uni-ST 2/20R, uni-ST 2/30, uni-ZA 50	**gut (2,5)**	A	240

Bewertungen:
Sehr gut (0,5–1,5). Gut (1,6–2,5).
Befriedigend (2,6–3,5). Ausreichend (3,6–4,5).
Mangelhaft (4,6–5,5).

Sortierung: Bei gleichem Urteil nach der Note, bei gleicher Note nach dem Alphabet.
Leistungsniveau: A = Sehr hoch. **B** = Hoch. **C** = Mittel.
Stand: 1. März 2014

müssen, ist von Versicherer zu Versicherer sehr unterschiedlich. Die Unternehmen halten ihre Kriterien geheim.

Krankheiten nicht verschweigen

Wer Vorerkrankungen hat, sollte bei mehreren Gesellschaften gleichzeitig Angebote einholen. Krankheiten zu verschweigen ist dagegen keine Lösung. Denn die Antragsteller müssen dem Versicherer das Recht einräumen, bei behandelnden Ärzten nachzuforschen.

Selbst wenn jemand versehentlich eine Krankschreibung oder eine Behandlung nicht angegeben hat, kann der Versicherer nachträglich Risikozuschläge festsetzen, Leistungen vom Vertrag ausschließen oder den Vertrag sogar rückwirkend auflösen. Unter Umständen muss der Kunde dann bereits erhaltene Leistungen zurückzahlen. ■

Finanztest Die besten Tarife für Angestellte

Der Finanztest-Modellkunde ist Arbeitnehmer und beim Abschluss des Vertrags 35 Jahre alt und gesund. Männer und Frauen zahlen die gleichen Beiträge. Alle Tarifangebote wurden erst im Januar 2013 oder später eingeführt.

Anbieter	Tarifangebot	Aktuelles Preis-Leistungs-Verhältnis	Zusatzinformationen		
			Leistungsniveau	Monatsbeitrag (Euro)	Selbstbeteiligung für ambulante Leistungen (Euro pro Jahr)
Huk-Coburg	Komfort 2, KT6	**sehr gut (1,4)**	B[2)]	441	600[4)]
Provinzial Hannover[1)]	VKA+u, KHPnu, KHUnu, KTG-A 6	**sehr gut (1,5)**	C[2)]	436	450[4)]
Nürnberger	TOP6, S2, ZZ20, TA6	**gut (1,8)**	C	439	600[8)]
Gothaer	MediVita 500, MediMPlus, MediClinic 2,MediVita Z70, TG 6	**gut (2,1)**	C[3)]	470	500
Debeka	N, NG, KT43	**gut (2,2)**	B	502	400[7)]
Inter	QME 600 U, TAN 6 U	**gut (2,2)**	B	477	600[6)]
Pax-Familienfürsorge	Premium2, T43	**gut (2,2)**	B[2)]	483	600[4)]
Inter	QMP 600 U, TAN 6 U	**gut (2,3)**	A[2)]	506	600[6)]
Signal	EXKLUSIV 1, ESP-VA 43	**gut (2,3)**	B[2)]	504	480[5)]
Axa	VITAL 300-U, Komf Zahn-U, KTGV 42-U	**gut (2,4)**	B	525	300[5)]
Deutscher Ring	Esprit, PIT, pro 043v	**gut (2,4)**	B	515	450

Bewertungen:
Sehr gut (0,5–1,5). Gut (1,6–2,5).
Befriedigend (2,6–3,5). Ausreichend (3,6–4,5).
Mangelhaft (4,6–5,5).
Sortierung: Bei gleichem Urteil nach der Note, bei gleicher Note nach dem Alphabet.

Leistungsniveau: A = Sehr hoch. **B** = Hoch. **C** = Mittel.

1) Geschäftsgebiet ist begrenzt auf die Länder Niedersachsen und Bremen.
2) Zusätzlich ist das Einbettzimmer mitversichert.
3) Zusätzlich garantierte Beitragsrückerstattung von zwei Monatsbeiträgen für ein leistungsfreies Jahr.
4) Die jährliche Selbstbeteiligung gilt auch für Krankenhausleistungen und zahnärztliche Leistungen.
5) Die jährliche Selbstbeteiligung gilt auch für Krankenhausleistungen.
6) Die jährliche Selbstbeteiligung gilt auch für zahnärztliche Leistungen.
7) Die Selbstbeteiligung beträgt 10 Prozent, maximal 400 Euro im Jahr für ambulante Leistungen.
8) Die jährliche Selbstbeteiligung gilt auch für Krankenhausleistungen und zahnärztliche Leistungen. Für Arzneimittel, Heil- und Hilfsmittel gilt eine zusätzliche Selbstbeteiligung von 20 Prozent, maximal 400 Euro im Jahr.

Stand: 1. März 2014

Wann Kinder extra kosten

Viele Eltern möchten ihr Kind beitragsfrei gesetzlich krankenversichern. Das geht oft auch, wenn ein Elternteil privat versichert ist.

Finanztest 10/2014 Die Familienversicherung der gesetzlichen Krankenversicherung ist begehrt. Denn wenn ein Kind familienversichert ist, müssen die Eltern keinen zusätzlichen Beitrag zahlen. Aber nicht jede Familie genießt dieses Privileg. Finanztest beantwortet die wichtigsten Fragen.

? Wann können Eltern ein Kind beitragsfrei familienversichern?
Das geht, wenn beide Elternteile gesetzlich krankenversichert sind und oft auch, wenn nur Mutter oder Vater Mitglied der gesetzlichen Krankenversicherung ist. Es ist aber auf keinen Fall möglich, wenn beide Eltern privat versichert sind.

? Muss das Kind in eine private Krankenversicherung, wenn ein Elternteil privat versichert ist?
Nein, nicht unbedingt. Sind die Eltern nicht verheiratet und ist ein Elternteil gesetzlich versichert, ist das Kind immer bei diesem Elternteil familienversichert. Bei verheirateten Eltern kommt es darauf an, welches Einkommen der privat versicherte Elternteil hat. Verdient der privat versicherte Ehemann mehr als die gesetzlich versicherte Ehefrau und liegt außerdem sein Einkommen über der Pflichtversicherungsgrenze von monatlich derzeit 4 462,50 Euro, ist keine beitragsfreie Familienversicherung möglich.

Die Eltern können dann wählen: Sie können das Kind gegen Beitrag privat versichern oder für rund 160 Euro bei der Kasse der Ehefrau freiwillig gesetzlich versichern (siehe Tabelle auf S. 200).

? Wenn Eltern zwischen privat und gesetzlich, gegen Beitrag, wählen können – wie lange haben sie Bedenkzeit?
Eine freiwillige beitragspflichtige Versicherung für das Kind bei der Versicherung des gesetzlich versicherten Elternteils können die Eltern innerhalb von drei Monaten ab Geburt wählen. Wünschen sie eine private Versicherung, können sie es innerhalb der ersten beiden Monate nach der Geburt beim Anbieter des privat versicherten Elternteils aufnehmen lassen. Innerhalb dieser Frist findet keine Gesundheitsprüfung statt. Der private Krankenversicherer kann das Kind dann also nicht ablehnen und darf auch keinen Risikozuschlag nehmen, selbst wenn es zum Beispiel behindert ist.

Diese Nachversicherung ist nur möglich, wenn der privat versicherte Elternteil bei Geburt schon mindestens drei Monate bei dem Unternehmen privat versichert ist, bei dem auch das Kind versichert werden soll.

? Bieten die privaten Krankenversicherer und die gesetzlichen Kassen Kindern den gleichen Schutz?
Nein, nicht unbedingt. Wer zwischen gesetzlich und privat wählen kann, sollte deshalb nicht an erster Stelle nach dem Preis auswählen, sondern nach den Leistungen. Nicht jeder private Tarif übernimmt zum Beispiel die Kosten einer notwendigen Kur für das Kind. Ist das Kind privat versichert, gibt es keinen Lohnersatz, wenn Eltern für ein krankes Kind zuhause bleiben und nicht arbeiten können. Gesetzlich versicherte Eltern von gesetzlich versicherten Kindern bekommen das Kinderpflege-Krankengeld. Manche private Tarife übernehmen nur begrenzt Kosten für Hilfsmittel. Benötigt ein behindertes Kind etwa einen teuren Rollstuhl und zahlt die private Krankenversicherung nur einen Teil dazu, müssen Eltern aus eigener Tasche drauflegen.

Unser Rat

Ehepaar. Verheiratete Eltern können ihr Kind beitragsfrei gesetzlich versichern (Familienversicherung), wenn beide gesetzlich versichert sind. Ist nur ein Elternteil gesetzlich versichert und einer privat, hängt die beitragsfreie Familienversicherung vom Einkommen des privat Versicherten ab (siehe S. 200).

Unverheiratete. Eltern ohne Trauschein können ihren Nachwuchs beitragsfrei familienversichern, wenn wenigstens ein Elternteil gesetzlich versichert ist. Wer wie viel verdient, spielt für die beitragsfreie Familienversicherung des Kindes keine Rolle.

Wahl. Ist keine Familienversicherung möglich, muss das Kind gegen Beitrag freiwillig gesetzlich oder privat versichert werden. Vor dem Abschluss einer privaten Versicherung sollten sich Eltern von einer Verbraucherzentrale oder einem unabhängigen Berater (www.bvvb.de) beraten lassen. Nicht jeder private Tarif bietet die Leistungen der gesetzlichen Kassen.

Frist. Wollen Eltern ihr Kind privat krankenversichern, hat der privat versicherte Elternteil nach der Geburt zwei Monate Zeit, um es bei seinem Versicherer ohne Gesundheitsprüfung und Risikozuschlag zu versichern.

? Einmal privat, immer privat. Gilt das auch für privat versicherte Kinder?

Nein. Fängt ein privat krankenversichertes Kind eine Ausbildung an oder arbeitet es angestellt, wird es Pflichtmitglied der gesetzlichen Krankenversicherung. Gleiches gilt für Kinder, wenn sie ein Studium beginnen. Studenten können sich auf Wunsch aber auch von der Versicherungspflicht befreien lassen und privat versichern.

? Wie lange können Kinder beitragsfrei bei den Eltern familienversichert sein?

Grundsätzlich bis zum 18. Geburtstag. Ist das Kind anschließend noch nicht erwerbstätig, läuft die Familienversicherung bis zu seinem 23. Geburtstag. Bis zum 25. Geburtstag ist das Kind beitragsfrei familienversichert, wenn es eine Ausbildung macht oder ein freiwilliges soziales Jahr ohne Arbeitslohn leistet. Für Ältere kommt eine Familienversicherung in Betracht, wenn sie ihre Ausbildung bis zum 25. Geburtstag nicht beenden konnten, weil sie zuvor freiwillig bei der Bundeswehr waren oder ein freiwilliges soziales Jahr abgeleistet haben. Die Altersgrenze 25. Geburtstag erweitert sich um die Dienstzeit, maximal um zwölf Monate.

? Wirkt sich bei unverheirateten Eltern eine spätere Heirat auf eine Familienversicherung des Kindes aus?

Möglicherweise. Ist das Kind bei der Mutter gesetzlich krankenversichert und heiratet die Mutter später den Kindsvater, fällt das Privileg Familienversicherung unter Umständen weg. Und zwar dann, wenn der privat versicherte Vater Hauptverdiener ist und ein Einkommen über der Pflichtversicherungsgrenze hat (siehe oben).

? Und was bedeutet eine Scheidung für die Versicherung eines Kindes?

War die beitragsfreie Familienversicherung für das Kind bislang nicht möglich, weil ein privat Versicherter Elternteil als Hauptverdiener über der Pflichtversicherungsgrenze verdient hat, fällt dieses Hindernis mit der Scheidung weg. Folge: Ist die Mutter schon lange gesetzlich versichert, kann das Kind bei ihr beitragsfrei familienversichert werden.

War die Mutter selbst über ihren Mann familienversichert, endet ihre Beitragsfreiheit. Sie kann sich innerhalb von drei Monaten freiwillig gesetzlich versichern. Das Kind ist weiterhin über den Vater oder die Mutter beitragsfrei gesetzlich versichert. ■

Finanztest Beitragsfreie Familienversicherung fürs Kind

Viele Eltern wünschen für ihr Kind den beitragsfreien Schutz der gesetzlichen Krankenversicherung (Familienversicherung). Ist bei Eheleuten nur ein Elternteil privat versichert, hängt die Familienversicherung von dessen Einkommen ab.

Hauptverdiener (Elternteil 1)	Partner (Elternteil 2)	So können Eltern das Kind nach der Geburt versichern
Verheiratet		
Pflicht- oder freiwillig gesetzlich versichert	**Kein Einkommen, bei Partner beitragsfrei familienversichert**	Kind ist beitragsfrei beim Hauptverdiener familienversichert.
Pflicht- oder freiwillig gesetzlich versichert	**Pflicht- oder freiwillig gesetzlich versichert**	Kind ist beitragsfrei bei einem der Elternteile familienversichert.
Pflicht- oder freiwillig gesetzlich versichert	**Privat versichert**	Beitragsfreie Familienversicherung beim Hauptverdiener oder privat beim Versicherer des Ehepartners beziehungsweise bei einem anderen Anbieter.
Privat versichert	**Privat versichert**	Kind kann kostenpflichtig privat beim Anbieter eines Elternteils versichert werden oder bei anderem Anbieter. Eine beitragspflichtige freiwillige gesetzliche Versicherung ist nicht möglich.
Privat versichert, Einkommen über 4462,50 Euro[1] brutto	**Pflicht- oder freiwillig gesetzlich versichert**	Keine beitragsfreie Familienversicherung möglich, Kind kann privat beim Hauptverdiener oder bei anderem Anbieter versichert werden oder freiwillig gesetzlich gegen Beitrag bei Elternteil 2.
Privat versichert, Einkommen unter 4462,50 Euro[1] brutto	**Pflicht- oder freiwillig gesetzlich versichert**	Kind kann beitragsfrei beim Ehepartner versichert werden oder privat beim Hauptverdiener beziehungsweise bei einem anderen Anbieter.
Nicht verheiratet		
Pflicht- oder freiwillig gesetzlich versichert	**Pflicht- oder freiwillig gesetzlich versichert**	Kind ist beitragsfrei bei einem der Elternteile familienversichert.
Pflicht- oder freiwillig gesetzlich versichert	**Privat versichert**	Kind kann beitragsfrei beim Hauptverdiener familienversichert werden. Es kann auch privat beim Versicherer von Elternteil 2 versichert werden oder allein bei einem anderen Anbieter.
Privat versichert	**Pflicht- oder freiwillig gesetzlich versichert**	Kind kann beitragsfrei bei Elternteil 2 familienversichert werden. Oder es wird privat bei der Versicherung des Hauptverdieners versichert oder allein bei einem anderem Anbieter.
Privat versichert	**Privat versichert**	Kind kann kostenpflichtig privat beim Anbieter eines Elternteils versichert werden oder bei anderem Anbieter. Eine beitragspflichtige freiwillige gesetzliche Versicherung ist nicht möglich.

1) Bei Eltern, die am 31. Dezember 2002 schon in einer privaten Krankenversicherung waren, liegt die Grenze bei einem Monatsgehalt von 4050 Euro brutto.

Mit dem Wechsel sparen

Wenn Autoversicherer die Preise anheben, tun sie das oft so geschickt, dass die Kunden es kaum merken. Die Beitragsunterschiede sind groß.

Finanztest 11/2014 Schon seit 2011 wird die Autoversicherung teurer. Zuvor waren die Beiträge sechs Jahre lang gesunken. Doch nun erhalten Kunden oft sogar dann eine höhere Rechnung, wenn sie unfallfrei geblieben sind, deshalb in eine günstigere Schadenfreiheitsklasse rutschen und eigentlich ein paar Beitragsprozente weniger zahlen sollten.

Wechseln und sparen

Dabei gibt es einen Weg, viel Geld zu sparen: kündigen und zu einem günstigeren Anbieter oder in einen günstigeren Tarif wechseln. Die meisten Verträge laufen bis Jahresende. Zu diesem Zeitpunkt kann der Kunde aussteigen und eine preiswertere Versicherung abschließen. Dafür muss er seinen Vertrag bis zum 30. November kündigen. Im Fall einer Preiserhöhung können Kunden mit einer Frist von vier Wochen kündigen. An den Stichtag 30. November sind sie dann nicht gebunden.

Wir haben die aktuellen Tarife untersucht und die Preise für mehrere Modellkunden und Altersgruppen verglichen. Die Tabellen auf den folgenden Seiten zeigen zum Beispiel für den Modellfall „Vielfahrer", dass ein günstiger Tarif weniger als die Hälfte eines teuren kostet. Eine vollständige Übersicht steht im Internet (www.test.de/kfz-tabelle).

Was den Preis beeinflusst

Im ersten Schritt müssen Autofahrer entscheiden, welchen Versicherungsumfang sie wollen: Die Haftpflicht deckt Schäden an fremden Pkw und Personen ab, die Teilkasko greift bei Diebstahl und Unwetter, die Vollkasko zahlt auch Schäden am eigenen Pkw. Beim Preis kommt es auf viele individuelle

Unser Rat

Jedes Jahr. Machen Sie jedes Jahr aufs Neue einen Preisvergleich. Die Beiträge ändern sich in der Autoversicherung so stark, dass Sie mit einem günstigeren Tarif leicht 100 Euro und mehr sparen können, auch wenn Sie bisher günstig versichert waren.

Rechnung täuscht. Lassen Sie sich nicht blenden, wenn Ihre Rechnung niedriger ausfällt als im Vorjahr. Grund kann eine günstigere Schadenfreiheitsklasse sein. Den Grundbeitrag kann der Versicherer dennoch erhöht haben.

Günstig. Eine Übersicht über alle untersuchten 152 Tarife finden Sie im Internet (www.test.de/kfz-tabelle). Besonders günstige Angebote haben wir markiert. Der Komforttarif der **DA Deutsche Allgemeine** ist für alle untersuchten Altersgruppen günstig.

Preisvergleich. Der Preis einer Autoversicherung hängt von vielen persönlichen Merkmalen ab. Mit einem individuellen Vergleich holen Sie das meiste heraus. Unsere Analyse für 7,50 Euro können Sie im Internet nutzen oder per Post für 10 Euro.

Kündigung. Die meisten Verträge sehen das Jahresende als Stichtag für einen möglichen Ausstieg vor. Das Kündigungsschreiben muss dann bis zum 30. November beim Versicherer angekommen sein.

Merkmale an: Alter, Beruf, Jahreskilometer, Automodell und vor allem auf die gewünschten Leistungen. Wer das günstigste Angebot für sich finden will, kommt mit einem individuellen Preisvergleich ans Ziel. Der Vergleich sollte die persönliche Situation, das jeweilige Automodell und den persönlichen Versicherungsbedarf berücksichtigen.

Unsere Kfz-Versicherungsanalyse nimmt Kunden die Arbeit ab (www.test.de/analyse-kfz). Wir suchen aus über 150 verschiedenen Tarifen die günstigen Angebote für den gewünschten Versicherungsbedarf und die gewünschten Leistungen heraus.

Unser Preisvergleich kostet 7,50 Euro. Interessenten können ihn für zwei Versicherungsjahre nutzen, also auch noch für 2016. Sie erhalten eine persönliche Transaktionsnummer (Tan), die 13 Monate gültig bleibt. Sie schaltet fünf Auswertungen für maximal zwei Fahrzeuge frei.

Finanztest Vielfahrer

Der Kunde fährt 35 000 Kilometer jährlich. Er will einen Tarif mit Fahrerunfallversicherung.

Günstige Tarife in Haftpflicht und Vollkasko[1)2)]

Anbieter (Tarif)		Beitrag (Euro)
Huk24 (Basis Select)	@	533
Huk-Coburg Allg. (Basis Select)		544
Huk24 (Classic Select)	@	565
WGV (Basis Select)		578
R+V24 (Basis)	@	586
Huk24 (Classic Kasko Plus Select)	@	593
Huk-Coburg Allg. (Classic Select)		602
R+V24 (Komfort)	@	614
wgv-himmelblau[3)] (Select)	@	621
Huk-Coburg Allg. (Classic Kasko Plus Select)		631
Teuerster Tarif im Test		**1 404**

Fahrer: 52 Jahre, angestellter Bauingenieur, wohnt in Hannover, Eigentumswohnung, parkt in Tiefgarage.
Pkw: VW Passat Variant 2,0 TDI (130 kW), Neuwagen.
Schadenfreiheitsklasse: 25 in Haftpflicht/Vollkasko.
Selbstbeteiligung: Teilkasko 150 Euro; Vollkasko 300 Euro inklusive Teilkasko 150 Euro;
@ = Angebot über Internet.
Jahresbeiträge. Sofern es den Tarif günstiger übers Internet gibt, wird diese Vertriebsart dargestellt.

1) Angebote entsprechen dem Modellberuf.
2) Voraussetzungen: Kunde ist Halter des Pkw. Nutzung meist privat. Vertrag im letzten Jahr schadenfrei. Werkstatttarif wenn möglich. Schutzbrief.
3) Über wgv-himmelblau.de. Leistungen wie im WGV-Optimaltarif, aber andere Annahmevoraussetzungen.

Stand: 1. September 2014

Preiskampf der Versicherer

Einen Preisvergleich sollten Autobesitzer jedes Jahr machen. Denn es herrscht viel Bewegung am Markt. Rund 80 Gesellschaften buhlen um Kundschaft. Vor allem zum Ende der Wechselsaison im November sinken die Preise. Da rollen Internetanbieter mit knapp kalkulierten Tarifen den Markt auf, zusätzlich drängen Autohersteller hinein.

Jahresrechnung kontrollieren

Auf jeden Fall ist es sinnvoll, die Jahresrechnung nicht ungelesen abzuheften, sondern nachzusehen, ob der Versicherer fürs nächste Jahr die Preise erhöht. Viele Kunden sehen nur, dass sie etwas weniger zahlen müssen als im Vorjahr und merken gar nicht, dass die Grundprämie gestiegen ist.

Denn wer unfallfrei geblieben ist, rutscht jedes Jahr in eine günstigere Schadenfreiheitsklasse, bis er in der günstigsten angekommen ist. Daher sind meist jedes Jahr ein paar Prozent Beitrag weniger fällig, sodass die Jahresrechnung schon allein deshalb etwas niedriger ausfällt.

Verdeckte Preiserhöhung

Dass die dahinterstehende Grundprämie angehoben wurde, bekommen viele Autobesitzer nicht mit. Sie ahnen nicht, dass ihre persönliche Jahresrechnung ohne die verdeckte Preiserhöhung noch ein wenig niedriger ausgefallen wäre.

Kein Wunder, denn viele Versicherer geben sich große Mühe, sie in der Jahresrechnung zu verschleiern. Das Gesetz legt lediglich fest, dass sie bei einer Beitragserhöhung den Kunden über sein Kündigungsrecht informieren müssen. Das setzt aber voraus, dass sie ihn auch darauf hinweisen, wenn sie den Beitrag für das kommende Jahr angehoben haben.

Auf den Vergleichsbeitrag achten

In der Regel nennen die Versicherer daher den „Vergleichsbeitrag". Das ist die Summe, die der Kunde hätte zahlen müssen, wenn sein neuer Schadenfreiheitsrabatt schon im Vorjahr gegolten hätte. Fällt sie niedriger aus als der neue Beitrag, hat der Versicherer seine Jahresbeiträge angehoben

Deckungssumme erhöhen

Neben dem Preis sind bei der Auswahl einer Autoversicherung die Leistungen entscheidend. In der Haftpflichtpolice sollten Kunden auf eine möglichst hohe Deckungssumme achten. Gesetzlich vorgeschrieben sind nur 1,12 Millionen für Sachschäden sowie 2,5 Millionen pro Person, maximal 7,5 Millionen für Personenschäden insgesamt. Wer einen Unfall baut, muss alles darüber hinaus aus eigener Tasche zahlen.

So große Schäden sind extrem selten. Als bisher teuerster gilt mit 32 Millionen Euro ein Unfall auf einer Autobahnbrücke bei Gummersbach im Jahr 2004. Höhere Deckungssummen kosten in der Regel nur wenige Euro Aufpreis. Angeboten werden meist 50 oder 100 Millionen Euro.

Mit Werkstattbindung sparen

In Kasko lohnt es sich, auf die Werkstattbindung zu achten. Solche Tarife sind meist 10 bis 20 Prozent günstiger. Der Kunde darf sein Auto dann aber nur in eine Werkstatt bringen, die der Versicherer vorgibt.

Wer ein neues Auto versichert, sollte ein Blick auf die Regelung zur Neupreisentschädigung im Kaskoschutz werfen. Denn Neuwagen verlieren schon kurz nach dem Kauf deutlich an Wert. Bei Totalschaden zahlt die Versicherung daher weniger. Die meisten Policen bieten eine Klausel, die eine Entschädigung nach Neuwert garantiert, je nach Tarif für 6 bis 24 Monate.

Verzichten kann der Kunde auf Kleinigkeiten wie die 25 Euro, mit denen sich Janitos an der Innenreinigung nach Glasbruch beteiligt. Andere Anbieter ersetzen sogar die vollen Kosten ohne Limit. Wichtiger wäre aber ein Extra, das zum Beispiel die ADAC-Versicherung bietet: Zum „Glasbruch" gehören bei ihr auch Schäden an Fenstern aus Kunststoff. Das übernehmen nur wenige Versicherer. ■

Finanztest Rentner

Er möchte umfangreichen Schutz: Vollkasko, 24 Monate Neuwerterstattung[2], Rabattschutz, Fahrerunfallversicherung, erweiterten Wildschaden, Schutzbrief.

Haftpflicht plus Vollkasko (inklusive persönliche Betreuung, keine Werkstatttarife)[1]

Anbieter (Tarif)	Beitrag (Euro)
Huk-Coburg Allg. (Classic Kasko Plus)	683
Bruderhilfe (Classic Kasko Plus)	788
ADAC (KomfortVario)[3]	814
DEVK (Premium-Schutz)	836
ADAC (KomfortVario VK Plus)[3]	848
VHV (Klassik-Garant-Exklusiv)	867
BGV Badische Allg. (Exklusiv)	885
HanseMerkur (Top)	886
R+V (Plus)	889
Volkswohl Bund (Easy Smart Komfort Plus)	891
Teuerster Tarif im Test	**1 240**

Fahrer: Alter 72 Jahre, Haus in Mainz, Alleinfahrer.
Pkw: Neuer Volvo XC 60 (100 kW), Garage, 20 000 km.
SF-Klasse: 33 in Haftpflicht und Vollkasko.
Selbstbeteiligung: Teilkasko 150 Euro, Vollkasko 300 Euro inklusive Teilkasko 150 Euro.

1) Voraussetzungen: Kunde ist Halter. Nutzung meist privat. Letztes Jahr schadenfrei. Jahresbeitrag.
2) 24 Monate Neuwerterstattung bei Totalschaden.
3) Inkl. Mitgliedsbeitrag (49 Euro pro Jahr Standard).

Stand: 1. September 2014

Alles aus einer Hand

Wer beim Vertragshändler ein Auto kauft, kann eine Versicherung gleich mit dazu bekommen. Unsere Stichprobe zeigt: Das ist oft teuer.

Finanztest 3/2014 Ein bisschen ist es wie früher bei Tante Emma. „Darfs ein wenig mehr sein?", hieß es damals an der Wursttheke. „Darfs auch eine Versicherung sein?", fragt heute der Autohändler. So heißt es beispielsweise bei Volkswagen: „Alles aus einer Hand". Der Kunde muss sich um nichts kümmern. Ob Wartung, Reparatur oder Unfallschaden: Stets ist der Vertragshändler für ihn da. Das ist praktisch, aber lohnt sich das auch?

Police mehr als 600 Euro teurer

Wir haben sieben Herstellerbanken gefragt, was die Haftpflicht- und Vollkaskoversicherung einen 35-jährigen Angestellten kostet. Ergebnis: Sie ist oft teuer. Wer sich stattdessen auf dem freien Markt eine günstige Police sucht, kann hunderte Euro sparen. Unser Modellkunde fährt 679 Euro im Jahr billiger, wenn er seinen neuen 1-er BMW nicht übers Autohaus versichert, sondern direkt bei einer günstigen Gesellschaft am freien Markt.

Wir haben die Herstellerpolicen mit dem Classictarif des Onlineversicherers Huk24 verglichen. Dieser Tarif bietet in allen wichtigen Punkten gute Leistungen, teils sogar bessere als die Policen vom Hersteller, und er ist im Regelfall preiswert. Wer will, kann auf dem freien Markt sogar noch günstigere Angebote finden. Dafür ist aber ein Preisvergleich nötig, in den Merkmale wie Alter, Beruf, Jahreskilometer, Garage und anderes einfließen.

In unserer Untersuchung war nur die Police von Peugeot etwas günstiger als der Vergleichstarif. Fünf Hersteller waren teurer. Toyota machte keine Angaben: Die Preise seien je nach Händler zu unterschiedlich.

Das Ergebnis hat uns erstaunt. Denn bei der großen Marktbedeutung der Autofirmen sollten günstige Preise drin sein. Die Hersteller erledigen das Versicherungsgeschäft meist nicht selbst, sondern kooperieren mit gewerblichen Versicherern. Denen vermitteln sie tausende Kunden. Allein die Allianz hat 1,3 Millionen Autos über Autohäuser versichert. VW geht anders vor: Die Wolfsburger betreiben gemeinsam mit der Allianz eine eigene Versicherung.

Doch so oder so: Am Ende hat das „Alles aus einer Hand" für den Kunden seinen Preis – das sagen die Verkäufer nicht.

Police nur bei Kredit oder Leasing

Eine Versicherung bekommen oft nur Kunden angeboten, die ihr Auto über einen Kredit der Herstellerbank oder über Leasing finanzieren. Ein Neuwagen muss es nicht unbedingt sein. Viele Händler versichern auch Gebrauchte.

Ein Tipp kann die Police von Peugeot für Fahrer in teuren Schadenfreiheitsklassen (SF) sein. Sie verzichtet auf die Einteilung in Klassen. Das bringt unserem Modellkunden in SF 5 zwar nur wenig. Aber Fahrer in teuren Klassen können viel sparen. Allerdings nimmt Peugeot keine Fahrer unter 19 Jahren. Ab 19 Jahren sind Zuschläge fällig, die erst ab 23 Jahren entfallen.

Auch Käufer besonders teurer Autos können von einer Herstellerpolice profitieren. Sie bekommen so eher Kaskoschutz. Denn viele Anbieter auf dem freien Markt lehnen es ab, Pkw über 60 000 Euro Wert zu versichern. Oder sie nehmen kräftige Aufpreise. Das gilt auch für Autos in hohen Typklassen.

Leistungen wie am Markt üblich

Einige Hersteller geben Rabatt auf die Police, wenn der Wagen Sicherheitsausstattungen hat. Mercedes gewährt unserem Modellkunden 15 Prozent Nachlass, wenn sein A 180 das

„Fahrassistenz-Paket-Plus“ hat. Bei den Leistungen unterscheiden sich die Herstellerpolicen kaum vom freien Markt. Teils ist ihr Schutz sogar identisch. Die über BMW vermittelten Policen gibt es auch direkt von Ergo. Viele Händler bieten aber kleine Extras, beispielsweise Mietwagen während der Reparatur oder gratis Reinigung. BMW zahlt 100 Euro „Zuschuss für Schönheitsreparaturen“.

Beitrag bleibt gleich, auch nach Unfall

Eine weitere Besonderheit gibt es bei Opel, Peugeot und dem VW-Tarif „Prämie Light“: Der einmal vereinbarte Beitrag bleibt für Kredit- oder Leasingkunden über die ganze Laufzeit der Finanzierung gleich. Selbst wenn sie einen Unfall bauen, wird ihr Vertrag nicht teurer. Damit funktionieren diese Policen wie Tarife mit Rabattschutz. Da wird ein Kunde, der einen Unfall baut, nicht schlechter eingestuft. Dagegen werden Policen vom freien Markt ohne Rabattschutz nach einem Unfall umgestuft.

Einstufung beim neuen Versicherer

Doch was ist mit dem Schadenfreiheitsrabatt, wenn diese Kunden später den Versicherer wechseln? Peugeot erklärt auf Anfrage von Finanztest, dass dem neuen Versicherer die schadenfreien Jahre und die Schäden gemeldet werden. Der neue Anbieter kann den Kunden, der bisher in Klasse 5 war, also in die Klasse 8 einstufen, wenn er in der Zwischenzeit ohne Schaden geblieben ist.

Dass hinter dem Herstellerangebot ein gewöhnlicher Versicherer steht, merken Kunden oft kaum. Sein Name taucht im Vertrag bloß am Rande auf. Im Schadenfall ist das Autohaus ihr Ansprechpartner.

Vorteil für die Händler: Sie können die Kundenbindung pflegen, behalten Zugriff auf den Käufer und können sich früh um das „Remarketing“ kümmern, sprich: den Verkauf des nächsten Autos. Mit gutem Grund legen einige Hersteller im Vertrag fest, dass Kunden ihr Auto nach Kaskoschäden zur Reparatur in die Vertragswerkstatt bringen müssen.

Unser Rat

Vorsicht. Greifen Sie nicht gleich zu, wenn der Autohändler beim Fahrzeugkauf eine Kfz-Versicherung anbietet. Oft sind die Policen teuer. Es gibt aber Ausnahmen: Fahrer in teuren Schadenfreiheitsklassen können mit einigen Policen sparen, ebenso profitieren Käufer sehr teurer Autos, weil sie es sonst schwer haben, Kaskoschutz zu bekommen.

Preisvergleich. Ein wirklich günstiges Angebot nach Ihren Vorgaben finden Sie mit unserem individuellen Preisvergleich für 7,50 Euro (www.test.de/kfz-analyse).

Kündigung. Beim Kauf eines Autos dürfen Sie die Versicherung für das alte sofort fristlos kündigen und erhalten den Restbeitrag zurück. Als Termin gilt das Abmeldedatum.

Der Trend geht zu Komplettpaketen. Einige Hersteller werben massiv für Angebote, bei denen sie die Kosten für Kauf, Wartung, Reparatur, Versicherung, Kredit oder auch Leasing zu einer einzigen Monatsrate verschmelzen. Das läuft unter Bezeichnungen wie „Flatrate“, „Rundum-Sorglos-Paket“ oder „Full-Service-Angebot“. Peugeot versichert sogar die Gesundheit des Kunden: Bei längerer Krankheit entfällt die Rate.

Eine Monatsrate für alles

Für Autokäufer sind solche Pakete schwer zu durchschauen. Wie viel kostet die Versicherung, wie viel der Kredit, wie viel das Leasing oder die Wartung? Außerdem täuscht die Monatsrate: Meist kommen noch Anzahlung und Schlussrate hinzu. Kunden müssen also zusätzlich Geld zur Seite legen, um den Kauf des nächsten Autos zu stemmen.

Wer den Überblick behalten und Preise vergleichen will, sollte besser klar trennen: hier der Kredit, da die Versicherung und dann noch das Ansparen. ■

Neue Verträge schützen besser

Es gibt immer mehr sehr gute Privathaftpflichtversicherungen mit besserem Schutz. Ein Wechsel lohnt sich.

Finanztest 12/2014 Die meisten Finanztest-Leser kennen das schon. Weil es so wichtig ist und immer noch viel zu viele Menschen den Schutz nicht haben, trotzdem noch einmal: Eine Privathaftpflichtversicherung braucht jeder. Schon kleine Fehler können sonst den finanziellen Ruin bedeuten.

Es geht ganz schnell und kann jedem passieren: Beim Spiel mit dem Feuer fällt das brennende Streichholz auf den Synthetikteppich. Die Fahrradfahrt im Fußgängertunnel endet abrupt, weil plötzlich ein Passant zur Seite tritt. Bei der Do-it-yourself-Reparatur des Abflussrohrs unter dem Waschbecken verschiebt sich die Gummidichtung und lässt bei jedem Händewaschen etwas Wasser in die Wand sickern.

Kleine Ursache, tragische Wirkung

Ein geringes Verschulden kann schwere Folgen haben. Der Verantwortliche muss dann Schadenersatz zahlen. Er haftet mit seinem gesamten Vermögen. Selbst Menschen mit hohem Einkommen droht die Überschuldung, wenn ihnen oder ihren Angehörigen ein folgenschweres Missgeschick unterläuft. Wird jemand schwer verletzt oder trägt sogar bleibende Schäden davon, kostet das schnell sechsstellige Summen.

Privathaftpflichtversicherer übernehmen den Schadenersatz und bieten Rechtsschutz gegen unberechtigte Forderungen. Schon für 48 Euro im Jahr gibt es sehr gute Verträge.

Seit unserem jüngsten Test vor gut zwei Jahren (Finanztest 9/2012) sind die Verträge noch etwas besser geworden.

Wechsel nach fünf Jahren sinnvoll

Wer die Versicherung schon hat, sollte unbedingt schauen, von wann der Vertrag ist. Verträge, die schon fünf oder mehr Jahre alt sind,

Unser Rat

Bedarf. Eine Privathaftpflichtversicherung brauchen Sie unbedingt. Wenn Sie bereits vor fünf oder mehr Jahren einen Vertrag abgeschlossen haben, sollten Sie besser wechseln und auf eine höhere Versicherungssumme achten. Die Tarifbedingungen sind heute in aller Regel besser.

Kündigung. Sie können Ihren alten Vertrag bis zu drei Monate vor Ablauf der Versicherungsperiode kündigen. Sonst verlängert er sich automatisch.

Auswahl. Die beste Absicherung für die ganze Familie bieten die Tarife **XXL** der **Interrisk**, **Komfort** und **Komfort Vital** der **Helvetia** (jeweils mit **Baustein Plus**) und **Komfort** der **Asstel**. Sie kosten zwischen 96 und 118 Euro im Jahr. Nur 48 Euro kostet der ebenfalls sehr gute **Exclusiv Fair Play** von **Schwarzwälder Direkt** (siehe Tabelle).

Service. Für 10 Euro ermittelt Finanztest eine gute und günstige Versicherung speziell für Ihren Bedarf (test.de/analyse-haftpflicht).

Partnerschaft. Wenn Sie mit Ihrem Partner zusammenziehen, benötigen Sie nur noch einen Vertrag. Manchmal können selbst Unverheiratete den jüngeren Vertrag vorzeitig kündigen. Einen Anspruch, vorzeitig auszusteigen, haben aber nur Ehepaare.

Finanztest Sehr guter Schutz für wenig Geld

Anbieter (Tarif)	**Jahresbeitrag** (Euro)	**Versicherungssumme** (Mio. Euro)		Finanztest **QUALITÄTSURTEIL**
		Pauschal für Personen- und Sachschäden	**Maximal pro geschädigter Person**	
Schwarzwälder Direkt (Exclusiv Fair Play)	48	10	10	**SEHR GUT (1,2)**
Schwarzwälder Direkt (Exclusiv Fair Play Plus)	58	20	20	**SEHR GUT (1,0)**
wgv-himmelblau (Familie) @	60	10	8	**SEHR GUT (1,5)**
Huk24 (Classic) @	64	50	15	**SEHR GUT (1,4)**
Grundeigentümer (Direkt Plus)	64	10	10	**SEHR GUT (1,5)**
Ostangler (Exclusiv Fair Play)	65	10	10	**SEHR GUT (1,2)**
Docura (Familie/Partner)	65	10	10	**SEHR GUT (1,5)**
Astra (Quality)	67	10	10	**SEHR GUT (1,1)**
Huk-Coburg Allg. (Classic)	67	50	15	**SEHR GUT (1,4)**
Medien (Komfort)	68	10	10	**SEHR GUT (1,4)**

Bewertungen: Sehr gut (0,5–1,5). Gut (1,6–2,5). Befriedigend (2,6–3,5). Ausreichend (3,6–4,5). Mangelhaft (4,6–5,5).
@ = Angebot nur über Internet. **Stand: 1. September 2014**

bieten zuweilen erheblich weniger Schutz als aktuelle Angebote.

Vor allem beim Versicherungsschutz für Schäden an geliehenen Sachen haben die Anbieter nachgelegt. Sie zahlen immer öfter, wenn zum Beispiel die vom Nachbarn geliehene Kamera kaputtgeht. Ohne ausdrückliche Regelung in den Versicherungsbedingungen gibt es in solchen Fällen keinen Schadenersatz. In alten Verträgen fehlt die Klausel normalerweise.

Noch eine gute Nachricht: Es muss nicht teurer werden. Das Preisniveau hat sich trotz des verbesserten Schutzes nicht geändert. Im Einzelfall sind die Tarife sogar günstiger geworden. Die stärkste XXL-Police der Interrisk – damals wie heute einer der Spitzentarife im Finanztest-Vergleich – kostete im Jahr 2012 noch 129 Euro Beitrag im Jahr und aktuell nur 96 Euro.

Neuer Vertrag bei neuem Bedarf

Selbst der Austausch von Verträgen, die noch keine fünf Jahre alt sind, kann sich lohnen. Wenn sich der Bedarf an Absicherung – etwa bei Kauf eines Hauses – verändert, muss die Police unabhängig vom Alter auf den Prüfstand.

Höhere Versicherungssumme nötig

Wir haben für den aktuellen Vergleich der Privathaftpflichtversicherungen unsere Anforderungen an den unverzichtbaren Grundschutz verschärft. Statt 3 Millionen Euro muss die Versicherungssumme jetzt mindestens 5 Millionen Euro betragen.

Millionen Euro teure Schäden sind selten, kommen aber vor. Ab dem Jahr 2002 hatte Finanztest 3 Millionen Euro Versicherungssumme gefordert. Jetzt, zwölf Jahre später, war eine Erhöhung fällig. Schließlich müssen die Haftpflichtversicherer besonders oft für die Behandlung von Verletzten und für Schäden an Gebäuden zahlen. Sowohl im Gesundheitswesen als auch in der Baubranche sind die Preise stark gestiegen.

Getestet haben wir 235 Privathaftpflichtversicherungstarife für Familien. In der Tabelle hier im Jahrbuch zeigen wir die zehn günstigsten unter den sehr guten. ■

Geld nach Quote

Seit sechs Jahren zahlen Versicherer bei grober Fahrlässigkeit wenigstens einen Teil. Wie viel sie kürzen dürfen, zeigen Urteile.

Finanztest 1/2014 Nur einen kurzen Moment hatte der Mann auf dem Flughafen Valencia nicht aufgepasst, schon war es passiert. Er hatte jemanden am Schalter etwas gefragt, seine Kameratasche stand hinter ihm. Als er sich wieder umdrehte, war die Tasche weg.

„Grob fahrlässig" nannte das Landgericht Hannover sein Verhalten. Der Mann hätte die Tasche ständig im Blick haben müssen. Doch der Fotofreund hatte Glück: Der Versicherer musste wenigstens einen Teil des Schadens übernehmen, 60 Prozent. Um 40 Prozent durfte er die Entschädigung kürzen, entschieden die Richter (Az. 13 O 153/08).

Für den Kunden war das ein herber Schlag, aber immer noch besser als die Regelung, die vor 2008 galt: Da hätte er gar nichts bekommen. Die Versicherer durften bei grober Fahrlässigkeit ihre Entschädigung komplett streichen. Nun müssen sie einen Anteil zahlen, abhängig davon, wie stark das Verschulden des Kunden war. Nur in Extremfällen dürfen sie ihre Leistung auf Null kürzen, zum Beispiel bei Alkohol am Steuer.

Die Neuregelung ist ein Riesenfortschritt. Denn grobe Fahrlässigkeit ist nicht so selten. Manchmal sind es nur Schusseligkeiten. Da hat zum Beispiel ein Fahrer nicht auf die Durchfahrtshöhe einer Brücke geachtet und schrottet den gemieteten Lieferwagen. Eine Küche brennt, weil eine Frau nach langem Arbeitstag vergisst, den Herd auszuschalten, auf dem eine Pfanne mit heißem Fett steht.

Die Versicherung muss jetzt zahlen, darf ihre Leistung aber kürzen. Den Mietwagenfahrer nahm das Landgericht Göttingen mit 33 Prozent in die Haftung (Az. 5 O 118/09). Die Köchin musste 30 Prozent Kürzung akzeptieren (Amtsgericht Schweinfurt, Az. 2 C 886/12).

In einem ähnlichen Brandfall kürzte das Landgericht Dortmund sogar um 50 Prozent, weil eine Frau den Herd eingeschaltet ließ und in der Annahme aus dem Haus ging, es könne nichts passieren, weil der Herd auf kleiner Flamme stand (Az. 2 O 101/11).

Feine Unterschiede

Die Gerichte müssen jetzt nicht mehr nur zwischen leichter und grober Fahrlässigkeit unterscheiden, sondern auch innerhalb der groben Fahrlässigkeit feine Unterschiede machen: Ist es nur „leichte" grobe Fahrlässigkeit, mittlere, schwere oder sehr grobe? Die Quotelung handhaben Gerichte unterschiedlich.

Steht zum Beispiel ein Haus im Winter leer und der Besitzer schützt die Wasserrohre nicht vorm Einfrieren, etwa indem er sie entleert, ist das meist grob fahrlässig. Das Landgericht Bonn hielt eine Kürzung der Versicherungsleistung um 50 Prozent für angemessen (Az. 10 O 372/09). Das Landgericht Erfurt entschied auf 90 Prozent (Az. 8 O 1204/09). Das Oberlandesgericht Hamm strich die Entschädigung komplett (Az. 20 U 144/11).

Alkohol am Steuer

Ab 1,1 Promille gilt absolute Fahruntüchtigkeit. Wer dann noch fährt, muss akzeptieren, dass der Kaskoversicherer die Leistung komplett streicht (Bundesgerichtshof, Az. IV ZR 251/10). Die Haftpflicht muss zwar den Schaden des Unfallgegners regulieren, darf aber den Kunden bis 5 000 Euro in Regress nehmen, bei Unfallflucht um weitere 5 000 Euro.

Auch unter 1,1 Promille können Gerichte von grober Fahrlässigkeit ausgehen. Als eine Frau mit 0,59 Promille eine Laterne rammte, kürzte das Oberlandesgericht Hamm um 50 Prozent (Az. I-20 U 74/10), bei einem Unfall mit 0,95 Promille kürzte das Landgericht Bochum um zwei Drittel (Az. 5 S 102/11).

Mehrfach grob fahrlässig

Doch was ist mit Schäden, bei denen der Kunde gleich mehrfach grob fahrlässig war? Das Landgericht Kassel hielt bei einem Einbruch die Addition für angemessen: Der Kunde ging zwei Stunden einkaufen, hatte aber die Tür nur zugezogen und nicht abgeschlossen. Das werteten die Richter als „mittlere“ grobe Fahrlässigkeit, daher 50 Prozent Kürzung.

Außerdem hatte er die Liste mit den gestohlenen Sachen erst drei Wochen später eingereicht. Dieser Verstoß rechtfertigte eine zweite Kürzung um 50 Prozent. Unterm Strich standen 100 Prozent – der Kunde bekam nichts (Az. 5 O 2653/09).

Schlüssel im Handschuhfach

Das Landgericht Hechingen hielt sich an ein Stufenmodell. Ein Autobesitzer hatte die Schlüssel im Handschuhfach seines Zweitwagens aufbewahrt. Den hatte ein Dieb geknackt und Tage später damit das andere Auto gestohlen.

Den Schlüssel im Handschuhfach zu lassen, war grob fahrlässig, daher gab es eine Kürzung um 50 Prozent. Weil der Kunde den Schlüsseldiebstahl nicht gemeldet hatte, gab es weitere 50 Prozent Kürzung. Das Gericht addierte aber nicht, sondern kürzte zunächst um 50 Prozent und zog dann vom Rest wieder 50 Prozent ab. So kamen 75 Prozent Kürzung heraus (Az. 1 O 124/12).

Keine schematische Lösung

Das Landgericht Dortmund lehnte beide Ansätze ab. Weil der Bundesgerichtshof (Az. IV ZR 225/10) eine individuelle Quote je nach den Umständen des Einzelfalls fordert, verbiete sich jede schematische Lösung.

In dem verhandelten Fall hatte der Kunde nicht – wie mit der Versicherung vereinbart – eine Einbruchsicherung vor seinen Laden montiert. Das war grob fahrlässig, daher 60 Prozent Kürzung. Außerdem hatte er keine Stehlgutliste eingereicht, was 40 Prozent Kürzung rechtfertigte.

Da sich die fehlende Liste aber kaum auf den Schaden auswirkte, war das Gericht in diesem Punkt gnädig und kürzte um insgesamt 61 Prozent (Az. 2 O 8/10). ■

Unser Rat

Vertrag. Will Ihr Versicherer Ihnen den Schaden nicht voll ersetzen, weil Sie angeblich grob fahrlässig waren? Dann schauen Sie in den Vertrag. Haben Sie ihn vor 2008 abgeschlossen und hat der Versicherer nie verständlich über die neue Quotelung bei grober Fahrlässigkeit informiert, muss er oft voll zahlen.

Umstände. Häufig kürzen Versicherer bei grober Fahrlässigkeit ihre Zahlung pauschal um 50 Prozent. Das müssen Sie sich nicht gefallen lassen. Der Bundesgerichtshof verlangt eine Prüfung des Einzelfalls und der Umstände (Az. IV ZR 225/10).

Entlastung. Nennen Sie alle Umstände, die Sie entlasten können. Dann kann ein Gericht die Kürzung zu Ihren Gunsten begrenzen. Entlastungsgründe können zum Beispiel sein: Augenblicksversagen, Ablenkung, Stress, mangelnde Erfahrung.

Einzelfall. Wirft Ihnen der Versicherer mehrere grob fahrlässige Verstöße vor und will die Quoten addieren, wehren Sie sich dagegen. Auch hier können Sie eine wertende Betrachtung Ihres Einzelfalls verlangen.

Verzichtsklausel. Viele Versicherungsunternehmen bieten – oft gegen Aufpreis – eine Klausel an, mit der sie auf den Einwand der groben Fahrlässigkeit verzichten und stattdessen voll zahlen. Fragen Sie Ihren Versicherer, wenn Sie Wert darauf legen.

Katrin Kemmler möchte in Ökofonds anlegen. Auch für ihre vermögenswirksamen Leistungen gibt es eine kleine Auswahl ethisch-ökologischer Fonds.

Seite 221

Facebook-Werbung abstellen **S. 212**, Altersteilzeit nehmen **S. 213**, Protokoll für Mietwohnung **S. 214**, Scheck einlösen **S. 215**, Punktekonto in Flensburg abfragen **S. 216**, Pass verlängern **S. 217**, Wohnung untervermieten **S. 218**, Kreditgebühr zurückfordern **S. 219**, Handyvertrag wechseln **S. 220**, VL-Fondssparplan abschließen **S. 221**, Werbung im Briefkasten stoppen **S. 222**, Schlüsseldienst bestellen **S. 223**

FOTO: MARKUS ALTMANN

Werbung abstellen

Sie benötigen:

Ein Profil im
Onlinenetzwerk Facebook

Finanztest 1/2014 Facebook lebt von Werbeanzeigen. Ganz abschalten lassen sie sich daher nicht. Der Nutzer kann aber bestimmen, dass die Werbung nicht an sein Surfverhalten angepasst werden darf.

Schritt 1 Loggen Sie sich bei Facebook ein. Klicken Sie oben in der blauen Leiste auf den nach unten zeigenden Pfeil. Ein Menü klappt auf, wählen Sie „Einstellungen" und dann „Werbeanzeigen". Gehen Sie unter „Webseiten Dritter" auf „Bearbeiten" und setzen Sie das Auswahlmenü auf „Niemand". Nicht vergessen: „Änderungen speichern".

Schritt 2 Wiederholen Sie diesen Vorgang beim Punkt „Werbeanzeigen und Freunde".

Schritt 3 Gehen Sie zum Punkt „Werbeanzeigen basierend auf deiner Nutzung von Webseiten oder Apps außerhalb von Facebook". Klicken Sie auf „Deaktiviere". Es öffnet sich eine englischsprachige Seite. Betätigen Sie dort den Button „Abbestellen" oder „Opt out".
Schritt 3 müssen Sie in jedem Browser und auf jedem Gerät wiederholen, mit dem Sie Facebook verwenden.

Schritt 4 Öffnen Sie weiter unten auf der englischsprachigen Seite den Link „Europe". Eine neue Seite öffnet sich, klicken Sie dort auf „Germany" und wählen Sie anschließend das „Präferenzmanagement".
Warten Sie, bis die Seite alle Anbieternamen geladen hat, scrollen Sie runter zum Seitenende und drücken Sie auf den Button „Bei allen Anbietern deaktivieren". Warten Sie, bis der Browser die Änderungen übernommen hat.
Auch Schritt 4 müssen Sie in jedem Browser und auf jedem Gerät wiederholen, mit dem Sie Facebook verwenden.

Schritt 5 Stören Sie einzelne Anzeigen auf Facebook, so fahren Sie mit der Maus darüber. Es erscheint ein Kreuz oder ein Pfeil. Klicken Sie darauf, um diese Anzeige oder sämtliche Werbung des Anbieters zu unterbinden.

Tipp: Klicken Sie bei Facebook-Profilen von Firmen nicht auf „Gefällt mir". Vermeiden Sie dies – ebenso wie Kommentare – auch auf Internetseiten, die einen Facebook-Button oder eine Kommentarleiste haben, die als „Soziales Plug-in von Facebook" gekennzeichnet ist.

Altersteilzeit nehmen

Sie benötigen:

Eine tarifvertragliche oder betriebliche Altersteilzeitregelung oder die Zustimmung des Chefs

Einen formlosen Antrag

Finanztest 2/2014 Altersteilzeit ist der beste Weg in einen vorgezogenen Ruhestand. Arbeitnehmer können früher aufhören und bekommen weiterhin ein reduziertes Gehalt. Der finanzielle Verlust hält sich aber in Grenzen. Obwohl es keinen gesetzlichen Anspruch gibt, bieten viele Firmen Altersteilzeit an.

Schritt 1 Überlegen Sie mit Mitte 50, ob Sie in Altersteilzeit gehen möchten und ob Sie sich die damit verbundenen finanziellen Einbußen leisten können und wollen.
Altersteilzeit können Sie frühestens mit 55 Jahren in Anspruch nehmen. In vielen Branchen ist sie erst ab 57 Jahren oder später möglich.

Schritt 2 Informieren Sie sich beim Betriebs- oder Personalrat oder in der Personalabteilung, ob Altersteilzeit in Ihrem Betrieb möglich ist. Dies ist dann der Fall, wenn ein entsprechender Tarifvertrag oder eine Betriebsvereinbarung für Ihren Betrieb gilt. Einen Tarifvertrag zur Altersteilzeit gibt es beispielsweise in der Metall- und Elektroindustrie und im öffentlichen Dienst. Gibt es weder eine tarifvertragliche noch eine betriebliche Altersteilzeitregelung, können Sie eine individuelle Vereinbarung mit Ihrem Chef schließen. Auf seine Zustimmung haben Sie in diesem Fall aber keinen Anspruch.

Schritt 3 Planen Sie Ihre Altersteilzeit so, dass Sie danach regulär in Rente gehen können, um keine Renteneinbußen zu haben. Entscheiden Sie sich für eine der beiden Formen: Entweder können Sie Ihre Arbeitszeit in der gesamten Altersteilzeit um 50 Prozent reduzieren oder Sie entscheiden sich für das Blockmodell. Es besteht aus zwei gleich großen Blöcken. Im ersten arbeiten Sie zunächst voll weiter, beziehen aber nur das halbe Gehalt, das vom Chef um mindestens 20 Prozent aufgestockt wird. Im zweiten Block arbeiten Sie gar nicht mehr, beziehen aber weiter Ihr Altersteilzeitgehalt.
In vielen Branchen bekommen Altersteilzeitler auch mehr als gesetzlich vorgeschrieben, denn die Tarifpartner haben höhere Gehälter vereinbart.

Schritt 4 Die Altersteilzeit beantragen Sie mit einem formlosen Schreiben an die Personalabteilung.

Einzugsprotokoll anfertigen

Sie benötigen:

Digitalkamera

Formular für Wohnungsübergabeprotokoll

Zeugen als Begleitung

Finanztest 3/2014 Beim Einzug in eine Wohnung sollten Mieter den Zustand der Zimmer in einem Protokoll detailliert festhalten. Für alle protokollierten Mängel können sie nicht verantwortlich gemacht werden. Stehen Schäden nicht im Protokoll und der Vermieter moniert sie später, gilt dagegen die Vermutung, dass der Mieter sie verursacht hat.

Schritt 1 Nehmen Sie zur Wohnungsübergabe einen Protokollvordruck mit. So sind Sie gerüstet, falls der Vermieter kein eigenes Formular dabeihat. Ein kostenfreies Muster finden Sie unter www.mieterbund.de (Link „Service", dann „Download"). Im Notfall können Sie den Zustand der Wohnung auch formlos mit eigenen Worten beschreiben. Es ist hilfreich, wenn Sie einen Zeugen bei der Übergabe dabeihaben, etwa einen Nachbarn. Auch eine Digitalkamera ist nützlich.

Schritt 2 Gehen Sie Raum für Raum durch und notieren Sie alles, was Ihnen mangelhaft erscheint. Auch die Zählerstände von Wasser, Strom und Gas gehören ins Protokoll. Machen Sie Fotos von Schäden. Seien Sie besser pingelig. Schreiben Sie nicht „Mängel im Bad", sondern genauer „zwanzig Bohrlöcher in den Fliesen der rechten Wand". Notieren Sie, wenn der Vormieter schlecht tapeziert hat oder beim Malern Türklinken und Heizung übermalt hat.

Schritt 3 Will der Vermieter das Protokoll nicht unterschreiben, setzen eben nur Sie und der Zeuge ihre Unterschrift darunter. Fotos legen Sie bei. Das Protokoll kann im Streitfall dennoch helfen.

Schritt 4 Wenn Sie möchten, dass Mängel beseitigt werden, sollten Sie im Protokoll dafür einen klaren Zeitraum nennen, in dem der Vermieter die Schäden beheben muss. Damit ersparen Sie sich mühsames Mahnen. Zudem behalten Sie Ihr Recht, gleich mit Beginn der Mietzeit die Miete zu mindern, wenn es mit der Reparatur doch länger dauert.

Schritt 5 Verpflichten Sie sich im Protokoll nicht zur Renovierung Ihrer neuen Wohnung. Diese Dinge gehören in den Mietvertrag. Sie laufen Gefahr, sich mit einer individuellen Vereinbarung mehr aufzuhalsen, als Sie laut Vertrag tun müssten.

Scheck einlösen

Sie benötigen:

Verrechnungsscheck

Eventuell Formular für Scheckeinreichung

60-Cent-Briefmarke (Direktbankkunden)

Finanztest 4/2014 In letzter Zeit finden besonders viele Menschen Verrechnungsschecks in ihren Briefkästen. Die Techniker Krankenkasse zum Beispiel zahlt für 2013 und 2014 eine Dividende an viele ihrer Mitglieder. Statt das Geld zu überweisen, schickt die Kasse so einen Scheck. Verrechnungsschecks nutzen Versicherer ebenso, wenn sie Schäden regulieren, auch Gewinne aus Wettbewerben werden so ausgezahlt und Spenden an Begünstigte übermittelt.

Schritt 1 Sie können den Scheck nur bei der Bank einlösen, bei der Sie Ihr Girokonto führen. Als Kunde einer Filialbank gehen Sie mit dem Verrechnungsscheck zu einer Zweigstelle Ihrer Bank. Bei vielen Kreditinstituten müssen Sie noch das Formular für Scheckeinreichung ausfüllen. Es liegt meist im Schalterraum aus. Die geforderten Angaben finden Sie auf dem Verrechnungsscheck unten. Wichtig: In die Spalte „Kontonummer oder Name des Scheckausstellers" müssen Sie die Kontonummer eintragen, die unten auf dem Verrechnungsscheck steht, nicht Ihre Girokontonummer. Manchmal nehmen Ihnen die Mitarbeiter das Ausfüllen auch ab.

Schritt 2 Wenn Sie Kunde einer Direktbank sind oder Onlinebanking machen, können Sie den Scheck per Post an die Bank schicken, mit einem formlosen Vermerk, auf welches Konto sie das Geld buchen soll. Ganz sicher – aber aufwendiger – ist es, wenn Sie das Einreicherformular von der Webseite herunterladen oder es bei der Bank per Post anfordern.
Das Einlösen eines inländischen Verrechnungsschecks ist in der Regel kostenfrei. Andernfalls steht der Preis dafür im Preis- und Leistungsverzeichnis. Sie brauchen für den Brief eine 60-Cent-Briefmarke.

Schritt 3 Das Geld wird zunächst unter Vorbehalt auf Ihrem Konto verbucht. Sie können darüber erst später – zwischen drei und neun Tagen – verfügen. Die Bank wartet erst ab, ob das Konto des Scheckausstellers gedeckt ist.
Achtung Für Schecks gilt in Deutschland eine gesetzliche Vorlegefrist von acht Tagen. Banken dürfen Schecks auch nach der Frist noch einlösen, sind dazu aber nicht verpflichtet. In der Praxis können Sie den Scheck noch Monate später einlösen. Die Techniker Krankenkasse zum Beispiel lässt Ihnen dafür ein Jahr Zeit.

Abfrage in Flensburg

Sie benötigen:

Personalausweis oder Reisepass, Internet, Drucker, Stift, 60-Cent-Briefmarke

Oder: Neuen Personalausweis, ausgestellt nach dem 1. November 2010 mit Online-Ausweisfunktion, Kartenlesegerät, AusweisApp-Software.

Finanztest 5/2014 Am 1. Mai 2014 stellte die Verkehrssünderdatei in Flensburg auf ein neues Punktesystem um. Alte Punkte wurden in neue umgerechnet, ihre Zahl verringerte sich dabei. Wer zu viele Punkte hat, verliert auch in Zukunft den Führerschein. Bisher war bei 18 Punkten Schluss, künftig bei 8 Punkten. Ihren Punktestand können Sie kostenlos abfragen. Geben Sie dafür kein Geld bei einem Dienstleister aus.

Schritt 1 Wollen Sie Ihren neuen Punktestand erfahren, stellen Sie einen schriftlichen Auskunftsantrag an das Flensburger Kraftfahrt-Bundesamt. Die Behörde teilt Ihnen dann Ihren Punktestand nach alter und neuer Zählung mit, ebenso Datum, Verstoß und Punkteanzahl für jeden Eintrag. Über den neuen Punktestand informiert die Behörde erst seit Mai 2014. Wer zuvor angefragt hatte, bekam die Auskunft nach dem alten Punktesystem. Ein Antragsformular als PDF-Datei finden Sie im Internet auf der Seite des Kraftfahrt-Bundesamtes (www.kba.de). Sie gelangen direkt zum Formular, indem Sie in Ihrer Onlinesuche „Antrag auf Auskunft aus dem Verkehrszentralregister" eingeben.

Schritt 2 Sie drucken das Formular aus, füllen es aus und stecken es in einen Briefumschlag. Vergessen Sie nicht, Kopien von Vorder- und Rückseite Ihres Personalausweises oder Ihres Reisepasses beizulegen. Die Postadresse lautet: Kraftfahrt-Bundesamt, 24932 Flensburg. Kleben Sie eine 60-Cent-Marke auf den Umschlag und ab in den Briefkasten. Wann die Auskunft bei Ihnen eingeht, wollte die Behörde nicht verraten. Fax-Anträge bearbeitet sie nicht.

Alternative für Autofahrer mit neuem Personalausweis Auf der Seite des Kraftfahrt-Bundesamtes (www.kba.de) finden Sie den Onlineantrag mit dem Suchbegriff „Fahreignungsregister" und Klick auf „Ihr Punktestand". Den können Sie aber nur nutzen, wenn Sie gut ausgerüstet sind. Sie benötigen einen neuen Personalausweis, ausgestellt nach dem 1. November 2010. Die Online-Ausweisfunktion muss freigeschaltet sein. Zusätzlich brauchen Sie ein Kartenlesegerät, das an Ihren Computer angeschlossen ist, und eine AusweisApp-Software auf dem Rechner. Die Eingabeseite für Ihre Daten schalten Sie mit dem angezeigten Sicherheitscode frei.

Pass verlängern

Sie benötigen:

59 Euro (Pass)/
28,80 Euro (Ausweis)

Biometrisches Passfoto

Alten Ausweis oder Verlust- oder Diebstahlanzeige

Geburtsurkunde für Minderjährige, die noch kein Ausweisdokument haben

Finanztest 6/2014 Ist Ihr Reisepass oder Ihr Personalausweis abgelaufen? Dann müssen Sie einen neuen beantragen, verlängern können Sie die Dokumente nicht mehr. Ein neuer Ausweis kostet 28,80 Euro, ein Standardreisepass 59 Euro. Wenn Sie kurzfristig verreisen, wählen Sie die Expressvariante und können den Pass gegen Aufpreis schon nach 72 Stunden abholen.

Schritt 1 Ob Ausweis oder Reisepass, für beides brauchen Sie ein aktuelles, biometrisch lesbares Passbild. Die Anforderungen erklärt die Bundesdruckerei in einer Fotomustertafel (www.bundesdruckerei.de/1345-service). Die Profifotografen wissen Bescheid.

Schritt 2 Zusätzliche Dokumente benötigen Sie, wenn Sie minderjährig sind oder Ihren alten Ausweis oder Pass nicht haben. Alle unter 18 brauchen für den Reisepass, alle unter 16 für den Ausweis das schriftliche Einverständnis aller Sorgeberechtigten. Zudem brauchen sie eine Geburtsurkunde. Ist der Ausweis geklaut, bestätigt Ihnen die Polizei den Diebstahl bei der Anzeige. Eine Verlustanzeige füllen Sie auf der Webseite des Passamtes aus.

Schritt 3 Pass oder Ausweis müssen Sie persönlich beim Passamt Ihres Wohnorts beantragen. Bei einigen Ämtern brauchen Sie einen Termin, den Sie oft mehrere Wochen vorher buchen müssen. Jugendliche müssen mindestens einen Sorgeberechtigten mitbringen – die schriftliche Zustimmung aller Sorgeberechtigten ist trotzdem Pflicht.

Schritt 4 Bringen Sie zum Termin das Passfoto und den alten Ausweis mit. Ist der weg, brauchen Sie neben Verlust- oder Diebstahlanzeige ein Dokument zur Identifikation. Für einen neuen Reisepass kann das der Ausweis sein oder umgekehrt. Für beide neuen Dokumente müssen Sie unterschreiben, für den Pass werden zusätzlich Fingerabdrücke genommen. Beim Ausweis ist das freiwillig.

Schritt 5 Nach drei bis vier Wochen bekommen Sie Ihr neues Dokument dort, wo Sie es beantragt haben. Sie können auch jemand mit einer Vollmacht beauftragen, es für Sie abzuholen. Im Notfall gibt es einen vorläufigen Pass sogar am gleichen Tag, aber nur, wenn Sie alle Unterlagen und ein Passfoto haben.

Raum untervermieten

Sie benötigen:

Erlaubnisanfrage per Einschreiben

Daten des Untermieters

Nachvollziehbaren Grund für Untervermietung

Finanztest 7/2014 Sind Sie Mieter und wollen Ihre Wohnkosten reduzieren? Dann können Sie Räume untervermieten. In aller Regel brauchen Sie dafür die Erlaubnis des Vermieters. So gehen Sie vor:

Schritt 1 Wer zieht ein? Soll zum Beispiel ein Ehegatte, ein eingetragener Lebenspartner oder ein Stiefkind bei Ihnen wohnen, benötigen Sie keine Erlaubnis. Teilen Sie dem Vermieter aber mit, wer einzieht. Für den Einzug eines nichtehelichen Partners oder einer fremden Person brauchen Sie eine Erlaubnis.

Schritt 2 Schicken Sie dem Vermieter ein Einschreiben, in dem Sie ihn bitten, die Erlaubnis schriftlich zu erteilen, und setzen Sie ihm dafür eine Frist von etwa zwei Wochen. Die Frist ist wichtig, wenn Sie die Untervermietung später gerichtlich durchsetzen wollen. Nennen Sie den Namen, das Geburtsdatum und die Anschrift des Untermieters. Erklären Sie, warum Sie untervermieten wollen.

Schritt 3 Den Einzug eines nichtehelichen Lebenspartners muss der Vermieter in aller Regel erlauben. Wollen Sie selbst ausziehen und die gesamte Wohnung dauerhaft untervermieten, kann der Vermieter die Erlaubnis verweigern. Beabsichtigen Sie, nur einzelne Räume an Fremde zu vermieten, muss der Vermieter die Erlaubnis erteilen, wenn Sie ein „berechtigtes Interesse" an der Untervermietung haben. Dieses Interesse muss nach Abschluss des Mietvertrages entstanden sein. Vor allem finanzielle Motive zählen. Wird Ihnen zum Beispiel die Wohnung nach einer Trennung zu teuer, muss der Vermieter die Untervermietung erlauben. Nach Ansicht vieler Gerichte muss er auch zustimmen, wenn Sie beruflich ins Ausland müssen und die gesamte Wohnung für eine begrenzte Zeit möbliert untervermieten wollen.

Schritt 4 Sagt Ihr Vermieter nein, obwohl Sie ein berechtigtes Interesse an einer Untervermietung haben, können Sie die Erlaubnis einklagen. Der Vermieter wäre aber etwa dann im Recht, wenn der Untermieter für ihn unzumutbar ist, weil er zum Beispiel früher als Besucher den Hausfrieden gestört hat. Den Untermieter ohne Erlaubnis einziehen zu lassen, ist nicht ratsam. Das könnte zu Ärger und einer Kündigung führen.

Kreditgebühr zurück

Sie benötigen:

Unterlagen zu Ihrem Kreditvertrag

PC mit Internetanschluss

Musterbrief-Datei von:
test.de/musterbrief_kredit
gebuehren

Finanztest 8/2014 Sie haben im Jahr 2012 oder später einen Kredit aufgenommen und mussten eine Bearbeitungsgebühr zahlen? Die können Sie samt Zinsen zurückfordern. Der Bundesgerichtshof hat entschieden, dass solche Gebühren rechtswidrig sind. Banken müssen sie erstatten (Details unter test.de/kreditgebuehren).

Schritt 1 Schauen Sie in Ihren Unterlagen nach, wie viel Kreditbearbeitungsgebühr Sie gezahlt haben und unter welcher Vertragsnummer Ihre Bank oder Sparkasse den Vertrag führt.

Schritt 2 Tragen Sie Ihre Daten in den bei test.de heruntergeladenen Musterbrief ein. Drucken Sie den fertigen Brief aus und unterschreiben Sie ihn. Adressieren Sie ihn an die in den Vertragsunterlagen genannte Geschäftsstelle der Bank.

Schritt 3 Verschicken Sie den Brief als Einschreiben mit Rückschein. Den Rückschein bekommen Sie mit der Unterschrift des Empfangsbevollmächtigten der Bank zurück. Bewahren Sie ihn gut auf.

Schritt 4 Warten Sie ab dem Datum, an dem die Post den Empfang des Schreibens bestätigt hat, drei Wochen ab.

Schritt 5 Ihre Bank oder Sparkasse erstattet die Gebühren nicht rechtzeitig: Schalten Sie dann den für Ihr Institut zuständigen Ombudsmann, einen in solchen Fällen erfahrenen Rechtsanwalt oder – wenn für Ihre Bank verfügbar – einen Verbraucherinkassodienst wie die Metaclaims Sammelklagen Finanzierungsgesellschaft (www.sammelklage.org) ein. Frühestens am Jahresende verjährt Ihre Forderung. Sie können daher auch noch abwarten, wenn Ihre Bank Sie um Geduld bittet.

Tipp Bis zum 31. Dezember 2014 haben Sie die Chance, Kreditbearbeitungsgebühren zurück zu bekommen, die Sie innerhalb der letzten zehn Jahre gezahlt haben. Wie es geht, beschreiben wir im Internet (www.test.de/kreditgebuehren_faq).
Kurzfassung: Sie müssen sofort den zuständigen Ombudsmann einschalten. Welcher das ist, erfahren Sie von Ihrer Bank. Ihre Beschwerde muss spätestens am Mittwoch, 31. Dezember 2014, dort eingehen.

Handyvertrag wechseln

Sie benötigen:

Ihren bisherigen Mobilfunkvertrag

Ein Kündigungsschreiben

Einen neuen Mobilfunk-vertragspartner

Finanztest 9/2014 Sie möchten Ihren Handyvertrag kündigen, zu einem günstigeren Anbieter wechseln und Ihre Rufnummer mitnehmen? So gehts:

Schritt 1 Kündigen Sie Ihren alten Vertrag rechtzeitig! Viele Handyverträge laufen 24 Monate lang. Die Kündigung muss spätestens drei Monate vor Ende der Laufzeit beim Anbieter sein, sonst verlängert sich der Vertrag in der Regel um weitere zwölf Monate. Schreiben Sie etwa: „Hiermit kündige ich meinen Mobilfunkvertrag mit der Vertragsnummer ... und der Rufnummer ... sowie alle zusätzlich gebuchten Optionen fristgerecht zum nächstmöglichen Zeitpunkt. Bitte senden Sie mir eine schriftliche Bestätigung und nennen Sie mir den Beendigungszeitpunkt." Wichtig: Absender der Kündigung und Vertragspartner müssen dieselbe Person sein. Schicken Sie die Kündigung am besten per Post oder Fax. Am einfachsten ist es, wenn Sie auf die Bestätigung warten, ehe Sie weitermachen.

Schritt 2 Schließen Sie einen neuen Vertrag Ihrer Wahl ab, entweder in einem Shop vor Ort oder im Internet. Günstige Tarife finden Sie im Produktfinder Handytarife der Stiftung Warentest (www.test.de/handytarife). Achtung: Handy-Sim-Karten gibt es in drei Größen – Mini, Micro, Nano. Geben Sie das Format an, das in Ihr Mobiltelefon passt.

Schritt 3 Ihre alte Rufnummer können Sie zum neuen Anbieter mitnehmen. Den Antrag können Sie bei der neuen Firma bereits einige Wochen vor Auslaufen Ihres alten Vertrags und spätestens 31 Tage nach dessen Beendigung stellen. Sie benötigen dazu die Kündigungsbestätigung.
Der alte Anbieter verlangt für die Rufnummernmitnahme zwar bis zu 30 Euro, doch in vielen Fällen wird Ihnen der neue Anbieter diese Summe gutschreiben. Nach Erhalt der Kündigungsbestätigung kümmert sich der neue Anbieter um die Nummernübernahme. Auch bei Prepaid-Verträgen ist die Mitnahme möglich.

Schritt 4 Vom neuen Anbieter bekommen Sie eine neue Sim-Karte und Geheimnummer (Pin) zugeschickt. Er teilt Ihnen mit, ab wann der Vertrag gilt. Alte Karte rausnehmen, neue einlegen, Pin eingeben, lostelefonieren!

VL-Fondssparplan

Sie benötigen:

Die Finanztest-Fondsempfehlungen aus dem Monatsheft oder dem Internet (www.test.de/fonds).

Einen Termin bei Ihrer Bank oder einen Internetzugang für Abschlüsse bei Direktbanken oder Fondsvermittlern.

Finanztest 10/2014 Können Sie neben Ihrem Gehalt vermögenswirksame Leistungen (VL) vom Chef bekommen? Dann legen Sie ihm einen VL-Vertrag vor, in den er das Geld überweisen kann. Die höchsten Renditechancen bieten Sparpläne mit Aktienfonds.

Schritt 1 Fragen Sie in Ihrer Personalabteilung oder beim Betriebsrat, ob Ihr Arbeitgeber VL bezahlt. Oft sind es zwischen 6,50 Euro und 40 Euro im Monat. Überlegen Sie sich, ob Sie Ihre Sparrate mit eigenem Geld auf bis zu 400 Euro im Jahr aufstocken wollen. Interessant ist dies vor allem, wenn Ihr zu versteuerndes Einkommen nicht höher als 20 000 Euro ist. Nur dann erhalten Sie vom Staat eine Zulage von 20 Prozent, maximal 80 Euro. Wenn Sie also jährlich 400 Euro pro Jahr einzahlen, gibt der Staat Ihnen 80 Euro dazu, Ehepaare bekommen die doppelte Förderung.

Schritt 2 Wählen Sie am besten einen Aktienfonds, der weltweit oder europaweit anlegt. Gute Fonds nennen wir ab Seite 94. Achten Sie auf die Finanztest-Bewertung. Die letzte Spalte „VL möglich" zeigt Ihnen, ob einer der als Quelle geführten Anbieter einen VL-Sparplan dafür anbietet. Suchen Sie sich am besten mehrere Fonds aus und prüfen Sie, ob Ihre Haus- oder Direktbank dafür einen VL-Sparplan anbietet. Mit der Kennnummer Isin können Sie auch einen neuen Anbieter finden.

Schritt 3 Achten Sie bei der Wahl des Anbieters auch auf die Depotkosten und die Höhe des Ausgabeaufschlags, der bei jedem Fondskauf anfällt. Der Aufschlag liegt bei gemanagten Fonds ohne Rabatt meist bei 5 Prozent, bei Indexfonds unter 1 Prozent. Unser VL-Test im Februar 2014 ergab, dass viele Anbieter Depotkosten von 12 Euro pro Jahr verlangen.

Schritt 4 Nach Abschluss erhalten Sie ein Formular für den Arbeitgeber, das Sie in der Personalabteilung abgeben. Dann überweist er Ihre Sparrate. Wollen Sie die Rate aufstocken, zieht er Ihnen dies gleich vom Gehalt ab.

Schritt 5 Ein VL-Sparplan läuft sechs Jahre. Ein weiteres Jahr ruht er. Die Zulage erhalten Sie am Ende. Sie müssen aber jedes Jahr die Anlage VL zur Steuererklärung ausfüllen.

Werbung stoppen

Sie benötigen:

Aufkleber für den Briefkasten (können Sie auch selbst anfertigen, geeignete Formulierungen im Text)

Zusätzlich für adressierte Werbung: Einschreiben mit Rückschein

Finanztest 11/2014 Ihr Briefkasten ist ständig voller Werbeblätter, kostenloser Zeitungen und Sie erhalten samstags „Einkauf-aktuell", das mit reichlich Werbung versehene Fernsehprogramm der Post AG. Das können Sie unterbinden. So gehts:

Schritt 1 Bringen Sie an Ihrem Briefkasten Aufkleber an. „Keine Werbung" stoppt klassische Reklame wie Flugblätter mit Sonderangeboten. „Keine kostenlosen Zeitungen" stoppt werbefinanzierte Blätter mit redaktionellen Beiträgen, darunter auch „Einkauf-aktuell". Schreiben Sie nicht „Bitte", die Aufforderung soll ja verbindlich sein. Wenn Sie zusätzlich Werbebriefe stoppen wollen, die an Sie adressiert sind, genügen Aufkleber nicht. Sie müssen an jeden Absender schreiben: „Unterlassen Sie es ab sofort, mir Werbebriefe zu schicken." Verschicken Sie solche Briefe per Einschreiben mit Rückschein.

Schritt 2 Wenn doch noch Werbung in Ihrem Briefkasten landet, schreiben Sie dem verantwortlichen Unternehmen: „Sie haben mir Werbung zustellen lassen, obwohl ich das per Aufkleber auf dem Briefkasten/Schreiben vom [Datum] verboten habe. Ich fordere Sie deshalb auf, mir zuzusagen, dass Sie für jeden weiteren Fall eine Vertragsstrafe von 10 Euro zahlen. Außerdem haben Sie mir die Kosten für dieses Schreiben in Höhe von (Papier + Umschlag + Porto oder Zustellgebühren) x Euro zu ersetzen. Sollten Ihre Vertragsstrafenzusage und das Geld nicht innerhalb von zwei Wochen ab Zugang dieses Schreibens bei mir [Konto mit Iban-Angabe] eingehen, werde ich ohne weitere Ankündigung rechtliche Schritte einleiten. Die Kosten dafür haben Sie dann zusätzlich zu übernehmen." Das ist das Mindeste, was Sie verlangen können. Im Einzelfall ist mehr drin. Wenn Sie aber zu viel verlangen, müssen Sie einen Teil der Kosten selbst tragen, falls es zum Rechtsstreit kommt.

Schritt 3 Freuen Sie sich auf die Antwort und die Gutschrift auf Ihrem Konto. Bleibt die Zusage oder das Geld aus, können Sie einen Rechtsanwalt einschalten, um Ihre Forderung durchzusetzen. Die Kosten muss am Ende der Absender der verbotenen Werbung tragen. Anwälte verlangen aber oft zunächst einen Vorschuss auf ihr Honorar.

Schlüsseldienst rufen

Sie benötigen:

Nette Nachbarn mit PC oder Handy mit Internetanschluss oder Telefonbuch

Telefon

Finanztest 12/2014 Sie bringen kurz den Müll raus, vergessen den Schlüssel und schon ist es passiert. Die Tür fällt zu, Sie haben sich ausgeschlossen. Ein Schlüsseldienst muss her. Unseriöse Anbieter nutzen häufig die Notsituation der Kunden aus. Folgende Schritte schützen Sie davor:

Schritt 1 Nehmen Sie nicht den erstbesten Schlüsseldienst, der zum Beispiel Werbung neben die Klingelschilder an Ihrem Haus geklebt hat. Andere Anbieter nennen sich „AAA Dienst", um im Telefonbuch ganz vorn zu stehen, oder schalten große Anzeigen. Fragen Sie einen Nachbarn, ob Sie bei ihm das Internet oder ein Telefonbuch nutzen können, um einen seriösen Schlüsseldienst mit vollständiger Anschrift in der Nähe zu finden.

Schritt 2 Klären Sie schon am Telefon den Preis. Für das einfache Öffnen einer zugefallen Tür sind tagsüber laut Verbraucherzentrale Berlin etwa 100 Euro üblich. Nachts und am Wochenende darf es mehr sein, aber nicht doppelt so viel wie am Tag. Weigert sich der Schlüsseldienst, Ihnen den Preis zu nennen, wenden Sie sich an einen anderen Anbieter.

Schritt 3 Fragen Sie, wann der Schlüsseldienst kommen kann und wie viel die Anfahrt kostet. Es kommt vor, dass Schlüsseldienste Ortsnähe durch eine Rufnummer mit Ortsvorwahl nur vortäuschen. In Wirklichkeit leitet sie Ihren Anruf in eine andere Stadt weiter. Der Handwerker kommt dann erst nach langer Wartezeit und mit vielen Kilometern Anfahrt, die er sich naturlich von Ihnen bezahlen lässt.

Schritt 4 Lassen Sie sich eine detaillierte Rechnung geben. Die Verbraucherzentrale Berlin empfiehlt, die einzelnen Rechnungspositionen kritisch zu prüfen und nichts zu unterschreiben. Fühlen Sie sich von dem Unternehmen bedroht oder unter Druck gesetzt, scheuen Sie sich nicht, die Polizei zu rufen. Der Gesetzgeber verbietet stark überhöhte Rechnungen.

Schritt 5 Falls Sie einen überhöhten Betrag bezahlen, können Sie das zu viel gezahlte Geld anschließend zurückfordern. Die Verbraucherzentrale Berlin bietet dafür ein Musterschreiben mit Rechtsprechungsübersicht an (www.vz-berlin.de/media231294A).

Auf den folgenden Seiten finden Sie Adressen zu folgenden Bereichen:

Allgemein, S. 224
Autoversicherung, S. 225
Banken, S. 226
Baufinanzierung, S. 230
Finanzberatung, S. 230
Fluggastrechte, S. 231
Krankenkassen, S. 231
Pflege organisieren, S. 233
Produktinformation für Indexfonds, S. 234
Versicherungen, S. 234

Allgemein

BAFin Bundesanstalt für Finanzdienstleistungsaufsicht, Graurheindorfer Str. 108, 53117 Bonn, Tel. 02 28/29 97 02 99, www.bafin.de

Bundesrechtsanwaltskammer (BRAK) , Littenstr. 9, 10179 Berlin, Tel. 0 30/2 84 93 90, www.brak.de

Bundesverband d. Deutschen Volksbanken, u. Raiffeisenbanken eV, Heussallee 5, 53113 Bonn, Tel. 02 28/50 90, Fax 02 28/50 91 00

Deutscher Anwaltverein (DAV) eV, Littenstr. 11, 10179 Berlin, Tel. 0 180 5/18 18 05, www.anwaltauskunft.de

Deutscher Sparkassen- und Giroverband eV, Charlottenstr. 47 , 10117 Berlin, Tel. 0 30/2 02 25 53 41

Dt. Mieterbund eV (DMB), Littenstr. 10, 10179 Berlin, Tel. 0 30/22 32 30, www.mieterbund.de

Landesverbände

DMB Baden-Württemberg eV, Olgastr. 77, 70182 Stuttgart, Tel. 07 11/2 36 06 00, www.mieterbund-bw.de

DMB Bayern eV, Postfach 31 01 69, 80101 München, Tel. 0 89/89 05 73 80, www.mieterbund-bayern.org

Berliner Mieterverein eV, Spicherstr. 1, 10777 Berlin, Tel. 0 30/22 62 60, www.berliner-mieterverein.de

DMB Land Brandenburg eV, Schopenhauerstr. 31, 14467 Potsdam, Tel. 03 31/9 51 08 90, www.mieterbund-brandenburg.de

Mieterverein Hamburg von 1890 r. V., Beim Strohhause 20, 20097 Hamburg, Tel. 0 40/87 97 90, www.mieterverein-hamburg.de

DMB Hessen eV, Adelheidstr. 70, 65185 Wiesbaden, Tel. 06 11/4 11 40 50, www.mieterbund-hessen.de

DMB Mecklenburg-Vorpommern eV, G.-Hauptmann-Str. 19, 18055 Rostock, Tel. 03 81/3 75 29 20, www.mieterbund-mvp.de

DMB Niedersachsen-Bremen eV, Herrenstr. 14, 30159 Hannover, Tel. 05 11/12 10 60, www.dmb-nieder sachsen-bremen.de

DMB Nordrhein-Westfalen eV, Oststr. 55, 40211 Düsseldorf, Tel. 02 11/5 86 00 90, www.dmb-nrw.de

DMB Rheinland-Pfalz eV, Löhrstr. 78–80, 56068 Koblenz, Tel. 02 61/1 76 09, www.mieterbund-rhpl.de

DMB Saarland eV, Karl-Marx-Str. 1, 66111 Saarbrücken, Tel. 06 81/94 76 70, www.mietrecht-saar.de

DMB Sachsen eV, Fetscherplatz 3, 01307 Dresden, Tel. 03 51/8 66 45 66, www.mieterbund-sachsen.de

DMB Sachsen-Anhalt eV, Alter Markt 6, 06108 Halle, Tel. 03 45/2 02 14 67, www.mieterbund-sachsen-anhalt.de

DMB Schleswig-Holstein eV, Eggerstedtstr. 1, 24103 Kiel, Tel. 04 31/97 91 90, www.mieterbund-schleswig-holstein.de

DMB Thüringen eV, Hirschlachufer 83 a, 99096 Erfurt, Tel. 03 61/59 80 50, www.mieterbund-thueringen.de

vzbv Verbraucherzentrale Bundesverband eV, Markgrafenstr. 66, 10969 Berlin, Tel. 0 30/25 80 00, www.vzbv.de

Verbraucherzentralen

VZ Baden-Württemberg eV, Paulinenstr. 47, 70178 Stuttgart, Tel. 0 180 5/50 59 99, www.verbraucher zentrale-bw.de

VZ Bayern eV, Mozartstr. 9, 80336 München, Tel. 0 89/53 98 70, www.verbraucher zentrale-bayern.de

VZ Berlin eV, Hardenbergplatz 2, 10623 Berlin, Tel. 0 30/21 48 50, www.verbraucher zentrale-berlin.de

VZ Brandenburg eV, Templiner Str. 21, 14473 Potsdam, Tel. 03 31/29 87 10, www.vzb.de

VZ Bremen eV, Altenweg 4, 28195 Bremen, Tel. 04 21/16 07 77, www.verbraucher zentrale-bremen.de

VZ Hamburg eV, Kirchenallee 22, 20099 Hamburg, Tel. 0 40/24 83 20, www.vzhh.de

VZ Hessen eV, Große Friedberger Str. 13–17, 60313 Frankfurt, Tel. 0 180 5/97 20 10, www.verbraucher zentrale-hessen.de

Neue Verbraucherzentrale in Mecklenburg und Vorpommern eV, Strandstr. 98, 18055 Rostock, Tel. 03 81/2 08 70 50, www.nvzmv.de

VZ Niedersachsen eV, Herrenstr. 14, 30159 Hannover, Tel. 05 11/91 19 60, www.verbraucherzentrale-niedersachsen.de

VZ Nordrhein-Westfalen eV, Mintropstr. 27, 40215 Düsseldorf, Tel. 02 11/3 80 90, www.vz-nrw.de

VZ Rheinland-Pfalz eV, Seppel-Glückert-Passage 10, 55116 Mainz, Tel. 0 61 31/2 84 80, www.verbraucher zentrale-rlp.de

VZ des Saarlandes eV, Trierer Str. 22, Haus der Beratung, 66111 Saarbrücken, Tel. 06 81/50 08 90, www.vz-saar.de

VZ Sachsen eV, Katharinenstr. 17, Brühl-Center, 04109 Leipzig, Tel. 03 41/69 62 90, www.verbraucher zentrale-sachsen.de

VZ Sachsen-Anhalt eV, Steinbockgasse 1, 06108 Halle, Tel. 03 45/2 98 03 29, www.vzsa.de

VZ Schleswig-Holstein eV, Andreas-Gayk-Str. 15, 24103 Kiel, Tel. 04 31/59 09 90, www.verbraucher zentrale-sh.de

VZ Thüringen eV, Eugen-Richter-Str. 45, 99085 Erfurt, Tel. 03 61/55 51 40, www.vzth.de

Autoversicherung

AachenMünchener Versicherung AG, AachenMünchener-Platz 1, 52064 Aachen, Tel. 02 41/45 60, www.amv.de

ADAC Autoversicherung AG (ADAC-Mitglieder), Hansastr. 19, 80686 München, Tel. 0 89/7 67 60, www.adac.de

AdmiralDirekt.de GmbH, Itzehoer Versicherungen, Salierring 47–53, 50677 Köln, Tel. 02 21/80 15 90, www.admiraldirekt.de

Allianz Versicherungs-AG, 10900 Berlin, Tel. 0 800/4 10 01 05, www.allianz.de

Allsecur Deutschland AG, Allianz Gruppe, Königinstr. 28, 80802 München, Tel. 0 69/99 99 91 11, www.allsecur.de

Alte Leipziger Vers. AG, Alte-Leipziger-Platz 1, 61440 Oberursel, Tel. 0 61 71/66 00, www.alte-leipziger.de

Asstel Sachvers. AG, Berlin-Kölnische Allee 2–4, 50969 Köln, Tel. 02 21/9 67 76 77, www.asstel.de

Axa easy Versicherung AG, Colonia-Allee 10–20, 51067 Köln, Tel. 02 21/14 81 05, Fax 02 21/14 82 27 40

Axa Versicherung AG, Colonia-Allee 10–20, 51067 Köln, Tel. 0 180 3/29 21 00, www.axa.de

Barmenia Allg. Vers.-AG, Barmenia-Allee 1, 42094 Wuppertal, Tel. 02 02/4 38 22 50, www.barmenia.de

Basler Sachvers.-AG, Basler Str. 4, 61345 Bad Homburg v.d.H., Tel. 0 61 72/1 30, www.basler.de

BavariaDirekt, OVAG Ostdeutsche Versicherung AG, Postfach 90 02 65, 81502 München, Tel. 0 89/46 22 47 22, www.bavariadirekt.de

Bayerische Beamten Versicherung AG, Thomas-Dehler-Str. 25, 81737 München, Tel. 0 89/6 78 7 11 11, www.diebayerische.de

BGV-Versicherung AG, Durlacher Allee 56, 76131 Karlsruhe, Tel. 07 21/66 00, www.bgv.de

BMW Bank GmbH, BMW Financial Services, Heidemannstr. 164, 80788 München, Tel. 0 89/31 84 03, www.bmw-fs.de

Bruderhilfe Sachvers. AG im Raum der Kirchen, Kölnische Str. 108–112, 34108 Kassel, Tel. 0 800/2 15 34 56, www.vrk.de

Concordia Versicherungs-Gesellschaft aG, Karl-Wiechert-Allee 55, 30625 Hannover, Tel. 05 11/5 70 10, www.concordia.de

Condor Allg. Vers.-AG, Admiralitätstr. 67, 20459 Hamburg, Tel. 06 11/16 75 04 21, www.condor-versicherungen.de

Continentale Sachversicherung AG, Ruhrallee 92, 44139 Dortmund, Tel. 02 31/9 19 71 02, www.continentale.de

CosmosDirekt Vers. AG, Halbergstr. 50–60, 66121 Saarbrücken, Tel. 06 81/9 66 66 66, www.cosmosdirekt.de

DA Deutsche Allgemeine Versicherung AG, Oberstedter Str. 14, 61440 Oberursel, Tel. 0 61 71/8 97 26 72, www.da-direkt.de

Debeka Allg. Vers. AG, 56058 Koblenz, Tel. 02 61/4 98 13 99, www.debeka.de

DEVK Allg. Vers.-AG, Riehler Str. 190, 50735 Köln, Tel. 0 800/4 75 77 57, www.devk.de

Direct Line Vers. AG, Rheinstr. 7 a,14513 Teltow, Tel. 0 800/2 70 90 90, www.directline.de

Ergo Direkt Vers. AG, Karl-Martell-Str. 60, 90344 Nürnberg, Tel. 0 800/6 66 90 00, www.ergodirekt.de

Ergo Versicherung AG, Victoriaplatz 1, 40477 Düsseldorf, Tel. 0 800/3 74 60 00, www.ergo.de

Europa Versicherung AG, Piusstr. 137, 50931 Köln, Tel. 02 21/5 73 72 00, www.europa.de

Europago, Europa Versicherung AG, Piusstr. 137, 50931 Köln, www.europa-go.de

Fahrlehrervers. VaG, Mittlerer Pfad 5, 70499 Stuttgart, Tel. 07 11/98 88 90, www.fahrlehrer versicherung.de

Feuersozietät Berlin Brandenburg Versicherung AG (Brandenburg, Berlin), Am Karlsbad 4–5, 10785 Berlin, Tel. 0 30/2 63 30, www.feuersozietaet.de

Ford Bank, Niederlassung der FCE Bank plc, Josef-Lammerting-Allee 24–34, 50933 Köln, Tel. 02 21/5 10 80, www.fordbank.de

Generali Versicherung AG, Adenauerring 7, 81731 München, Tel. 0 89/5 12 10, www.generali.de

GMAC Bank GmbH, Friedrich-Lutzmann-Ring, 65428 Rüsselsheim, Tel. 0 61 42/87 80, www.gmacbank.de

Gothaer Allg. Vers. AG, Gothaer Allee 1, 50969 Köln, Tel. 02 21/3 08 00, www.gothaer.de

GVV-Privatvers. AG, Aachener Str. 952–958, 50933 Köln, Tel. 02 21/4 89 35 53, www.gvv.de

Hannoversche Direktversicherung AG, VHV-Platz 1, 30177 Hannover, Tel. 05 11/39 09 33 33, www.hannoversche.de

HanseMerkur Allgemeine Versicherung AG, Siegfried-Wedells-Platz 1, 20352 Hamburg, Tel. 0 40/4 11 90, www.hansemerkur.de

HDI Versicherung AG, HDI-Platz 1, 30659 Hannover, Tel. 05 11/64 50, www.hdi.de

Helvetia Versicherungen, Berliner Str. 56–58, 60311 Frankfurt, Tel. 0 69/1 33 20, www.helvetia.de

Huk24 AG, Willi-Hussong-Str. 2, 96440 Coburg, Fax 0 95 61/96 24 24, www.huk24.de

Huk-Coburg Allg. AG, Bahnhofsplatz, 96444 Coburg, Tel. 0 800/2 15 31 53, Fax 0 800/2 15 34 86, www.huk.de

Itzehoer Vers./Brandgilde von 1691 VVaG, Itzehoer Platz, 25521 Itzehoe, Tel. 0 48 21/77 30, www.itzehoer.de

Janitos Versicherung AG, Im Breitspiel 2–4, 69126 Heidelberg, Tel. 0 62 21/7 09 10 00, www.janitos.de

Kravag-Allg. Vers.-AG, c/o R+V Versicherung AG, Heidenkampsweg 102, 20097 Hamburg, Tel. 0 40/23 60 60, www.kravag.de

Lippische Landes-Brandversicherungsanstalt, Simon-August-Str. 2, 32756 Detmold, Tel. 0 52 31/99 00, www.lippische.de

LSH Landesschadenhilfe Versicherung VaG, Vogteistr. 3, 29683 Fallingbostel, Tel. 0 51 62/40 40, www.lsh-versicherung.de

LVM Landwirtschaftlicher Versicherungsverein Münster aG, Kolde-Ring 21, 48126 Münster, Tel. 0 800/5 86 37 33, www.lvm.de

Mannheimer Vers. AG, Augustaanlage 66, 68165 Mannheim, Tel. 06 21/4 57 80 00, www.mannheimer.de

Mecklenburgische Vers.-Gesellschaft aG, Platz der Mecklenburgischen 1, 30625 Hannover, Tel. 05 11/5 35 10, www.mecklenburgische.de

Mercedes-Benz B. AG, Siemensstr. 7, 70469 Stuttgart, Tel. 06 81/96 59 50 00, www.mercedes-benz-bank.de

Münchener Verein Versicherungsgruppe, Pettenkoferstr. 19, 80336 München, Tel. 0 89/51 52 10 00, www.muenchener-verein.de

Nationale Suisse, Schweizer National Vers. AG, Querstr. 8–10, 60322 Frankfurt/M, Tel. 0 69/25 61 50, www.nationalesuisse.de

Nürnberger Versicherungsgruppe, Ostendstr. 100, 90482 Nürnberg, Tel. 09 11/53 15, www.nuernberger.de

Öffentliche Versicherung Braunschweig, Theodor-Heuss-Str. 10, 38122 Braunschweig, Tel. 05 31/20 20, www.oeffentliche.de

Öffentliche Versicherungen Oldenburg, Staugraben 11, 26122 Oldenburg, Tel. 04 41/2 22 80, www.oeffentliche oldenburg.de

ÖSA Öffentliche Feuervers. Sachsen-Anhalt, Am Alten Theater 7, 39104 Magdeburg, Tel. 03 91/7 36 70, www.oesa.de

Peugeot Bank/Citroen Bank, Geschäftsber. der Banque PSA FINANCE S.A., Siemensstr. 10, 63263 Neu-Isenburg, Tel. 0 61 02/30 21 11, www.peugeot.de

Provinzial Nord Brandkasse AG, Sophienblatt 33, 24114 Kiel, Tel. 04 31/60 30, www.provinzial.de

Provinzial Rheinland Versicherungen, 40195 Düsseldorf, Tel. 02 11/97 80, www.provinzial.com

R+V Allg. Vers. AG, Raiffeisenplatz 1, 65189 Wiesbaden, Tel. 06 11/53 30, www.ruv.de

R+V Direktvers. AG, Raiffeisenplatz 1, 65189 Wiesbaden, Tel. 06 11/5 33 72 40, www.rv24.de

Rheinland Vers. AG, Rheinlandplatz, 41460 Neuss, Tel. 0 21 31/29 00, www.rheinland-versicherungen.de

Saarland Versicherungen, Mainzer Str. 32–34, 66111 Saarbrücken, Tel. 06 81/60 13 33, www.saarland-versicherungen.de

Signal Iduna Allgemeine Versicherung AG, Joseph-Scherer-Str. 3, 44139 Dortmund, Tel. 02 31/13 50, www.signal-iduna.de

Sparkassen Direkt Versicherung AG, Kölner Landstr. 33, 40591 Düsseldorf, Tel. 02 11/7 29 84 00, www.sparkassendirekt.de

Sparkassen-Versicherung Sachsen Allg. Vers. AG, An der Flutrinne 12, 01139 Dresden, Tel. 03 51/4 23 50, www.sv-sachsen.de

SV Sparkassenvers., Löwentorstr. 65, 70376 Stuttgart, Tel. 07 11/89 80, www.sparkassen versicherung.de

Universa Allg. Vers. AG, Sulzbacher Str. 1–7, 90489 Nürnberg, Tel. 09 11/5 30 70, Fax 09 11/53 07 16 76, www.universa.de

Versicherungskammer Bayern, 80530 München, Tel. 0 89/2 16 00, www.vkb.de

VGH Versicherungen, Schiffgraben 4, 30159 Hannover, Tel. 05 11/36 20, www.vgh.de

VHV Allg. Vers. AG, VHV Platz 1, 30177 Hannover, Tel. 05 11/90 70, www.vhv.de

Volkswagen Bank GmbH, Gifhorner Str. 57, 38112 Braunschweig, Tel. 05 31/2 12 02, www.volkswagenbank.de

Volkswohl Bund Sachversicherung AG, Südwall 37–41, 44137 Dortmund, Tel. 02 31/5 43 30, www.volkswohl-bund.de

Westfälische Provinzial Versicherung AG, Provinzial-Allee 1, 48131 Münster, Tel. 02 51/21 90, www.provinzial.de

WGV-Versicherung AG, Tübinger Str. 55, 70178 Stuttgart, Tel. 07 11/16 95 15 00, www.wgv.de

Württembergische Versicherung AG, Gutenbergstr. 30, 70176 Stuttgart, Tel. 07 11/66 20, www. wuerttembergische.de

WWK Allg. Vers. AG, Marsstr. 37, 80335 München, Tel. 0 89/5 11 40, www.wwk.de

Zurich Insurance Plc, Postfach 20 01 01, 60605 Frankfurt/M., Tel. 0 180 2/8 88 33 30 00, www.zurich.de

Banken

1822direkt, Gesellschaft der Frankfurter Sparkasse mbH, Borsigallee 19, 60388 Frankfurt, Tel. 0 69/94 17 00, www.1822direkt.de

Advanzia Bank S.A. , LU-Luxembourg, rue Gabriel Lippmann 9, 5365 Munsbach, Tel. 0 03 52/2 63 87 56 75, www.advanzia.com

Akbank AG, Taunustor 2, 60311 Frankfurt/M., Tel. 0 69/29 71 72 20, www.akbank.de

akf Bank GmbH & Co KG, Am Diek 50, 42277 Wuppertal, Tel. 02 02/4 92 90, www.akf.de

Allgemeine Privatkundenbank AG (Allbank), Buchholzer Str. 98, 30655 Hannover, Tel. 05 11/6 46 50, www.allbank.de

Amsterdam Trade Bank N.V. , I.B.R.S./C.C.R.I. Antwortnummer 1 19 33 , NL-1000 VM Amsterdam, Tel. 0 800/1 82 59 89, www.atbank.de

Augsburger Aktienb. AG, Halderstr. 21, 86150 Augsburg, Tel. 08 21/5 01 50, www.aab.de

Baden-Württembergische Bank AG, Kleiner Schloßplatz 11, 70173 Stuttgart, Tel. 07 11/12 44 50 04, www.bw-bank.de

Bank 1 Saar eG, Kaiserstr. 20, 66111 Saarbrücken, Tel. 06 81/3 00 40, www.bank1saar.de

Bank für Kirche und Caritas eG, Kamp 17, 33098 Paderborn, Tel. 0 52 51/12 10, www.bkc-paderborn.de

Bank für Kirche und Diakonie eG, Schwanenwall 27, 44135 Dortmund, Tel. 02 31/58 44 40, www.kd-bank.de

Bank of Scotland, Niederlassung Berlin, Karl-Liebknecht-Str. 5, 10178 Berlin, Tel. 0 30/2 80 42 80, www.bankofscotland.de

BBBank eG, Herrenstr. 2–10, 76133 Karlsruhe, Tel. 07 21/14 10, www.bbbank.de

benk c/o ViTrade AG, Bahnstr. 37, 47877 Willich, Tel. 0 21 56/4 92 03 35, www.mybenk.de

Berliner Bank, Niederlassung d. Deutsche Bank Privat- u. Geschäftskunden AG, Hardenbergstr. 32, 10623 Berlin, Tel. 0 30/3 10 9 31 09, www.berliner-bank.de

Berliner Sparkasse, Alexanderplatz 2, 10178 Berlin, Tel. 0 30/86 98 01, www.berliner-sparkasse.de

Berliner Volksbank eG, Budapester Str. 35, 10787 Berlin, Tel. 0 30/30 63 33 00, www.berliner-volksbank.de

Comdirect bank AG, Pascalkehre 15, 25451 Quickborn, Tel. 0 41 06/7 08 25 00, www.comdirect.de

Commerzbank AG, Kaiserplatz 11, 60311 Frankfurt/M., Tel. 0 69/1 36 20, www.commerzbank.com

Commerzbank AG, Marke Dresdner Bank, Anfrage in Filialen , Tel. 0 69/26 30, www.dresdner-privat.de

Cortal Consors S.A. , Bahnhofstr. 55, 90402 Nürnberg, Tel. 09 11/3 69 90 00, www.cortalconsors.de

Cosmos Finanzservice GmbH, Halbergstr. 50–60, 66121 Saarbrücken, Tel. 06 81/9 66 66 66, www.cosmosdirekt.de

DAB Bank AG, Landsberger Str. 300, 80687 München, Tel. 0 89/88 95 60 00, www.dab-bank.de

Degussa Bank GmbH, Postfach 20 01 23, 60605 Frankfurt/M., Tel. 0 69/36 00 55 55, www.degussa-bank.de

DekaBank, Deutsche Girozentrale, Mainzer Landstr. 16, 60325 Frankfurt/M., Tel. 0 69/71 47 0, www.deka.de

DenizBank (Wien) AG, Münchener Str. 7, 60329 Frankfurt/M., Tel. 0 69/42 72 60 30, www.denizbank.de

Deutsche Asset & Wealth Management , International GmbH, Mainzer Landstr. 178–190, 60327 Frankfurt/M., Tel. 0 180 3/10 11 10 00, www.dws.de

Deutsche Bank AG, Taunusanlage 12, 60325 Frankfurt/M., Tel. 0 69/91 01 00 00, www.deutsche-bank.de

Deutsche Bank maxblue, Theodor-Heuss-Allee 72, 60486 Frankfurt/M., Tel. 0 18 18/10 00, www.maxblue.de

Deutsche Kreditbank AG, Taubenstr. 7–9, 10117 Berlin, Tel. 0 30/12 03 00 00, www.dkb.de

Deutsche Skatbank, Zweigniederlassung d. VR-Bank Altenburger Land eG, Brühl 3 , 04600 Altenburg, Tel. 0 34 47/5 15 57 55, www.skatbank.de

Die Aktionärsbank Kulmbach GmbH, E.-C.-Baumann-Str. 8a, 95326 Kulmbach, Tel. 0 92 21/7 03 53 63, www.aktionaersbank.de

Die Sparkasse Bremen AG, Am Brill 1–3, 28195 Bremen, Tel. 04 21/17 90, www.sparkasse-bremen.de

Dortmunder Volksb. eG, Betenstr. 10, 44137 Dortmund, Tel. 02 31/5 40 20, www.dortmunder-volksbank.de

Dresdner Volksbank Raiffeisenbank eG, Georgenstr. 6, 01097 Dresden, Tel. 03 51/8 13 10, www.ddvrb.de

ebase, European Bank for Fund Service GmbH, Bahnhofstr. 20, 85609 Aschheim, Tel. 0 180 5/00 59 84, www.ebase.com

Edekabank AG, New-York-Ring 6, 22297 Hamburg, Tel. 0 40/63 77 34 00, www.edekabank.de

EthikBank , Zweigniederlassung der Volksbank Eisenberg eG, Martin-Luther-Str. 2, 07607 Eisenberg, Tel. 03 66 91/86 23 45, www.ethikbank.de

Evangelische Kreditgenossenschaft eG, Seidlerstr. 6, 34117 Kassel, Tel. 0 800/52 06 04 10, www.ekk.de

FFS Bank GmbH, Neckarstr. 137–139, 70190 Stuttgart, Tel. 07 11/9 06 35, www.ffs.de

FIL Fondsbank GmbH, Kastanienhöhe 1, 61476 Kronberg im Taunus, Tel. 0 69/77 06 0 2 00, www.ffb.de

FondsDepot Bank GmbH, Windmühlenweg 12, 95030 Hof, Saale, Tel. 0 180 5/09 50 25, Fax 0 180 5/09 50 30

Förde Sparkasse, Lorentzendamm 28–30, 24103 Kiel, Tel. 04 31/5 92 36 63, www.foerde-sparkasse.de

Frankfurter Sparkasse, Neue Mainzer Str. 47–53, 60255 Frankfurt/M., Tel. 0 69/2 64 10, www.frankfurter-sparkasse.de

GarantiBank International N.V., Heinrich-Heine-Allee 1, 40213 Düsseldorf, Tel. 02 11/86 22 20, www.garantibank.de

GE Capital Bank AG, Heinrich-von-Brentano-Str. 2, 55130 Mainz, Tel. 0 800/2 27 31 01, www.gecapitaldirekt.de

Gladbacher Bank AG von 1922, Bismarckstr. 50–52, 41061 Mönchengladbach, Tel. 0 21 61/24 93 25, www.gladbacher-bank.de

GLS Gemeinschaftsb. eG, Christstr. 9, 44789 Bochum, Tel. 0234/5 79 70, www.gls.de

Hamburger Sparkasse, Adolphsplatz 1, 20457 Hamburg, Tel. 0 40/3 57 90, www.haspa.de

Hamburger Volksb. eG, Hammerbrookstr. 63–65, 20097 Hamburg, Tel. 0 40/30 91 00, www.hamvoba.de

Hannoversche Volksbank eG, Kurt-Schumacher-Str. 19, 30159 Hannover, Tel. 05 11/1 22 10, www.hanvb.de

Hypovereinsbank, UniCredit Bank AG, Sederanger 4, 80538 München, Tel. 0 89/89 37 80, www.hypovereinsbank.de

Ikano Bank GmbH, Otto-von-Guericke-Ring 15, 65205 Wiesbaden, Tel. 0 61 22/99 90, www.ikanobank.de

ING-DiBa AG, Theodor-Heuss-Allee 2, 60486 Frankfurt/M., Tel. 0 69/50 50 01 05, www.ing-diba.de

Kölner Bank eG, Hohenzollernring 31–35, 50672 Köln, Tel. 02 21/20 03 20 04, www.koelnerbank.de

Kreisspark. München Starnberg Ebersberg, Sendlinger-Tor-Platz 1, 80336 München, Tel. 0 89/23 80 10, www.kskmse.de

Kreissparkasse Esslingen-Nürtingen, Bahnhofstr. 8, 73728 Esslingen, Tel. 07 11/3 98 50 00, www.ksk-es.de

Kreissparkasse Kaiserslautern, Am Altenhof 12–14, 67655 Kaiserslautern, Tel. 06 31/3 63 60, www.kreissparkasse-kaiserslautern.de

Kreissparkasse Köln, Neumarkt 18–24, 50667 Köln, Tel. 02 21/2 27 01, www.ksk-koeln.de

Kreissparkasse Ludwigsburg, Schillerplatz 6, 71638 Ludwigsburg, Tel. 0 71 41/1 48 30 01, www.ksklb.de

Kreissparkasse München Starnberg Ebersberg, Sendlinger-Tor-Platz 1, 80336 München, Tel. 0 89/23 80 10, www.kskmse.de

Kreisspark. Pinneberg, Friedrich-Ebert-Str. 38–40, 25421 Pinneberg, Tel. 0 41 01/21 50, www.ksk-pinneberg.de

Leipziger Volksbank eG, Schillerstr. 3, 04109 Leipzig, Tel. 03 41/6 97 90, www.volksbank-leipzig.de

Mainzer Volksbank eG, Neubrunnenstr. 2, 55116 Mainz, Tel. 0 61 31/14 80, www.mvb.de

Mittelbrandenburgische Sparkasse in Potsdam, Saarmunder Str. 61, 14478 Potsdam, Tel. 03 31/89 89 89, www.mbs.de

MKB Bank, Ferdinand-Sauerbruch-Str. 7, 56073 Koblenz, Tel. 0 800/9 43 30 00, www.mkb-bank.de

MoneYou, ABN Amro Bank N.V., Postfach 10 15 36, 60015 Frankfurt/M., Tel. 0 69/90 73 23 23, www.moneyou.de

Münchner Bank eG, Richard-Strauss-Str. 82, 81679 München, Tel. 0 89/2 12 80, www.muenchner-bank.de

Nassauische Sparkasse, Rheinstr. 40, 65185 Wiesbaden, Tel. 06 11/36 40, www.naspa.de

National-Bank AG, Theaterplatz 8, 45127 Essen, Tel. 02 01/8 11 50, , www.national-bank.de

netbank AG, Postfach 50 04 48, 22704 Hamburg, Tel. 0 40/38 08 38 88, www.netbank.de

Net-m Privatbank 1891 AG, Odeonsplatz 18, 80539 München, Tel. 0 89/5 40 44 22 00, www.privatbank1891.com

NIBC Direct, Neue Mainzer Str. 52, 60311 Frankfurt/M., Tel. 0 69/24 43 72 00, www.nibcdirect.de

norisbank GmbH, Fasanenstr. 86, 10623 Berlin, Tel. 0 30/31 06 60 00, www.norisbank.de

OnVista Bank GmbH, Wildunger Str. 6a, 60487 Frankfurt/M., Tel. 0 69/7 10 70, www.onvista-bank.de

OSPA Ostseesparkasse Rostock, Am Vögenteich 23, 18057 Rostock, Tel. 03 81/64 30, www.ospa.de

pbb direkt, Deutsche Pfandbriefbank AG, Freisinger Str. 5, 85716 Unterschleißheim, Tel. 0 89/2 88 00, www.pbbdirekt.com

Postbank, Deutsche Postbank AG, Friedrich-Ebert-Allee 114–126, 53113 Bonn, Tel. 02 28/55 00 55 00, www.postbank.de

PSD Bank Berlin-Brandenburg eG, Handjerystr. 34–36, 12159 Berlin, Tel. 0 30/85 08 20, Fax 0 30/85 08 22 39, www.psd-berlin-brandenburg.de

PSD Bank Braunschweig eG, Altstadtmarkt 11, 38100 Braunschweig, Tel. 05 31/4 71 23 45, www.psd-braunschweig.de

PSD Bank Hannover, Jathostr. 11, 30163 Hannover, Tel. 00 49/05 11/96 65 30, www.psd-hannover.de

PSD Bank Hessen-Thüringen eG, Mergenthalerallee 31–33, 65760 Eschborn, Taunus, Tel. 0 61 96/93 80, www.psdbank-ht.de

PSD Bank Karlsruhe-Neustadt eG, Philipp-Reis-Str. 1, 76137 Karlsruhe, Tel. 07 21/9 18 20, www.psd-kn.de

PSD Bank Kiel eG, Postfach 35 05, 24034 Kiel, Tel. 04 31/9 82 51 25, www.psd-kiel.de

PSD Bank Koblenz eG, Casinostr. 51, 56068 Koblenz, Tel. 02 61/1 30 10, www.psd-koblenz.de

PSD Bank Köln eG, Laurenzplatz 2, 50667 Köln, Tel. 0 800/2 99 39 92, www.psd-koeln.de

PSD Bank München eG, Max-Hempel-Str. 5, 86153 Augsburg, Tel. 08 21/5 04 93 33, www.psd-muenchen.de

PSD Bank Niederbayern-Oberpfalz eG, Luitpoldstr. 20, 93047 Regensburg, Tel. 0 800/1 58 58 01, www.psd-niederbayern-oberpfalz.de

PSD Bank Nord eG, Schloßstr. 10, 22041 Hamburg, Tel. 08 00/7 73 88 88, www.psd-nord.de

PSD Bank Nürnberg eG, Willy-Brandt-Platz 8, 90402 Nürnberg, Tel. 09 11/2 38 50, www.psd-nuernberg.de

PSD Bank RheinNeckar-Saar eG, Deckerstr. 37–39, 70372 Stuttgart, Tel. 0 800 0/01 12 30, www.psd-rheinneckarsaar.de

PSD B. Rhein-Ruhr eG, Bismarckstr. 102, 40210 Düsseldorf, Tel. 02 11/17 07 99 22, www.psd-rhein-ruhr.de

PSD Bank Westfalen-Lippe eG, Hafenplatz 2, 48155 Münster, Tel. 0 180 1/35 11 11, www.psd-westfalen-lippe.de

RaboDirect, c/o Coöperative Centrale , Raiffeisen-Boerenleenbank, Solmsstr. 83, 60486 Frankfurt/M., Tel. 0 800/7 22 61 00, www.rabodirect.de

Renault Bank Direkt, RCI Banque S.A.Niederlassung Jagenbergstr. 1, 41468 Neuss, Tel. 0 180 5/72 44 40, www.renault-bank-direkt.de

S Broker AG & Co. KG, Carl-Bosch-Str. 10, 65203 Wiesbaden, Tel. 0 800/20 80 900, www.sbroker.de

Saalesparkasse, Rathausstr. 5, 06108 Halle/Saale, Tel. 03 45/23 20, Fax 03 45/2 32 01 89, www.saalesparkasse.de

Santander Bank, Zweigniederlassung der Santander Consumer Bank AG, Santander-Platz 1, 41061 Mönchengladbach, Tel. 0 800/8 66 11 40, www.santanderbank.de

Santander Consumer Bank AG, Santander-Platz 1, 41061 Mönchengladbach, Tel. 0 21 61/9 06 01 16, www.santander.de

Santander Direkt Bank, Zweigniederl. der Santander Consumer Bank AG, Santander-Platz 1, 41061 Mönchengladbach, Tel. 0 21 61/9 06 06 22, www.santander-direkt.de

SKG Bank AG, Halbergstr. 50, 66121 Saarbrücken, Tel. 06 81/8 57 10 61, www.skgbank.de

Sparda-Bank Baden-Württemberg eG, Am Hauptbahnhof 3, 70173 Stuttgart, Tel. 0 180 3/50 00 02, www.sparda-bw.de

Sparda-Bank Berlin eG, Storkower Str. 101a, 10407 Berlin, Tel. 0 30/42 08 04 20, www.sparda-b.de

Sparda-B. Hamburg eG, Präsident-Krahn-Str. 16–17, 22765 Hamburg, Tel. 0 40/5 50 05 50, www.sparda-bank-hamburg.de

Sparda-B. Hannover eG, Ernst-August-Platz 8, 30159 Hannover, Tel. 0 180 5/25 09 05 00, www.sparda-h.de

Sparda-Bank Hessen eG, Osloer Str. 2, 60327 Frankfurt/M., Tel. 0 69/7 53 70, www.sparda-hessen.de

Sparda-B. München eG, Arnulfstr. 15, 80335 München, Tel. 0 89/55 14 24 00, www.sparda-m.de

Sparda-B. Münster eG, Joseph-König-Str. 3, 48147 Münster, Westf, Tel. 02 51/50 40, www.sparda-ms.de

Sparda-B. Nürnberg eG, Eilgutstr. 9, 90443 Nürnberg, Tel. 09 11/60 00 80 00, www.sparda-n.de

Sparda-B. Ostbayern eG, Bahnhofstr. 5, 93047 Regensburg, Tel. 09 41/5 83 12 22, www.sparda-ostbayern.de

Sparda-B. Südwest eG, Rhabanusstr. 1, 55118 Mainz, Tel. 0 61 31/63 63 63, www.sparda-sw.de

Sparda-Bank West eG, Ludwig-Erhard-Allee 15, 40227 Düsseldorf, Tel. 02 11/99 33 99 33, www.sparda-west.de

Sparkasse Aachen, Friedrich-Wilhelm-Platz 1–4, 52062 Aachen, Tel. 02 41/4 44 50 00, www.sparkasse-aachen.de

Sparkasse Darmstadt, Rheinstr. 10–12, 64283 Darmstadt, Tel. 0 61 51/2 81 60, www.sparkasse-darmstadt.de

Sparkasse Hannover, Aegidientorplatz 1, 30159 Hannover, Tel. 05 11/3 00 00, www.sparkasse-hannover.de

Sparkasse Holstein, Am Rosengarten 3 , 23701 Eutin, Tel. 08 00/21 35 22 40, www.sparkasse-holstein.de

Sparkasse Jena-Saale-Holzland, Ludwig-Weimar-Gasse 5, 07743 Jena, Tel. 0 36 41/67 90, www.s-jena.de

Sparkasse Koblenz, Bahnhofstr. 11, 56068 Koblenz, Tel. 02 61/39 30, www.sparkasse-koblenz.de

Sparkasse KölnBonn, Hahnenstr. 57, 50667 Köln, Tel. 02 21/22 60, www.sparkasse-koelnbonn.de

Sparkasse Leipzig, Humboldtstr. 25, 04105 Leipzig, Tel. 03 41/98 60, www.sparkasse-leipzig.de

Sparkasse Mainfranken Würzburg, Hofstr. 9, 97070 Würzburg, Tel. 09 31/38 20, www.sparkasse-mainfranken.de

Sparkasse Nürnberg, Lorenzer Platz 12, 90402 Nürnberg, Tel. 09 11/2 30 10 00, www.sparkasse-nuernberg.de

Sparkasse Pforzheim Calw, Poststr. 3, 75172 Pforzheim, Tel. 0 72 31/9 90, www.sparkasse-pforzheim-calw.de

Stadtsparkasse Düsseldorf, Berliner Allee 33, 40212 Düsseldorf, Tel. 02 11/87 80, Fax 02 11/8 78 17 48, www.sskduesseldorf.de

Stadtsparkasse Hannover, Raschplatz 4, 30161 Hannover, Tel. 05 11/34 60, Fax 05 11/3 46 25 25, www.stadtsparkasse-hannover.de

Stadtspark. München, Sparkassenstr. 2, 80331 München, Tel. 0 89/2 16 70, www.sskm.de

Südwestbank AG, Rotebühlstr. 125, 70178 Stuttgart, Tel. 07 11/6 64 40, www.suedwestbank.de

Targobank AG & Co.KGaA, Kasernenstr. 10, 40213 Düsseldorf, Tel. 02 11/8 98 40, www.targobank.de

Triodos Bank N. V. , Mainzer Landstr. 211, 60326 Frankfurt/M., Tel. 0 69/71 71 91 91, www.triodos.de

UmweltBank AG, Laufertorgraben 6, 90489 Nürnberg, Mittelfr, Tel. 09 11/5 30 81 23, www.umweltbank.de

Union Investment Privatfonds GmbH, Wiesenhüttenstr. 10, 60329 Frankfurt/M., Tel. 0 69/58 99 8 60 60, www.union-investment.de

Vereinigte Volksbank Münster eG, Neubrückenstr. 66, 48143 Münster, Tel. 02 51/50 05 00, www.volksbank-muenster.de

Volksbank Düsseldorf Neuss eG, Königsallee 98a, 40215 Düsseldorf, Tel. 02 11/3 80 20, www.deine-volksbank.de

Volksbank Lüneburger Heide eG, Am Ochsenmarkt 2, 21335 Lüneburg, Tel. 0 800/0 96 51 00, www.vblh.de

Volksb. Magdeburg eG, Breiter Weg 212, 39104 Magdeburg, Tel. 03 91/5 69 50, Fax 03 91/5 69 51 09, www.volksbank-magdeburg.de

Volksb. Mittelhessen eG, Schiffenberger Weg 110, 35394 Gießen, Tel. 06 41/7 00 50, www.vb-mittelhessen.de

Volksbank Pforzheim eG, Westliche Karl-Friedrich-Str. 53, 75172 Pforzheim, Tel. 0 72 31/18 40, www.volksbank-pforzheim.de

Volksb. Rhein-Ruhr eG, Düsseldorfer Str. 11–13, 47051 Duisburg, Tel. 02 03/45 67 22 22, www.voba-rhein-ruhr.de

Volksbank Schwarzwald Baar Hegau eG, Am Riettor 1, 78048 Villingen-Schwenningen, Tel. 0 77 21/80 20, www.volksbank-villingen.de

Volkswagen Bank GmbH, Gifhorner Str. 57, 38112 Braunschweig, Tel. 05 31/2 12 85 95 03, www.volkswagenbank.de

VR B. Neumünster eG, Großflecken 56–60, 24534 Neumünster, Tel. 0 43 21/4 94 0, www.vr-nms.de

VR Bank Ostholstein Nord–Plön eG, Am Markt 14–15, 23730 Neustadt/Holstein, Tel. 0 45 61/61 4 0, www.meine-vrbank.de

VR-Bank Uckermark-Randow eG, Friedrichstr. 2a, 17291 Prenzlau, Tel. 0 39 84/36 30, www.vrb-uckermark-randow.de

VTB Bank (Austria) AG, Zweigniederlassung VTB Direktbank, Rüsterstr. 7, 60325 Frankfurt/M., Tel. 0 69/6 65 58 99 99, www.vtbdirektbank.de

Westerwald Bank eG, Volks- und Raiffeisenbank, Neumarkt 1–5, 57627 Hachenburg, Tel. 0 26 62/96 10, www.westerwaldbank.de

Wüstenrot Bank AG Pfandbriefbank, Wüstenrotstr. 1, 71638 Ludwigsburg, Tel. 0 71 41/16 75 16 75, www.wuestenrot.de

Ziraat Bank International AG, Am Hauptbahnhof 16, 60329 Frankfurt/M., Tel. 0 69/29 80 57 77, www.ziraatbank.de

Baufinanzierung

Accedo AG, Postfach 11 03 22, 95422 Bayreuth, Tel. 0 800/2 28 85 00, www.accedo.de

Baufi Direkt GmbH & Co. KG, Schützenstr. 4, 65195 Wiesbaden, Tel. 06 11/3 35 51 11, www.baufi-direkt.de

Baugeld Spezialisten, Feringastr. 4, 85774 Unterföhring, Tel. 0 89/1 21 03 31 00, www.baugeld-spezialisten.de

Competence GmbH, Hauptstr. 18, 13158 Berlin, Tel. 0 30/91 61 18 00, www.competence.eu

Creditweb Deutschland GmbH, Kreuzberger Ring 7e, 65205 Wiesbaden, Tel. 08 00/22 20 55 00, www.creditweb.de

Dr. Klein & Co. AG, Hansestr. 14, 23558 Lübeck, Tel. 08 00/8 83 38 80, www.drklein.de

DTW GmbH, Q 5 14–22, 68161 Mannheim, Tel. 06 21/86 75 00, www.immobilien finanzierung.de

Enderlein & Co GmbH, Neumarkt 11–13, 33602 Bielefeld, Tel. 05 21/58 00 40, www.enderlein.com

Fiba Immohyp GmbH, Kleinoberfeld 1, 76135 Karlsruhe, Tel. 07 21/6 27 67 10, www.fiba-immo.de

Geld & Plan GmbH Hypo Direkt, Berliner Str. 208, 65205 Wiesbaden, Tel. 06 11/5 31 70, www.geldplan.de

Haus & Wohnen, Vermittlungsgesellschaft für Immobilien-finanzierungen mbH, Welfenstr. 9–11, 65189 Wiesbaden, Tel. 06 11/89 09 90, www.haus-wohnen.de

HKB Bank GmbH, Lyoner Str. 36, 60528 Frankfurt/M., Tel. 0 800 3/47 73 47, www.hkb.de

Hypofact AG, Am Borsigturm 27, 13507 Berlin, Tel. 0 30/4 37 44 79 00, www.hypofact.de

Hypothekendiscount, Postfach 10 15 10, 68015 Mannheim, Tel. 06 21/12 99 20, www.hypotheken-discount.de

Interhyp AG, Marcel-Breuer-Str. 18, 80807 München, Tel. 0 800 /2 00 15 15 15, www.interhyp.de

Kredite-Direkt, -Finanzvermittlung-, Eppendorfer Weg 169, 20253 Hamburg, Tel. 0 40/49 22 23 26, www.kredite-direkt.de

MKIB Online Finanzierungsvermittlung GmbH, Postfach 35 04 52, 10213 Berlin, Tel. 0 30/6 40 88 10, www.mkib.de

Münchener Hypothekenbank eG, Karl-Scharnagl-Ring 10, 80539 München, Tel. 0 89/5 38 78 00, www.muenchenerhyp.de

WL Bank AG, Westfälische Landschaft Bodenkreditbank , Sentmaringer Weg 1, 48151 Münster, Tel. 02 51/4 90 50, www.wl-bank.de

Bausparkassen

Alte Leipziger Bauspar AG, Alte-Leipziger-Platz 1, 61440 Oberursel (Taunus), Tel. 0 61 71/66 01, www.alte-leipziger-bauspar.de

Bausparkasse Mainz, AG, Kantstr. 1, 55122 Mainz, Tel. 0 61 31/30 35 00, www.bkm.de

BHW Bausparkasse AG, Postbank, Lubahnstr. 2, 31789 Hameln, Tel. 0 51 51/1 80, www.bhw.de

Debeka Bauspark. AG, Ferdinand-Sauerbruch-Str. 18, 56054 Koblenz, Tel. 02 61/9 43 40, www.debeka.de

Deutsche B. Bauspar AG, Niddagaustr. 42, 60489 Frankfurt, Tel. 0 69/78 90 80, www.deutsche-bank-bauspar.de

Deutsche Bausparkasse Badenia AG, Badeniaplatz 1, 76114 Karlsruhe, Tel. 07 21/99 50, www.badenia.de

Deutscher Ring Bausparkasse AG, Ludwig-Erhard-Str. 22, 20459 Hamburg, Tel. 0 40/35 99 50, www.deutscherring.de

LBS Baden-Württemberg, Jägerstr. 36, 70174 Stuttgart, Tel. 07 11/1 83 34 56, www.LBS-BW.de

LBS Bayern, Arnulfstr. 50, 80335 München, Tel. 0 180 3/11 44 77, www.lbs-bayern.de

LBS Hessen-Thüringen, Strahlenbergerstr. 13, 63067 Offenbach am Main, Tel. 0 69/91 32 02, www.lbs-ht.de

LBS Norddeutsche Berlin-Hannover, Kattenbrookstrift 33, 30539 Hannover, Tel. 05 11/92 60, www.lbs-nord.de

LBS Ostdeutsche, Am Luftschiffhafen 1, 14471 Potsdam, Tel. 03 31/9 69 00, www.lbsost.de

LBS Rheinland-Pfalz, Vordere Synagogenstr. 2, 55116 Mainz, Tel. 0 61 31/13 02, www.lbs-rheinland-pfalz.de

LBS Saarbrücken, Beethovenstr. 35–39, 66111 Saarbrücken, Tel. 06 81/3 83 02, www.Lbs.de

LBS Schleswig-Holstein-Hamburg, Bausparkasse, Wellseedamm 14, 24145 Kiel, Tel. 04 31/2 00 00 00, www.lbs-shh.de

LBS Westdeutsche, Himmelreichallee 40, 48149 Münster, Tel. 02 51/4 12 02, www.lbswest.de

Schwäbisch Hall AG, Bausparkasse, Crailsheimer Str. 52, 74523 Schwäbisch Hall, Tel. 07 91/46 46 46, www.schwaebisch-hall.de

Signal Iduna Bauspar AG, Kapstadtring 5, 22297 Hamburg, Tel. 0 40/4 12 40, www.si-bausparen.de

Wüstenrot Bausparkasse AG, Wüstenrot-Haus , 71630 Ludwigsburg, Tel. 0 71 41/1 60, www.wuestenrot.de

Finanzberatung

Deutsche Vermögensberatung AG, Münchener Str. 1, 60329 Frankfurt/M., Tel. 0 69/2 38 40, www.dvag.de/dvag

MLP Finanzdienstleistungen AG, Alte Heerstr. 40, 69168 Wiesloch, Tel. 0 62 22/3 08 30 00, www.mlp.de

OVB Vermögensberatung AG, Heumarkt 1, 50667 Köln, Tel. 02 21/2 01 50, www.ovb.de

Swiss Life Select, Deutschland GmbH, Swiss-Life-Platz 1, 30659 Hannover, Tel. 05 11/9 02 00, www.swisslife-select.de

Fluggastrechte

Bundesamt für Justiz, Schlichtungsstelle Luftverkehr, Adenauerallee 99–103, 53113 Bonn, Tel. 02 28/9 94 10 61 20, Fax 02 28/9 94 10 61 21

EUclaim Deutschland GmbH & Co. Forderungsmanagement KG, Schwedter Str. 263, 10119 Berlin, Tel. 01 80/3 17 03 17, www.euclaim.de

Flightright GmbH, Rudolf-Breitscheid-Str. 162, 14482 Potsdam, Tel. 03 31/98 16 90 40, Fax 0 33 02/89 82 81 09, www.flightright.de

FP Passenger Service GmbH,Servicebüro Deutschland,, Luise-Ullrich-Str. 20, 80636 München, Tel. 0 89/5 50 62 82 15, www.fairplane.de

Refund.me GmbH, Friedrich-Ebert-Str. 34, 14469 Potsdam, Tel. 03 31/58 89 93 88, Fax 03 31/90 08 83 60, www.refund.me/de

söp Schlichtungsstelle für den öffentlichen Personenverkehr eV, Fasanenstr. 81, 10623 Berlin, Tel. 0 30/64 49 93 30, Fax 0 30/6 44 99 33 10, www.soep-online.de

Krankenkassen

actimonda krankenkasse, Hüttenstr. 1, 52068 Aachen, Tel. 02 41/90 06 60, Fax 02 41/9 00 66 91 00, www.actimonda.de

AOK Baden-Württemberg, Presselstr. 19, 70191 Stuttgart, Tel. 0 800/2 65 29 65, www.aok.de/bw

AOK Bayern, Carl-Wery-Str. 28, 81739 München, Tel. 0 800/2 24 64 65, Fax 0 89/62 73 01 07, www.aok.de/by

AOK Bremen/ Bremerhaven, Bürgermeister-Smidt-Str. 95, 28195 Bremen, Tel. 04 21/1 76 10, Fax 04 21/1 76 19 19 91, www.aok.de/bremen

AOK Hessen, Basler Str. 2, 61352 Bad Homburg, Tel. 0 64 04/9 24 20 00, Fax 0 69/8 50 91 79 20, www.aok.de/hessen/

AOK Niedersachsen, Hildesheimer Str. 273, 30519 Hannover, Tel. 0 800/0 26 56 37, Fax 05 11/8 70 11 59 89, www.aok.de/niedersachsen

AOK Nordost, Behlertstr. 33a, 14467 Potsdam, Tel. 0 800/2 65 08 00, Fax 0 800/2 65 09 00, www.aok.de/nordost

AOK Nordwest, Kopenhagener Str. 1, 44269 Dortmund, Tel. 0 800/2 65 50 00, Fax 02 31/4 19 31 66, www.aok.de/nw

AOK Plus, 01058 Dresden, Tel. 0 800/2 47 10 01, Fax 0 800/24 71 00 21 00, www.aokplus-online.de

AOK Rheinland/Hamburg, Kasernenstr. 61, 40213 Düsseldorf, Tel. 0 800/0 32 63 26, Fax 02 11/87 91 11 25, www.aok.de/rheinland-hamburg

AOK Rheinland-Pfalz/ Saarland, Virchowstr. 30, 67304 Eisenberg, Tel. 0 800/4 77 20 00, Fax 0 63 51/40 37 10, www.aok.de/rps

AOK Sachsen-Anhalt, Lüneburger Str. 4, 39106 Magdeburg, Tel. 0 800//2 26 57 26, Fax 03 91/2 87 84 48 88, www.aok.de/sachsen-anhalt/

atlas BKK ahlmann, Am Kaffee-Quartier 3, 28217 Bremen, Tel. 0 800/0 43 55 10, Fax 04 21/4 35 51 22, www.atlasbkkahlmann.de

Audi BKK, Ettinger Str. 70, 85057 Ingolstadt, Tel. 08 41/88 70, Fax 08 41/88 71 60, www.audibkk.de

Bahn-BKK, Franklinstr. 54, 60486 Frankfurt/M., Tel. 0 800/2 24 62 55, Fax 0 180 5/00 80 04, www.bahn-bkk.de

Barmer GEK, Postfach 11 07 04, 10837 Berlin, Tel. 0 800/4 54 01 50, Fax 0 800/33 20 60 99 10 00, www.barmer-gek.de

Big direkt gesund, Rheinische Str. 1, 44137 Dortmund, Tel. 0 800/54 56 54 56, Fax 02 31/5 55 71 99, www.big-direkt.de

BKK 24, Sülbecker Brand 1, 31683 Obernkirchen, Tel. 0 57 24/97 10, Fax 0 57 24/9 71 40 00, www.bkk24.de

BKK Achenbach Buschhütten, Siegener Str. 152, 57223 Kreuztal, Tel. 0 800/2 55 22 00, Fax 0 27 32/7 44 24, www.bkk-achenbach.de

BKK advita, Mainzer Str. 5, 55232 Alzey, Tel. 0 67 31/9 47 41 50, Fax 0 67 31/9 47 41 90, www.advita-bkk.de

BKK Akzo Nobel Bayern, Glanzstoffstr. 1, 63785 Obernburg/M., Tel. 0 60 22/81 20 88, Fax 0 60 22/81 20 89, www.bkk-akzo.de

BKK Braun-Gillette, Westerbachstr. 23A, 61476 Kronberg/Taunus, Tel. 0 61 73/3 02 06 00, Fax 0 61 73/30 19 87, www.bkk-braun-gillette.de

BKK Demag Krauss-Maffei, Friedrich-Wilhelm-Str. 82–84, 47051 Duisburg, Tel. 02 03/66 89 90, Fax 02 03/66 89 96 00, www.bkk-dkm.de

BKK der Thüringer Energieversorgung, Stotternheimer Str. 9a, 99086 Erfurt, Tel. 0 800/2 55 83 24, Fax 03 61/6 52 17 09, www.bkk-thev.de

BKK Diakonie, Königsweg 8, 33617 Bielefeld, Tel. 0 180 2/55 34 25, Fax 05 21/1 44 44 18, www.bkk-diakonie.de

BKK Dürkopp Adler, Potsdamer Str. 190, 33719 Bielefeld, Tel. 05 21/26 07 70, Fax 05 21/2 60 77 39, www.bkk-da.de

BKK Essanelle, 40252 Düsseldorf, Tel. 0 800/2 55 66 55, Fax 02 11/5 80 12 00 00, www.bkk-essanelle.de

BKK Euregio, Boos-Fremery-Str. 62, 52525 Heinsberg, Tel. 0 24 52/15 35 01, Fax 0 24 52/15 35 02, www.bkk-euregio.de

BKK exklusiv, Zum Blauen See 7, 31275 Lehrte, Tel. 0 51 32/5 00 10, Fax 0 51 32/50 01 12, www.bkkexklusiv.de

BKK Faber-Castell & Partner, Bahnhofstr. 45, 94209 Regen, Tel. 0 99 21/9 60 20, Fax 0 99 21/96 02 19, www.bkk-faber-castell.de

BKK family, Äppelallee 27, 65203 Wiesbaden, Tel. 06 11/18 68 60, Fax 06 11/1 86 86 10, www.bkk-family.de

BKK firmus, Gottlieb-Daimler-Str. 11, 28237 Bremen, Tel. 04 21/6 43 43, Fax 04 21/6 43 45 31, www.bkk-firmus.de

BKK Freudenberg, Höhnerweg 2–4, 69469 Weinheim, Tel. 0 62 01/80 34 84, Fax 0 62 01/88 27 67, www.bkk-freudenberg.de

BKK Gildemeister Seidensticker, Winterstr. 49, 33649 Bielefeld, Tel. 0 800/0 25 52 55, Fax 05 21/5 22 87 00, www.bkkgs.de

BKK Henschel Plus, Josef-Fischer-Str. 10, 34127 Kassel, Tel. 0 180 2/55 75 87, Fax 05 61/8 01 69 58, www.bkkhenschelplus.de

BKK Herford Minden Ravensberg, Am Kleinbahnhof 5, 32051 Herford, Tel. 0 800/0 22 73 37, Fax 0 52 21/10 26 90 00, www.bkk-hmr.de

BKK Herkules, Jordanstr. 6, 34117 Kassel, Tel. 0 800/2 55 12 55, Fax 05 61/2 08 55 66, www.bkk-herkules.de

BKK Kassana, Karolinenplatz 5, 80333 München, Tel. 0 800/7 08 00 10 00, Fax 0 800/7 08 00 10 11, www.bkk-kassana.de

BKK Linde, Konrad-Adenauer-Ring 33, 65187 Wiesbaden, Tel. 06 11/7 36 66, Fax 06 11/7 36 66 10, www.bkk-linde.de

BKK Medicus, Ledenweg 2, 01445 Radebeul, Tel. 0 180 2/23 12 57, Fax 03 51/6 52 77 99, www.bkk-medicus.de

BKK Melitta Plus, Marienstr. 122, 32425 Minden, Tel. 05 71/9 75 90, Fax 05 71/97 59 12 12, www.bkk-melitta-plus.de

BKK MEM, Freiligrathstr. 1, 04610 Meuselwitz, Tel. 0 34 48/70 22 20, Fax 0 34 48/70 22 24

BKK Mobil Oil, Arnulfstr. 27, 80335 München, Tel. 0 800/2 55 08 00, Fax 0 800/25 53 00 28 88, www.bkk-mobil-oil.de

BKK Pfaff, Pirmasenser Str. 132, 67655 Kaiserslautern, Tel. 06 31/31 87 60, Fax 06 31/3 18 76 99, www.bkk-pfaff.de

BKK Pfalz, Lichtenbergerstr. 16, 67059 Ludwigshafen, Tel. 0 800/1 33 33 00, Fax 06 21/68 55 95 59, www.bkkpfalz.de

BKK Provita, Münchner Weg 5, 85232 Bergkirchen/Kr. Dachau, Tel. 0 800/6 64 88 08, Fax 0 81 31/61 33 22 90, www.bkk-provita.de

BKK Publik, Thiestr. 15, 38226 Salzgitter, Tel. 0 53 41/40 56 00, Fax 0 53 41/40 54 05, www.bkk-publik.de

BKK Scheufelen, Schöllkopfstr. 120, 73230 Kirchheim unter Teck, Tel. 0 800/2 55 29 65, Fax 0 70 21/7 37 42 77, www.bkk-scheufelen.de

BKK Schwarzwald Baar-Heuberg, Postfach 11 24, 78635 Trossingen, Tel. 0 74 25/94 00 30, Fax 0 74 25/9 40 03 25, www.bkk-sbh.de

BKK S-H, Stadtstr. 10, 25348 Glückstadt, Tel. 0 41 24/60 81 90, Fax 0 41 24/6 08 19 28, www.bkk-sh.de

BKK Technoform, Weender Landstr. 94–108, 37075 Göttingen, Tel. 05 51/3 08 33 91, Fax 05 51/3 08 36 98, www.bkk-technoform.de

BKK Textilgruppe Hof, Fabrikzeile 21, 95028 Hof, Tel. 0 800/2 55 84 40, Fax 0 92 81/4 95 16, www.textilgruppe-hof.de

BKK VBU, Lindenstr. 67, 10969 Berlin, Tel. 0 800/1 65 66 16, Fax 0 800/1 65 66 17, www.meine-krankenkasse.de

BKK VDN, Postfach 11 60, 58206 Schwerte, Tel. 0 23 04/9 82 60, Fax 0 23 04/9 82 65 00, www.bkk-vdn.de

BKK VerbundPlus, Bismarckring 64, 88400 Biberach, Tel. 0 800/2 23 49 87, Fax 0 73 51/18 24 32, www.bkk-verbundplus.de

BKK Victoria-DAS, Postfach 10 15 36, 40006 Düsseldorf, Tel. 0 180 2/32 83 29, Fax 02 11/4 77 75 68, www.bkk-victoria-das.de

BKK Vital, Giulinistr. 2, 67065 Ludwigshafen, Tel. 06 21/57 09 65 50, Fax 06 21/57 09 65 85, www.bkk-vital.de

BKK vor Ort, Universitätsstr. 43, 44789 Bochum, Tel. 0 800/2 22 12 11, Fax 02 34/4 79 19 99, www.bkkvorort.de

BKK Werra-Meissner, Straßburger Str. 5, 37269 Eschwege, Tel. 0 56 51/7 45 10, Fax 0 56 51/74 51 99, www.bkk-werra-meissner.de

BKK Wirtschaft & Finanzen, Bahnhofstr. 19, 34212 Melsungen, Tel. 0 56 61/7 37 40, Fax 0 56 61/7 37 41 29, www.bkk-wf.de

BKK ZF & Partner, Charlottenstr. 2, 88045 Friedrichshafen, Tel. 0 75 41/77 26 87, Fax 0 75 41/77 33 19, www.bkk-zf-partner.de

Bosch BKK, Kruppstr. 19, 70469 Stuttgart, Tel. 07 11/81 13 10 02, Fax 07 11/81 14 57 82, www.bosch-bkk.de

Brandenburgische BKK, Werkstr. 10, 15890 Eisenhüttenstadt, Tel. 0 33 64/4 01 30, Fax 0 33 64/40 13 29, www.brandenburgische-bkk.de

Continentale BKK, Röntgenstr. 24–26, 22335 Hamburg, Tel. 0 800/6 26 26 26, Fax 0 40/5 26 77 71 25, www.continentale-bkk.de

DAK-Gesundheit, Nagelsweg 27–31, 20097 Hamburg, Tel. 0 40/3 25 32 55 55, Fax 0 40/23 96 15 00, www.dak.de

Debeka BKK, Ferdinand-Sauerbruch-Str. 18, 56073 Koblenz, Tel. 02 61/94 14 30, Fax 02 61/9 41 43 20, www.debeka.de

Deutsche BKK, Willy-Brandt-Platz 8, 38439 Wolfsburg, Tel. 0 180 2/18 08 65, Fax 0 180 2/48 92 55, www.deutschebkk.de

Die Bergische Krankenkasse, Heresbachstr. 29, 42719 Solingen, Tel. 02 12/2 26 20, Fax 02 12/2 26 24 11, www.die-bergische-kk.de

Die Schwenninger Krankenkasse, 78044 Villingen-Schwenningen, Tel. 0 800/3 75 53 75 55, Fax 0 800/3 75 53 75 59, www.die-schwenninger.de

energie-BKK, Lange Laube 6, 30159 Hannover, Tel. 0 800/0 12 35 12, Fax 05 11/91 11 02 99, www.energie-bkk.de

Esso BKK, Osterbekstr. 90a, 22083 Hamburg, Tel. 0 40/5 89 68 04 10, Fax 0 40/5 89 68 01 99, www.esso-bkk.de

Heimat Krankenkasse, Herforder Str. 23, 33602 Bielefeld, Tel. 0 800/1 06 01 00, Fax 05 21/9 23 95 41 50, www.heimat-krankenkasse.de

HEK-Hanseatische Krankenkasse, Wandsbeker Zollstr. 86–90, 22041 Hamburg, Tel. 0 180 1/21 32 13, Fax 0 40/6 56 96 12 37, www.hek.de

hkk, Martinistr. 26, 28195 Bremen, Tel. 04 21/3 65 50, Fax 04 21/3 65 52 10, www.hkk.de

IKK Brandenburg und Berlin, Ziolkowskistr. 6, 14480 Potsdam, Tel. 0 800/8 83 32 44, Fax 0 331/6 46 31 97, www.ikkbb.de

IKK classic, Tannenstr. 4b, 01099 Dresden, Tel. 0 800/4 55 11 11, Fax 03 51/4 29 22 09 93, www.ikk-classic.de

IKK gesund plus, Umfassungsstr. 85, 39124 Magdeburg, Tel. 0 800/8 57 98 40, Fax 03 91/28 06 68 39, www.ikk-gesundplus.de

IKK Nord, Lachswehrallee 1, 23558 Lübeck, Tel. 0 800/4 55 73 78, Fax 04 51/7 98 17 29, www.ikk-nord.de

IKK Südwest, Berliner Promenade 1, 66111 Saarbrücken, Tel. 0 800/0 11 91 19, Fax 06 81/9 36 96 99 99, www.ikk-suedwest.de

KKH, Karl-Wiechert-Allee 61, 30625 Hannover, Tel. 0 800/55 48 64 05 54, Fax 05 11/28 02 99 99, www.kkh.de

Knappschaft, Pieperstr. 14–28, 44789 Bochum, Tel. 0 800/0 20 05 01, Fax 02 34/3 04 91 10 99, www.knappschaft.de

Metzinger BKK, Stuttgarter Straße 19, 72555 Metzingen, Tel. 0 71 41/29 95 90, Fax 0 71 41/2 99 59 73 25, www.metzinger-bkk.de

mhplus BKK, Franckstr. 8, 71636 Ludwigsburg, Tel. 0 71 41/9 79 00, Fax 0 71 41/9 79 01 13, www.mhplus.de

Novitas BKK, Schifferstr. 92–100, 47059 Duisburg, Tel. 0 800/6 64 82 33, Fax 0 180 2/63 63 56, www.novitas-bkk.de

pronova BKK, Brunckstr. 47, 67063 Ludwigshafen, Tel. 06 21/5 33 91 10 00, Fax 06 21/5 33 91 70 00, www.pronovabkk.de

R+V Betriebskrankenkasse, 65215 Wiesbaden, Tel. 0 800/2 55 78 80, Fax 06 11/99 90 91 39, www.ruv-bkk.de

Salus BKK, Siemensstr. 5a, 63263 Neu-Isenburg, Tel. 0 800/2 21 32 22, Fax 0 61 02/29 09 99, www.salus-bkk.de

SBK Siemens-Betriebskrankenkasse, Heimeranstr. 31, 80339 München, Tel. 0800/0 72 57 25 72 50, Fax 0 800/0 72 57 25 72 51, www.sbk.org

Securvita BKK, Lübeckertordamm 1–3, 20099 Hamburg, Tel. 0 800/6 00 30 00, Fax 0 40/33 47 90 00, www.securvita.de

Shell BKK/Life, Suhrenkamp 71–77, 22335 Hamburg, Tel. 0 40/63 24 58 58, Fax 0 40/6 32 44 43, www.shell-bkklife.de

Siemag BKK, Hillnhütter Str. 89, 57271 Hilchenbach, Tel. 0 27 33/29 29 29, Fax 0 27 33/29 78 29 29, www.siemagbkk.de

SKD BKK, Schultesstr. 19a, 97421 Schweinfurt, Tel. 0 97 21/9 44 90, Fax 0 97 21/9 44 93 33, www.skd-bkk.de

TK-Techniker Krankenkasse, Bramfelder Str. 140, 22305 Hamburg, Tel. 0 800/2 85 85 85, Fax 0 40/69 09 20 26, www.tk.de

TUI BKK, Theaterstr. 3, 30159 Hannover, Tel. 0 53 41/40 58 00, Fax 05 11/5 67 12 40, www.tui-bkk.de

Vaillant BKK, Bahnhofstr. 15, 42897 Remscheid, Tel. 0 21 91 /9 51 95 00, Fax 0 21 91/9 51 91 51, www.vaillant-bkk.de

Vereinigte BKK, Hanauer Landstr. 523, 60386 Frankfurt/M., Tel. 0 800/7 32 00 00, Fax 0 69/4 50 91 11 00, www.vereinigte-bkk.de

WMF BKK, Eberhardstr., 73312 Geislingen, Tel. 0 73 31/25 82 64, Fax 0 73 31/25 75 39, www.wmf-bkk.de

Pflege organisieren

Arbeiter-Samariter-Bund, Sülzburgstr. 140, 50937 Köln, Tel. 02 21/47 60 50, www.asb.de

AWO Arbeiterwohlfahrt, Blücherstr. 62/63, 10961 Berlin, Tel. 0 30/26 30 90, www.awo.org

Bundesarbeitsgemeinschaft Wohnungsanpassung eV, Verein zur Förderung des selbständigen Wohnens älterer und behinderter Menschen, Mühlenstr. 48, 13187 Berlin, Tel. 0 30/47 53 17 19, www.bag-wohnungs anpassung.de/

Bundesarbeitsgemeinschaft der Senioren-Organisation eV (BAGSO), Bonngasse 10, 53111 Bonn, Tel. 02 28/24 99 93 26, Fax 02 28/24 99 93 20, www.bagso.de

Caritasverband eV, Karlstr. 40, 79104 Freiburg/Breisgau, Tel. 07 61/20 00, www.caritas.de

Deutsche Arbeitsgemeinschaft Selbsthilfegruppen (DAG SHG), Otto-Suhr-Allee 11, 10585 Berlin, Tel. 0 30/8 93 40 14, www.dag-shg.de/site

Deutscher Paritätischer Wohlfahrtsverband, Oranienburger Str. 13–14, 10178 Berlin, Tel. 0 30/24 63 60, www.der-paritaetische.de

Deutsches Rotes Kreuz, Carstennstr. 58, 12205 Berlin, Tel. 0 30/85 40 40, www.drk.de

Diakonisches Werk der Evangelischen Kirche, Stafflenbergstr. 76, 70184 Stuttgart, Tel. 07 11/2 15 90, www.diakonie.de

Johanniter-Unfall-Hilfe eV, Bundesgeschäftsstelle, Lützowstr. 94, 10785 Berlin, Tel. 0 30/26 99 70, www.johanniter.de

Kontaktstelle Pflege Engagement Steglitz-Zehlendorf, c/o Mittelhof eV, Königstr. 42–43, 14163 Berlin, Tel. 0 30/80 19 75 38, www.pflege unterstuetzung-berlin.de

Landesstelle für Pflegende Angehörige in NRW, Dienstgebäude Geisbergweg, Domplatz 1–3, 48143 Münster, Tel. 02 51/4 11 33 02, www.lpfa-nrw.de

NAKOS – Nationale Kontakt- und Informationsstelle zur Anregung und Unterstützung von Selbsthilfegruppen, Otto-Suhr-Allee 115, 10585 Berlin, Tel. 0 30/31 01 89 60, Fax 0 30/31 01 89 70, www.nakos.de

Pflegestützpunkt Friedrichshain-Kreuzberg, Wilhelmstr. 115, 10963 Berlin, Tel. 0 30/25 70 06 73, Fax 0 30/23 00 55 80, www.pflegestuetzpunkteberlin.de

Volkssolidarität Bundesverband eV, Alte Schönhauser Str. 16, 10119 Berlin, Tel. 0 30/27 89 70, www.volkssolidaritaet.de

Produktinformation für Indexfonds

Amundi Deutschland Branch, Taunusanlage 14, 60325 Frankfurt/M., Tel. 0 69/74 22 10, www.amundi.com

Black Rock Asset Management Deutschland AG, Max-Joseph-Str. 6, 80333 München, Tel. 0 89/4 27 29 58 58, Fax 0 89/4 27 29 59 58, www.ishares.com

Comstage, c/o Commerzbank, Corporate & Markets EMC, Mainzer Landstr. 153, 60327 Frankfurt/M., Tel. 0 69/13 6 43 33 3, Fax 0 69/13 6 47 59 5, www.comstage.de

db x-trackers, c/o Deutsche Bank AG, Deutsche Asset & Wealth Management, Große Gallusstr. 10–14, 60311 Frankfurt/M., Tel. 0 69/91 0 30 54 9, Fax 0 69/91 0 41 27 6, www.dbxtrackers.com

Deka ETFs, Wilhelm-Wagenfeld-Str. 20, 80807 München, Tel. 0 89/32 72 9 33 33, Fax 0 89/32 72 9 33 13, www.deka-etf.de

Lyxor ETF, c/o Société Générale, Neue Mainzer Str. 45–50, 60311 Frankfurt/M., Tel. 0 69/7 17 44 44, Fax 0 69/7 17 46 72, www.lyxoretf.de

Source UK Services Ltd, Cannon Street 110, GB-EC4N 6EY London, Tel. 00 44/20/33 70 11 00, Fax 00 44/20/33 70 11 01, www.source.info

State Street Global Advisors GmbH, Brienner Str. 59, 80333 München, Tel. 0 89/55 87 84 00, Fax 0 89/55 87 84 40, www.statestreetfrance.com

UBS ETFs,UBS Deutschland AG,Global Asset Management, Bockenheimer Landstr. 2–4, 60323 Frankfurt/M., Tel. 0 69/13 69 50 01, Fax 0 69/13 69 50 02, www.ubs.com/etf

Versicherungen

AachenMünchener Versicherung AG, AachenMünchener-Platz 1, 52064 Aachen, Tel. 02 41/45 60, Fax 02 41/4 56 45 10, www.amv.de

ADAC-Schutzbrief Versicherungs-AG, Hansastr. 19, 80686 München, Tel. 0 800/5 10 11 12, Fax 0 800/5 30 29 28, www.adac.de

Advocard Rechtsschutzvers. AG, Besenbinderhof 43, 20097 Hamburg, Tel. 0 40/23 73 10, Fax 0 40/23 73 14 14, www.advocard.de

AGA (Allianz Global Assistance) International S.A., Bahnhofstr. 16, 85609 Aschheim, Tel. 0 89/62 42 44 60, Fax 0 89/62 42 42 44, www.allianz-reiseversicherung.de

Allianz Lebensvers.-AG, 10850 Berlin, Tel. 0 800/4 10 01 04, Fax 0 800/4 40 01 04, www.allianz.de

Allianz Private Krankenversicherungs-AG, 10870 Berlin, Tel. 0 800/4 10 01 08, Fax 0 800/4 40 01 03, www.allianz.de

Allianz Vers.-AG, 10900 Berlin, Tel. 0 800/4 10 01 05, Fax 0 800/4 40 01 01, www.allianz.de

Allrecht Rechtsschutzversicherungen, Liesegangstr. 15, 40211 Düsseldorf, Tel. 02 11/90 89 90, Fax 02 11/9 08 99 99, www.allrecht.de

Alte Leipziger Lebensversicherung aG, Alte Leipziger-Platz 1, 61440 Oberursel, Tel. 0 61 71/66 00, Fax 0 61 71/2 44 34, www.alte-leipziger.de

Alte Oldenburger Krankenvers. von 1927 VVaG, Theodor-Heuss-Str. 96, 49377 Vechta, Tel. 0 44 41/90 50, Fax 0 44 41/90 54 70, www.alte-oldenburger.de

Ammerländer Versicherung VVaG, Bahnhofstr. 8, 26655 Westerstede, Tel. 0 44 88/5 29 59 50, Fax 0 44 88/5 29 59 59, www.ammerlaender-versicherung.de

Arag Allg. Vers. AG, Arag-Platz 1, 40472 Düsseldorf, Tel. 02 11/98 70 07 00, Fax 02 11/9 63 28 50, www.arag.de

Arag Krankenvers.-AG, Hollerithstr. 11, 81829 München, Tel. 02 11/98 70 07 00, Fax 0 89/41 24 95 25, www.arag.de

Arag SE, Arag-Platz 1, 40472 Düsseldorf, Tel. 02 11/98 70 07 00, Fax 02 11/9 63 28 50, www.arag.de

Asstel Sachvers. AG, Berlin-Kölnische Allee 2–4, 50969 Köln, Tel. 02 21/9 67 76 77, Fax 02 21/9 67 71 00, www.asstel.de

Astra S.A. Versicherungen, Robert-Bosch-Str. 32, 63303 Dreieich, Tel. 0 61 03/20 03 70, Fax 0 61 03/2 00 37 59, www.astra-versicherung.de

Auxilia Rechtsschutz-Versicherungs-AG, Uhlandstr. 7, 80336 München, Tel. 0 89/53 98 10, Fax 0 89/53 98 12 50, www.ks-auxilia.de

Axa Krankenvers. AG, Colonia-Allee 10–20, 51067 Köln, Tel. 02 21/14 84 10 00, Fax 0 800/3 20 32 08, www.axa.de

Axa Lebensvers. AG, Colonia-Allee 10–20, 51067 Köln, Tel. 0 800/3 20 32 05, www.axa.de

Axa Versicherung AG, Colonia-Allee 10–20, 51067 Köln, Tel. 0 180 3/29 21 00, Fax 02 21/14 82 27 40, www.axa.de

Baden-Badener Vers. AG, Schlackenbergstr. 20, 66386 St. Ingbert, Tel. 0 68 94/91 59 11, Fax 0 68 94/91 54 68, www.baden-badener.de

Badische Allg. Vers. AG, Durlacher Allee 56, 76131 Karlsruhe, Tel. 07 21/66 00, Fax 07 21/6 60 16 88, www.bgv.de

Barmenia Allg. Vers.-AG, Barmenia-Allee 1, 42094 Wuppertal, Tel. 02 02/4 38 22 50, Fax 02 02/4 38 27 03, www.barmenia.de

Barmenia Krankenversicherung aG, Barmenia-Allee 1, 42094 Wuppertal, Tel. 02 02/4 38 22 50, Fax 02 02/4 38 27 03, www.barmenia.de

Basler Sachvers.-AG, Basler Str. 4, 61345 Bad Homburg v.d.H., Tel. 0 61 72/1 30, Fax 0 61 72/91 41 14, www.basler.de

BavariaDirekt, OVAG – Ostdeutsche Vers. AG, Postfach 90 02 65, 81502 München, Tel. 0 89/46 22 47 22, Fax 0 89/46 22 47 21, www.bavariadirekt.de

Bayerische Beamten Versicherung AG, Thomas-Dehler-Str. 25, 81737 München, Tel. 0 89/6 78 7 1111, Fax 0 89/67 87 91 50, www.diebayerische.de

Bayerische Beamtenkrankenkasse AG, Vers.kammer Bayern, Maximilianstr. 53, 81537 München, Tel. 0 89/21 60 88 88, Fax 0 89/21 60 85 80, www.vkb.de

Bayerische Hausbesitzer-Vers.-Gesellschaft aG, Sonnenstr. 13, 80331 München, Tel. 0 89/55 14 16 20, Fax 0 89/59 89 55, www.bhvg.de

BD24 Berlin Direkt Versicherung AG, Potsdamer Platz 10, 10785 Berlin, Tel. 030/8 96 77 01 10, www.berlin-direktversicherung.de

Bruderhilfe Sachvers. AG im Raum der Kirchen, Kölnische Str. 108–112, 34108 Kassel, Tel. 0 800/2 15 34 56, Fax 0 800/2 74 12 58, www.vrk.de

Central Krankenvers. AG, Hansaring 40–50, 50670 Köln, Tel. 02 21/1 63 60, Fax 02 21/1 63 62 00, www.central.de

Concordia Krankenversicherungs-AG, Karl-Wiechert-Allee 55, 30625 Hannover, Tel. 05 11/5 70 10, Fax 05 11/57 01 19 05, www.concordia.de

Concordia Lebensversicherungs-AG, Karl-Wiechert-Allee 55, 30625 Hannover, Tel. 05 11/5 70 10, Fax 05 11/57 01 19 88, www.concordia.de

Concordia Rechtsschutz-Vers.-AG, Karl-Wiechert-Allee 55, 30625 Hannover, Tel. 05 11/5 70 10, Fax 05 11/57 01 14 02, www.concordia.de

Concordia Versicherungs-Gesellschaft aG, Karl-Wiechert-Allee 55, 30625 Hannover, Tel. 05 11/5 70 10, Fax 05 11/57 01 14 00, www.concordia.de

Condor Lebensvers.-AG, Admiralitätstr. 67, 20459 Hamburg, Tel. 0 40/36 13 90, Fax 0 40/36 13 91 00, www.condor-versicherungsgruppe.de

Continentale Krankenversicherung aG, Ruhrallee 92, 44139 Dortmund, Tel. 02 31/91 90, Fax 02 31/9 19 12 80, www.continentale.de

Continentale Lebensversicherung AG, Baierbrunner Str. 31–33, 81379 München, Tel. 0 89/5 15 30, Fax 0 89/5 15 34 19, www.continentale.de

CosmosDirekt Vers. AG, Halbergstr. 50–60, 66121 Saarbrücken, Tel. 06 81/9 66 66 66, Fax 06 81/9 66 66 33, www.cosmosdirekt.de

CSS Versicherung, Postfach 11 30, LIE-9490 Vaduz, Tel. 0 800/7 27 72 77, Fax 0 800/8 27 72 77, www.cssversicherung.com

D.A.S. Deutscher Automobil Schutz Allg. Rechtsschutz-Versicherung-AG, Thomas-Dehler-Str. 2, 81737 München, Tel. 08 00/3 74 65 55, Fax 0 89/62 75 16 50, www.das.de

DA Deutsche Allg. Versicherung AG, Oberstedter Str. 14, 61440 Oberursel, Tel. 0 61 71/8 97 26 72, Fax 0 61 71/8 97 27 73, www.da-direkt.de

DANV, Ergo Lebensversicherung AG, Überseering 45, 22297 Hamburg, Tel. 0 180 3/35 81 00, Fax 0 40/63 76 33 02, www.danv.de

DBV Deutsche Beamten Lebensvers., Zweigniederlassung der Axa Lebensversicherung AG, Börsenplatz 1, 50667 Köln, Tel. 02 21/14 84 10 10, www.axa.de

Debeka Allg. Vers. AG, 56058 Koblenz, Tel. 02 61/40, Fax 02 61/4 98 55 55, www.debeka.de

Debeka Krankenversicherungsverein aG, 56058 Koblenz, Tel. 02 61/4 98 13 99, Fax 02 61/498 5555, www.debeka.de

Debeka Lebensversicherungsverein aG, 56058 Koblenz, Tel. 02 61/4 98 13 99, Fax 02 61/4 98 11 99, www.debeka.de

Deurag, Deutsche Rechtsschutz Vers. AG, Abraham-Lincoln-Str. 3, 65189 Wiesbaden, Tel. 06 11/77 10, Fax 06 11/77 13 00, www.deurag.de

Deutscher Ring Krankenversicherungsverein aG, Signal Iduna Gruppe, Neue Rabenstr. 15–19, 20354 Hamburg, Tel. 0 40/41 24 76 78, Fax 0 40/41 24 79 69, www.deutscherring-kranken.de

DEVK Allg. Vers.-AG, Riehler Str. 190, 50735 Köln, Tel. 0 800/4 75 77 57, Fax 02 21/7 57 22 00, www.devk.de

DEVK Deutsche Eisenbahn Vers. Lebensversicherungsverein aG, Riehler Str. 190, 50735 Köln, Tel. 0 180 2/75 77 57, Fax 02 21/7 57 22 00, www.devk.de

DEVK Krankenvers.-AG, Riehler Str. 190, 50735 Köln, Tel. 02 21/75 70, Fax 02 21/7 57 22 00, www.devk.de

DEVK Rechtsschutz-Versicherungs-AG, Riehler Str. 190, 50735 Köln, Tel. 0 180 2/75 77 57, Fax 02 21/7 57 22 00, www.devk.de

DFV Deutsche Familienversicherung AG, Reuterweg 47, 60323 Frankfurt/M., Tel. 06 9/9 58 69 69, Fax 06 9/9 58 69 58, www.dfv.ag

Direct Line Vers. AG, Rheinstr. 7 a, 14513 Teltow, Tel. 0 800/2 70 90 90, Fax 0 33 28/44 94 44, www.directline.de

Direkte Leben Vers. AG, Triftstr. 53, 60528 Frankfurt, Tel. 0 69/6 78 00 5 0, Fax 0 69/6 77 16 06, www.direkte-leben.de

DKV Deutsche Krankenversicherung AG, 50594 Köln, Tel. 0800/3 74 64 44, Fax 0 180 5/78 60 00, www.dkv.com

DMB Rechtsschutz-Versicherung AG, Bonner Str. 323, 50968 Köln, Tel. 02 21/37 63 80, Fax 02 21/3 76 38 11, www.dmb-rechtsschutz.de

Docura VVaG, Königsallee 57, 44789 Bochum, Tel. 02 34/93 71 50, Fax 02 34/9 37 15 99, www.docura.de

Envivas Krankenvers. AG, Gereonswall 68, 50670 Köln, Tel. 0 180 2/58 96 32, Fax 02 21/16 36 25 61, www.envivas.de

Ergo Direkt Krankenversicherung AG, Karl-Martell-Str. 60, 90344 Nürnberg, Tel. 0 800/6 66 90 00, Fax 0 800/7 01 11 11, www.ergodirekt.de

Ergo Direkt Vers. AG, Karl-Martell-Str. 60, 90344 Nürnberg, Tel. 0 800/6 66 90 00, Fax 0 800/7 01 11 11, www.ergodirekt.de

Ergo Lebensvers. AG, Überseering 45, 22297 Hamburg, Tel. 0800/3 74 60 00, Fax 0 40/63 76 33 02, www.ergo.de

Ergo Versicherung AG, Victoriaplatz 1, 40477 Düsseldorf, Tel. 0 800/3 74 60 00, Fax 0 180 3/12 34 60, www.ergo.de

ERV Europäische Reiseversicherung AG, Rosenheimer Str. 116, 81669 München, Tel. 0 89/41 66 00, Fax 0 89/41 66 27 17, www.reiseversicherung.de

eura24, Europ Assistance, Versicherungs-AG, Infanteristr. 11, 80797 München, Tel. 0 89/55 98 70, Fax 0 89/55 98 71 99, www.eura24.de

Europa Lebensvers. AG, Piusstr. 137, 50931 Köln, Tel. 02 21/5 73 72 00, Fax 02 21/5 73 72 33, www.europa.de

Europa Versicherung AG, Piusstr. 137, 50931 Köln, Tel. 02 21/5 73 72 00, Fax 02 21/5 73 72 33, www.europa.de

Fahrlehrervers. VaG, Mittlerer Pfad 5, 70499 Stuttgart, Tel. 07 11/98 88 90, Fax 07 11/98 88 94 45, www.fahrlehrer versicherung.de

Feuersozietät Berlin Brandenburg Vers. AG, Am Karlsbad 4–5, 10785 Berlin, Tel. 0 30/2 63 30, Fax 0 30/2 63 34 00, www.feuersozietaet.de

Gemeinnützige Haftpflichtvers.anstalt Kassel, Falderbaumstr. 41, 34123 Kassel, Tel. 05 61/50 65 67 77, Fax 05 61/50 65 68 88, www.hava-kassel.de

Gemeinnützige Haftpflicht-Versicherungsanstalt Darmstadt, Anstalt des öffentlichen Rechts , Bartningstr. 59, 64289 Darmstadt, Tel. 0 61 51/3 60 30, Fax 0 61 51/3 60 31 55, www.ghv-darmstadt.de

Generali Lebensvers. AG, Adenauer Ring 7, 81731 München, Tel. 0 89/51 21 37 37, Fax 0 89/51 21 56 79, www.generali.de

Generali Vers. AG, Adenauerring 7, 81731 München, Tel. 0 89/5 12 10, Fax 0 89/51 21 10 00, www.generali.de

Gothaer Allg. Vers. AG, Gothaer Allee 1, 50969 Köln, Tel. 02 21/3 08 00, Fax 02 21/30 81 03, www.gothaer.de

Gothaer Krankenvers. AG, Arnoldiplatz 1, 50969 Köln, Tel. 02 21/3 08 00, Fax 02 21/30 81 30, www.gothaer.de

Gothaer Lebensvers. AG, Arnoldiplatz 1, 50969 Köln, Tel. 02 21/3 08 00, Fax 02 21/30 81 30, www.gothaer.de

Grundeigentümer Versicherung VVaG, Große Bäckerstr. 7, 20095 Hamburg, Tel. 0 40/37 66 37 66, Fax 0 40/37 66 33 00, www.grundvers.de

GVO Gegenseitigkeit Vers. Oldenburg VVaG, Osterstr. 15, 26122 Oldenburg, Tel. 04 41/9 23 60, Fax 04 41/92 36 55 55, www.g-v-o.de

GVV-Privatvers. AG, Aachener Str. 952–958, 50933 Köln, Tel. 02 21/4 89 35 53, Fax 02 21/4 89 37 77, www.gvv.de

Haftpflichtkasse Darmstadt-Haftpflichtvers. des Deutschen Hotel- u. Gaststättengewerbes – VVaG, Arheilger Weg 5, 64380 Roßdorf, Tel. 0 61 54/6 01 12 70, Fax 0 61 54/6 01 22 88, www.haftpflichtkasse.de

Häger Vers.verein aG, Enger Str. 119, 33824 Werther, Tel. 0 52 03/9 71 30, Fax 0 52 03/57 58, www.haeger-versicherungen.de

Hallesche Krankenvers. auf Gegenseitigkeit, Reinsburgstr. 10, 70178 Stuttgart, Tel. 0 71 1/6 60 30, Fax 0 71 1/6 60 32 90, www.hallesche.de

Hannoversche Direktversicherung AG, VHV-Platz 1, 30177 Hannover, Tel. 05 11/39 09 33 33, Fax 05 11/39 09 33 44, www.hannoversche.de

Hannoversche Lebensversicherung AG, VHV Platz 1, 30177 Hannover, Tel. 05 11/9 56 58 15, Fax 05 11/9 56 56 66, www.hannoversche.de

HanseMerkur Allgemeine Versicherung AG, Siegfried-Wedells-Platz 1, 20352 Hamburg, Tel. 0 40/4 11 90, Fax 0 40/41 19 32 57, www.hansemerkur.de

HanseMerkur Krankenversicherung AG, Siegfried-Wedells-Platz 1, 20352 Hamburg, Tel. 0 40/4 11 90, Fax 0 40/41 19 32 57, www.hansemerkur.de

HanseMerkur Lebensversicherung AG, Siegfried-Wedells-Platz 1, 20352 Hamburg, Tel. 0 40/41 19 44 00, Fax 0 40/41 19 32 57, www.hansemerkur.de

HanseMerkur Reiseversicherung AG, Siegfried-Wedells-Platz 1, 20352 Hamburg, Tel. 0 40/41 19 10 00, Fax 0 40/41 19 36 51, www.hmrv.de

HDI Versicherung AG, HDI-Platz 1, 30659 Hannover, Tel. 05 11/64 50, Fax 05 11/6 45 45 45, www.hdi.de

HEB Hausratvers. für Erzieher und Beschäftigte im öffentlichen Dienst, Darmstädter Str. 66–68, 64372 Ober-Ramstadt, Tel. 0 61 54/63 77 77, Fax 0 61 54/63 77 57, www.heb-hessen.de

Helvetia Versicherungen, Berliner Str. 56–58, 60311 Frankfurt, Tel. 0 69/1 33 20, Fax 0 69/1 33 24 74, www.helvetia.de

Huk24 AG, Willi-Hussong-Str. 2, 96440 Coburg, Fax 0 95 61/96 24 24, www.huk24.de

Huk-Coburg Allg. AG, Bahnhofsplatz , 96444 Coburg, Tel. 08002/15 31 53, Fax 08002/15 34 86, www.huk.de

Huk-Coburg Krankenversicherung AG, Willi-Hussong-Str. 2, 96447 Coburg, Tel. 0 95 61/96 98 221, Fax 0 95 61/96 69 90, www.huk.de

Huk-Coburg Lebensversicherung AG, Willi-Hussong-Str. 2, 96446 Coburg, Tel. 09561/9 65 07 00, Fax 09561/9 65 06 00, www.huk.de

Huk-Coburg Rechtsschutz-Vers. AG, Willi-Hussong-Str. 2, 96443 Coburg, Tel. 0 800/2 15 31 53, Fax 0 800/2 15 34 86, www.huk.de

Huk-Coburg VVaG, Bahnhofsplatz, 96444 Coburg, Tel. 0 800/2 15 31 53, Fax 0 800/2 15 34 86, www.huk.de

Inter Allg. Vers. AG, Erzbergerstr. 9–15, 68165 Mannheim, Tel. 06 21/42 74 27, Fax 06 21/42 79 44, www.inter.de

Inter Krankenvers. aG, Erzbergerstr. 9–15, 68165 Mannheim, Tel. 06 21/42 74 27, Fax 06 21/42 79 44, www.inter.de

Interrisk Lebensvers. AG, Vienna Insurance Group, Carl-Bosch-Str. 5, 65203 Wiesbaden, Tel. 06 11/2 78 70, Fax 06 11/2 78 72 22, www.interrisk.de

Interrisk Vers.-AG,
Vienna Insurance Group,
Carl-Bosch-Str. 5,
65203 Wiesbaden,
Tel. 06 11/2 78 70,
Fax 06 11/2 78 72 22,
www.interrisk.de

Itzehoer Vers./Brandgilde von 1691 VVaG,
Itzehoer Platz,
25521 Itzehoe,
Tel. 0 48 21/77 30,
Fax 0 48 21/7 73 88 88,
www.itzehoer.de

Janitos Vers. AG,
Im Breitspiel 2–4,
69126 Heidelberg,
Tel. 0 62 21/7 09 10 00,
Fax 0 62 21/7 09 10 01,
www.janitos.de

Jurpartner Rechtsschutz-Vers. AG,
Eumeniusstr. 15–17,
50679 Köln,
Tel. 02 21/80 26 40,
Fax 02 21/8 02 64 44,
www.jurpartner.de

LBN VVaG,
Groß-Buchholzer Kirchweg 49,
30655 Hannover,
Tel. 05 11/5 44 88 80,
Fax 05 11/54 48 88 22,
www.lbn.de

Lippische Landes-Brandversicherungsanstalt,
Simon-August-Str. 2,
32756 Detmold,
Tel. 0 52 31/99 00,
Fax 0 52 31/99 09 90,
www.lippische.de

LKH Landeskrankenhilfe VVaG,
Uelzener Str. 120,
21335 Lüneburg,
Tel. 0 41 31/72 50,
Fax 0 41 31/40 34 02,
www.lkh.de

LSH Landesschadenhilfe Versicherung VaG,
Vogteistr. 3,
29683 Fallingbostel,
Tel. 0 51 62/40 40,
Fax 0 51 62/4 04 26,
www.lsh-versicherung.de

LVM Krankenvers.-AG,
Kolde-Ring 21,
48126 Münster,
Tel. 02 51/7 02 29 32,
Fax 02 51/7 02 12 79,
www.lvm.de

LVM Landwirtschaftlicher Vers.verein Münster aG,
Kolde-Ring 21,
48126 Münster,
Tel. 0 800/5 86 37 33,
Fax 02 51/7 02 10 99,
www.lvm.de

LVM Lebensvers.-AG,
Kolde-Ring 21,
48126 Münster,
Tel. 02 51/7 02 58 21,
Fax 02 51/7 02 16 05,
www.lvm.de

Mannheimer Krankenversicherung AG,
Augustaanlage 66,
68165 Mannheim,
Tel. 0621/4 57 80 00,
Fax 0621/4 57 80 08,
www.mannheimer.de

Mannheimer Vers. AG,
Augustaanlage 66,
68165 Mannheim,
Tel. 06 21/4 57 80 00,
Fax 06 21/4 57 80 08,
www.mannheimer.de

Mecklenburgische Krankenversicherungs-AG,
Platz der Mecklenburgischen 1,
30625 Hannover,
Tel. 05 11/5 35 10,
Fax 05 11/5 35 15 52,
www.mecklenburgische.de

Medien-Versicherung aG
Karlsruhe, vorm. Buchgewerbe-, Feuerversicherung, gegründet 1899,
Borsigstr. 5,
76185 Karlsruhe,
Tel. 07 21/56 90 00,
Fax 07 21/5 69 00 16,
www.medienversicherung.de

Münchener Verein Versicherungsgruppe,
Pettenkoferstr. 19,
80336 München,
Tel. 0 89/51 52 10 00,
Fax 0 89/51 52 15 01,
www.muenchener-verein.de

myLife Lebensvers. AG,
Herzberger Landstr. 25,
37085 Göttingen,
Tel. 05 51/9 97 60,
Fax 05 51/9 97 68 20,
www.mylife-leben.de

Nationale Suisse,
Schweizer National Versicherungs AG,
Querstr. 8–10,
60322 Frankfurt/M,
Tel. 0 69/25 61 50,
Fax 0 69/25 61 52 90,
www.nationalesuisse.de

Neckermann Vers. AG,
Karl-Martell-Str. 60,
90344 Nürnberg,
Tel. 0 800/7 77 50 00,
Fax 09 11/3 22 13 00,
www.neckermann-versicherungen.de

Neue Bayerische Beamten Lebensversicherung AG,
Thomas-Dehler-Str. 25,
81737 München,
Tel. 0 89/6 78 70,
Fax 0 89/67 87 91 50,
www.diebayerische.de

Neue Leben Lebensversicherung AG,
Sachsenstr. 8,
20097 Hamburg,
Tel. 0 40/23 89 14 04,
Fax 0 40/23 89 14 11,
www.neueleben.de

Neue Rechtsschutz-Vers.gesellschaft AG,
Augustaanlage 25,
68165 Mannheim,
Tel. 06 21/4 20 40,
Fax 06 21/4 20 46 50,
www.nrv-rechtsschutz.de

Neuendorfer Brand Bau-Gilde Vers.verein aG,
Kirchdorf 40,
25335 Neuendorf,
Tel. 0 41 21/2 39 50,
Fax 0 41 21/2 53 87,
www.nbbg.de

Nürnberger Krankenversicherung AG,
Ostendstr. 100,
90334 Nürnberg,
Tel. 09 11/53 15,
Fax 09 11/5 31 32 06,
www.nuernberger.de

NV-Versicherungen VVaG,
Johann-Remmers-Mammen-Weg 2,
26427 Neuharlingersiel,
Tel. 0 49 74/9 17 00,
Fax 0 49 74/91 70 99,
www.nv-online.de

oeco capital Lebensversicherung AG,
Karl-Wiechert-Allee 55,
30625 Hannover,
Tel. 05 11/57 01 21 91,
Fax 05 11/57 01 21 92,
www.oeco-capital.de

Öffentliche Vers. Braunschweig,
Theodor-Heuss-Str. 10,
38122 Braunschweig,
Tel. 05 31/20 20,
Fax 05 31/2 02 15 00,
www.oeffentliche.de

Öffentl. Vers. Bremen ÖVB,
Martinistr. 30,
28195 Bremen,
Tel. 04 21/3 04 30,
Fax 04 21/3 04 31 90,
www.oevb.de

Örag Rechtsschutzversicherung AG,
Hansaallee 199,
40549 Düsseldorf,
Tel. 02 11/5 29 50,
Fax 02 11/5 29 51 99,
www.oerag.de

ÖSA Öffentliche Feuervers. Sachsen-Anhalt,
Am Alten Theater 7,
39104 Magdeburg,
Tel. 03 91/7 36 70,
Fax 03 91/7 36 74 90,
www.oesa.de

Ostangler Brandgilde Versicherungsverein auf Gegenseitigkeit VVaG,
Flensburger Str. 5,
24376 Kappeln,
Tel. 0 46 42/9 14 70,
Fax 0 46 42/91 47 77,
www.oab.de

Pax-Familienfürsorge Krankenversicherung AG im Raum der Kirchen,
Doktorweg 2–4,
32752 Detmold,
Tel. 0 52 31/9 75 30 30,
Fax 0 52 31/9 75 37 10,
www.vrk.de

Provinzial Krankenversicherung Hannover AG,
VGH Versicherungen,
Schiffgraben 4,
30159 Hannover,
Tel. 05 11/36 20,
Fax 05 11/3 62 29 60,
www.vgh.de

Provinzial NordWest Lebensversicherung AG,
Sophienblatt 33,
24114 Kiel,
Tel. 04 31/6 03 47 00,
Fax 04 31/6 03 28 01,
www.provinzial.de

Provinzial Rheinland Versicherungen,
40195 Düsseldorf,
Tel. 02 11/97 80,
Fax 02 11/9 78 17 00,
www.provinzial.com

R+V Allg. Vers. AG,
Raiffeisenplatz 1,
65189 Wiesbaden,
Tel. 06 11/53 30,
Fax 06 11/5 33 45 00,
www.ruv.de

R+V Krankenvers. AG, Raiffeisenplatz 1, 65189 Wiesbaden, Tel. 06 11/53 30, Fax 06 11/5 33 45 00, www.ruv.de

R+V Lebensvers. AG, Raiffeisenplatz 1, 65189 Wiesbaden, Tel. 06 11/53 30, Fax 06 11/5 33 45 00, www.ruv.de

Rechtsschutz Union Alte Leipziger Vers. AG, Alte-Leipziger-Platz 1–33, 61440 Oberursel, Tel. 0 61 71/66 00, Fax 0 61 71/7 44 34, www.alte-leipziger.de

Rheinland Lebensversicherung AG, Rheinlandplatz, 41460 Neuss, Tel. 0 21 31/29 00, Fax 0 21 31/29 03 00, www.rheinland-versicherungen.de

Rheinland Vers. AG, Rheinlandplatz, 41460 Neuss, Tel. 0 21 31/29 00, Fax 0 21 31/2 9 01 33 00, www.rheinland-versicherungen.de

Roland Rechtsschutz-Versicherungs-AG, Deutz-Kalker-Str. 46, 50679 Köln, Tel. 02 21/8 27 75 00, Fax 02 21/8 27 74 60, www.roland- rechtsschutz.de

Schwarzwälder Versicherung VVaG, Altstadtstr. 5, 78048 Villingen-Schwenningen, Tel. 0 77 21/2 31 19, Fax 0 77 21/3 23 34, www.schwarzwaelder-versicherung.de

SDK Süddeutsche Krankenversicherung aG, Raiffeisenplatz 5, 70736 Fellbach, Tel. 07 11/5 77 86 98, Fax 07 11/5 77 86 66, www.sdk.de

SDK Süddeutsche Lebensversicherung aG, Raiffeisenplatz 5, 70736 Fellbach, Tel. 07 11/5 77 88 98, Fax 07 11/5 77 88 88, www.sdk.de

SHB All. Vers. VVaG, Johannes-Albers-Allee 2, 53639 Königswinter, Tel. 0 22 23/9 21 70, Fax 0 22 23/92 17 50, www.shbversicherung.de

Signal Iduna Gruppe, Joseph-Scherer-Str. 3, 44139 Dortmund, Tel. 02 31/13 50, Fax 02 31/1 35 46 38, www.signal-iduna.de

Stuttgarter Lebensversicherung aG, Rotebühlstr. 120, 70197 Stuttgart, Tel. 07 11/66 50, Fax 07 11/6 65 15 16, www.stuttgarter.de

Stuttgarter Vers. AG, Rotebühlstr. 120, 70197 Stuttgart, Tel. 07 11/6 65 63, Fax 07 11/6 65 15 16, www.stuttgarter.de

SV Sparkassenvers., Löwentorstr. 65, 70376 Stuttgart, Tel. 07 11/89 80, Fax 07 11/8 98 18 70, www.sparkassenversicherung.de

TravelProtect, Bayerische Beamten Versicherung AG, Thomas-Dehler-Str. 25, 81737 München, Tel. 0 89/6 78 70, Fax 0 89/67 87 91 50, www.die-bayerische-reiseversicherung.de

TravelSecure Würzburger Versicherungs-AG, Bahnhofstr. 11, 97070 Würzburg, Tel. 0931/2 79 50, Fax 0931/2 79 52 95, www.travelsecure.de

UKV–Union Krankenvers. AG, Versicherungskammer Bayern, Peter-Zimmer-Str. 2, 66123 Saarbrücken, Tel. 06 81/8 44 70 00, Fax 06 81/8 44 25 09, www.ukv.de

Universa Krankenvers. aG, Sulzbacher Str. 1–7, 90489 Nürnberg, Tel. 09 11/5 30 70, Fax 09 11/53 07 16 76, www.universa.de

URV–Union Reiseversicherung AG, Maximilianstr. 53, 80530 München, Tel. 0 89/21 60 67 45, Fax 0 89/21 60 67 46, www.urv.de

Versicherungskammer Bayern, 80530 München, Tel. 0 89/2 16 00, Fax 0 89/21 60 27 14, www.vkb.de

VGH-Versicherungen, Schiffgraben 4, 30159 Hannover, Tel. 05 11/36 20, Fax 05 11/3 62 29 60, www.vgh.de

VHV Allg. Vers. AG, VHV Platz 1, 30177 Hannover, Tel. 05 11/90 70, Fax 05 11/9 07 66 98, www.vhv.de

VHV Lebensvers. AG, VHV-Platz 1, 30177 Hannover, Tel. 0511/90 70, Fax 05 11/9 07 21 58, www.vhv.de

vigo Krankenvers. VVaG, Konrad-Adenauer-Platz 12, 40210 Düsseldorf, Tel. 02 11/3 55 90 00, Fax 02 11/35 59 00 20, www.vigo-krankenversicherung.de

Volkswohl Bund Lebensversicherung aG, Südwall 37–41, 44139 Dortmund, Tel. 02 31/5 43 30, Fax 02 31/5 43 34 00, www.volkswohl-bund.de

Volkswohl Bund Sachversicherung AG, Südwall 37–41, 44137 Dortmund, Tel. 02 31/5 43 30, Fax 02 31/5 43 34 00, www.volkswohl-bund.de

VPV Allg. Vers.-AG, Mittlerer Pfad 19, 70499 Stuttgart, Tel. 0711/13 91 60 00, Fax 0711/13 91 60 01, www.vpv.de

Waldenburger Vers.-AG, Ein Unternehmen der Würth-Gruppe, Max-Eyth-Str. 1, 74638 Waldenburg, Tel. 07 94 2/ 9 45 50 55, Fax 07 94 2/9 45 55 50 66, www.waldenburger.com

wgv-himmelblau, WGV-Versicherungen, Tübinger Str. 55, 70178 Stuttgart, www.wgv-himmelblau.de

WGV-Lebensvers. AG, Tübinger Str. 55, 70178 Stuttgart, Tel. 07 11/16 95 17 00, Fax 07 11/16 95 11 00, www.wgv.de

WGV-Versicherung AG, Tübinger Str. 55, 70178 Stuttgart, Tel. 07 11/16 95 15 00, Fax 07 11/16 95 11 00, www.wgv.de

Württembergische Gemeinde-Versicherung aG, Tübinger Str. 55, 70178 Stuttgart, Tel. 07 11/16 95 15 00, Fax 07 11/16 95 11 00, www.wgv.de

Württembergische Krankenversicherung AG, Gutenbergstr. 30, 70176 Stuttgart, Tel. 07 11/66 20, Fax 07 11/6 62 25 20, www.wuerttembergische.de

Württembergische Versicherung AG, Gutenbergstr. 30, 70176 Stuttgart, Tel. 07 11/66 20, Fax 07 11/6 62 25 20, www.wuerttembergische.de

Würzburger Vers.-AG, Bahnhofstr. 11, 97070 Würzburg, Tel. 09 31/2 79 50, Fax 09 31/2 79 52 95, www.wuerzburger.com

WWK Allg. Vers. AG, Marsstr. 37, 80335 München, Tel. 0 89/5 11 40, Fax 0 89/51 14 23 37, www.wwk.de

Zurich Insurance Plc, Postfach 20 01 01, 60605 Frankfurt am Main, Tel. 0 180 2/8 88 33 30 00, Fax 0 180 2/8 88 33 31 01, www.zurich.de

Impressum

Herausgeber und Verlag	Stiftung Warentest, Lützowplatz 11–13, 10785 Berlin, Postfach 30 41 41, 10724 Berlin, Telefon 0 30/26 31–0, Fax 0 30/26 31 27 27, Internet: www.test.de USt-ID-Nr.: DE 1367 25570
Vorstand	Hubertus Primus
Weitere Mitglieder der Geschäftsleitung	Dr. Holger Brackemann, Daniel Gläser
Bereich Untersuchungen	Dr. Holger Brackemann
Verifikation	Betina Chill, Dr. Andrea Goldenbaum, Doreen Hedergott, Gabriele Tenner, Rainer Zuppe
Geldanlage, Altersvorsorge, Kredite und Steuern	Stephan Kühnlenz (Wissenschaftlicher Leiter); Projektleiter: Dr. Bernd Brückmann, Richard Buch, Uwe W. Döhler, Stefan Fischer, Simeon Gentscheff, Thomas Krüger, Christiane Lange, Gabriele Langfermann, Heike Nicodemus, Stephanie Pallasch, Dr. Martin Schulz, Yann Stoffel; Projektassistenten: Marlis Deeken, Regina Dresp, Kathy Elmenthaler, Viviane Hamann, Sina Schmidt-Kunter, Christian Riff; Teamassistentin: Sabine Eggert Michael Beumer (Journalistischer Leiter); Redakteure: Roland Aulitzky, Kerstin Backofen, Karin Baur, Renate Daum, Anja Hardenberg, Katharina Henrich, Lena Kamprolf, Ariane Lauenburg, Theodor Pischke, Aenne Riesenberg, Jörg Sahr, Rüdiger Stumpf, Stephanie Zipp; Teamassistentin: Annette Eßelborn
Versicherungen und Recht	Holger R. Rohde (Wissenschaftlicher Leiter); Projektleiter: Sabine Baierl-Johna, Beate-Kathrin Bextermöller, Birgit Brümmel, Annegret Jende, Karin Kuchelmeister, Michael Nischalke, Dr. Cornelia Nowack, Jennifer Panhans; Projektassistenten: Patrizia Beringhoff, Angela Ortega-Stülper, Romy Philipp, Achim Pieritz, Torsten Roselieb, Dana Soete; Teamassistentin: Ina Schiemann Susanne Meunier (Journalistische Leiterin); Redakteure: Michael Bruns, Christoph Herrmann, Aline Klett, Alisa Kostenow, Sophie Mecchia, Michael Sittig, Ulrike Steckkönig, Simone Weidner, Marion Weitemeier; Teamassistentin: Annette Eßelborn
Marketing und Vertrieb	Dorothea Kern (Leiterin); Vertrieb Zeitschriften: Frank Beich (Leitung); DPV Deutscher Pressevertrieb GmbH, Düsternstr. 1–3, 20355 Hamburg, www.dpv.de Kundenservice: Stiftung Warentest, 20080 Hamburg, Tel. 0 30/3 46 46 50 80, Mail: stiftung-warentest@dpv.de
Presse	Heike van Laak (Leiterin); Ute Bränzel, Bettina Dingler, Ronnie Koch, Christiane Lang, Petra Rothbart

Finanztest Jahrbuch 2015

Redaktion Finanztest	Stiftung Warentest, Lützowplatz 11–13, 10785 Berlin, Telefon 0 30/26 31–0, Fax 0 30/26 31 23 95
Chefredakteur	Heinz Landwehr (kommissarisch)
Textchefin	Dr. Sabine Gerasch
Verifikation	Heinz Brakenhoff, Sabine Vogt
Redaktionsassistenz	Anke Gerlach, Katharina Jabrane
Gestaltung/Bildredaktion	René Reichelt, Helke Reuter
Leserservice	Mail: finanztest@stiftung-warentest.de; Internet: www.test.de/kontakt; Telefon 0 900 1/58 37 82, Dienstag und Donnerstag von 13 bis 16 Uhr (50 Cent pro Minute/nur aus dem Festnetz)
Verlagsherstellung	Rita Brosius (Leitung), Susanne Beeh
Litho	Metagate, 10961 Berlin; ORT Studios Berlin GmbH, 10435 Berlin
Druck	CPI Clausen & Bosse, 25917 Leck
Fotos Umschlag und Inhalt	Plainpicture; Stefan Korte; MEV; Getty Images; iStock
ISBN	978-3-86851-367-7 (HC)
ISBN	978-3-86851-368-4 (SC)